Mitteilungen der Gruppe Deutscher Kolonialwirtschaftlicher Unternehmungen

FÜNFTER BAND

INHALT

WALTER DE GRUYTER & CO. / BERLIN W 35

1942

Archiv-Nr. 65 00 01

Druck von Metzger & Wittig in Leipzig

In dem vorliegenden Band V der „Mitteilungen“ wird zunächst das in den Bänden I und II behandelte Thema der Boden-, Klima- und Vegetationsverhältnisse Kameruns mit einer Arbeit Professor Dr. W. Semmelhacks über die „Physiologische Klimakarte von Kamerun und den Nachbargebieten“ fortgesetzt.

Mit den anschließenden Arbeiten von Dr. Halenke und R. Schlieben wird zum ersten Male das Thema der Viehwirtschaft im schwarzen Afrika im Rahmen der „Mitteilungen“ angeschnitten. Die erste Arbeit hat als Doktorarbeit die Anerkennung des Direktors des Instituts für Tierzucht der vet. med. Fakultät der Universität Berlin, Professor Dr. Dr. h. c. med. vet. V. Stang gefunden. Die zweite Arbeit stellt sich als Niederschlag der Erfahrungen eines der wenigen Praktiker auf dem Gebiet kolonialer Viehhaltung und -züchtung im tropischen Afrika dar und ist daher besonders geeignet, künftigen kolonialen Viehzüchtern als Belehrung und Ansporn zu dienen.

Dem Band ist außer den zu den beiden Arbeiten gehörenden Anlagen eine Karte hinzugefügt, die den gesamten Besitz der deutschen Farmer in Südwestafrika aufweist, und zwar nach dem Stande kurz vor Ausbruch des Krieges. Wir verdanken diese Karte gleichfalls Herrn Dr. Halenke. Sie beruht auf Feststellungen, die der Deutsche Pfadfinderbund Südwestafrika und die Deutsche Landsmannschaft Südwestafrika auf Grund amtlicher Mandatsunterlagen und eigener Ergänzungen getroffen haben.

Dr. Weigelt

Leiter der Gruppe
Deutscher Kolonialwirtschaftlicher Unternehmungen

WILHELM SEMMELHACK
Deutsche Seewarte-Hamburg

Physiologische Klimakarte von Kamerun und den Nachbargebieten

Mit 12 Abbildungen im Text und 4 Tafeln

1. Einleitung

Die hervorragenden Erfolge in der Bekämpfung der tropischen Infektionskrankheiten fördern zweifellos die Möglichkeiten für einen langjährigen ununterbrochenen Aufenthalt von Europäern in den Tropen. Andererseits erfordern jedoch auch die physiologischen Einflüsse des Klimas auf den Menschen die größte Beachtung, zumal die Unterschiede der klimatischen Verhältnisse in den einzelnen Tropenländern beträchtlich sind. Es ist selbstverständlich, daß die physiologischen Auswirkungen des Tropenklimas auf den Menschen in ihrer Ganzheit nur erkannt und verstanden werden können, wenn es gelingt, die Zustände und Vorgänge in der Atmosphäre in ihrer Gesamtheit zu erfassen. Das allerdings ist heute noch nicht möglich. Immerhin ist anzunehmen, daß einzelne Klimaelemente oder -faktoren, seien es beispielsweise die Temperatur, die Luftfeuchte oder der Wind, in ihrer Wirkung auf den Menschen uns einen Einblick in die Gunst oder Ungunst eines Klimas gewähren. Unter den Klimafaktoren, die den Daueraufenthalt vornehmlich von Nordeuropäern in den Tropen ungünstig beeinflussen, sind im wesentlichen zu nennen[1]):

1. die starke Sonnenstrahlung,
2. der besonders in den tropischen Tiefländern ständig hohe und nur geringen jährlichen Schwankungen unterworfene Betrag der Lufttemperatur,
3. die geringe „Wetterhaftigkeit", d. h. das Fehlen größerer unperiodischer Schwankungen der Lufttemperatur und Luftfeuchte,
4. die Koppelung hoher Lufttemperatur und großer Luftfeuchte. Dazu kommt
5. die stellenweise geringe Sonnenscheindauer und große Nebelhäufigkeit, deren psychische Wirkungen auf den Menschen keineswegs unterschätzt werden dürfen.

---

[1]) Siehe G. Gastens, Über Tropenklimatologie, Tropenhygiene und den Lettow-Feldzug. In: Annalen der Hydrographie und Maritimen Meteorologie. Herausgegeben von der Deutschen Seewarte. 1925, Seite 177.

1*

Unter diesen Klimafaktoren bildet die von der Temperatur und dem Feuchtegehalt der Luft abhängige „*Schwüle*“ ein bemerkenswertes und aufschlußreiches Kriterium für die Beurteilung der Möglichkeit eines mehrjährigen Aufenthaltes von Nordeuropäern in den Tropen.

Von verschiedenen Autoren ist untersucht worden, bei welchen Koppelungen von Temperatur und Feuchte der Luft das Gefühl der Schwüle sich bemerkbar macht, und auf Grund dieser Untersuchungen sind sogenannte Schwülegrenzen aufgestellt worden. Der Eintritt des Schwülegefühls ist allerdings sehr von Gewohnheit, Kleidung, körperlicher und seelischer Beschaffenheit, Akklimatisation, Einwirkung oder Ausschaltung von Strahlung und Wind abhängig. Die Gesamtwirkung der für den Wärmehaushalt des Menschen wesentlichen Faktoren wie Temp ratur, Feuchte, Strahlung und Wind ist jedoch noch keineswegs hinlänglich bekannt. Die in Abb. 1 dargestellten Lagen der Schwülegrenzen gelten für den ruhenden, leicht bekleideten Menschen in unbewegter Luft. Da aber der Luftbewegung oder den Winden für die physiologische Wirkung des Klimas die größte Bedeutung zukommt, stellen die abgebildeten Schwülegrenzen bei Annahme der Luftruhe den ungünstigsten Fall in bezug auf das Eintreten des Schwülegefühls dar. Die Schwülegrenzen sind, worauf ausdrücklich hingewiesen werden soll, nicht als mathematische Kurven zu werten; sie sind vielmehr als Säume anzusehen. Ein Überschreiten der Schwülegrenze etwa vom Behaglichkeits- zum Schwülebereich braucht nämlich für den Nordeuropäer nicht unbedingt mit der Gefahr eines Hitzschlages verbunden zu sein; denn im Schwülebereich gibt es noch eine Erträglichkeitszone, deren Breite zwar individuell verschieden ist, in der jedoch noch körperliche Arbeit ohne unmittelbaren Schaden verrichtet werden kann. Für die Beurteilung des Grades der Schwüle ist im wesentlichen entscheidend, in welchem Maße die Schwülegrenze jeweils überschritten wird. Liegen die Kombinationen „Temperatur-Feuchte“ rechts von den in Abb. 1 angegebenen Schwülegrenzen, so besteht nach den Beobachtungen das Gefühl der Schwüle, andererseits ist das subjektive Gefühl der Behaglichkeit oder Nichtschwüle vorhanden, wenn diese Kombinationen links der Kurven liegen.

Die Wirkung des Windes auf die Entwärmung des menschlichen Körpers kann durch die klimatische Abkühlungsgröße angegeben werden. Sie bezeichnet diejenige Wärmemenge, welche die Flächeneinheit eines Körpers von der Oberflächentemperatur von

36,5° (Eigentemperatur des menschlichen Körpers) unter der Einwirkung der Luftbewegung in der Zeiteinheit abgibt. Sie wird in mg cal/cm²sec angegeben und u. a. durch das Katathermometer nach Hill und das Frigorimeter nach Dorno und Thilenius bestimmt. Zwischen der Abkühlungsgröße, Temperatur und Windgeschwindigkeit stellte Hill empirisch folgende Beziehungen auf[1]:

$$H = (36{,}5 - t)\cdot 0{,}27 \text{ für } v = 0$$

$$H = (36{,}5 - t)\cdot (0{,}20 + 0{,}40 \sqrt{v}), \text{ für } v < 1 \text{ m/sec}$$

$$H = (36{,}5 - t)\cdot (0{,}13 + 0{,}47 \sqrt{v}), \text{ für } v > 1 \text{ m/sec},$$

worin H die Abkühlungsgröße in mg cal/cm²sec im Schatten,
t die Lufttemperatur in ° C und
v die Windgeschwindigkeit in m/sec bedeuten.

Den mit Hilfe dieser Formeln errechneten Abkühlungsgrößen lassen sich bestimmte Klimatypen zuweisen. Beträgt beispielsweise die Abkühlungsgröße mehr als 40 mg cal, so spricht man von einem Unterkühlungsklima. Eine Abkühlungsgröße von 30—40 mg cal kennzeichnet ein reizstarkes Klima, eine solche von 20—30 mg cal ein reizmildes. Im Schonungsklima hat die Abkühlungsgröße den Wert von 10—20 mg cal, und im Überhitzungsklima beträgt sie weniger als 10 mg cal. Entsprechend lassen sich diesen Abstufungen der Abkühlungsgröße charakteristische Gefühlsempfindungen von starker Kälte über Kühle und Milde zur Schwüle und unerträglichen Hitze zuordnen[2]).

Auf meine Anregung hat J. Marner die physio-klimatischen Grundlagen für einen Daueraufenthalt von Nordeuropäern in Deutsch-Ostafrika unter besonderer Berücksichtigung des Schwülebegriffes untersucht und die Ergebnisse in einer „Physiologischen Klimakarte von Deutsch-Ostafrika" niedergelegt[3]). Diese

---

1) D. Hargood-Asch und L. Hill, The katathermometer as a physical instrument. Medical Research Council. Special Report Series, Nr. 73. London 1923.

2) V. Conrad, Physikalische und klimatische Abkühlungsgröße. In: Zeitschrift für angewandte Meteorologie, 1937. — E. Gold, The effect of wind, temperature, humidity and sunshine and the loss of heat of a body at temperature 98° F. In: Quaterly Journal of the Royal Meteorological Society. London 1935.

3) J. Marner, Die klimatischen Bedingungen für die Siedlung von Nordeuropäern in den Tropen. Dargestellt am Beispiel von Deutsch-Ostafrika. In: Aus dem Archiv der Deutschen Seewarte und des Marineobservatoriums, 60. Band, Nr. 1, Hamburg 1940. — Ich danke Herrn Prof. Dr. Thorbecke-Köln dafür, daß er, meiner Anregung folgend, das Problem durch einen seiner Schüler hat in Angriff nehmen lassen.

Karte zeigt durch die Ausscheidung „schwüler“ und „schwülefreier“ Gebiete die geographische Verteilung derjenigen Räume in Deutsch-Ostafrika, die vom klimatischen Standpunkt aus für einen dauernden Europäeraufenthalt geeignet erscheinen oder nicht. Als Schwülegrenze wurde bei den Untersuchungen auf meine Anregung diejenige von Lancaster-Castens (Abb. 1) benutzt, die sich nach meinen eigenen Erfahrungen in Westafrika als durchaus brauchbar und praktisch verwertbar erwiesen hat[1]). Da aber ein unmittelbarer Vergleich der Untersuchungsergebnisse in Deutsch-Ostafrika mit

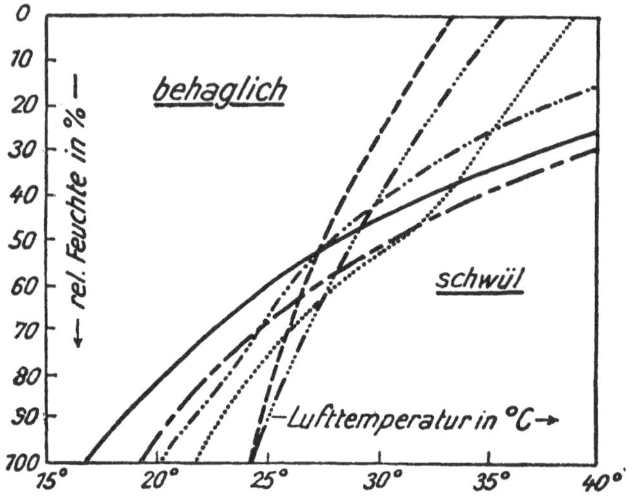

Schwülegrenzen nach

Lancaster — Castens : ———— Fleischer: — — — —
Linke — v. Dalmady : —··—··—·· Tyler: ··············
Brezina — Schmidt: — — — — Missenard: —····—····—

Abb. 1. Die Lage der Schwülegrenzen nach verschiedenen Autoren
(Nach Büttner: Physikalische Bioklimatologie. 1938)

denen in anderen Gebieten nur möglich ist, wenn sie sich auf eine und dieselbe Schwülegrenze beziehen, habe ich meinen Untersuchungen ebenfalls die Schwülegrenze von Lancaster-Castens. zugrunde gelegt.

---

[1]) Siehe auch H. Ruge, Das Verhalten der Lufttemperatur und Luftfeuchtigkeit auf einem modernen Kreuzer in den Tropen. In: Veröffentlichungen aus dem Gebiet des Marine-Sanitätswesens, Heft 22. Berlin 1932.

2. Das meteorologische Beobachtungsmaterial

Das für die vorliegenden Untersuchungen erforderliche Beobachtungsmaterial, insbesondere der Temperatur und Feuchte der Luft, wurde den veröffentlichten deutschen, englischen und französischen Kolonialbeobachtungen entnommen. Für das in der „Physiologischen Klimakarte von Kamerun und den Nachbargebieten" (Tafel 1) dargestellte Gebiet von Belgisch-Kongo konnten Temperatur- und Feuchtemessungen leider nicht herangezogen werden, da an den dortigen meteorologischen Stationen nur Regenmessungen ausgeführt worden sind. Spanische Beobachtungen aus Spanisch-Guinea (Fernando-Po und Rio Muni-Gebiet) liegen bisher veröffentlicht noch nicht vor.

Das verwendete Material ist in seiner Gesamtheit nicht einheitlich und nicht immer vergleichbar, da die Messungen zu verschiedenen Tageszeiten vorgenommen wurden und die Mittelwertbildung der Temperatur auf verschiedene Weise erfolgte. Zudem läßt die Zuverlässigkeit der Beobachtungen an manchen Stationen zu wünschen übrig, was wahrscheinlich seinen Hauptgrund darin haben dürfte, daß zur Ausführung der Beobachtungen Neger herangezogen wurden. Am wertvollsten ist zweifellos das deutsche Material. Die von deutschen Pflanzern und Missionaren in jahrelanger selbstloser Arbeit besonders in neuerer Zeit gesammelten Beobachtungen sind bisher nicht veröffentlicht. Sie sind auf der Deutschen Seewarte in Hamburg bearbeitet worden und werden hier aufbewahrt. Nur von deutschen Stationen in Kamerun, Fernando-Po und dem Rio Muni-Gebiet liegen außerdem lückenlose Registrierungen der Temperatur und Feuchte der Luft, besonders aus den Jahren vor Ausbruch dieses Krieges, vor. Im ganzen konnten in dem untersuchten Gebiet die Beobachtungen von 117 Stationen verwertet werden. Über ihre Lage gibt die Tabelle 1 Auskunft.

3. Oberflächengestaltung und natürliche Landschaften

Eine Höhenschichtenkarte des tropischen Westafrikas, dem unser Gebiet angehört, zeigt, daß weitaus der größte Teil seiner Landmassen von Landhöhen bis zu 500 m eingenommen wird, aus denen sich Gebirgsstöcke von beträchtlicher Höhe erheben. Die Lage dieser Höhenzüge zueinander und zu den tiefer gelegenen Landstrichen bedingt die Herausbildung eigenartiger Oberflächenformen, die für das ganze Westafrika kennzeichnend sind: es entstehen flache, weiträumige Beckenlandschaften, die durch höhere Schwellen von-

Tabelle 1

Verzeichnis der benutzten meteorologischen Stationen in Kamerun und den Nachbargebieten

(Die mit einem * versehenen Stationen sind in der „Physiologischen Klimakarte“, Tafel 1, angegeben)

Landschaftsgebiet	Nr. und Name	Geographische Lage		Höhe in m	Klima-tabelle Seite
		nördl. Breite	östl. Länge		
A. Gebiet des west- und zentralafrikanischen Regenwaldes:					
1. Flaches Küstentiefland von Nigeria	1. Badagri*	6° 25′	2° 53′	3	37
	2. Ebute Metta	6° 20′	3° 23′	6	37
	3. Lagos*	6° 27′	3° 24′	3	37
	4. Epe	6° 35′	4° 0′	24	37
	5. Yaba	6° 32′	3° 23′	14	37
	6. Agede	6° 39′	3° 19′	58	37
	7. Benin City*	6° 21′	5° 38′	85	37
	8. Ubiaja	6° 40′	6° 30′	?	37
	9. Agbor	6° 16′	6° 12′	?	37
	10. Assaba*	6° 12′	6° 44′	75	37
	11. Sapele	5° 55′	5° 42′	7	37
	12. Warri*	5° 31′	5° 44′	7	38
	13. Forcados*	5° 23′	5° 26′	3	38
	14. Akassa*	4° 19′	6° 3′	3	38
	15. Brass	4° 19′	6° 15′	5	38
	16. Onitscha*	6° 10′	6° 47′	72	38
	17. Abo*	5° 32′	6° 32′	25	38
	18. Owerri*	5° 29′	7° 3′	73	38
	19. Aba	5° 7′	7° 21′	64	38
	20. Degema	4° 45′	6° 47′	15	38
	21. Port Harcourt*	4° 47′	7° 0′	13	39
	22. Bonny*	4° 27′	7° 10′	3	39
	23. Ameke	5° 22′	7° 31′	?	39
	24. Opobo	4° 34′	7° 33′	8	39
	25. Enugu*	6° 26′	7° 28′	250	39
	26. Enugu Ngwo	6° 22′	7° 25′	414	39
	27. Udi*	6° 14′	7° 22′	370	39
	28. Bende	5° 34′	7° 34′	?	39
	29. Amoji	5° 42′	7° 31′	?	39
	30. Okigwi	5° 48′	7° 19′	?	40
	31. Afikpo	5° 53′	7° 53′	126	40
	32. Obubra	6° 5′	8° 20′	?	40
	33. Ikom*	5° 57′	8° 43′	100	40
	34. Ikot-Ekpene	5° 12′	7° 43′	?	40
	35. Calabar*	4° 58′	8° 19′	14	40
2. Küstentiefland mit Bergmassiven in Kamerun, Rio Muni-Gebiet u. Fernando-Po	36. Debundscha*	4° 6′	8° 59′	10	40
	37. Victoria*	4° 1′	9° 12′	17	41
	38. Tiko*	4° 4′	9° 22′	15	41
	39. Groß-Soppo	4° 9′	9° 15′	767	42
	40. Buea*	4° 10′	9° 14′	965	42

Fortsetzung von Tabelle 1

Landschaftsgebiet	Nr. und Name	Geographische Lage nördl. Breite	Geographische Lage östl. Länge	Höhe in m	Klimatabelle Seite
	41. Ekona	4° 12′	9° 19′	460	43
	42. Johann-Albrechtshöhe (Kumba)*	4° 39′	9° 25′	385	43
	43. Laduma	4° 35′	9° 30′	165	44
	44. Mundame	4° 34′	9° 31′	64	44
	45. Duala*	4° 3′	9° 41′	10	45
	46. Edea*	3° 49′	10° 8′	40	45
	47. Groß-Batanga*	2° 51′	9° 53′	10	46
	48. Upuaño*	1° 37′	9° 37′	6	46
	49. Belebu	3° 27′	8° 36′	240	47
3. Küstentiefland von Franz. Äquatorial-Afrika	50. Libreville* ...	0° 23′	9° 30′	35	47
4. Hochland von Süd-Kamerun, Rio Muni-Gebiet, Franz. Äquatorial-Afrika sowie vom Urwald bedeckte südwestl. Teile des Hochlandes von Süd-Adamaua	51. Jaunde*	3° 32′	11° 33′	730	48
	52. Akonolinga* ..	3° 46′	12° 15′	650	47
	53. Ajoshöhe* ...	3° 54′	12° 32′	730	48
	54. Ebolowa*	2° 55′	11° 11′	640	49
	55. Sangmelima* .	2° 56′	11° 58′	780	49
	56. Nkolentangan*	1° 53′	10° 45′	500	49
5. Tiefländer des Ssanga, Ubangi u. Kongo	—	—	—	—	—
B. Gebiet der Busch- und Baum-Savannen:					
6. Joruba-Schwelle mit westl. anschließendem Hochland und Höhen östlich des unteren Nigers	57. Schaki*	8° 41′	3° 24′	?	49
	58. Ilorin*	8° 31′	4° 35′	324	50
	59. Ogbomoscho* .	8° 8′	4° 14′	300	50
	60. Offa	8° 9′	4° 44′	420	50
	61. Oyo*	7° 51′	3° 55′	320	50
	62. Oshogbo*	7° 47′	4° 40′	300	50
	63. Ilesha	7° 37′	4° 44′	?	50
	64. Olokemeji* ...	7° 25′	3° 33′	84	50
	65. Ibadan*	7° 23′	3° 50′	200	50
	66. Abeokuta* ...	7° 9′	3° 21′	68	51
	67. Ondo*	7° 6′	4° 50′	120	51
	68. Ifon	6° 54′	5° 47′	?	51
	69. Ankpa*	7° 23′	7° 38′	225	51
	70. Okwoga*	6° 59′	7° 45′	260	51
	71. Nsukka	6° 50′	7° 22′	?	51
	72. Ogoja*	6° 39′	8° 44′	200	51
	73. Abakaliki	6° 20′	8° 4′	71	51
	74. Obudu*	6° 38′	9° 8′	420	51

Fortsetzung von Tabelle 1

Landschaftsgebiet	Nr. und Name	Geographische Lage nördl. Breite	Geographische Lage östl. Länge	Höhe in m	Klimatabelle Seite
7. Hochland von Süd-Adamaua	75. Bamenda*	5° 57′	10° 10′	1420	51
	76. Bali*	5° 53′	10° 1′	1360	52
	77. Dschang*	5° 28′	10° 4′	1382	52
	78. Batschenga*	4° 18′	11° 41′	550	53
8. Hochland von Ubangi-Schari u. Ubangi-Senke	79. Bangui*	4° 21′	18° 30′	395	53
9. Massiv-Region von Adamaua	80. Garua*	9° 19′	13° 24′	232	53
	81. Pitoa*	9° 23′	13° 31′	218	54
10. Niger-Benuë-Senke	82. Zungeru*	9° 49′	6° 10′	120	54
	83. Jebba*	9° 5′	4° 49′	135	54
	84. Bida*	9° 6′	5° 59′	120	54
	85. Baro*	8° 35′	6° 23′	100	54
	86. Lokodja*	7° 48′	6° 45′	100	55
	87. Makurdi*	7° 44′	8° 31′	150	55
	88. Beriberi*	8° 30′	8° 31′	175	55
	89. Abinsi*	7° 42′	8° 55′	79	55
	90. Wukari	7° 50′	9° 45′	?	55
	91. Ibi*	8° 11′	9° 44′	114	55
	92. Yola*	9° 12′	12° 30′	200	55
11. Südliches Bautschi-Plateau	93. Samaru*	11° 11′	7° 38′	650	56
	94. Zaria*	11° 6′	7° 43′	670	56
	95. Kontagora*	10° 24′	5° 29′	390	56
	96. Kaduna*	10° 29′	7° 25′	600	56
	97. Bautschi*	10° 19′	9° 49′	680	56
	98. Minna*	9° 37′	6° 33′	270	57
	99. Jos*	9° 46′	8° 54′	1200	57
	100. Naraguta*	9° 56′	8° 33′	1200	57
	101. Keffi*	8° 51′	7° 52′	390	57
	102. Akwanga*	8° 55′	8° 24′	300	57
	103. Womba	8° 52′	8° 37′	350	57
C. Gebiet der Gras- und Dornbusch-Steppen:					
12. (Hoch-) Ebenen von Nord-Nigeria	104. Birnin-Kebbi*	12° 28′	4° 11′	270	57
	105. Sokoto*	13° 2′	5° 15′	350	58
	106. Zuru*	11° 23′	5° 8′	350	58
	107. Katsina*	13° 0′	7° 37′	530	58
	108. Yelwa*	11° 59′	8° 15′	500	58
	109. Kano*	12° 0′	8° 33′	465	58
	110. Hadeja*	12° 27′	10° 3′	360	58
	111. Katagum*	12° 17′	10° 23′	400	59
	112. Nafada*	11° 6′	11° 17′	285	59
	113. Maidugari*	11° 49′	13° 11′	360	59
	114. Geidam*	12° 53′	11° 57′	275	59
13. Tschadsee-Schari-Becken	115. Mora*	11° 2′	14° 8′	500	59
	116. Kusseri*	12° 5′	15° 2′	305	60
	117. Fort Lamy*	12° 15′	15° 5′	300	60
14. Wadai-Bergländer	—	—	—	—	—

einander getrennt werden (Abb. 2). Zum Teil handelt es sich dabei, wie beim Kongobecken, um randlich gut abgeschlossene Mulden, zum Teil stellen sie, wie der Sudan, ausgedehnte Tafelländer dar, die ihrerseits durch weitere Bodenschwellen eine Gliederung in Teilbecken erfahren haben. Die Karte der Oberflächengestalt läßt in großen Zügen das Relief des Erdraumes erkennen. Klar treten Küstentiefländer, Schwellen und Becken hervor. Das nur teilweise Westafrika zuzurechnende, im Innern 300—500 m hoch gelegene Kongobecken

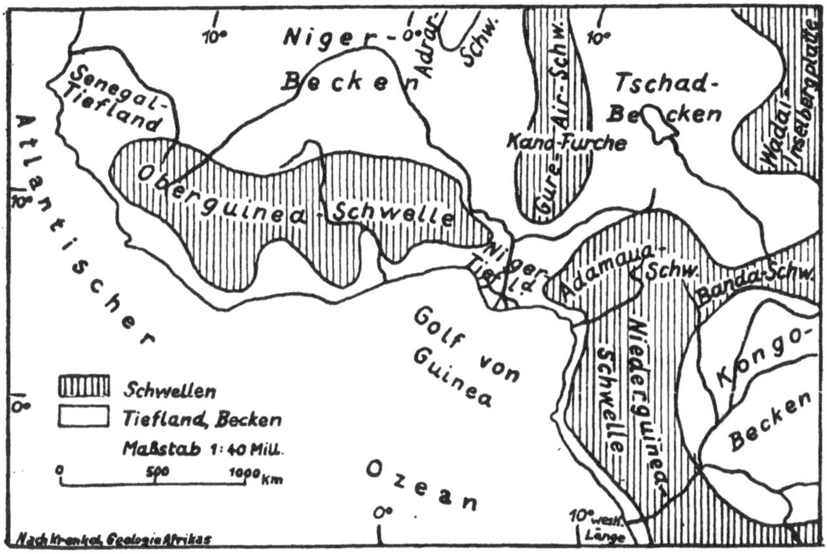

Abb. 2. **Oberflächengestaltung (Schwellen und Beckenlandschaften)**

erhält seine westliche Umrahmung durch die Schwelle von Niederguinea. Durch diese 700—1000 m hohe Bodenschwelle bahnen sich der Kongo, Ogowe und andere Flüsse ihren Weg zum Ozean. Nach Westen fällt sie mehr oder weniger schroff zum schmalen Küstenland ab. Nach Norden geht das Randgebirge von Niederguinea in das steil zur Benuë-Niederung absinkende Hochland von Südadamaua über. Die Umrandung des Kongobeckens erreicht hier mit Höhen über 2500 m ihre größte Erhebung. Sie setzt sich ostwärts in die 600—800 m hohe Bandaschwelle fort, die, vom Ubangi von 400 m sanft ansteigend, durch ihren steilen Abstieg nach Norden zusammen mit der Adamaua-Schwelle einen wirkungsvollen südlichen Abschluß des Tschadbeckens bildet. In diesem betreten wir die weiträumigen Landschaften des Sudans, die in ihrem Relief wesentlich abwechslungsreicher und verwickelter als das Kongobecken sind.

Quer durch den nordafrikanischen Kontinent, vom Senegal bis an das Hochland von Abbesinien ziehend, wird diese 200—500 m hohe, an Inselberglandschaften reiche Tafel durch Schwellen und einzelne Bergländer in drei Teilbecken gegliedert, von denen das Tschad- und Nigerbecken Westafrika angehören, während das dritte, das Ghasalbecken, außerhalb dieses Erdraumes liegt. Das von Südost nach Nordwest sich erstreckende abflußlose Tschadbecken senkt sich von der Adamaua- und Bandaschwelle zum Tschadsee und wird im Osten gegen das Ghasalbecken durch die Inselbergplatte von Wadai und Darfur abgeschlossen. Seine westliche Umrahmung gegen den Niger bildet die in meridionaler Richtung verlaufende Gure-Airschwelle. Diese beginnt nördlich des Benuë mit dem Bautschiplateau, fällt in der Kanofurche auf 400 m ab, um sich über die Inselberge von Damergu erneut zu den Airbergen zu erheben. Den Westen des Sudans nimmt das weite, von einzelnen Inselbergen durchzogene Nigerbecken ein. Ohne natürliche Grenzen verfließt dieses nach Norden und Westen in die Sahara und das Tiefland von Senegambien. Nach Süden dagegen steigt es sanft zu der nach dem Golf von Guinea schroff abfallenden Oberguineaschwelle an, die an ihrem Ostrande vom Niger durchbrochen wird. In wechselnder Breite ist der Oberguineaschwelle das Küstentiefland vorgelagert, das nach Osten bis über die Mündung des Njong reicht. Aus ihm erhebt sich unmittelbar an der Küste das Vulkanmassiv des Kamerungebirges bis 4070 m.

Auf Grund der vorstehenden allgemeinen Erörterungen ergeben sich für Kamerun und seine Nachbargebiete unter Berücksichtigung der besonderen orographischen, klimatischen und Vegetationsverhältnisse die in Abb. 3 dargestellten natürlichen Landschaften.

4. Klima (Übersicht)

Bei einer Ausdehnung zwischen dem 2. ° südlicher und 14. ° nördlicher Breite fällt der von uns betrachtete Raum in seiner Gesamterstreckung in die heiße Zone. Starke Gegensätze kennzeichnen sein Klima und die von ihm wesentlich mit abhängige Pflanzenwelt. Von den feuchten Regenwäldern Guineas und des Kongobeckens ist es ein weiter Sprung zu den Trockengebieten des nördlichen Sudanrandes; von der durch den täglichen Wechsel von Land- und Seebrise ausgezeichneten atlantischen Küste ist das in der trockenen Jahreszeit oft wochenlang von Staubwinden heimgesuchte Steppenland des Tschadbeckens grundverschieden. Und als eine eigene Welt ragt über das Land das Kamerungebirge heraus, dessen Fuß der Urwald säumt, während seinen Gipfel gelegentlich der Schnee krönt!

In zonaler Anordnung (Abb. 3) reihen sich die Großlandschaften des west- und zentralafrikanischen Regenwaldes (A), der Busch- und Baumsavannen (B) und der Gras- und Dornbuschsteppen (C)

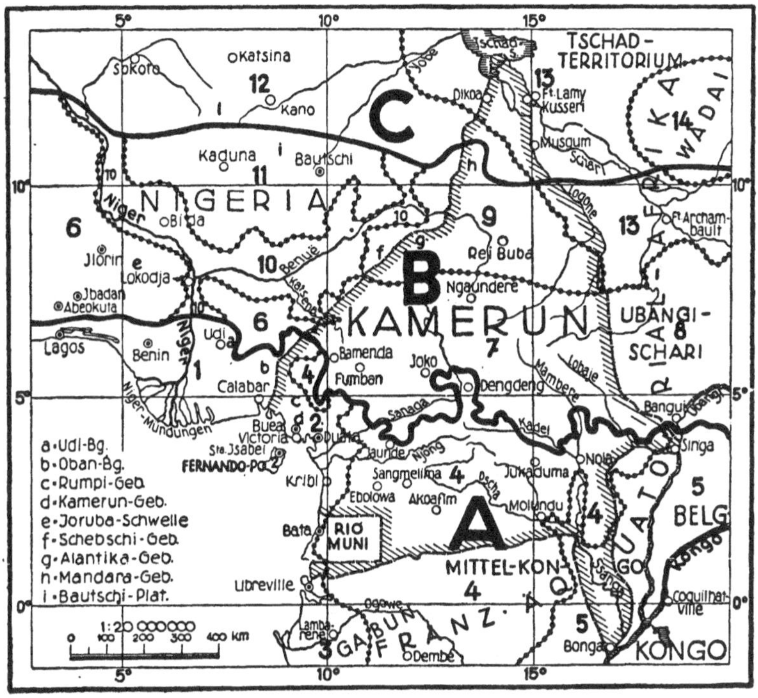

Abb. 3. **Die natürlichen Landschaften**

A. Gebiet des west- und zentralafrikanischen Regenwaldes:
1. Flaches Küstentiefland von Nigeria
2. Küstentiefland mit Bergmassiven in Kamerun, Rio Muni-Gebiet und Fernando-Po
3. Küstentiefland von Französisch-Äquatorialafrika
4. Hochland von Süd-Kamerum, Rio Muni-Gebiet, Französisch Äquatorialafrika sowie vom Urwald bedeckte südwestliche Teile des Hochlandes von Süd-Adamaua
5. Tiefländer des Ssanga, Ubangi und Kongo

B. Gebiet der Busch- und Baum-Savannen:
6. Joruba-Schwelle mit westlich anschließendem Hochland und Höhen östlich des unteren Nigers
7. Hochland von Süd-Adamaua
8. Hochland von Ubangi-Schari und Ubangi-Senke
9. Massiv-Region von Adamaua
10. Niger-Benuë-Senke
11. Südliches Bautschi-Plateau

C. Gebiet der Gras- und Dornbusch-Steppen:
12. (Hoch-) Ebenen von Nord-Nigeria
13. Tschadsee-Schari-Becken
14. Wadai-Bergländer

aneinander. Den normalen tropischen Temperaturverhältnissen des Regenwaldgebietes, die bei einer mittleren Jahrestemperatur von 23—25° (je nach der Höhenlage) nur eine jährliche Schwankung von

Tabelle 2

Jährlicher Gang der Temperatur (° C) in den Großlandschaften

Nr. d. Tab. 1	Name der Station	Januar	Februar	März	April	Mai	Juni	Juli	August	September	Oktober	November	Dezember	Jahr	Schwankung
	A. Gebiet des westafrikanischen Regenwaldes:														
45.	Duala (10 m)	26,4	**26,8**	26,3	26,1	25,8	24,9	*23,7*	*23,7*	24,3	24,5	25,5	25,9	25,3	3,1
40.	Buea (965 m)	20,6	20,6	20,8	**20,9**	20,6	20,0	*18,8*	18,9	19,3	19,7	**20,6**	20,1	20,1	2,1
55.	Sangmelima (780 m)	24,2	24,5	**24,9**	24,1	23,7	23,0	*22,2*	22,3	22,3	22,3	22,4	23,2	23,3	2,7
	B. Gebiet der Busch- und Baum-Savannen:														
78.	Batschenga[1]) (550 m)	23,7	**24,8**	**24,8**	24,0	23,7	23,0	*22,1*	22,4	22,9	23,2	23,6	23,6	23,5	2,7
58.	Ilorin (324 m)	25,9	28,2	**28,9**	28,3	27,3	25,8	*24,6*	24,7	25,2	26,3	**26,7**	25,2	26,4	4,3
91.	Ibi (114 m)	26,5	28,8	**30,7**	29,9	28,2	26,6	26,3	26,1	26,3	**27,8**	26,8	*25,3*	27,4	5,4
	C. Gebiet der Gras- und Dornbusch-Steppen:														
105.	Sokoto (350 m)	*23,5*	25,9	29,7	**32,6**	**32,6**	30,2	27,5	26,0	27,4	**28,6**	26,9	23,7	27,9	9,1
109.	Kano (465 m)	*21,1*	23,1	29,2	31,2	**31,3**	28,9	26,7	25,5	27,0	**27,3**	24,2	*21,1*	26,4	10,2
116.	Kusseri (305 m)	*23,1*	24,4	28,7	**32,7**	32,3	30,6	27,9	25,6	26,7	**28,1**	26,0	23,5	27,5	9,6
114.	Geidam (275 m)	*22,6*	24,5	28,3	32,4	**33,1**	32,4	30,4	27,8	29,4	**29,9**	26,3	*22,7*	28,3	10,5

[1]) Batschenga liegt im Übergangsgebiet vom Regenwald zur Busch- und Baum-Savanne.

Tabelle 3

Jährlicher Gang der relativen Luftfeuchte (%) in den Großlandschaften

Nr. d. Tab. 1	Name der Station	Januar	Februar	März	April	Mai	Juni	Juli	August	September	Oktober	November	Dezember	Jahr	Schwankung
	A. Gebiet des westafrikanischen Regenwaldes:														
45.	Duala	86	*85*	87	87	88	90	93	91	91	90	89	89	89	8
40.	Buea	84	83	85	84	88	88	93	94	91	88	85	*82*	87	12
55.	Sangmelima	83	80	*79*	84	86	87	89	88	89	90	88	85	86	11
	B. Gebiet der Busch- und Baum-Savannen:														
78.	Batschenga	82	81	*79*	85	86	87	86	87	87	86	85	86	85	8
58.	Ilorin	*67*	69	72	76	81	84	85	83	87	85	78	68	78	20
91.	Ibi	52	*51*	61	70	76	81	84	86	86	81	73	59	72	35
	C. Gebiet der Gras- und Dornbusch-Steppen:														
105.	Sokoto	33	*30*	32	41	51	61	71	78	74	55	36	35	50	48
109.	Kano	38	*34*	35	44	54	65	75	80	74	54	39	38	53	46
116.	Kusseri	30	*26*	31	31	36	55	69	87	83	64	55	71	53	61
114.	Geidam	37	32	*30*	34	43	54	67	79	71	42	31	37	46	49

etwa 3° aufweisen, treten, wie die Tabelle 2 zeigt, die Wärmeausmaße der küstenfernen Landschaften gegenüber. Im Tschadbecken steigen beispielsweise die April- und Maitemperaturen auf 33° an, und ihre mittleren Höchstwerte betragen mehr als 40°. Hier erreicht die Jahresschwankung mit 10° wesentlich größere Beträge. Ganz allgemein wächst in unserem Gebiete die mittlere Jahrestemperatur mit dem Fortschreiten von der Küste ins Innere. Am klarsten jedoch kommt der Übergang in das kontinentale Klima in der starken Zunahme der jährlichen Schwankung nicht nur der Temperatur, sondern auch der Luftfeuchte zum Ausdruck. Hierüber unterrichtet die Tabelle 3. Während in den feucht-warmen Gebieten des Regenwaldes die relative Feuchte im Jahresgang nur eine Schwankung von etwa 10% aufweist, steigert sie sich in den Busch- und Baumsavannen auf 30% und erreicht ihre größten Werte mit 50% und mehr in den Gras- und Dornbuschsteppen. In gleicher Weise zeigen die Großlandschaften entsprechende ausgeprägte Gegensätze in den Bewölkungsverhältnissen und der damit zusammenhängenden täglichen Dauer des Sonnenscheins (Tabellen 4 und 5).

Die gleichmäßig hohe Temperatur der Küstenlandschaften ist im Verein mit der in den Tropentiefländern ständig herrschenden beträchtlichen Luftfeuchte die Ursache für die bei längerem Tropenaufenthalt verminderte Spannkraft des Europäers. Das feucht-heiße (schwüle) Klima der Küste stellt die Widerstandskraft des Europäers auf eine viel härtere Probe als das kontinentale Binnenklima mit seiner wohltuenden nächtlichen Abkühlung und seinem Wechsel von Zeiten hoher Luftfeuchte mit solchen großer Trockenheit. Aber trotz der merklichen Wärmeschwankung, die ausgedehnte Gebiete unseres Raumes aufweisen, ist es doch nicht die Temperatur, die, wie bei uns in heimischen Gebieten, den Gang der Jahreszeiten bedingt. Diese Rolle fällt vielmehr den Niederschlägen zu. Der Wechsel von regenreichen und regenarmen Perioden ist es, der auf die belebte und unbelebte Natur von entscheidendem Einfluß ist. Die Tabelle 6 zeigt, daß unser Gebiet in bezug auf die Niederschläge — sowohl hinsichtlich der Jahresmenge als auch ihrer jahreszeitlichen Verteilung — die größten Gegensätze aufweist. Von den Trockengebieten des Tschad erfolgt im allgemeinen eine allmähliche Zunahme der Niederschläge nach Süden, die im innersten Winkel des Golfes von Guinea zu Beträgen anwachsen, wie sie nur an wenigen Stellen der Erde gemessen werden. Ist doch Isobi (6 km nördlich von Debundscha, Nr. 36 der Tabelle 1) am Südwestfuß des Kamerungebirges mit einer Jahresregenmenge von 10680 mm das drittregenreichste Gebiet der Erde

Tabelle 4

Mittlere tägliche Bewölkung (in Zehnteln der Himmelsbedeckung)

Nr. d. Tab. 1	Name der Station	Januar	Februar	März	April	Mai	Juni	Juli	August	September	Oktober	November	Dezember	Jahr
	A. Gebiet des westafrikanischen Regenwaldes:													
45.	Duala	*5,9*	6,3	6,8	7,3	7,0	8,0	8,7	8,7	8,5	7,7	7,2	6,8	7,4
40.	Buea	6,7	6,4	6,6	7,2	7,9	8,4	8,6	8,1	7,9	8,3	6,5	*5,6*	7,4
3.	Lagos	*4,3*	5,0	6,3	6,6	7,3	8,2	8,8	8,3	8,3	7,5	6,7	5,0	6,9
25.	Enugu	*4,0*	5,3	6,5	7,3	7,0	7,8	8,0	8,3	8,0	7,3	5,7	4,5	6,6
	B. Gebiet der Busch- und Baum-Savannen:													
78.	Batschenga	6,1	6,3	5,9	6,5	6,9	6,8	7,8	6,6	5,9	6,4	5,7	*5,7*	6,4
96.	Kaduna	2,7	*2,0*	3,3	5,0	6,5	6,8	8,3	8,3	7,3	5,3	4,5	2,5	5,2
	C. Gebiet der Gras- und Dornbusch-Steppen:													
109.	Kano	*2,3*	3,0	4,3	5,3	5,3	5,4	7,3	7,8	6,8	3,8	3,3	2,5	4,8

Tabelle 5

Mittlere tägliche Dauer des Sonnenscheins in Stunden

Nr. d. Tab. 1	Name der Station	Januar	Februar	März	April	Mai	Juni	Juli	August	September	Oktober	November	Dezember	Jahr
	A. Gebiet des westafrikanischen Regenwaldes:													
38.	Tiko	4,7	4,4	5,1	5,3	5,6	3,4	1,9	*1,4*	2,5	3,4	3,8	4,1	3,8
40.	Buea	3,5	3,8	3,5	3,1	3,0	2,1	1,0	*0,9*	1,4	1,8	3,3	3,4	2,6
3.	Lagos	5,6	7,0	5,9	6,0	6,2	4,1	*3,1*	4,1	3,9	5,7	6,9	7,1	5,5
25.	Enugu	7,2	6,8	6,0	6,1	6,6	3,9	4,3	*3,4*	3,4	5,1	7,6	7,1	5,6
	B. Gebiet der Busch- und Baum-Savannen:													
78.	Batschenga	5,9	5,2	6,6	5,7	4,5	4,0	2,9	*2,0*	3,1	4,6	5,3	4,9	4,6
96.	Kaduna	8,6	9,3	7,8	8,5	7,7	7,3	5,2	*4,2*	5,8	8,2	9,3	9,5	7,6
	C. Gebiet der Gras- und Dornbusch-Steppen:													
109.	Kano	7,7	9,0	8,0	8,9	8,9	9,0	7,6	*6,1*	7,4	9,3	10,2	9,6	8,5

und das regenreichste im Meeresniveau überhaupt[1])! Bei der Abstufung der Regenmenge spielt das Relief (Abb. 2) eine wesentliche

[1]) W. Semmelhack, Die Verteilung der Niederschläge im Gebiet um das Kamerungebirge. In: Mitteilungen der Gruppe Deutscher Kolonialwirtschaftlicher Unternehmungen. 2. Band, Seite 121. Berlin 1940.

Tabelle 6

Mittlere Monats- und Jahres-Regenmengen in Millimetern

Nr. d. Tab. 1	Name der Station	Januar	Februar	März	April	Mai	Juni	Juli	August	September	Oktober	November	Dezember	Jahr
	A. Gebiet des westafrikanischen Regenwaldes:													
45.	Duala	41	94	208	231	316	550	748	703	524	423	153	70	4061
40.	Buea	24	51	122	177	220	288	439	560	430	260	82	26	2679
55.	Sangmelima	9	60	68	207	187	126	150	71	282	264	159	6	1589
	B. Gebiet der Busch- und Baum-Savannen:													
78.	Batschenga	20	54	146	174	236	148	78	69	208	358	99	47	1637
58.	Ilorin	4	6	47	127	170	173	143	98	289	159	25	10	1251
91.	Ibi	4	2	27	78	171	150	152	141	285	140	0	2	1152
	C. Gebiet der Gras- und Dornbusch-Steppen:													
105.	Sokoto	0	0	5	5	43	108	172	203	95	10	0	0	641
109.	Kano	1	0	3	12	81	123	174	288	127	11	0	1	821
116.	Kusseri	0	0	2	3	28	53	108	145	52	5	0	0	396
114.	Geidam	0	0	0	6	13	47	87	164	43	4	0	0	364

Rolle. Jede Regenkarte hat ja eine enge Verwandtschaft mit einem Relief. Aber die Bodenerhebungen können den Luftströmungen, die sie zum Aufsteigen und damit zur Kondensation ihres Wasserdampfes zwingen, nur dann reichlich Wasser entziehen, wenn die Winde in ihrem Ursprungsgebiet viel Wasserdampf aufgenommen haben. Deshalb bleibt doch der Urquell des Regens immer das Meer, und es ist von ausschlaggebender Bedeutung für unser Gebiet, daß vom Meer her wehende Winde einen großen Teil des Jahres über wehen. Im ganzen Süden unseres Raumes, im unteren Kongogebiet und an der Niederguinea-Küste, sind die herrschenden Winde durchaus die südwestlichen und westlichen Seewinde. Nördlich des Äquators dagegen beherrschen zwei Windsysteme die unteren Luftschichten: 1. der aus dem nordafrikanischen Kontinent aus östlicher Richtung wehende Harmattan und 2. der Südwest-Monsun, der als abgelenkter, von der Südhalbkugel kommender Südostpassat angesehen werden kann. Dazu tritt in den reinen Küstengebieten noch das System der Land- und Seewinde.

Der trockene Harmattan weht im Januar aus dem NE-Quadranten mit großer Beständigkeit und dringt fast bis zur Oberguineaküste vor. Im April hat er sich nordwärts verlagert, und seine Front zieht sich bis 15° N zurück. In den nächsten Monaten gewinnt der feuchte SW-Monsun immer mehr an Einfluß, während der Harmattan im Juli bis 20° N zurückgewichen ist. Im Oktober schiebt dieser sich erneut nach Süden vor und beginnt, den SW-Monsun zurückzudrängen.

Allgemein folgen die Niederschläge in den Tropen dem Höchststande der Sonne, der zwischen den Wendekreisen zweimal im Jahre eintritt. Die äquatornahen Gebiete werden das ganze Jahr hindurch sehr gleichmäßig erwärmt. Sie erhalten daher auch Regen zu allen Jahreszeiten mit geringem Nachlaß zur Zeit der Sonnenwende im Sommer und Winter. Zwei regenreiche und zwei regenärmere Perioden kennzeichnen den jährlichen Gang ihres Niederschlages. Diesen Typus der Regenverteilung weisen die Mündungsgebiete des Ubangi in den Kongo und Südkamerun auf. Weiter nördlich und südlich des Äquators erfolgt sodann der Übergang zur Regenverteilung der tropischen Nord- und Südhalbkugel. Der Regen fällt jeweils in den Sommermonaten zur Zeit der Zenitstände der Sonne. Aber je weiter wir uns in unserem Gebiete nach Norden vom Äquator entfernen, um so rascher folgen die Höchststände der Sonne aufeinander. Die entstehenden Zenitalregen rücken zeitlich immer mehr zusammen, bis es schließlich nördlich eines Saumes, der sich von 10° nördlicher Breite ostwärts bis 6° nördlicher Breite senkt, nur noch eine Regen- und eine Trockenzeit gibt. Wo zwischen den Regenzeiten um die sommerliche Sonnenwende noch ein Nachlassen der Niederschläge deutlich nachweisbar ist (wie in Mittelkamerun und -nigeria) spricht man auch von einer kleinen Trockenzeit im Sommer und einer großen im Winter. Mit der Annäherung an den nördlichen Sudanrand aber nimmt die winterliche Trockenzeit immer mehr zu. Das beweist die Tatsache, daß in Kribi (Südkamerun) 0, in Fumban Mittelkamerun) 3, in Ibi (Mittelnigeria) 5, in Garua am Benuë 6 und in Geidam (Nordnigeria) 8 aufeinander folgende Monate trocken sind, wenn wir unter einem Trockenmonat einen solchen mit weniger als 30 mm Regen verstehen.

Die Gebiete am Süd- und Südwestfuß des Kamerungebirges, die im Gegensatz zu der zu erwartenden sommerlichen Regenpause durch den Einfluß der Bodenplastik und der Windverhältnisse gerade im Sommer die niederschlagsreichste Jahreszeit besitzen, erhalten durchweg in allen Monaten so ergiebige Regenmengen, daß dort von eigentlichen Trockenzeiten nicht gesprochen werden kann.

Die Jahresregenmengen, die unser Gebiet empfängt, schwanken überall in den einzelnen Jahren erheblich. So fielen z. B. in Fort Lamy am Schari, das eine mittlere Jahresregenmenge von 706 mm aufweist, im Jahre 1913 306 mm, im Jahre 1938 dagegen 808 mm. Andererseits erhielt Debundscha am Kamerungebirge bei einer mittleren Jahresregenmenge von 9492 mm im Jahre 1909 6815 mm, 1919 dagegen 14545 mm.

Die in unserer Betrachtung hervorgetretenen wesentlichen Unterschiede im Klima führen zur Ausscheidung von drei Hauptklimagebieten, die eine ähnliche zonale Anordnung wie die natürlichen Landschaften zeigen und sich teilweise mit ihnen decken. Daß bei dieser Gliederung die Gegensätze in den Niederschlagsverhältnissen eine entscheidende Rolle spielen, wurde bereits erwähnt. Scharfe Grenzen lassen sich selbstverständlich zwischen den Klimazonen nicht ziehen. Ihre Hauptmerkmale seien hier angedeutet:

Der nördlichste Teil unseres Raumes bis etwa 12° nördlicher Breite gehört dem Steppen-Klimagebiet an mit ausgesprochener einfacher Regenzeit im Sommer und Niederschlägen von 300—900 mm im Jahr, die von Norden nach Süden an Dauer und Ergiebigkeit zunehmen. Die täglichen sowie die Sommer- und Wintertemperaturen weisen erhebliche Schwankungen auf. Das Maximum der Temperatur wird vor der Sommersonnenwende erreicht. Heißeste Monate sind April und Mai, der kälteste Monat ist Januar. Große tägliche und jährliche Feuchteschwankungen. In dieser Zone lassen sich drei Jahreszeiten unterscheiden:

1. die kühle Zeit von Oktober/November bis März, starke tägliche Temperaturschwankungen besonders im Dezember und Januar (bis zu 30°), sehr kühle Nächte, ausgesprochene Trockenheit;
2. die heiße Zeit von März bis Mai/Juni, mittlere Temperaturen von 30—35°, Höchsttemperaturen bis etwa 50°, ebenfalls trocken, Staubstürme;
3. die Regenzeit von Juni/Juli bis September, Rückgang der mittleren Temperaturen, Wärmeschwankung etwa 16°, Zunahme der Luftfeuchte, Hauptregenmonat August.

Die zweite Klimazone, das Savannen-Klimagebiet, schließt sich südlich bis etwa 7° nördlicher Breite an die Steppen-Klimazone an und umfaßt auch den südlichsten Teil unseres Raumes bis zu einer Linie, die annähernd der Südgrenze Kameruns folgt. Auch sie ist durch eine wirkliche — wenn auch kürzere — Trockenzeit gekennzeichnet. Die Jahresregenmengen betragen durchweg weniger als 1000 bis zu 1800 mm und fallen in den der Steppen-Klimazone benachbarten Gebieten noch in einfacher, in den übrigen Teilen in doppelter Regenzeit. Die Haupttrockenzeit fällt in den Winter, die sogenannte kleine

Trockenzeit in den Hochsommer. Die jährlichen Temperaturschwankungen erreichen Beträge bis zu 6°. Charakteristisch ist, daß das sekundäre Temperaturmaximum des Steppen-Klimagebietes im Oktober hier nur noch schwach angedeutet ist oder überhaupt nicht mehr auftritt. In den Gebieten mit doppelter Regenzeit lassen sich vier Jahreszeiten unterscheiden:

1. die große Trockenzeit von Dezember bis März, kein oder wenig Regen, die Mitteltemperaturen erreichen im März ihre höchsten Werte, es ist heiß und schwül;
2. die große Regenzeit von Ende März bis Juni/Juli, die Temperatur sinkt, die Luftfeuchte nimmt zu;
3. die kleine Trockenzeit von Juli bis August, Nachlassen der Regenmengen, verhältnismäßig niedrige Temperaturen;
4. die kleine Regenzeit von September bis November, bei leichtem Absinken der Feuchte nimmt die Temperatur zu.

Die dritte Klimazone, das Regenwald-Klimagebiet, bildet in unserem Raume einen etwa 500 km breiten Gürtel zu beiden Seiten des 5.° nördlicher Breite und wird im Norden und Süden durch die Savannen-Klimazonen begrenzt. Bei einer geringen jährlichen Schwankung — der Unterschied zwischen dem wärmsten und kältesten Monat beträgt nur etwa 3° — weist sie mittlere Jahrestemperaturen von 23—25° auf. Die heißesten Monate sind Februar/März, die kühlsten Juli/August. Ständig hohe Luftfeuchte (über 80%), mittlere bis starke Bewölkung. Meist doppelte Regenzeit, keine ausgeprägte und wesentliche Trockenzeit. Hauptregenmonate sind April/Mai und September/Oktober. In den küstennahen Gebieten von den Nigermündungen bis zum Unterlauf des Sanaga dagegen erhalten alle Monate reichlich Regen, die ihr Maximum im Hochsommer erreichen. Trockene oder selbst regenlose Monate treten nur im Winter auf. In diesen dauernd feuchten und warmen Gebieten wird der Gang der Jahreszeiten gekennzeichnet durch

die Trockenzeit von Dezember bis Februar,
die besonders gewitter- und tornadoreichen Übergangszeiten von März bis Mai und von Oktober bis November,
die Regenzeit von Juni bis Oktober.

Hervorgehoben sei schließlich noch, daß die im vorstehenden ausgeführten allgemeinen klimatischen Gesetzmäßigkeiten besonders durch das Relief des Landes gewisse Abänderungen erfahren können. Über Einzelheiten der klimatischen Elemente in unserem Raume unterrichten die Klimatabellen für die einzelnen Stationen auf S. 36—60.

Beispiele für die Verschiedenartigkeit des täglichen Temperatur- und Feuchteverlaufes in charakteristischen Jahreszeiten bieten die gleichzeitigen Aufzeichnungen der Thermo-Hygrographen in Tiko (15 m Höhe) und Buea (965 m Höhe) am Kamerungebirge sowie von Batschenga (550 m Höhe) in der Übergangszone vom Regenwaldgebiet zur Busch- und Baum-Savanne (Abb. 4—9).

5. Die Klimagramme

Auf den Tafeln 2—4 sind die Temperatur- und Feuchteverhältnisse unseres Gebietes durch Klimagramme einer Reihe von Stationen in den natürlichen Landschaften dargestellt worden. Zu diesem Zwecke wurden auf den Tafeln 2 und 3 den mittleren Monatstemperaturen jeweils die entsprechenden Werte der relativen Feuchte zugeordnet. Die so entstandenen Punkte wurden durch gerade Linien verbunden. Ein Blick auf die Form der Klimagramme läßt ohne weiteres die beträchtlichen Unterschiede erkennen, die in unserem Raume im Jahresgang der Temperatur und der mit ihr gekoppelten Feuchte bestehen. Die Breite der Klimagramme ist ein Maß für die jährliche Temperaturschwankung, während ihre Längserstreckung Aufschluß über den Betrag der jährlichen Schwankung der relativen Feuchte gibt. Wenn auch nicht alle Klimagramme unmittelbar miteinander vergleichbar sind, da das Beobachtungsmaterial eine gleichmäßige Bearbeitung und Verwertung nicht zuließ, so gewähren sie doch ohne Zweifel eine erste Unterrichtung über die durch sie gekennzeichneten klimatischen Gegebenheiten. Zum Vergleich mit den heimischen Verhältnissen sind in der Abb. 10 die entsprechenden Klimagramme von Berlin, Köln und München gezeichnet. Die Darstellungen enthalten ferner die Schwülegrenze. Nach den auf S. 4 gegebenen Ausführungen ist für die Beurteilung des Grades der durch Temperatur und Feuchte bedingten Schwüle oder Nichtschwüle (Behaglichkeit) das Maß der Überschreitung der Schwülegrenze in der einen oder andern Richtung bestimmend. Die erheblichen Gegensätze, die auch in dieser Beziehung in den natürlichen Landschaften unseres Gebietes herrschen, springen unmittelbar ins Auge.

Der allgemeine Überblick, den die Klimagramme der Tafeln 2 und 3 bieten, wird ergänzt durch die Klimagramme I, II, III und IV der Tafel 4, in denen der Jahresgang der Kombination „Temperatur-Feuchte" zu den Tageszeiten um 7, 14 und 21 Uhr in Tiko und Buea

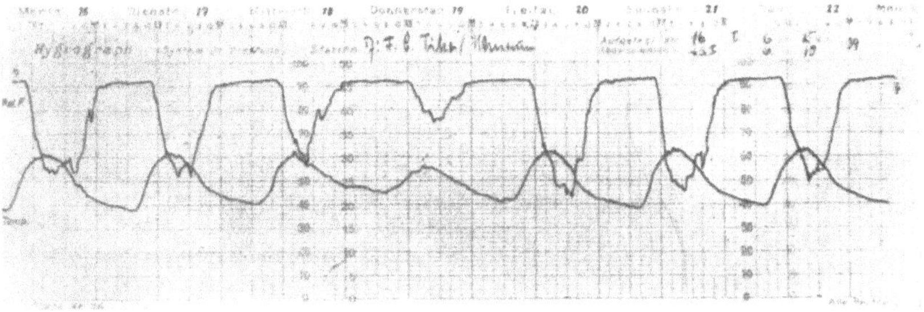

Abb. 4. **Tiko.** Thermo-Hygrogramm, 16.–23. Januar 1939 (Trockenzeit)

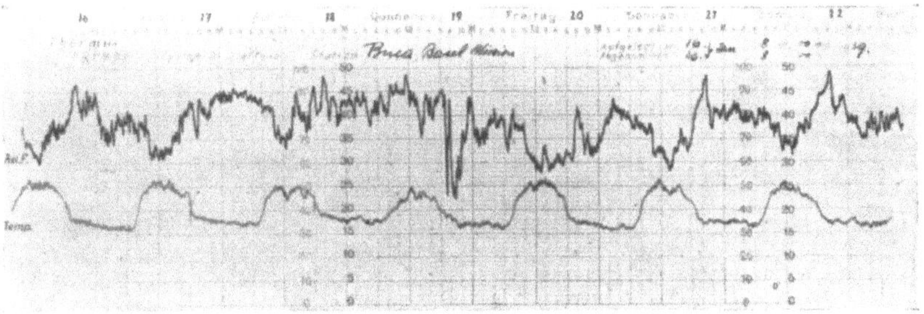

Abb. 5. **Buea.** Thermo-Hygrogramm, 16.–23. Januar 1939 (Trockenzeit)

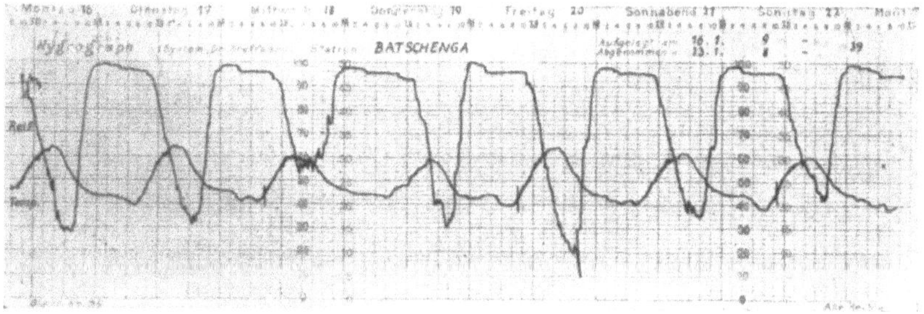

Abb. 6. **Batschenga.** Thermo-Hygrogramm, 16.–23. Januar 1939 (Trockenzeit)

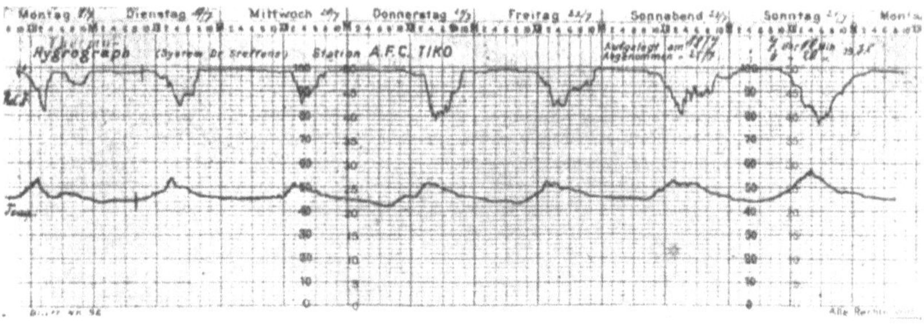

Abb. 7. **Tiko.** Thermo-Hygrogramm, 18.—25. Juli 1938 (Regenzeit)

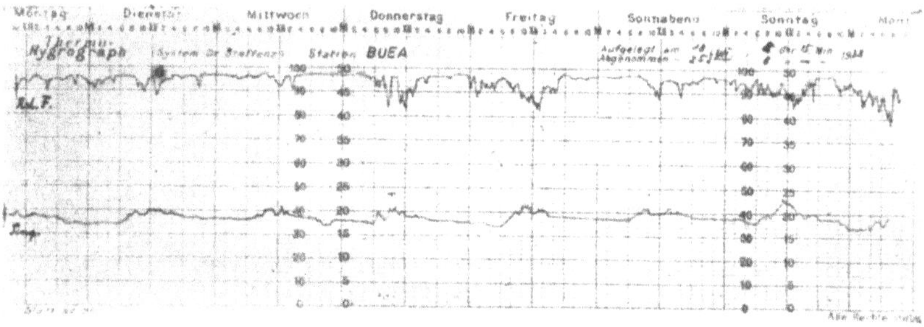

Abb. 8. **Buea.** Thermo-Hygrogramm, 18.—25. Juli 1938 (Regenzeit)

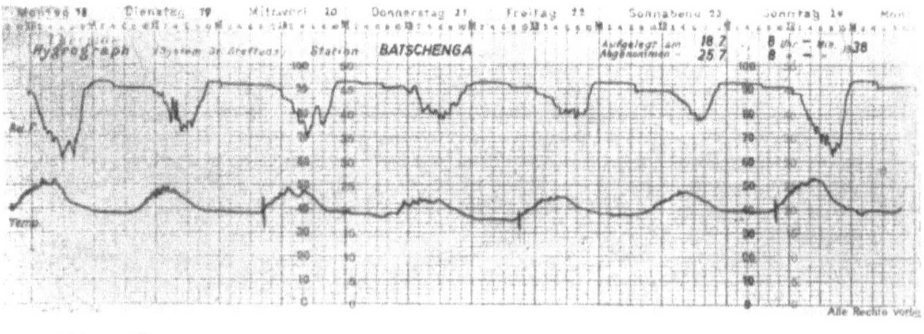

Abb. 9. **Batschenga.** Thermo-Hygrogramm 18.—25. Juli 1938 (kleine Trockenzeit)

am Kamerungebirge, in Batschenga in der Busch -und Baum-Savanne am nördlichen Rande des Regenwald-Gebietes und in Fort Lamy in der Gras- und Dornbuschsteppe dargestellt ist. Naturgemäß

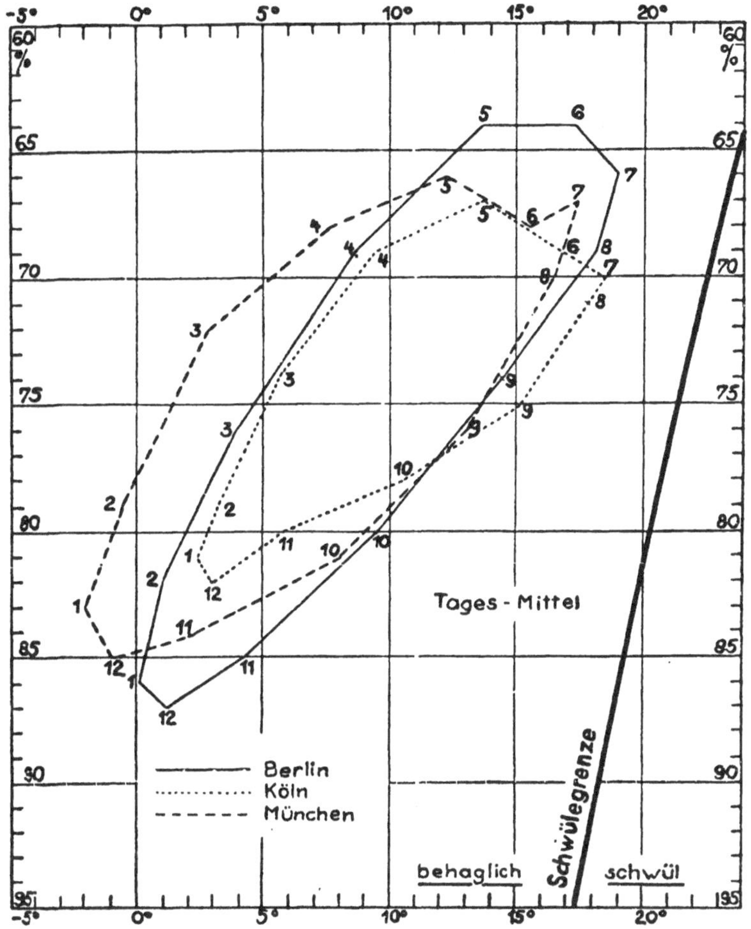

Abb. 10. **Klimagramme von Berlin, Köln und München**

bestehen zwischen den Formen dieser Klimagramme und den entsprechenden der Tafeln 2 und 3 gewisse Übereinstimmungen. Besonders aufschlußreich aber ist ihre jeweilige Lage im Diagrammfeld.

Die wahre Struktur der Temperatur- und Feuchteverhältnisse wird durch die Mittelwertbildung allerdings verschleiert. Denn ein Mittelwert von bestimmtem Betrage kann ebensowohl aus einer Anzahl wenig voneinander abweichender Werte als auch aus dem

Zusammenwirken niedriger und hoher Werte entstehen. Um von den bisher benutzten Mittelwerten unabhängig zu sein und damit einen tieferen Einblick in die wirklichen Verhältnisse zu gewinnen, ist in den Diagrammen V—XII der Tafel 4 die Lage der wahren Kombinationen „Temperatur-Feuchte" zu den Zeiten 7 Uhr (grün), 14 Uhr (rot) und 21 Uhr (schwarz) für jeden Tag in den Monaten Januar und Juli beliebig ausgewählter Jahre für die 4 Stationen Tiko, Buea, Batschenga und Fort Lamy durch kleine Kreise angegeben worden. An allen vier Orten ist der Monat Januar ein Monat der Trockenzeit. In Tiko, Buea und Fort Lamy herrscht im Juli die Regenzeit, während Batschenga in diesem Monat der „kleinen Trockenzeit" die niedrigste Temperatur, stärkste Bewölkung, geringe Sonnenscheindauer und hohe Luftfeuchte aufweist. Diese Art der Darstellung ist in besonderem Maße geeignet, die untersuchten Verhältnisse zu kennzeichnen. Klar tritt die Zusammenballung der Einzelwerte der Kombinationen „Temperatur-Feuchte" im Juli der weit größeren Streuung dieser Werte im Januar, besonders in den frühen Nachmittagsstunden, gegenüber. Betrachten wir andererseits die Lage dieser Kombinationen zur Schwülegrenze, so erhalten wir weiter eine vertiefte Vorstellung von der physiologischen Wirkung des jeweiligen Klimas in den entgegengesetzten Jahreszeiten.

Freilich darf — worauf eingangs hingewiesen wurde — nicht übersehen werden, daß das Kriterium der Schwüle allein nicht genügt, um die Wirkungen des Klimas ausreichend zu charakterisieren. Das mag am Beispiel von Buea am Kamerungebirge erläutert werden. Die Diagramme VII und VIII der Tafel 4 geben die tatsächlichen Verhältnisse bezüglich der Schwüle und Behaglichkeit in Höhenlagen des Kamerungebirges gut wieder. Aber das hervorstechendste Merkmal des Wetterablaufes in der Regenzeit, und zwar ganz besonders in den Monaten Juli und August, ist hier doch der sich bis zur Undurchdringlichkeit steigernde, mit kurzen Unterbrechungen oft den ganzen Tag über anhaltende, von Sprüh- und auch ergiebigerem Regen begleitete Nebel. Welche Rolle vornehmlich der Nebel und mit ihm die geringe Sonnenscheindauer in dieser Jahreszeit als klimatisches Element spielen, lassen Auszüge aus meinem Tagebuch der meteorologischen Hauptstation Buea (Kamerun) aus dem Jahre 1913 erkennen[1]) (Tabelle 7).

Die an den Nebeltagen dauernd hohe Luftfeuchte (im Mittel 93—95%) wirkt sich in der unerfreulichsten Weise aus: alles ist feucht

---

[1]) W. Semmelhack, Zum Klima von Buea-Kamerun. In: Annalen der Hydrographie und Maritimen Meteorologie. Berlin 1936, S. 320.

Tabelle 7

Nebel und Sonnenscheindauer in Buea (Kamerun) im Juli und August 1913

1913 Datum	Eintrittszeit und Dauer des Nebels Uhrzeit	Sonnenscheindauer Minuten	1913 Datum	Eintrittszeit und Dauer des Nebels Uhrzeit	Sonnenscheindauer Minuten	1913 Datum	Eintrittszeit und Dauer des Nebels Uhrzeit	Sonnenscheindauer Minuten
Juli			Juli			Juli		
1.	10^{40}, nachmittags	0	11.	17, 18	23	21.	13, 18	99
2.	kein Nebel	84	12.	16^{50}	261	22.	12^{15}, 15^{30}	0
3.	14^{50}	118	13.	18	13	23.	11^{15}, 12^{15}, 14^{30}, 19	5
4.	9	154	14.	16, 17	62	24.	11^{45}, 14^{30}, 17, 19	49
5.	13, 16, 17^{45}	139	15.	16	215	25.	den ganzen Tag	0
6.	9, 12^{15}, 14^{10}, 18	0	16.	15	167	26.	fast den ganzen Tag	26
7.	10, 12^{45}, 15	20	17.	11^{15}, 17	59	27.	desgleichen	0
8.	17^{30}	25	18.	11, 17^{30}	0	28.	desgleichen	0
9.	17^{15}	57	19.	10^{15}	54	29.	desgleichen	31
10.	18	12	20.	11^{30}	56	30.	von morgens bis 17	63
						31.	fast den ganzen Tag	89
								31 Std. 21 Min.
August			August			August		
1.	fast den ganzen Tag	0	11.	fast den ganzen Tag	80	21.	vor- und nachmittags	96
2.	desgleichen	0	12.	vor- und nachmittags	77	22.	desgleichen	85
3.	desgleichen	69	13.	nachmittags	174	23.	nachmittags	15
4.	desgleichen	33	14.	vor- und nachmittags	79	24.	fast den ganzen Tag	0
5.	desgleichen	6	15.	fast den ganzen Tag	8	25.	vor- und nachmittags	7
6.	desgleichen	62	16.	nachmittags	75	26.	nachmittags	33
7.	nachmittags	0	17.	desgleichen	27	27.	desgleichen	76
8.	fast den ganzen Tag	22	18.	fast den ganzen Tag	0	28.	vor- und nachmittags	79
9.	desgleichen	149	19.	desgleichen	30	29.	desgleichen	114
10.	desgleichen	0	20.	vor- und nachmittags	19	30.	nachmittags	179
						31.	desgleichen	182
								29 Std. 36 Min.

und klamm, Wäsche muß am Küchenherd getrocknet werden, Lederwaren und Bucheinbände schimmeln in kürzester Zeit. Man hat bei einer mittleren Morgen- und Abendtemperatur von $18^1/_2{}^0$ oft das Gefühl der Kälte und des Fröstelns, so daß es sich empfiehlt zu heizen.

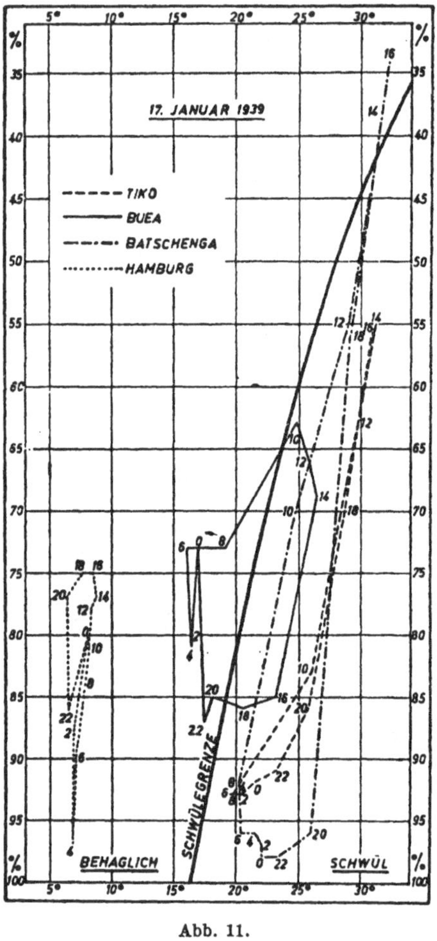

Abb. 11.

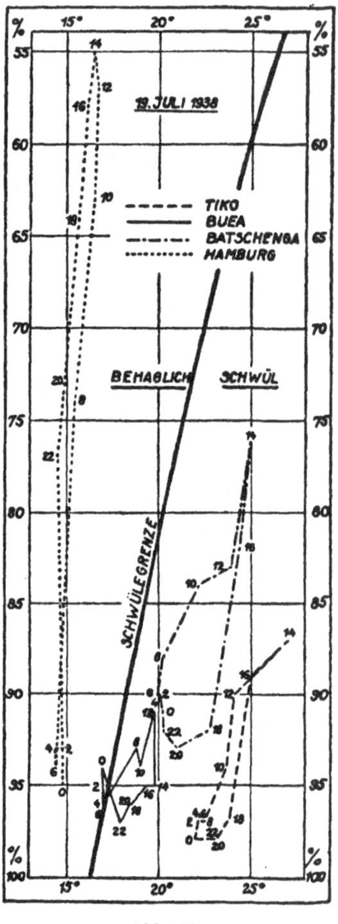

Abb. 12.

Abb. 11 und 12. Tagesgang der Kombination „Temperatur-Feuchte" am 17. Januar 1939 und 19. Juli 1938 in Tiko, Buea, Batschenga und Hamburg

(Die Zahlen geben die Uhrzeiten [MOZ] an)

Der anhaltende Mangel an Sonnenschein wirkt niederdrückend wie an trüben deutschen Herbsttagen. Es ist daher nicht zu verwundern, daß in der Zeit stärkster Bewölkung und Nebelhäufigkeit der Gemütszustand empfindsamer Menschen leidet, Reizbarkeit, Unlust zu körperlicher und geistiger Arbeit und seelische Niedergeschlagenheit, unter

Umständen in schwerer Form, sich einstellen können. In dieser nebelreichen Jahreszeit, die von Juni bis Oktober reicht, zählt der Aufenthalt in Buea trotz der durch die Höhenlage bedingten niedrigeren Temperatur gegenüber dem Küstentieflande nicht zu den Annehmlichkeiten, und als Gesundheits- und Erholungsstation, als welche ursprünglich Buea gedacht war, ist der Ort in der Regenzeit wenig oder gar nicht geeignet. Aus solchen klimatischen Verhältnissen ergibt sich allgemein weiter die Forderung, daß bei der Wahl und Anlage von Gesundheitsstationen in den Tropen nicht die Temperaturverhältnisse das ausschlaggebende Moment sein dürfen, vielmehr sollten neben der Erfüllung der sonst zu stellenden Anforderungen die psychischen Auswirkungen des örtlichen Klimas entscheidend sein.

Schließlich werden in den Abb. 11 und 12 die verschiedenen Klimaverhältnisse unseres Gebietes noch eindrucksvoll durch die Darstellung des täglichen Ganges des Schwüle- bzw. Behagensgefühls an den gleichen, beliebig ausgewählten Tagen der Trocken- und Regenzeit (17. Januar 1939 und 19. Juli 1938) in Tiko, Buea und Batschenga erhellt. Zum Vergleich mit heimischen Verhältnissen sind für dieselben Tage die entsprechenden Klimagramme für Hamburg beigefügt.

6. Die klimatische Abkühlungsgröße

Die Tatsache, daß eine und dieselbe Lufttemperatur bei verschiedenen Begleitumständen sehr ungleich empfunden werden kann, zeigt, daß die Temperaturangabe allein ein sehr unvollkommenes Maß darstellt, um die Wärmeempfindung des menschlischen Körpers auszudrücken. Die Wärmeempfindung wird — das wurde bereits in der Einleitung betont — außer von der wahren Temperatur noch wesentlich von der Ein- und Ausstrahlung sowie der Luftfeuchte, vor allem aber auch von der Luftbewegung beeinflußt. Die abkühlende Wirkung des Windes läßt sich, wenn auch nicht vollkommen, durch die mit Hilfe der Hillschen Formel (S. 5) berechnete Abkühlungsgröße angeben. Die Kenntnis der Abkühlungsgröße bildet so eine wertvolle Bereicherung des klimatologischen Beobachtungsmaterials, besonders wenn es sich, wie in unserem Falle, um vergleichend-klimatologische Fragen der angewandten Klimatologie handelt. Den berechneten Abkühlungsgrößen lassen sich, wie schon auf S. 5 mitgeteilt, erfahrungsgemäß festgelegte mittlere subjektive Wärmeempfindungen des Nordeuropäers und ihnen entsprechende Klimatypen zuteilen (Tabelle 8).

Tabelle 8

Abkühlungsgröße, Wärmeempfindung und Klimatypus[1])

Abkühlungsgröße mg cal/cm² sec	Wärmeempfindung	Klimatypus
> 55	äußerst kalt	Unterkühlungsklima
40—55	sehr kalt	
30—40	kalt	reizstarkes Klima
20—30	kühl	reizmildes Klima
15—20	mild	Schonungsklima
10—15	angenehm	
5—10	warm	Überhitzungsklima
0—5	sehr warm	
0	unerträglich heiß und schwül	

Wenn auch die Abkühlungsgröße keineswegs ein Maß für die Wärmeerzeugung oder die Wärmeabgabe des menschlichen Körpers darstellt, so ist sie bei aller Einschränkung doch geeignet, uns in Verbindung mit den in der Tabelle 8 angegebenen Klimatypen einen orientierenden Überblick über die in unserem Raume herrschenden Klimate und damit einen Anhalt für den Grad ihrer Zuträglichkeit für den längeren Europäeraufenthalt zu bieten.

In der Tabelle 9 werden der jährliche und tägliche Gang der klimatischen Abkühlungsgröße an einer Reihe von Kameruner Stationen mitgeteilt. Dabei ist besonders zu bemerken, daß Messungen mit dem Kata- oder Frigorimeter bisher nicht vorliegen, und daß die Windgeschwindigkeiten nach der Beaufortskala geschätzt wurden. Es ist daher bei Vergleichen von Ort zu Ort die größte Vorsicht und Zurückhaltung geboten.

Überblicken wir die Zusammenstellung 9, so erkennen wir, daß in den Küstentiefländern und in den niedrig gelegenen Teilen des Hinterlandes und Tschadbeckens die Monatsmittel der Abkühlungsgröße bei geringer jährlicher Schwankung zwischen 5 und 10 mgcal liegen, somit das ganze Jahr über mit Überhitzungsklima zu rechnen ist. Daß in dieser Beziehung die am wenigsten erfreulichen Verhältnisse in Tiko herrschen, entspricht durchaus den Tatsachen und erklärt sich aus der Lage dieser Station im Mangrovengebiet des Kamerun-Ästuars, die den ungehinderten Zutritt der Seebrise hemmt. Mit der Entfernung von der Küste nimmt die jährliche Schwankung der Abkühlungsgröße um ein geringes zu. Anders liegen die Verhältnisse in Höhenlagen am Kamerungebirge sowie im Hochland von Süd-

[1]) Nach V. Conrad, a. a. O.

Tabelle 9

Jahres- und Tagesgang der klimatischen Abkühlungsgröße (mg cal/cm² sec)

	Januar	Februar	März	April	Mai	Juni	Juli	August	September	Oktober	November	Dezember
A. Gebiet des westafrikanischen Regenwaldes:												
36. Debundscha												
6 Uhr	7,7	7,8	6,4	*6,3*	6,4	6,8	7,6	**8,8**	8,1	7,4	6,7	7,5
13 „	7,9	7,0	7,7	*6,6*	7,9	10,4	11,1	**11,5**	9,1	7,3	8,5	9,3
18 „	5,7	*4,6*	5,4	5,8	5,6	6,6	9,8	**10,7**	7,6	8,0	7,4	5,4
Mittel	7,1	6,5	6,5	*6,2*	6,6	7,9	9,5	**10,3**	8,3	7,6	7,5	7,4
38. Tiko												
7 Uhr	6,0	6,6	6,3	6,5	6,3	6,0	**6,9**	6,8	6,2	6,5	6,2	*5,9*
14 „	*4,5*	4,6	5,0	5,3	5,7	7,5	8,4	7,9	**8,7**	6,4	5,7	7,7
18 „	*3,5*	3,6	3,9	3,6	3,9	4,0	4,9	4,9	**5,3**	4,8	4,5	4,3
Mittel	*4,7*	4,9	5,1	5,1	5,3	5,8	**6,7**	6,5	**6,7**	5,9	5,5	6,0
40. Buea												
7 Uhr	13,0	**14,0**	12,0	12,1	11,4	10,6	9,7	9,3	*9,0*	10,5	10,1	13,2
14 „	**14,7**	14,2	12,6	13,7	14,4	*12,4*	12,6	13,9	14,0	14,7	14,0	13,9
21 „	11,7	**13,7**	11,9	12,9	11,9	11,3	10,9	10,9	11,5	*10,2*	10,8	13,5
Mittel	13,1	**14,0**	12,2	12,9	12,6	11,4	*11,1*	11,4	11,5	11,8	11,6	13,5
45. Duala												
7 Uhr	7,7	7,6	**8,0**	7,1	6,6	7,5	7,6	7,1	7,7	7,4	7,5	*6,3*
14 „	*7,2*	8,1	8,2	9,1	9,6	10,9	**13,2**	13,0	**13,2**	11,7	10,2	10,0
21 „	*5,5*	6,2	6,6	6,0	6,4	7,4	7,9	**8,2**	6,8	6,4	7,1	5,6
Mittel	*6,8*	7,3	7,6	7,4	7,5	8,6	**9,6**	9,4	9,2	8,5	8,3	7,3
53. Ajoshöhe												
7 Uhr	12,9	**18,8**	17,4	14,9	14,0	14,8	**15,9**	15,7	*12,2*	14,4	17,4	13,5
14 „	*8,1*	**10,4**	*8,0*	8,6	9,1	10,0	**11,8**	9,7	9,0	9,2	9,1	9,2
21 „	11,9	**16,2**	15,2	13,6	*12,7*	14,1	**15,8**	12,5	13,1	15,2	12,2	*11,3*
Mittel	*11,0*	**15,1**	13,5	12,4	*11,9*	13,0	**14,5**	12,6	11,4	12,9	12,9	11,3
B. Gebiet der Busch- und Baum-Savannen:												
76. Bali												
7 Uhr	11,1	13,3	**14,2**	*10,7*	12,6	11,6	16,0	**16,1**	13,2	*10,5*	11,3	11,2
14 „	15,2	15,3	**15,9**	*15,0*	15,4	16,0	19,7	**20,9**	17,7	13,8	*12,4*	13,3
21 „	*9,6*	11,4	**13,5**	*10,5*	11,2	14,4	**18,2**	15,7	12,9	11,6	9,7	9,7
Mittel	12,0	13,3	**14,5**	*12,1*	13,1	14,0	**18,0**	17,6	14,6	12,0	*11,1*	11,4
80. Garua												
7 Uhr	**13,5**	10,1	6,9	7,6	*6,3*	9,6	8,8	8,4	**12,2**	*6,9*	7,2	9,6
14 „	1,9	1,9	*-1,9*	-0,1	3,8	5,2	5,3	**7,2**	5,1	2,5	*0,9*	**2,4**
21 „	7,0	5,6	*4,5*	6,0	6,8	7,6	**8,7**	8,0	8,2	*5,8*	6,9	**7,4**
Mittel	**7,5**	5,9	*3,2*	4,5	5,6	7,5	7,6	7,9	**8,5**	5,1	*5,0*	6,5
C. Gebiet der Gras- und Dornbusch-Steppen:												
116. Kusseri												
7 Uhr	13,8	**16,6**	15,0	7,5	6,7	*6,5*	9,0	**9,7**	*7,5*	*7,5*	9,5	8,4
14 „	**5,2**	3,6	0,4	*-2,9*	-2,3	-0,1	4,5	8,1	3,9	1,9	*1,7*	3,1
21 „	8,2	**10,4**	8,9	3,8	*3,6*	5,0	6,9	8,1	5,7	*4,3*	6,9	10,3
Mittel	9,1	**10,2**	8,1	2,8	*2,7*	3,8	6,8	**8,6**	5,7	*4,6*	6,0	7,3

kamerun und Adamaua. In Buea (965 m), Ajoshöhe (730 m) und Bali (1360 m) werden mittlere monatliche Werte der Abkühlungsgröße von 10—15 mgcal erreicht oder überschritten. Man kann daher — und auch das entspricht der Wirklichkeit — hier nicht mehr von einem Überhitzungsklima sprechen. Diese Gebiete sind zweifellos klimatisch begünstigt insofern, als sie thermisch ein verhältnismäßig angenehmes Schonungsklima aufweisen.

Was den Tagesgang der Abkühlungsgröße anbetrifft, so erreicht sie in den Gebieten, die unter dem Einfluß des abkühlenden Seewindes stehen und nur geringe Schwankungen der täglichen Temperatur aufweisen, ihre höchsten Werte meist in den Mittags- und Nachmittagsstunden. Im weiten Hinterland, besonders in den Savannen- und Steppenlandschaften dagegen gewinnt der Temperaturgang die Oberhand und drückt der Tagesschwankung der Abkühlungsgröße den Stempel auf. So tritt in diesen Gebieten das Maximum nachts und morgens, das Minimum der Abkühlung dagegen nachmittags auf.

Die in der heißen Zeit des Steppenklimagebietes von März bis Mai/Juni in den Mittags- und Nachmittagsstunden auftretenden negativen Abkühlungsgrößen (Kusseri und Garua in Tabelle 9), finden ihre Erklärung darin, daß in diesen Tagesstunden die wahre Lufttemperatur vielfach die Eigentemperatur des menschlichen Körpers (36,5°) übersteigt, so daß der Faktor (36,5 — t) der Hillschen Formel (S. 5) einen negativen Wert annimmt. Physiologisch bedeutet dies aber, daß Winde, deren Temperaturen über der normalen Körpertemperatur liegen, keine Abkühlung, sondern Aufwärmung des menschlichen Körpers bewirken, zumal bei hohen Temperaturen auch die Hauttemperatur 37° nicht überschreitet. Bestätigt wird diese physiologische Klimawirkung durch die vielfachen Beobachtungen bei trockenheißen Winden und Sand- und Staubstürmen im nordafrikanischen Raum (Chichili in Algerien, Gibli in Libyen, Chamsin in Ägypten und an der Küste des Roten Meeres, Haboob und Dschani im Sudan).

Schließlich sei noch darauf hingewiesen, daß auch in den warmen Küstengebieten mit Überhitzungsklima gelegentlich Abkühlungsgrößen bis zum Betrage von 15 mgcal und mehr auftreten können. Das ist namentlich nachmittags in den trockenen Monaten bei starkem Seewind der Fall. Erfolgt die beachtliche Steigerung der Abkühlungsgröße innerhalb kurzer Zeit, so ist damit für den ohnehin empfindlichen Tieflandsbewohner wegen des erhöhten Wärmeentzuges die Gefahr von Erkältungskrankheiten gegeben.

7. Die „Physiologische Klimakarte“

Die in den Klimatabellen (S. 36—60) mitgeteilten Temperatur- und Feuchtewerte der in Tabelle 1 genannten Orte und die Klimagramme der Tafeln 2 und 3 bilden die Grundlagen für den Entwurf der „Physiologischen Klimakarte von Kamerun und den Nachbargebieten“ (Tafel 1). Sie verfolgt den Zweck, die geographische Verteilung und Anordnung derjenigen Räume zu zeigen, in denen für den ruhenden, leicht bekleideten Nordeuropäer unter der Annahme der Luftruhe

1. alle Monate } als schwül
2. 7—11 Monate }
3. 7—11 Monate } als schwülefrei
4. alle Monate }

anzusehen sind. Die Karte stellt einen ersten Versuch dar und beabsichtigt, lediglich einen vorläufigen Überblick zu bieten. Sie leidet an unzureichend zur Verfügung stehendem Material und teilt damit Mängel und Schwierigkeiten, mit denen heute noch fast jede kolonialklimatologische Untersuchung zu kämpfen hat. Lücken und einzelne Unstimmigkeiten sind daher zunächst nicht zu vermeiden. Um so notwendiger wird es deshalb, daß eine künftige Kolonialverwaltung in noch stärkerem Maße als es bisher geschehen ist, der Kolonialklimatologie bei einer ausreichenden Beschaffung von Forschungsmaterial behilflich ist.

Das Ergebnis unserer Untersuchungen läßt sich kurz folgendermaßen zusammenfassen:

Vom klimatischen Standpunkt aus (und nur dieser steht hier in Frage) kommen unter Zugrundelegung des Schwülebegriffes die Landschaften des west- und zentralafrikanischen Regenwaldes — seine Grenze ist in der Karte angegeben — für einen langjährigen ununterbrochenen Aufenthalt von Nordeuropäern nicht in Betracht. Im südlichen Nigerien reicht die als dauernd schwül anzusprechende Zone sogar noch erheblich über die Regenwaldgrenze hinaus. Allerdings besteht, wie die Klimagramme zeigen, zwischen dem Grad der Schwüle in den niedrig gelegenen Küstenstrichen und den höheren Teilen Süd-Kameruns und Nigeriens ein nicht zu unterschätzender Unterschied, der dazu führt, daß reine Klimaschäden in den letzteren Gebieten — wie es auch den tatsächlichen Verhältnissen entspricht — nicht in dem Maße auftreten und zu erwarten sind wie in den Küstendistrikten.

Für den Nordeuropäer zuträglicher sind die weiten Landschaften der Busch- und Baum-Savannen und die südlichen Teile der Steppen, wenn sie auch während mehr als der Hälfte des Jahres als schwül anzusehen sind.

Als verhältnismäßig günstig hingegen sind das Hochland von Süd-Adamaua, das Bautschiplateau und die Massivregion von Adamaua zu werten, die bei einer mittleren Höhenlage von 1200 m während des größten Teiles des Jahres schwülefrei sind. Diese Gebiete sind daher auch für einen längeren Europäeraufenthalt durchaus geeignet. Auch der nördlichste Teil des von uns betrachteten Raumes bis etwa 13^0 nördlicher Breite kommt möglicherweise hierfür in Betracht.

Die durch ihre dunkelblaue Farbe als dauernd schwülefrei gekennzeichneten Landschaften des Hochlandes von Süd-Adamaua, des Schebschi- und Alantikagebirges sowie des südlichen Bautschiplateaus dürften trotz ihrer günstigen Klimaverhältnisse wegen der großen Höhenlage (über 2000 m) einem längeren, sich über mehrere Jahre erstreckenden Aufenthalt von Nordeuropäern im allgemeinen kaum zusagen.

Vergleichen wir die Ausdehnungen der schwülen und schwülefreien Gebiete in dem untersuchten Teil Westafrikas mit denen in Deutsch-Ostafrika, wie sie Marner in der „Physiologischen Klimakarte von Deutsch-Ostafrika“[1]) angegeben hat, so ist festzustellen, daß die Erstreckung der für einen Daueraufenthalt von Europäern als günstig anzusehenden Räume in Kamerun und seinen Nachbargebieten wesentlich hinter derjenigen in Deutsch-Ostafrika zurücksteht. Dieser Vergleich läßt sich unmittelbar ziehen, da beide Karten in demselben Maßstab (1 : 5000000) und in der gleichen Farbgebung ausgeführt worden sind.

Die vorstehenden Ausführungen haben gezeigt, daß der anthropoklimatischen Forschung in den afrikanischen Tropen weittragende Bedeutung zukommt, sie haben aber auch gelehrt, daß noch mancherlei Fragen ungeklärt und ungelöst sind, deren Beantwortung nur durch die enge Zusammenarbeit zwischen dem Hygieniker und Meteorologen erfolgen kann.

Wenn auch der Mensch nicht in der Lage ist, das Tropenklima so zu gestalten, wie er es wünscht und es ihm zuträglich erscheint, so kann ihm doch auf manchen Gebieten des menschlichen Lebens auch

---

[1]) J. Marner, a. a. O., Tafel 6.

in den Tropen ein Klimaschutz zu teil werden, der geeignet ist, ihm den dortigen Aufenthalt zu erleichtern. Das gilt besonders für den Bau des Wohnhauses, in dem auch die meisten Tropen-Europäer den größten Teil ihres Tropenaufenthaltes zubringen. In dieser Beziehung sind der Technik große Aufgaben gestellt, die allerdings nur durch die eingehende Berücksichtigung und Verwertung der Erkenntnisse klimatologischer Forschung gelöst werden können. Ich darf in diesem Zusammenhang auf meine Messungen innerhalb eines neuerbauten Tropenhauses in Tiko im Mangrovengebiet der Kamerunküste am 30. August 1937 verweisen. Die gleichzeitigen Messungen an diesem Tage um 21 Uhr mit einem Aspirations-Psychrometer ergaben:

Außenluft: Temperatur 24,4°, relative Feuchte 90%; bedeckter Himmel, Regentropfen, Windstille.

Zimmerluft: Temperatur 26,0°, relative Feuchte 85%; sämtliche Fenster geöffnet.

Luft unter dem Moskitonetz: Temperatur 27,3°, relative Feuchte 85%.

Es dauerte 1¾ Minuten, bis der ruhende, leicht bekleidete Körper unter dem Moskitonetz in Schweiß gebadet war. In diesem durch das Moskitonetz allseitig abgeschlossenen feucht-heißen Luftkörper war der ruhende Mensch gezwungen, die ganze Nacht zu verbringen. Es ist daher verständlich, daß unter derartigen atmosphärischen Verhältnissen von einem erquickenden Schlaf nicht die Rede sein konnte.

Erfreulicherweise hat die deutsche Tropen-Architektur das Problem des zweckmäßigen Tropenhausbaues für Europäer tatkräftig in Angriff genommen[1]).

---

[1]) F. Vick, Thermische Fragen des Kolonialhauses. In: Tropenhygienische Schriftenreihe, Heft 1, S. 20. Stuttgart 1941. — K.-H. Rabe, Eine Farm in Deutsch-Ostafrika. In: Deutsche Tropenmedizinische Zeitschrift, Band 45, Heft 21, S. 641. Leipzig 1941 — u. a.

8. Klimatabellen

In den folgenden Tabellen bedeuten:

t = mittlere Lufttemperatur (° C)

t_7 um 7^h } und entsprechend zu anderen Zeiten;
t_{14} „ 14^h
t_{21} „ 21^h

T = mittleres tägliches Maximum der Temperatur

T_+ = absolut größter } Wert des Temperaturmaximums;
T_- = „ kleinster

τ = mittleres tägliches Minimum der Temperatur

τ_+ = absolut größter } Wert des Temperaturminimums;
τ_- = „ kleinster

δ_+ = absolut größter Wert der täglichen Temperaturschwankung;

f = mittlere relative Luftfeuchte in Prozenten

f_7 um 7^h } und entsprechend zu anderen Zeiten;
f_{14} „ 14^h
f_{21} „ 21^h

w = mittlere tägliche Himmelsbedeckung in Zehnteln der ganzen Himmelsfläche;

s = mittlere tägliche Dauer des Sonnenscheins in Stunden;

r = Regenhöhe in Millimetern (· = kein Regen);

— = Angaben fehlen.

Die Mittel t und f sind 24stündige Mittel, soweit Aufzeichnungen von Registrierinstrumenten vorliegen. Ihre Berechnung erfolgte bei den Terminbeobachtungszeiten:

6, 12 und 18^h für t und f nach der Formel $^1/_3$ (6 + 12 + 18);
6, 13 „ 18^h „ t „ f „ „ „ $^1/_3$ (6 + 13 + 18);
6, 14 „ 20^h „ t „ f „ „ „ $^1/_3$ (6 + 14 + 20);
6, 14 „ 21^h „ t „ f „ „ „ $^1/_3$ (6 + 14 + 21);
7, 14 „ 20^h „ t „ f „ „ „ $^1/_3$ (7 + 14 + 20);
7, 14 „ 21^h „ t nach der Formel $^1/_4$ (7 + 14 + 2.21),
für f nach der Formel $^1/_3$ (7 + 14 + 21).

Die Nummern der Orte entsprechen denjenigen des Stationsverzeichnisses Tabelle 1 (S. 8ff.).

Monat	1 Badagri (3 m ü. M.)			2 Ebute Metta (6 m ü. M.)			3 Lagos (3 m ü. M.)								4 Epe (24 m ü. M.)			5 Yaba (14 m ü. M.)	
	t_9	f_9	r	t_9	f_9	r	t_9	f_9	T_+	τ_-	δ_+	w	s	r	t_9	f_9	r	t_9	f_9
Januar	26,7	**90**	*24*	26,3	78	*23*	25,4	81	32,2	20,6	**11,1**	*4,3*	5,6	32	25,6	85	17	25,3	84
Februar	28,9	81	47	27,3	80	38	27,0	82	**33,3**	**22,8**	9,4	5,0	**7,0**	49	27,6	77	32	27,0	84
März	**29,1**	81	95	**28,3**	79	80	**27,9**	*79*	**33,3**	22,2	9,4	6,3	5,9	92	**28,2**	*75*	49	**27,9**	82
April	29,1	73	156	28,2	78	118	27,9	79	32,8	22,2	10,0	6,6	6,0	153	28,1	79	161	27,9	*81*
Mai	27,9	*72*	231	27,3	81	234	27,1	81	32,8	21,1	9,4	7,3	6,2	265	27,4	79	211	27,2	*81*
Juni	25,5	78	**486**	26,1	**84**	**445**	25,7	**85**	31,1	21,7	8,3	8,2	4,1	**484**	26,8	80	364	26,1	86
Juli	25,1	78	222	25,3	**84**	317	*25,1*	**85**	*29,4*	*18,9*	*7,2*	**8,8**	*3,1*	268	26,0	83	**366**	25,2	**87**
August	*25,0*	76	*20*	*25,2*	82	*48*	25,1	83	29,4	19,4	8,3	8,3	4,1	*55*	*25,5*	**87**	*82*	*24,9*	84
September ...	25,7	77	126	25,7	82	151	25,3	83	29,4	20,0	8,9	8,3	3,9	134	25,5	80	169	25,6	84
Oktober	27,2	75	**153**	27,2	*76*	**165**	26,1	83	31,1	20,6	10,0	7,5	5,7	**205**	25,5	85	**169**	26,3	83
November ...	**27,5**	77	52	**27,4**	79	42	**27,0**	82	31,7	20,6	9,4	6,7	6,9	55	**26,4**	79	45	**27,0**	85
Dezember	27,3	77	24	26,9	80	33	26,1	82	31,7	21,1	9,4	5,0	**7,1**	*22*	25,9	82	*14*	26,1	**87**
Zahl d. Jahre	3	3	11	10	10	9	23	23	1	1	1	4	5	28	5	5	13	12	12

Monat	6 Agede (58 m ü. M.)		7 Benin City (85 m ü. M.)							8 Ubiaja (?)	9 Agbor (?)		10 Assaba (75 m ü. M.)			11 Sapele (7 m ü. M.)		
	t_9	f_9	t_9	f_9	T_+	τ_-	δ_+	w	r	t_9	t_9	f_9	t_9	f_9	r	t_9	f_9	r
Januar	*24,4*	88	24,6	84	34,4	16,7	**17,3**	5,0	25	27,2	*24,1*	88	25,4	80	62	25,7	84	36
Februar	26,3	86	**26,5**	84	**35,6**	17,2	16,7	*3,3*	33	25,3	25,8	*86*	27,4	*79*	28	26,6	84	41
März	26,9	*83*	26,4	*83*	**35,6**	20,6	13,9	5,3	75	**28,2**	**26,7**	87	**29,0**	*79*	49	26,9	84	117
April	**27,1**	86	26,1	84	**35,6**	20,0	13,9	4,3	195	27,3	26,7	87	27,7	82	118	**27,1**	*80*	253
Mai	26,8	84	25,9	85	34,4	18,3	13,9	4,8	210	25,6	26,1	**91**	27,4	83	163	26,9	84	293
Juni	24,9	**89**	25,0	87	32,8	*15,6*	14,4	5,0	302	25,6	25,5	90	26,5	83	140	26,1	**87**	405
Juli	24,6	87	24,5	**89**	32,2	18,3	11,1	5,5	**407**	26,2	24,8	89	25,8	84	**181**	25,6	86	**465**
August	24,5	85	*24,3*	88	31,1	20,0	9,4	4,8	235	*24,4*	24,9	90	*25,1*	86	143	*25,3*	84	288
September ...	**27,2**	96	24,4	88	*30,6*	20,0	*8,3*	5,3	**397**	25,3	24,8	89	25,5	**87**	**272**	25,5	84	**391**
Oktober	25,6	*83*	24,9	88	33,3	20,0	11,1	4,8	299	**27,4**	24,6	89	26,3	83	193	25,9	82	298
November ...	**26,1**	87	**26,1**	85	33,9	19,4	11,1	5,3	112	25,7	**25,7**	89	**27,2**	82	9	**26,9**	83	78
Dezember	25,3	**89**	25,3	85	33,3	**21,7**	10,6	**6,5**	*16*	26,8	24,9	88	26,1	*79*	•	26,0	83	7
Zahl d. Jahre	9	9	22	22	1	1	1	4	11	1	6	6	13	13	6	12	12	11

Monat	12 Warri (7 m ü. M.)							13 Forcados (3 m ü.M.)			14 Akassa (3 m ü. M.)			15 Brass (5 m ü. M.)			16 Onitscha (72 m ü. M.)		
	t_9	f_9	T_+	τ_-	δ_+	w	r	t_9	f_9	r	t_9	f_9	r	t_9	f_9	r	t_9	f_9	r
Januar	*23,8*	**92**	33,3	*16,7*	14,4	8,0	66	27,0	81	38	26,8	80	*63*	27,7	82	*58*	25,5	*79*	22
Februar	25,3	91	**35,0**	18,3	**16,7**	8,5	49	28,2	79	89	**29,5**	76	113	28,5	81	85	**26,6**	83	*16*
März	**26,1**	91	**35,0**	**21,7**	12,2	8,0	125	**28,6**	80	178	28,1	80	158	**28,7**	*80*	177	26,6	87	96
April	26,1	90	**35,0**	20,6	12,2	7,6	240	27,9	*78*	239	29,4	72	239	28,1	85	257	26,2	86	147
Mai	26,1	90	33,3	20,6	14,4	7,5	271	27,3	80	377	27,8	*68*	392	27,7	81	448	26,0	87	184
Juni	25,1	90	31,7	19,4	11,1	8,5	**427**	26,4	83	503	25,8	84	**726**	27,1	86	**740**	25,1	88	180
Juli	24,5	90	*30,6*	20,0	*9,4*	8,8	426	25,3	87	**635**	25,3	79	573	26,4	86	638	24,4	90	**324**
August	24,4	91	31,1	20,0	10,0	8,8	276	*25,0*	**88**	312	26,7	80	307	26,0	86	287	*24,3*	90	198
September	24,3	*88*	31,1	18,3	11,1	**9,0**	**452**	25,4	86	**571**	*25,0*	84	**624**	*25,9*	**89**	**587**	24,7	**91**	**307**
Oktober	25,2	91	32,8	21,1	11,1	8,5	343	26,1	86	462	26,1	**85**	497	26,9	87	437	25,3	88	235
November	**26,0**	90	33,3	20,6	11,1	7,3	98	27,1	82	132	28,1	*68*	243	28,0	85	230	**26,0**	89	20
Dezember	24,6	**92**	33,3	21,1	11,1	*7,0*	*16*	**27,3**	84	*76*	**28,5**	80	123	**28,1**	83	111	25,4	84	72
Zahl d. Jahre	22	22	1	1	1	4	7	11	11	9	1	1	7	7	7	7	8	8	7

Monat	17 Abo (25 m ü. M.)			18 Owerri (73 m ü. M.)							19 Aba (64 m ü. M.)							20 Degema (15 m ü. M.)		
	T_+	τ_-	r	t_9	f_9	T_+	τ_-	δ_+	w	r	t_9	f_9	T_+	τ_-	δ_+	w	r	t_9	f_9	r
Januar	34,4	*15,6*	*7*	25,8	*78*	35,0	17,8	16,7	3,0	*23*	*23,9*	*85*	32,2	—	—	7,0	*28*	27,9	*81*	22
Februar	36,7	19,4	21	26,6	82	35,6	*15,0*	**20,0**	3,3	33	25,4	88	—	—	—	6,5	58	27,8	82	35
März	**37,2**	18,9	109	26,7	82	36,1	20,0	15,0	7,5	100	25,8	89	—	—	—	6,3	178	**28,2**	82	134
April	35,6	**21,1**	152	**26,8**	80	**36,7**	**21,1**	13,3	5,3	213	25,9	86	—	—	—	6,0	142	27,3	85	208
Mai	35,0	20,6	251	26,4	83	35,6	20,6	12,2	7,0	254	**26,2**	88	**35,0**	20,6	12,2	6,5	180	27,2	82	231
Juni	34,4	20,6	255	25,6	84	34,4	**21,1**	11,1	8,0	263	24,7	91	33,3	**21,1**	11,7	6,8	279	26,9	85	268
Juli	35,0	17,2	**368**	24,9	**86**	*32,8*	21,1	11,7	8,5	**326**	24,3	**92**	*30,6*	*19,4*	10,0	6,8	**409**	26,2	84	**355**
August	*32,2*	**21,1**	226	*24,7*	85	32,8	18,9	11,7	**9,3**	308	*24,1*	91	*30,6*	20,6	10,0	**7,0**	376	26,2	86	252
September	*32,2*	16,1	**368**	25,0	**86**	32,8	**21,1**	*10,0*	**9,3**	**409**	24,7	89	*30,6*	**21,1**	*8,9*	5,8	**394**	*25,9*	87	**391**
Oktober	33,3	20,0	269	25,5	85	33,9	**21,1**	11,7	8,7	263	24,7	90	31,1	**21,1**	10,0	6,3	201	26,6	**88**	223
November	**33,9**	**21,1**	46	**26,4**	83	34,4	20,6	11,7	5,0	35	**25,5**	89	31,7	**21,1**	10,0	6,7	79	27,2	86	97
Dezember	33,9	16,1	7	26,3	81	34,4	17,8	16,1	*0,5*	28	24,8	87	32,2	20,0	11,1	*5,0*	51	27,3	85	*16*
Zahl d. Jahre	1	1	7	21	21	1	1	1	4	7	4	4	1	1	1	4	4	12	12	7

Monat	21 Port Harcourt (13 m ü. M.)							22 Bonny (3 m ü. M.)			23 Ameke (?)		24 Opobo (8 m ü. M.)		
	t_9	f_9	T_+	τ_-	δ_+	w	r	t_9	f_9	r	t_9	f_9	t_9	f_9	r
Januar	25,6	84	32,8	18,3	11,7	5,0	69	26,3	82	73	—	—	26,4	82	40
Februar	26,4	86	35,0	19,4	13,9	8,5	81	26,4	82	102	—	—	27,1	83	73
März	26,5	87	34,4	22,2	12,2	7,7	163	26,8	82	133	—	—	27,1	82	148
April...........	26,5	84	35,0	21,1	11,7	8,5	198	26,8	84	219	—	—	27,4	81	186
Mai	26,4	85	32,8	20,6	11,7	8,0	224	26,4	83	420	—	—	27,3	85	365
Juni............	25,6	87	31,7	20,6	10,0	8,7	363	25,5	85	740	—	—	25,9	86	439
Juli	25,3	85	31,1	20,6	10,0	9,0	455	25,1	87	748	—	—	25,6	86	623
August	24,9	87	31,7	20,6	10,0	9,0	470	25,3	85	367	23,9	89	25,6	84	390
September....	25,3	86	31,1	21,1	10,0	9,0	333	25,4	82	477	24,4	89	25,4	87	479
Oktober.......	25,9	85	31,7	21,1	10,0	9,0	264	25,7	84	442	24,7	94	25,9	86	290
November ...	26,6	85	32,8	21,1	10,6	7,5	107	26,1	85	273	26,8	85	27,2	82	157
Dezember.....	26,1	83	33,3	21,1	10,6	7,0	46	26,6	83	66	—	—	26,4	81	36
Zahl d. Jahre	18	18	1	1	1	3	4	9	9	11	1	1	10	10	7

Monat	25 Enugu (250 m ü. M.)								26 Enugu Ngwo (414 m ü. M.)		27 Udi (370 m ü. M.)			28 Bende (?)			29 Amoji (?)	
	t_9	f_9	T_+	τ_-	δ_+	w	s	r	t_9	f_9	t_9	f_9	r	T_+	τ_-	r	t_9	f_9
Januar	25,3	73	35,0	20,6	13,9	4,0	7,2	25	25,9	75	24,7	78	12	33,9	16,1	16	26,6	71
Februar	26,3	75	36,1	20,0	15,6	5,3	6,8	25	27,4	74	27,2	78	11	35,0	17,8	21	25,4	84
März	26,9	78	36,1	19,4	15,0	6,5	6,0	81	28,3	75	27,3	70	99	35,6	18,9	57	24,8	75
April...........	26,7	81	35,0	18,9	12,8	7,3	6,1	196	27,4	77	27,2	74	154	35,6	17,8	123	26,2	85
Mai	26,3	84	33,3	18,9	11,7	7,0	6,6	244	27,3	76	26,4	76	259	36,7	17,8	204	25,9	75
Juni............	25,4	85	32,2	18,9	12,2	7,8	3,9	234	25,5	81	25,5	82	355	36,7	18,9	243	26,7	71
Juli	24,3	84	30,6	20,6	9,4	8,0	4,3	170	26,4	79	23,0	89	280	33,3	19,4	302	—	—
August	24,0	85	30,6	20,6	9,4	8,3	3,4	158	24,8	84	23,4	84	176	32,8	18,9	302	22,4	94
September....	24,4	86	31,1	18,9	10,6	8,0	3,4	274	25,5	84	24,5	84	330	33,3	20,0	290	22,8	94
Oktober.......	25,3	85	32,8	20,0	11,1	7,3	5,1	282	26,0	81	25,6	82	231	33,3	20,0	219	24,7	89
November ...	26,5	83	35,0	19,4	13,3	5,7	7,6	51	26,8	76	26,2	80	39	33,9	16,1	6	24,6	71
Dezember.....	25,8	74	35,0	20,0	12,8	4,5	7,1	38	26,7	77	26,2	63	4	—	—	5	24,2	49
Zahl d. Jahre	6	6	1	1	1	4	3	4	9	9	2	2	5	1	1	7	1	1

Monat	30 Okigwi (?)		31 Afikpo (126 m ü. M.)			32 Obubra (?)		33 Ikom (100 m ü. M.)		34 Ikot-Ekpene (?)			35 Calabar (14 m ü. M.)						
	t_9	f_9	t_9	f_9	r	T_+	τ_-	t_9	f_9	t_9	f_9	r	t_9	f_9	T_+	τ_-	δ_+	w	r
Januar	25,6	71	24,9	*80*	37	*32,4*	18,3	24,8	84	25,9	85	47	26,0	*84*	**32,8**	—	—	8,0	*29*
Februar	25,9	75	26,0	84	21	33,1	21,1	26,1	86	26,2	85	43	27,0	85	—	—	—	7,5	57
März	**26,4**	80	**26,6**	82	59	35,0	21,1	**26,9**	83	**26,7**	*83*	125	**27,4**	*84*	—	—	—	8,3	144
April...........	26,4	80	26,0	84	111	**40,6**	**21,2**	26,7	*80*	26,1	84	191	26,9	86	—	—	—	7,5	229
Mai	25,7	84	25,8	83	205	37,3	20,8	26,6	83	26,2	84	279	26,7	85	—	—	—	*6,7*	313
Juni............	24,9	84	25,0	87	254	37,1	—	25,7	86	25,9	86	311	25,9	87	—	—	—	7,7	434
Juli	*23,2*	84	24,5	**88**	**263**	35,1	—	24,9	**90**	25,1	87	**450**	25,1	**89**	—	—	—	8,0	**535**
August	23,4	79	*24,2*	**88**	233	35,2	—	*24,6*	89	*24,8*	**89**	358	*24,9*	88	—	—	—	**9,5**	514
September....	24,0	84	24,4	87	**249**	34,4	17,2	24,8	**90**	24,9	87	**443**	25,2	88	*29,4*	20,6	8,3	8,5	420
Oktober.......	24,4	**89**	24,6	85	188	35,1	*16,1*	25,4	87	25,4	87	276	25,8	86	31,7	20,6	**10,6**	8,7	301
November ...	24,9	84	25,3	87	31	35,1	18,3	25,9	89	**25,9**	86	56	**26,4**	87	31,7	20,6	10,0	8,0	189
Dezember.....	**26,0**	*63*	**25,4**	84	*7*	—	—	*24,6*	88	25,5	85	*33*	26,1	86	31,7	20,0	10,0	7,0	50
Zahl d. Jahre	1	1	18	18	9	1	1	6	6	12	12	7	22	22	1	1	1	3	18

Monat	36 Debundscha (10 m ü. M.)																	
	t_6	t_{13}	t_{18}	t	f_6	f_{13}	f_{18}	f	T_+	T_-	T	τ_+	τ_-	τ	δ_+	w	s	r
Januar	23,2	28,8	26,7	26,2	97	84	91	91	31,3	27,6	29,8	24,5	20,0	22,2	**10,9**	5,4	2,3	*190*
Februar	23,5	29,1	**27,5**	**26,7**	96	85	90	90	32,4	26,5	30,3	**25,8**	19,5	22,4	9,4	4,9	1,9	278
März	23,9	29,0	26,8	26,5	96	81	*88*	89	**33,2**	25,5	30,3	24,5	18,8	22,4	9,5	5,7	2,5	428
April...........	**24,1**	**29,2**	26,8	26,7	97	*79*	*88*	*88*	32,3	**26,4**	**30,6**	25,1	20,0	22,5	10,8	6,2	**2,9**	401
Mai	23,9	28,1	26,4	26,1	96	84	90	90	31,3	24,4	29,4	25,2	20,7	**22,7**	9,1	6,7	2,1	632
Juni............	23,1	26,1	24,6	24,6	96	87	92	92	30,0	24,1	27,2	23,2	20,1	21,9	8,9	8,1	1,6	1270
Juli	*22,9*	*25,3*	*23,9*	*24,0*	96	88	**94**	**93**	29,0	24,4	26,5	23,5	18,8	21,8	7,6	**9,1**	1,3	**1489**
August	*22,9*	25,3	24,0	24,1	*95*	86	92	91	*28,9*	*23,8*	*26,4*	23,9	*17,9*	*21,5*	*7,0*	8,9	*0,8*	1375
September....	23,0	25,3	24,3	24,2	97	**90**	93	**93**	*28,9*	24,8	26,8	*23,0*	20,2	21,7	7,6	**9,1**	1,2	**1405**
Oktober.......	23,2	26,6	24,9	24,9	96	87	**94**	92	31,0	25,0	28,1	23,4	19,0	21,7	**10,7**	6,0	1,9	1130
November ...	23,4	27,6	26,0	25,7	**98**	86	93	92	31,0	26,0	29,3	24,9	19,0	22,1	8,1	5,5	2,3	597
Dezember.....	**23,5**	28,4	26,3	26,0	**98**	85	**94**	92	31,8	**27,7**	30,0	24,0	**21,4**	22,6	9,1	*4,4*	2,6	297

37
Victoria
(17 m ü. M.)

Monat	t_9	f_9	t_6	t_{12}	t_{18}	t	f_6	f_{12}	f_{18}	f	T_+	T_-	T	τ_+	τ_-	τ	δ_+	w	s	r
Januar	**26,3**	*82*	21,6	27,8	26,3	25,3	96	80	86	87	31,9	18,6	29,2	23,0	18,5	*20,6*	13,3	*5,4*	4,9	55
Februar	26,4	84	22,0	29,3	27,2	26,2	95	79	*85*	86	**33,9**	19,4	30,2	24,0	19,4	21,3	12,9	6,0	**5,2**	55
März	26,6	83	22,7	**29,4**	**27,2**	**26,4**	*94*	*75*	*85*	*85*	**37,9**	*18,0*	**30,7**	24,0	18,0	**21,5**	**16,4**	6,6	4,2	102
April	**26,7**	84	22,6	28,6	26,8	26,0	96	79	87	87	33,9	**20,5**	30,1	**24,5**	18,5	**21,5**	13,9	7,0	3,7	199
Mai	26,6	87	**22,7**	27,2	25,9	25,3	95	86	91	91	32,4	20,1	28,5	23,5	18,9	21,2	11,9	6,5	2,9	305
Juni............	25,4	89	22,3	25,4	24,5	24,0	**97**	**90**	**93**	**93**	30,8	19,2	27,4	23,7	18,0	21,4	10,4	6,9	1,9	764
Juli	24,2	**92**	22,0	25,0	23,8	23,6	**97**	**90**	92	**93**	29,9	20,3	26,2	23,2	**19,5**	21,4	*8,4*	7,8	1,6	**815**
August	*24,1*	**92**	22,1	*24,4*	*23,4*	*23,3*	**97**	**90**	92	**93**	*29,1*	19,9	*26,1*	*22,9*	**19,5**	21,3	9,4	5,9	*0,8*	747
September....	24,8	90	22,4	25,8	24,4	24,1	96	86	89	90	29,9	19,2	27,0	23,0	19,2	21,4	9,9	**8,2**	2,4	456
Oktober.......	25,5	87	22,2	26,5	25,0	24,6	96	84	90	90	32,9	20,0	27,9	23,0	**19,5**	21,3	13,4	7,7	2,9	440
November ...	26,1	86	21,8	27,4	25,9	25,0	96	81	88	88	31,5	20,3	29,1	23,0	*17,5*	21,0	12,4	6,3	4,5	99
Dezember.....	26,0	87	*21,3*	28,9	26,6	25,6	*94*	76	86	86	32,4	19,4	29,8	23,0	*17,5*	20,8	12,6	5,9	5,2	*47*
Zahl d. Jahre	11	11	2	2	2	2	2	2	2	2	4	3	3	3	4	3	4	7	6	10

38
Tiko
(15 m ü. M.)

Monat	t_7	t_{14}	t_{21}	t	f_7	f_{14}	f_{21}	f	T_+	T_-	T	τ_+	τ_-	τ	δ_+	s	r
Januar	22,2	31,0	25,3	25,8	96	*66*	94	90	32,9	**28,0**	31,2	23,6	19,8	*21,9*	12,8	4,7	*17*
Februar	22,9	**31,1**	**26,2**	**26,1**	95	68	92	85	33,5	26,5	31,5	**24,4**	20,9	**22,8**	12,4	4,4	35
März	22,6	31,0	25,4	26,1	96	67	94	86	**33,6**	27,6	**31,6**	24,1	20,0	22,2	**13,3**	5,1	110
April	*22,1*	30,0	25,1	25,5	94	71	93	86	33,3	26,5	30,8	24,1	20,8	22,3	12,2	5,3	175
Mai	22,7	29,7	24,7	25,6	96	70	94	87	32,6	26,5	30,5	23,9	*19,0*	*21,9*	11,9	**5,6**	216
Juni............	**23,2**	27,6	23,9	24,9	97	83	**97**	92	31,1	23,8	28,6	23,6	19,7	22,3	11,4	3,4	403
Juli	22,3	27,2	23,5	*24,0*	**98**	81	**97**	**93**	*29,5*	*23,2*	27,5	23,0	20,3	22,1	9,2	1,9	**582**
August	22,4	*26,8*	*23,4*	24,1	**98**	83	**97**	**93**	30,0	*23,2*	*27,3*	*22,9*	19,6	22,1	9,2	*1,4*	511
September....	22,8	26,9	23,6	24,3	97	**84**	**97**	**93**	29,8	24,0	27,9	23,3	20,0	22,4	*8,7*	2,5	282
Oktober.......	**23,1**	28,6	24,1	25,1	93	76	94	88	32,4	25,4	29,4	24,0	**21,0**	22,3	11,2	3,4	257
November ...	22,9	29,8	24,5	25,5	93	72	93	86	32,5	26,9	30,3	24,0	**21,0**	22,3	10,6	3,8	83
Dezember.....	22,4	29,9	24,5	25,5	*91*	68	*90*	*83*	32,0	27,2	30,5	23,6	20,3	*21,9*	11,5	4,1	21
Zahl d. Jahre	1	1	1	1	1	1	1	1	1	1	1	1	1	1	1	7	14

Monat	39 Groß-Soppo (767 m ü. M.)																	
	t_7	t_{14}	t_{21}	t	f_7	f_{14}	f_{21}	f	T_+	T_-	T	τ_+	τ_-	τ	δ_+	w	s	r
Januar	19,0	26,4	20,2	21,9	*82*	*72*	*81*	*79*	28,4	24,0	26,9	19,5	**17,2**	18,4	10,7	7,7	4,4	*17*
Februar	19,4	26,4	**21,2**	22,6	85	77	83	81	**29,8**	23,9	**27,4**	20,3	17,0	**19,0**	11,1	7,6	3,7	59
März	19,6	**26,5**	20,6	22,3	83	73	*81*	*79*	29,5	**24,6**	27,3	20,2	16,8	18,5	11,0	7,6	**4,8**	164
April..........	20,1	25,8	20,9	22,3	86	79	84	83	28,5	22,9	26,9	**20,5**	16,8	18,7	11,1	8,1	4,0	215
Mai	—	—	—	—	—	—	—	—	—	—	—	—	—	—	—	—	—	125
Juni...........	—	—	—	—	—	—	—	—	—	—	—	—	—	—	—	—	—	186
Juli	—	—	—	—	—	—	—	—	—	—	—	—	—	—	—	—	—	287
August	18,3	21,6	19,0	19,8	91	88	91	90	25,4	19,2	22,9	18,5	16,3	17,5	8,8	8,5	*1,0*	312
September....	18,8	22,0	19,7	20,2	**95**	**90**	**95**	**93**	26,0	20,4	23,5	19,3	15,8	18,0	*8,3*	**9,1**	1,4	**528**
Oktober.......	**19,7**	24,7	20,0	21,3	92	85	93	90	29,0	22,5	25,7	19,5	16,5	18,4	10,3	7,5	2,5	319
November ...	**19,7**	**26,0**	**20,5**	**21,9**	92	79	90	88	29,2	24,0	26,7	20,0	16,2	18,3	10,8	6,6	3,2	74
Dezember.....	19,1	25,2	19,9	21,5	91	83	90	88	29,0	24,0	26,2	19,3	16,0	17,8	**11,8**	*5,5*	3,2	28
Zahl d. Jahre	1	1	1	1	1	1	1	1	1	1	1	1	1	1	1	1	1	2

Monat	40 Buea (965 m ü. M.)																	
	t_7	t_{14}	t_{21}	t	f_7	f_{14}	f_{21}	f	T_+	T_-	T	τ_+	τ_-	τ	δ_+	w	s	r
Januar	18,6	**23,7**	20,0	20,6	86	81	84	84	26,5	22,3	24,8	19,2	15,5	17,2	9,9	6,7	3,5	*24*
Februar	18,5	23,7	**20,1**	20,6	*84*	82	84	83	26,9	**23,8**	**25,0**	18,9	15,7	17,1	9,9	6,4	**3,8**	51
März	19,5	23,5	20,1	20,8	85	83	85	85	26,6	23,0	24,8	19,1	**16,5**	17,6	8,5	6,6	3,5	122
April..........	**20,2**	23,6	20,0	**20,9**	*84*	82	85	84	**29,4**	22,0	25,0	**20,1**	**16,5**	**17,8**	**12,2**	7,2	3,1	177
Mai	19,8	22,9	19,7	20,6	88	86	90	88	27,7	21,8	24,3	18,5	16,2	17,5	10,2	7,9	3,0	220
Juni...........	19,5	22,3	19,1	20,0	87	86	90	88	25,3	22,4	23,9	18,3	15,5	16,9	8,2	8,4	2,1	288
Juli	18,3	*20,3*	*18,4*	*18,8*	93	**93**	**95**	93	*23,7*	*19,3*	*21,9*	*17,6*	15,5	*16,6*	7,9	**8,6**	1,0	439
August	*18,2*	20,6	18,4	18,9	**94**	92	**95**	**94**	*23,7*	19,4	*21,9*	18,1	15,4	*16,6*	*7,0*	8,1	*0,9*	**560**
September....	18,8	21,0	18,7	19,3	91	90	92	91	25,0	19,7	22,8	18,1	15,2	16,7	8,3	7,9	1,4	430
Oktober.......	19,0	22,1	18,9	19,7	88	86	91	88	26,9	21,1	23,8	18,2	15,2	16,9	10,5	8,3	1,8	260
November ...	**19,1**	23,6	**19,8**	**20,6**	88	81	86	85	**26,9**	23,3	24,8	18,2	16,0	16,9	10,5	6,5	3,3	82
Dezember.....	18,3	23,7	19,2	20,1	87	*78*	*82*	*82*	28,4	23,4	24,6	18,7	*14,8*	*16,6*	**13,0**	*5,6*	3,4	26
Zahl d. Jahre	1	1	1	1	1	1	1	1	1	1	1	1	1	1	1	5	1	17

Monat	41 **Ekona** (460 m ü. M.)																
	t_7	t_{14}	t_{21}	t	f_7	f_{14}	f_{21}	f	T_+	T_-	T	τ_+	τ_-	τ	δ_+	s	r
Januar	19,9	28,9	22,6	23,8	93	74	*93*	87	31,4	**27,0**	29,2	21,2	17,4	*19,5*	13,1	2,3	32
Februar	20,5	**29,3**	**23,5**	**24,4**	92	72	*93*	87	31,7	24,5	29,6	**23,0**	18,5	20,4	13,2	2,8	41
März	20,2	29,1	22,9	24,1	93	*70*	94	*86*	**32,2**	**27,0**	**29,9**	22,6	17,9	19,6	**14,2**	3,4	124
April	21,1	28,4	22,6	23,9	93	76	94	88	31,6	24,7	29,0	*20,8*	18,2	20,0	13,2	2,5	188
Mai	20,4	28,3	22,5	23,6	*92*	74	*93*	87	31,3	25,0	29,1	21,2	*17,0*	*19,5*	13,2	**3,8**	191
Juni	20,7	25,8	21,8	22,7	94	85	95	91	29,7	24,0	27,1	22,0	17,2	19,7	11,1	2,2	240
Juli	20,2	24,4	*21,3*	*22,1*	**95**	89	**97**	**94**	28,5	23,2	*25,2*	21,0	*17,0*	20,0	9,3	1,1	356
August	20,3	*24,3*	21,6	22,1	**95**	**90**	**97**	93	28,2	*20,7*	25,3	21,3	17,6	20,0	9,4	1,3	471
September....	20,8	25,0	22,1	22,7	**95**	89	96	**94**	*27,8*	23,2	25,9	21,6	**18,7**	**20,6**	*7,4*	*1,0*	412
Oktober	**21,4**	26,6	22,3	23,3	94	86	96	93	29,5	24,7	27,1	21,8	18,4	20,4	9,5	3,7	284
November ...	20,5	28,2	22,3	**23,6**	92	76	*93*	88	31,5	26,1	28,8	21,0	17,9	*19,5*	12,5	3,4	76
Dezember.....	*19,8*	28,4	22,3	23,5	94	78	95	91	31,0	26,0	28,8	21,9	17,6	*19,5*	12,4	4,0	*30*
Zahl d. Jahre	1	1	1	1	1	1	1	1	1	1	1	1	1	1	1	1	14

Monat	42 **Johann-Albrechtshöhe (Kumba)** (385 m ü. M.)															
	t_6	t_{14}	t_{20}	t	f_6	f_{14}	f_{20}	f	T_+	T_-	T	τ_+	τ_-	τ	δ_+	r
Januar	**23,7**	**32,5**	24,7	**27,0**	—	—	—	—	—	—	—	—	—	—	—	44
Februar	23,6	31,9	24,2	26,6	—	—	—	—	—	—	—	—	—	—	—	69
März	22,5	31,9	**24,8**	26,4	—	—	—	—	—	—	—	—	—	—	—	146
April	22,4	29,5	23,9	25,3	**97**	70	94	87	**36,3**	29,0	**32,1**	22,7	19,2	20,8	14,2	**234**
Mai	22,2	29,1	23,3	24,9	94	72	94	87	32,8	29,5	31,3	22,0	*17,8*	20,5	**14,7**	220
Juni	21,9	28,7	23,0	24,5	96	71	93	86	31,8	29,0	30,7	21,7	18,0	20,3	12,6	232
Juli	21,2	*25,7*	*22,0*	*23,0*	**97**	79	**95**	**90**	31,5	26,8	*28,9*	20,8	18,3	*19,6*	12,0	255
August	*21,2*	26,3	22,1	23,2	96	79	93	89	*30,8*	*26,3*	29,2	21,6	18,5	19,7	*11,4*	275
September....	21,4	26,7	22,5	23,6	95	78	91	88	31,0	27,6	29,8	*20,6*	18,0	19,7	12,6	264
Oktober	21,6	27,4	22,6	23,9	94	75	93	87	32,0	28,1	30,3	—	—	—	—	**332**
November ...	**22,3**	29,5	23,8	25,2	96	*68*	*90*	*85*	32,4	**29,8**	31,2	22,8	18,5	21,4	11,6	109
Dezember.....	22,2	29,7	23,9	25,3	96	**80**	92	89	34,5	28,4	31,2	**23,0**	**19,7**	21,2	12,5	*18*
Zahl d. Jahre	1	1	1	1	1	1	1	1	1	1	1	1	1	1	1	6

43
Laduma
(165 m ü. M.)

Monat	t_7	t_{14}	t_{21}	t	f_7	f_{14}	f_{21}	f	T_+	T_-	T	τ_+	τ_-	τ	δ_+	s	r
Januar	21,6	29,7	23,8	25,8	96	63	97	87	32,1	27,3	30,2	22,8	18,7	20,9	12,7	**5,6**	*31*
Februar	22,5	**31,5**	**25,2**	**26,2**	95	53	94	83	**34,8**	27,5	**31,9**	**24,5**	19,1	**22,2**	14,2	5,0	62
März	21,7	31,0	24,0	25,5	*94*	*49*	*93*	*79*	34,0	26,2	31,7	23,4	19,0	21,2	13,9	4,9	209
April	**22,1**	29,9	23,5	25,0	96	64	97	86	34,3	25,4	30,8	22,6	**20,0**	21,4	**14,3**	4,9	223
Mai	21,7	29,5	24,1	25,0	95	60	95	84	33,5	26,4	30,6	23,0	19,2	21,0	12,5	5,3	**280**
Juni	21,4	28,2	22,9	23,9	96	67	97	87	31,7	25,8	29,0	22,2	19,2	20,8	10,9	3,8	258
Juli	21,4	27,1	22,4	23,4	**97**	72	97	90	30,7	24,2	27,6	22,1	19,0	21,0	10,9	2,6	**310**
August	21,2	*26,3*	22,4	*23,2*	96	75	97	90	30,7	*22,8*	*27,2*	22,3	19,1	20,9	10,7	*1,9*	309
September	*20,8*	26,4	*21,9*	24,6	**97**	**76**	**98**	**92**	*30,2*	23,3	27,4	*21,8*	18,5	*20,4*	*9,8*	2,9	313
Oktober	21,2	28,4	22,8	23,7	96	64	96	87	32,2	25,7	29,1	22,6	*18,1*	20,7	11,5	4,0	**343**
November	**21,9**	**30,0**	23,4	24,8	**97**	62	97	86	32,7	**27,9**	30,6	23,6	19,4	21,5	11,7	4,8	122
Dezember	**21,9**	29,8	23,9	25,0	**97**	61	97	86	31,9	26,7	30,3	23,1	19,7	21,3	11,7	4,9	42
Zahl d. Jahre	1	1	1	1	1	1	1	1	1	1	1	1	1	1	1	6	22

44
Mundame
(64 m ü. M.)

Monat	t_7	t_{14}	t_{21}	t	f_7	f_{14}	f_{21}	f	T_+	T_-	T	τ_+	τ_-	τ	δ_+	r
Januar	22,7	**32,4**	24,2	25,9	97	*65*	*96*	*86*	35,0	29,0	33,3	23,5	19,5	21,8	14,0	65
Februar	23,1	32,4	23,8	25,8	*96*	68	98	87	35,3	26,5	32,8	23,1	20,5	22,0	13,3	157
März	22,8	32,3	24,0	25,8	97	71	**99**	89	35,0	30,0	33,1	23,1	20,5	21,9	13,5	**274**
April	**23,5**	31,7	24,2	25,9	97	83	97	92	37,0	26,5	33,4	**24,0**	**21,0**	**22,4**	**15,0**	170
Mai	23,4	31,8	**24,6**	**26,1**	**99**	**92**	98	**96**	**38,0**	29,5	**34,8**	—	—	—	—	178
Juni	22,5	30,8	23,6	25,1	98	81	*96*	92	—	—	—	—	—	—	—	244
Juli	—	—	—	—	—	—	—	—	—	—	—	—	—	—	—	**491**
August	*22,2*	*26,7*	*22,7*	*23,6*	98	84	98	93	33,0	*25,5*	*28,1*	22,0	*19,5*	21,1	12,5	315
September	22,5	27,2	23,3	24,1	98	87	97	94	*32,0*	25,5	29,4	*22,0*	20,0	*21,0*	*11,5*	**488**
Oktober	22,6	30,0	23,5	24,9	98	81	98	92	34,0	27,5	31,8	22,5	20,5	21,5	13,0	297
November	**23,0**	30,6	23,7	25,3	97	80	98	92	34,5	26,5	32,0	22,5	19,5	21,6	13,0	86
Dezember	22,5	32,4	24,0	25,8	98	80	97	92	35,0	**32,0**	33,6	23,1	20,5	21,8	14,0	*45*
Zahl d. Jahre	1	1	1	1	1	1	1	1	1	1	1	1	1	1	1	1

45
Duala
(10 m ü. M.)

Monat	t_7	t_{14}	t_{21}	t	f_7	f_{14}	f_{21}	f	T_+	T_-	T	τ_+	τ_-	τ	w	r
Januar	24,1	29,1	26,2	26,4	95	75	88	86	31,4	25,5	29,6	25,2	**20,5**	23,2	*5,9*	*41*
Februar	**24,4**	**29,6**	**26,6**	**26,8**	95	*74*	*87*	*85*	32,8	**26,0**	**30,1**	26,2	20,1	**23,5**	6,3	94
März	24,1	29,2	26,0	26,3	95	76	89	87	32,0	23,3	29,7	26,5	19,8	23,0	6,8	208
April...........	24,2	28,9	25,8	26,1	*94*	77	90	87	32,3	24,8	29,9	25,2	20,4	22,5	7,3	231
Mai	24,1	28,6	25,4	25,8	95	79	89	88	**32,9**	24,2	29,7	**26,6**	*19,0*	22,8	7,0	316
Juni............	23,6	27,0	24,6	24,9	**96**	84	91	90	32,2	24,4	28,0	25,7	20,4	22,6	8,0	550
Juli	22,8	*25,4*	23,4	*23,7*	**96**	**87**	**94**	**93**	29,7	*22,0*	*26,4*	*24,2*	19,6	22,0	**8,7**	**748**
August	*22,6*	25,6	*23,3*	23,7	**96**	84	92	91	29,6	23,4	26,6	24,4	19,5	*21,8*	**8,7**	703
September....	23,3	26,3	23,7	24,3	*94*	84	93	91	*29,2*	23,6	27,4	24,2	19,7	22,2	8,5	524
Oktober.......	23,3	26,7	24,0	24,5	95	83	93	90	30,7	23,1	28,0	24,6	19,3	22,1	7,7	423
November ...	24,0	27,8	25,1	25,5	95	81	92	89	31,4	25,0	28,6	25,4	19,0	22,6	7,2	153
Dezember.....	24,2	28,5	25,5	25,9	95	80	92	89	32,2	23,3	29,1	25,2	19,4	22,9	6,8	70
Zahl d. Jahre	7	7	7	7	7	7	7	7	7	7	7	7	7	7	7	28

46
Edea
(40 m ü. M.)

Monat	t_6	t_{14}	t_{20}	t	f_6	f_{14}	f_{20}	f	T_+	T_-	T	τ_+	τ_-	τ	δ_+	w	r
Januar	23,8	31,4	25,7	27,0	*95*	*60*	*90*	*81*	35,0	24,2	32,5	24,0	20,0	22,8	13,0	5,2	43
Februar	**24,0**	**31,5**	**26,1**	**27,2**	96	66	*90*	84	34,7	27,5	32,5	24,8	**20,5**	**23,1**	13,1	4,2	71
März	23,9	31,4	25,6	27,0	96	66	91	84	**36,0**	26,5	**32,9**	**25,8**	20,1	23,0	13,3	*3,7*	107
April...........	23,3	30,9	25,4	26,6	96	68	91	85	35,6	25,0	32,4	24,5	20,1	22,4	13,4	5,8	259
Mai	23,2	30,3	24,8	26,1	**97**	70	93	86	35,0	26,4	31,9	24,5	20,5	22,1	**13,9**	6,8	248
Juni............	23,1	28,6	24,1	25,2	96	76	93	88	34,7	25,7	30,4	24,0	19,6	22,0	13,7	7,7	170
Juli	22,6	26,0	23,2	23,9	96	84	**96**	92	*31,0*	24,5	28,0	23,1	19,6	21,6	10,0	8,9	246
August	*22,2*	*25,8*	*22,9*	*23,7*	**97**	**86**	95	**93**	*31,0*	*23,5*	*27,5*	*22,5*	19,6	*21,4*	*9,5*	**9,4**	284
September....	22,4	27,0	23,5	24,3	**97**	81	95	91	31,5	24,4	28,8	22,6	19,8	21,7	11,0	8,3	**483**
Oktober.......	22,6	28,7	23,9	25,0	**97**	74	94	88	33,5	24,0	30,0	23,0	19,8	21,5	11,5	7,4	367
November ...	22,9	30,1	24,4	25,8	**97**	66	94	86	33,6	25,5	31,4	24,0	19,5	21,9	12,3	6,5	146
Dezember.....	23,5	30,5	25,0	26,4	**97**	67	93	86	33,5	**30,0**	31,7	24,0	*19,0*	22,1	12,5	5,1	*36*
Zahl d. Jahre	3	3	3	3	3	3	3	3	3	3	3	3	3	3	3	2	9

Monat	47 Groß-Batanga (10 m ü. M.)															
	t_7	t_{14}	t_{21}	t	f_7	f_{14}	f_{21}	f	T_+	T_-	T	τ_+	τ_-	τ	w	r
Januar	23,5	27,5	25,4	25,4	95	79	*88*	*87*	31,0	27,0	29,2	23,1	21,1	22,7	5,8	100
Februar	23,6	28,4	25,5	25,8	*93*	79	89	87	31,0	27,6	29,8	**25,4**	20,9	22,9	5,8	262
März	**23,7**	28,0	24,9	25,4	95	82	92	90	32,0	*24,4*	30,0	24,1	20,3	22,2	*5,3*	220
April..........	23,4	28,2	25,4	25,6	**96**	80	91	89	31,6	25,0	30,0	23,9	21,4	22,5	6,9	**356**
Mai	23,5	**28,7**	25,3	25,7	95	*78*	92	88	**32,2**	25,3	**30,6**	24,4	20,7	22,6	6,3	236
Juni...........	23,2	28,0	24,6	25,1	95	79	90	88	32,0	**27,8**	30,0	23,5	20,2	22,1	6,3	150
Juli	23,1	26,6	24,7	24,8	95	82	89	89	31,0	26,0	28,2	23,5	20,3	22,2	7,5	140
August	23,2	26,1	24,8	24,7	94	85	89	89	29,5	24,6	27,7	*22,9*	*19,2*	22,3	7,6	246
September....	23,1	*25,5*	24,2	24,2	95	**87**	91	91	30,3	24,9	27,5	23,3	**21,5**	22,4	**8,9**	**635**
Oktober.......	*22,6*	26,2	*23,4*	*23,9*	*93*	81	92	89	*28,6*	25,0	*27,4*	23,0	19,4	*21,9*	8,1	588
November ...	23,0	27,3	24,3	24,7	95	82	**93**	90	30,1	24,5	28,2	23,5	20,7	22,1	7,5	216
Dezember.....	**24,0**	**28,5**	**26,4**	**26,3**	95	81	89	**92**	—	—	30,0	—	—	**23,5**	5,9	*65*
Zahl d. Jahre	1	1	1	1	1	1	1	1	1	1	1	1	1	1	1	3

Monat	48 Upuaño (6 m ü. M.)																	
	t_7	t_{14}	t_{21}	t	f_7	f_{14}	f_{21}	f	T_+	T_-	T	τ_+	τ_-	τ	δ_+	w	s	r
Januar	24,7	29,6	**25,7**	**26,4**	93	76	90	86	35,6	27,9	33,3	24,6	21,1	**23,3**	13,0	6,6	5,4	89
Februar	**24,8**	**30,0**	25,4	26,4	92	*74*	90	85	**36,7**	**31,8**	**34,1**	24,5	20,5	23,2	14,7	*6,3*	**6,5**	122
März	24,5	29,2	24,7	25,8	92	75	93	87	36,6	26,2	33,6	24,4	19,7	22,7	**15,0**	7,3	6,1	194
April..........	24,7	29,1	25,5	26,2	93	75	92	86	33,7	24,6	32,2	**25,0**	20,4	23,1	11,6	6,9	—	294
Mai	**24,8**	28,7	25,0	25,8	90	77	92	86	33,1	26,1	31,3	24,7	20,8	22,7	12,3	7,9	5,6	**396**
Juni...........	23,9	27,6	24,5	25,0	90	76	89	85	31,9	26,8	30,1	24,7	**21,3**	22,7	*9,8*	8,0	4,2	81
Juli	*22,7*	*26,5*	*23,1*	*23,9*	*88*	*74*	*87*	*83*	31,8	25,3	29,0	23,5	*18,0*	*21,4*	10,7	6,9	3,5	*31*
August	22,7	26,5	23,3	24,0	90	76	88	85	*31,1*	*24,5*	*28,7*	*22,9*	18,7	21,8	9,9	8,2	3,1	59
September....	23,5	26,9	24,1	24,7	92	79	89	86	31,9	26,8	29,3	23,9	19,7	22,4	10,4	8,2	3,0	233
Oktober.......	23,9	26,9	24,1	24,7	**94**	**82**	**95**	**90**	32,1	26,7	29,5	23,6	21,2	22,6	10,0	**8,7**	*2,2*	**385**
November ...	24,1	28,2	24,6	25,2	92	77	93	87	32,9	25,8	30,9	24,0	20,6	22,4	11,1	7,1	4,3	226
Dezember.....	24,1	29,2	24,7	25,7	93	75	92	87	33,0	28,3	31,4	24,1	20,9	22,8	11,1	6,6	5,2	110
Zahl d. Jahre	2	2	2	2	2	2	2	2	2	2	2	2	2	2	2	2	1	4

Monat	49 Belebu (240 m ü. M.)																
	t_7	t_{14}	t_{21}	t	f_7	f_{14}	f_{21}	f	T_+	T_-	T	τ_+	τ_-	τ	δ_+	w	r
Januar	22,3	27,1	22,6	23,7	89	*77*	88	*84*	30,1	**24,9**	27,6	22,2	18,1	20,4	8,0	*7,2*	*30*
Februar	22,7	27,4	23,1	24,1	*87*	78	*86*	*84*	30,2	24,4	28,2	23,0	18,5	20,8	8,0	*7,2*	71
März	**23,5**	**27,8**	23,1	**24,4**	*87*	*77*	88	*84*	**31,4**	24,5	**28,9**	**23,7**	18,5	**21,1**	8,7	7,7	119
April	23,5	27,4	**23,2**	24,3	*87*	78	88	*84*	30,6	24,0	28,4	22,7	**19,5**	20,9	**9,4**	8,2	147
Mai	23,3	26,6	22,6	23,8	90	81	91	87	31,0	23,4	27,8	22,6	18,8	20,6	7,6	8,0	186
Juni	22,6	25,6	22,2	23,1	92	84	92	89	29,0	23,5	26,9	21,9	*16,9*	20,1	7,2	8,6	251
Juli	*22,1*	25,1	21,6	22,7	92	83	92	89	29,5	22,6	26,1	21,4	17,5	*19,7*	9,3	8,2	255
August	22,3	24,8	21,7	22,7	91	85	92	89	29,6	*22,2*	25,8	*21,3*	17,8	19,8	9,3	9,0	**406**
September....	22,3	*24,4*	*21,5*	*22,4*	**93**	**90**	93	**92**	28,2	22,5	*25,7*	21,5	18,1	19,8	*6,2*	**9,2**	373
Oktober	22,5	25,0	21,8	22,8	92	88	**94**	91	*28,0*	22,7	26,1	21,8	18,4	19,8	6,6	8,8	295
November ...	**23,0**	26,1	22,3	23,4	90	83	91	88	29,0	23,3	27,2	21,7	18,2	20,2	7,0	7,8	92
Dezember.....	22,4	26,7	22,3	23,6	89	79	90	86	29,1	23,7	27,6	22,3	18,3	20,2	7,6	7,6	34
Zahl d. Jahre	4	4	4	4	4	4	4	4	4	4	4	4	4	4	2	3	14

Monat	50 Libreville (35 m ü. M.)									52 Akonolinga (650 m ü. M.)									
	t_8	t_{16}	f_8	f_{16}	T_+	T	τ_-	τ	r	t_6	t_{14}	t_{20}	t	f_6	f_{14}	f_{20}	f	w	r
Januar	26,0	28,1	89	*82*	34,8	30,7	18,2	22,6	257	20,3	28,5	22,0	23,6	93	64	89	82	5,9	36
Februar	26,2	28,4	**90**	*82*	33,4	31,0	19,2	22,3	211	20,1	29,4	22,5	24,0	94	57	89	*80*	6,6	43
März	26,5	**28,8**	**90**	*82*	33,8	31,6	19,0	**22,7**	**354**	20,1	**30,1**	22,5	24,2	**96**	*56*	89	*80*	6,8	129
April	**26,6**	28,5	89	*82*	34,4	**31,7**	18,0	22,5	335	21,0	28,5	**23,3**	**24,3**	92	73	*88*	84	7,5	133
Mai	25,8	27,9	89	84	**37,1**	31,1	19,0	22,4	233	20,0	27,7	22,9	23,5	94	79	91	88	7,3	**231**
Juni	24,3	26,2	87	83	35,1	29,6	17,5	21,1	10	20,4	26,9	22,1	23,1	93	80	91	88	7,3	128
Juli	*23,1*	*25,7*	*85*	*82*	*32,1*	*28,6*	*16,0*	*20,2*	*2*	*19,8*	25,6	*21,6*	*22,3*	95	77	**92**	88	7,0	*85*
August	23,8	25,8	86	83	32,2	29,0	17,0	20,6	18	20,3	25,7	21,8	22,6	93	77	91	87	7,3	91
September....	24,9	26,3	86	*82*	32,8	29,7	18,0	21,3	110	20,4	*25,0*	22,1	22,5	92	85	90	**89**	7,5	222
Oktober	25,3	26,9	**90**	**85**	33,5	30,0	17,8	21,5	**364**	**22,0**	**26,3**	23,1	**23,8**	*89*	**88**	91	**89**	**7,9**	**294**
November ...	25,2	27,1	**90**	85	35,1	30,3	18,0	21,6	358	21,5	26,2	**23,3**	23,3	92	86	90	**89**	6,1	108
Dezember.....	25,8	28,2	89	*82*	32,6	30,5	**19,6**	22,2	259	20,5	26,2	21,8	22,8	94	77	89	87	*4,3*	*12*
Zahl d. Jahre	10	10	10	10	10	10	10	10	15	1	1	1	1	1	1	1	1	1	5

Monat	51 **Jaunde** (730 m ü. M.)															
	t_7	t_{14}	t_{20}	t	f_7	f_{14}	f_{20}	f	T_+	T_-	T	τ_+	τ_-	τ	w	r
Januar	19,6	**28,5**	21,3	23,2	94	*62*	89	82	31,0	**25,5**	29,7	**21,5**	*12,5*	17,7	*3,5*	42
Februar	20,3	28,0	21,7	23,3	*90*	63	*88*	*80*	**32,0**	25,0	**29,8**	20,5	15,0	**18,4**	5,0	61
März	20,4	28,3	**22,2**	**23,6**	92	*62*	*88*	81	30,5	24,0	29,5	**21,5**	14,5	18,2	5,6	123
April	**20,5**	27,5	21,7	23,1	92	65	92	83	30,5	23,0	28,8	20,5	**16,0**	17,9	5,6	210
Mai	19,9	26,9	21,3	22,7	94	68	90	84	30,5	22,4	28,3	20,0	14,7	18,0	5,5	**227**
Juni	19,7	25,8	20,7	22,1	94	**73**	92	**86**	28,5	22,5	27,2	19,5	15,5	17,9	5,6	127
Juli	*19,4*	*24,7*	*20,1*	*21,4*	92	**73**	90	85	28,0	*20,0*	*26,5*	*19,0*	14,0	*17,5*	6,1	*68*
August	19,5	25,0	20,3	21,6	91	72	90	84	28,5	22,0	26,6	*19,0*	15,0	*17,5*	6,7	88
September....	19,7	25,4	20,5	21,9	93	**73**	91	85	28,5	22,0	27,3	20,0	15,5	17,9	**7,6**	195
Oktober	19,5	25,4	20,5	21,8	94	71	**93**	**86**	*28,0*	21,5	27,1	*19,0*	15,0	17,6	7,3	**234**
November ...	**19,9**	27,0	20,9	22,6	**95**	64	92	83	30,0	22,5	28,3	20,0	**16,0**	17,8	5,9	124
Dezember.....	19,8	27,6	**21,4**	22,9	**95**	*62*	89	82	30,5	23,2	29,1	20,5	14,0	18,0	*4,7*	*35*
Zahl d. Jahre	5	5	5	5	5	5	5	5	4	4	4	4	4	4	6	11

Monat	53 **Ajoshöhe** (730 m ü. M.)																
	t_7	t_{14}	t_{21}	t	f_7	f_{14}	f_{21}	f	T_+	T_-	T	τ_+	τ_-	τ	δ_+	w	s	r
Januar	18,8	28,9	21,9	22,9	97	49	85	77	32,0	**27,6**	29,9	20,5	12,8	17,2	18,9	*3,8*	4,9	.
Februar	19,8	28,6	22,4	23,3	96	56	84	79	32,6	21,7	30,0	20,5	15,2	**18,8**	15,4	6,1	4,9	44
März	**20,1**	**30,2**	**23,0**	**24,1**	*92*	*43*	*75*	*70*	**34,8**	*21,1*	**31,6**	20,8	14,7	18,2	18,0	5,3	—	31
April	20,0	28,1	22,1	23,1	**98**	62	87	82	32,4	24,1	29,7	**21,0**	15,8	18,6	14,3	**7,4**	—	**250**
Mai	19,3	26,9	21,5	22,3	**98**	68	92	86	31,6	25,4	29,1	20,0	16,4	18,2	13,6	7,0	—	243
Juni	19,5	26,7	21,3	22,2	97	**74**	92	88	31,1	24,7	28,6	20,0	16,6	18,1	12,6	6,8	—	150
Juli	19,4	25,6	21,1	21,8	96	69	92	86	*29,0*	24,6	*27,2*	19,5	**17,0**	18,3	*11,1*	7,1	—	126
August	19,1	*25,2*	*20,5*	*21,3*	96	71	**94**	87	29,4	21,5	*27,2*	19,8	16,0	17,9	12,9	6,8	—	115
September....	19,3	25,8	20,6	21,6	94	**74**	**94**	**88**	31,1	24,4	28,1	19,5	16,1	18,1	13,9	7,2	—	180
Oktober	19,4	26,3	20,8	21,9	97	70	92	86	30,5	23,9	28,2	*19,0*	16,5	18,0	12,4	7,1	—	**241**
November ...	**19,5**	27,6	**21,5**	**22,4**	**98**	63	91	84	31,3	24,6	28,9	20,5	16,0	18,1	12,9	5,5	6,4	72
Dezember.....	*18,0*	27,8	21,0	22,2	96	50	86	77	32,2	26,4	29,8	19,5	*10,1*	*15,4*	**22,1**	4,1	6,1	2
Zahl d. Jahre	1	1	1	1	1	1	1	1	1	1	1	1	1	1	1	1	1	2

Monat	54 Ebolowa (640 m ü. M.)				55 Sangmelima (780 m ü. M.)																
	t	f	w	r	t_7	t_{14}	t_{20}	t	f_7	f_{14}	f_{20}	f	T_+	T_-	T	τ_+	τ_-	τ	δ_+	w	r
Januar	24,4	87	—	35	20,6	27,9	24,3	24,2	95	69	86	83	33,9	24,9	29,7	21,4	14,4	18,6	16,5	—	37
Februar	23,8	90	5,7	64	20,9	28,4	24,1	24,5	92	65	82	80	33,9	26,3	30,7	21,4	16,2	18,9	16,3	—	72
März	23,9	90	4,2	184	21,1	29,0	24,5	24,9	93	65	81	79	35,9	24,9	31,3	21,9	17,4	19,5	16 1	—	82
April	23,6	92	5,8	193	20,9	27,8	23,9	24,1	93	72	86	84	33,4	25,9	30,3	20,9	16,8	18,9	14,4	—	187
Mai	23,7	91	6,6	253	21,0	26,7	23,5	23,7	94	76	87	86	32,3	22,3	29,0	20,2	15,9	18,8	13,2	—	219
Juni	23,3	89	5,6	142	20,7	26,0	22,5	23,0	93	77	90	87	32,3	24,9	28,9	20,3	16,4	18,8	13,2	—	118
Juli	22,5	88	5,7	68	19,9	24,7	22,2	22,2	94	81	92	89	31,1	20,9	27,0	19,4	16,7	18,2	14,0	—	124
August	22,5	93	6,2	61	20,1	25,2	22,0	22,3	94	79	92	88	31,5	22,7	27,6	19,7	16,2	18,5	13,5	4,9	56
September	23,0	89	6,5	166	20,0	25,6	21,5	22,3	94	80	94	89	32,7	24,9	28,2	19,7	16,8	18,3	14,3	4,8	239
Oktober	23,0	93	7,7	336	20,1	25,5	21,6	22,3	96	80	94	90	32,3	25,6	28,4	19,9	16,7	18,2	13,7	5,8	244
November	23,6	92	8,0	201	20,0	25,6	21,8	22,4	94	76	93	88	31,3	24,4	28,1	19,6	15,4	17,8	14,1	5,2	131
Dezember	24,0	87	—	55	20,0	26,6	22,9	23,2	94	71	88	85	31,7	25,9	28,6	19,2	12,4	17,3	16,5	—	44
Zahl d. Jahre	2	1	1	7	2	2	2	2	2	2	2	2	2	2	2	2	2	2	2	1	4

Monat	56 Nkolentangan (500 m ü. M.)																57 Schaki (?)		
	t_7	t_{14}	t_{21}	t	f_7	f_{14}	f_{21}	f	T_+	T_-	T	τ_+	τ_-	τ	w	r	T_+	τ_-	r
Januar	21,0	30,1	22,0	23,8	99	61	95	85	32,9	26,4	31,1	21,6	17,2	19,7	6,5	43	32,2	18,3	•
Februar	20,7	30,4	22,4	24,0	99	61	92	84	35,0	30,3	32,9	20,8	17,3	19,3	7,0	56	41,1	18,3	3
März	20,8	30,2	21,6	23,6	100	59	95	85	35,3	28,7	32,9	21,4	17,8	19,3	6,5	180	37,8	15,6	52
April	21,3	30,6	22,2	24,1	99	63	96	86	34,7	28,3	32,3	21,8	18,4	20,0	7,3	212	37,8	16,1	84
Mai	21,2	29,2	21,2	23,2	97	67	97	87	—	—	31,1	—	—	19,5	7,3	(197)	—	17,8	98
Juni	—	—	—	—	—	—	—	—	—	—	—	—	—	—	—	—	38,9	19,4	109
Juli	—	—	—	—	—	—	—	—	—	—	—	—	—	—	—	—	—	19,4	185
August	—	—	—	—	—	—	—	—	—	—	—	—	—	—	—	—	—	—	52
September	—	—	—	—	—	—	—	—	—	—	—	—	—	—	—	—	30,0	20,6	204
Oktober	—	—	—	—	—	—	—	—	—	—	—	—	—	—	—	—	—	—	122
November	21,4	27,8	21,3	23,0	95	68	97	87	32,3	22,9	30,0	20,9	18,3	19,3	7,6	142	—	—	3
Dezember	20,9	29,9	21,9	23,6	98	63	96	86	33,7	29,0	30,8	21,8	18,3	19,5	5,7	19	—	—	•
Zahl d. Jahre	1	1	1	1	1	1	1	1	1	1	1	1	1	1	1	1	1	1	6

Monat	58 Ilorin (324 m ü. M.)							59 Ogbomoscho (300 m ü. M.)			60 Offa (420 m ü. M.)		61 Oyo (320 m ü. M.)		
	t_9	f_9	T_+	τ_-	δ_+	w	r	t_9	f_9	r	t_9	f_9	t_9	f_9	r
Januar	23,2	*69*	35,0	13,3	18,3	*5,3*	*4*	23,3	*69*	*9*	24,3	*63*	24,0	*76*	*11*
Februar	25,7	70	**38,3**	*12,8*	**22,2**	6,3	6	25,0	74	9	24,7	69	25,2	78	37
März	**26,8**	72	37,2	16,7	17,8	7,7	47	**25,5**	77	47	24,9	73	**25,6**	81	101
April	26,4	77	36,1	**20,6**	12,2	6,7	127	24,9	83	129	**25,6**	74	25,5	84	125
Mai	25,5	82	34,4	20,0	11,7	7,0	170	24,1	86	**154**	25,4	77	24,9	87	163
Juni...........	24,5	83	31,7	20,0	11,7	7,6	**173**	23,6	87	*65*	23,9	77	23,6	88	**174**
Juli	23,6	85	*30,0*	19,4	*8,3*	**8,5**	143	22,2	87	**149**	24,0	79	22,4	**92**	140
August	*23,1*	84	31,7	18,9	11,1	8,0	98	*21,9*	86	*65*	*23,4*	79	*22,2*	89	*51*
September....	23,5	**87**	31,1	18,9	11,1	8,3	**289**	22,4	87	**232**	23,4	**81**	22,9	**92**	**175**
Oktober.......	24,5	83	32,2	20,6	11,1	8,0	159	23,2	**88**	166	24,0	79	23,2	91	168
November ...	**25,0**	80	33,9	20,6	13,3	6,0	25	**23,4**	87	18	**24,8**	78	**24,1**	90	37
Dezember.....	23,8	72	34,4	18,9	13,9	6,0	10	23,0	79	11	24,2	73	23,4	82	18
Zahl d. Jahre	25	25	1	1	1	4	9	11	11	6	11	11	11	11	10

Monat	62 Oshogbo (300 m ü. M.)							63 Ilescha (?)			64 Olokemeji (84 m ü. M.)			65 Ibadan (200 m ü. M.)						
	t_9	f_9	T_+	τ_-	δ_+	w	r	T_+	τ_-	r	t_9	f_9	r	t_9	f_9	T_+	τ_-	δ_+	w	r
Januar	23,4	*76*	33,9	12,8	17,8	*4,5*	7	32,6	14,1	20	24,1	*83*	*6*	23,9	*80*	35,0	*15,6*	17,8	*4,0*	*8*
Februar	25,4	78	**37,8**	*10,6*	**23,3**	6,0	23	**35,4**	17,2	19	26,1	*83*	10	25,5	84	38,1	18,1	18,0	6,3	28
März	**26,0**	83	**37,8**	14,4	21,1	7,0	78	34,1	17,1	107	**26,9**	85	114	**26,0**	85	**38,6**	18,9	16,9	6,8	99
April	26,0	81	35,0	18,9	12,2	7,0	134	32,7	17,5	169	26,6	87	166	25,6	87	35,0	16,1	17,8	7,0	156
Mai	25,7	83	33,9	**19,4**	12,8	7,5	137	31,1	17,2	198	26,4	88	170	25,2	88	33,9	19,4	12,8	7,5	133
Juni...........	24,3	87	31,7	18,3	12,8	8,0	150	29,6	16,7	187	25,2	90	178	24,3	88	32,2	**20,0**	10,0	8,0	156
Juli	22,7	87	*29,4*	18,3	*8,3*	**9,0**	**166**	*27,9*	16,4	**211**	24,0	**91**	160	23,1	**91**	*29,4*	17,8	*9,4*	**9,3**	**196**
August	*22,1*	82	30,0	17,2	12,8	**9,0**	*74*	28,0	15,3	120	*23,4*	89	*55*	*22,6*	89	30,6	17,2	13,3	8,8	84
September....	23,1	88	30,0	18,3	10,0	**9,0**	193	28,9	*13,9*	272	24,2	90	142	23,1	90	30,6	18,9	*9,4*	8,5	177
Oktober.......	23,6	**90**	31,1	18,9	11,1	8,0	**198**	32,9	16,7	**301**	24,9	89	**146**	24,1	90	31,1	18,3	10,6	7,8	150
November ...	**24,6**	87	31,7	**19,4**	11,7	6,0	33	31,9	**18,3**	89	**25,5**	88	27	**24,8**	88	32,2	18,3	11,7	7,3	25
Dezember.....	22,9	84	32,2	18,3	11,7	6,0	*6*	31,7	17,5	*16*	24,5	86	17	24,2	87	31,7	19,4	11,7	7,0	11
Zahl d. Jahre	2	2	1	1	1	2	9	3	2	6	12	12	13	20	20	1	1	1	1	13

Monat	66 Abeokuta (68 m ü. M.)							67 Ondo (120 m ü. M.)							68 Ifon (?)		69 Ankpa (225 m ü. M.)			70 Okwoga (260m ü.M.)	
	t_9	f_9	T_+	τ_-	δ_+	w	r	t_9	f_9	T_+	τ_-	δ_+	w	r	T_+	τ_-	t_9	f_9	r	t_9	f_9
Januar	24,3	84	36,7	15,6	20,6	8,0	6	24,0	85	33,3	—	—	4,0	5	—	—	25,6	58	26	27,2	63
Februar	25,5	85	40,0	20,0	17,2	6,5	27	25,7	87	36,7	—	—	4,7	33	—	—	26,8	68	•	28,2	66
März	25,7	84	—	—	15,6	7,7	77	25,8	88	36,1	20,0	13,9	5,0	86	—	—	27,6	66	42	28,7	68
April	25,9	85	37,2	20,6	14,4	7,0	155	25,9	88	34,4	19,4	13,3	4,7	165	33,9	16,7	26,5	76	138	27,6	73
Mai	25,6	87	36,1	20,6	13,9	7,0	130	25,6	87	35,6	18,3	15,0	5,3	168	—	—	24,9	76	197	27,1	73
Juni	24,6	87	33,9	21,1	11,7	7,5	181	24,4	90	31,7	19,4	12,2	5,4	175	—	—	25,0	81	174	25,9	79
Juli	24,2	86	—	—	—	8,7	188	23,6	91	30,6	18,2	10,6	6,3	255	—	—	23,9	83	144	25,3	80
August	23,6	86	34,4	—	—	8,3	47	23,0	90	30,0	18,3	11,7	6,0	140	—	—	23,9	82	165	25,5	91
September....	23,9	88	34,4	20,0	12,8	8,3	143	23,5	90	30,6	19,4	10,6	6,0	338	—	—	23,9	84	281	25,4	86
Oktober	24,6	85	35,6	19,4	15,0	6,7	90	24,1	89	31,7	18,3	11,1	5,0	193	—	—	24,5	82	156	26,0	79
November ...	25,1	85	35,6	15,6	18,3	5,5	27	25,0	89	32,8	18,9	12,8	3,0	39	—	—	25,9	75	8	27,1	73
Dezember.....	24,8	83	35,6	20,0	13,3	6,0	14	24,5	86	32,2	20,0	11,7	4,5	20	—	—	25,4	65	7	26,9	63
Zahl d. Jahre	20	20	1	1	1	3	9	15	15	1	1	1	4	13	1	1	8	8	4	8	8

Monat	71 Nsukka (?)		72 Ogoja (200 m ü. M.)		73 Abakaliki (71 m ü. M.)							74 Obudu (420 m ü. M.)		75 Bamenda (1420 m ü. M.)										
	t_9	f_9	t_9	f_9	t_9	f_9	T_+	τ_-	δ_+	w	r	t_9	f_9	t_9	f_9	T_+	T_-	T	τ_+	τ_-	τ	δ_+	w	r
Januar	24,3	73	26,8	64	26,2	67	36,7	18,3	16,1	3,5	8	26,0	62	21,4	66	31,1	19,0	21,6	15,0	9,0	11,2	15,6	3,0	32
Februar	24,3	82	28,7	66	27,6	74	37,2	18,9	17,2	3,0	28	27,2	70	21,6	67	32,2	20,0	23,6	14,0	9,0	11,6	18,0	4,5	9
März	24,2	84	29,1	73	27,8	77	37,2	16,1	18,3	3,0	89	27,7	70	21,2	74	31,7	19,0	24,0	14,0	10,0	12,4	17,0	7,5	123
April	23,8	89	28,5	79	26,9	81	37,2	18,9	13,9	4,0	180	26,9	79	22,1	78	30,6	17,0	24,7	14,0	10,5	12,4	17,5	7,0	192
Mai	23,4	87	27,7	81	26,6	81	35,6	20,6	13,9	3,0	254	26,0	81	20,5	84	32,0	17,0	24,6	19,0	10,0	12,5	20,0	7,3	184
Juni	22,7	87	26,2	86	25,7	83	33,3	20,0	13,3	3,5	262	25,7	84	19,7	85	30,5	15,0	23,9	14,0	10,0	11,9	19,0	8,2	284
Juli	21,9	89	25,5	85	25,1	86	31,1	20,0	11,1	3,0	257	24,3	85	18,6	88	30,0	17,0	23,3	14,0	10,0	11,7	19,0	9,0	414
August	21,4	86	25,1	88	24,6	86	31,1	20,0	10,6	3,5	112	24,2	85	18,6	88	36,0	14,0	23,8	13,0	9,0	11,3	17,0	9,3	423
September....	21,7	89	25,6	88	25,0	87	31,7	18,9	12,8	3,5	302	24,7	85	19,0	88	34,2	15,5	23,8	16,0	10,0	12,4	14,6	8,5	450
Oktober	22,3	89	26,1	87	25,0	86	33,3	19,4	13,9	3,0	315	25,6	85	19,9	83	30,8	16,0	23,6	17,0	10,0	12,6	16,9	7,3	274
November ...	23,1	89	27,5	82	26,3	79	33,3	17,2	15,6	2,5	58	26,1	79	20,5	78	30,0	18,0	22,8	15,6	10,0	12,5	14,5	7,5	61
Dezember.....	22,3	89	26,8	73	26,1	74	35,6	17,8	16,1	2,5	13	26,1	68	20,6	71	30,6	16,0	22,6	15,8	10,0	11,8	14,9	—	12
Zahl d. Jahre	2	2	7	7	13	13	1	1	1	2	4	10	10	9	9	3	2	2	2	3	2	2	3	8

Monat	76 Bali (1360 m ü. M.)															
	t_7	t_{14}	t_{21}	t	f_7	f_{14}	f_{21}	f	T_+	T_-	T	τ_+	τ_-	τ	w	r
Januar	13,5	24,7	16,6	17,8	90	61	91	81	29,2	23,1	26,8	15,7	*6,2*	11,6	4,1	*18*
Februar	14,3	25,3	17,5	18,6	*85*	60	91	79	31,0	22,5	27,1	17,2	9,6	12,5	7,0	77
März	15,8	23,2	17,5	18,5	92	70	93	85	30,7	19,0	25,9	15,9	9,2	13,2	6,8	147
April..........	17,1	23,5	17,7	19,0	94	81	95	90	29,2	21,1	25,8	17,3	11,0	14,1	7,5	304
Mai	17,0	22,8	17,8	18,9	97	85	97	93	28,8	21,0	25,3	17,0	9,7	14,4	7,9	218
Juni...........	16,9	21,4	17,1	18,1	96	82	96	92	27,9	19,3	24,1	16,4	12,0	14,2	8,6	271
Juli	16,0	20,0	*16,3*	17,2	100	87	98	95	*24,1*	17,2	*21,9*	16,6	10,7	14,4	9,4	261
August	15,9	*19,8*	*16,3*	*17,1*	98	85	98	93	24,9	*16,9*	22,6	15,9	10,7	14,0	9,0	309
September....	16,1	*19,8*	16,6	17,3	96	87	96	93	26,0	19,8	23,2	15,8	11,8	14,1	8,5	370
Oktober.......	16,0	21,6	17,1	18,0	96	79	96	90	26,8	19,8	24,5	16,7	11,8	13,8	7,6	332
November ...	15,4	23,7	17,5	18,5	94	64	92	83	32,5	21,0	25,9	16,5	10,6	13,4	5,6	102
Dezember.....	*13,3*	25,5	16,5	18,0	90	*53*	*88*	*77*	29,5	22,5	27,0	*15,2*	7,6	*11,1*	*3,6*	23
Zahl d. Jahre	2	2	2	2	2	2	2	2	2	2	2	2	2	2	2	14

Monat	77 Dschang (1382 m ü. M.)																
	t_6	t_{14}	t_{20}	t	f_6	f_{14}	f_{20}	f	T_+	T_-	T	τ_+	τ_-	τ	δ_+	w	r
Januar	13,3	24,7	18,1	18,6	*91*	62	90	81	30,3	19,1	27,1	*15,4*	*7,7*	11,7	21,4	2,9	34
Februar	13,7	25,7	19,0	19,3	93	59	*85*	*79*	31,8	21,6	27,7	16,7	8,2	11,6	20,2	2,5	46
März	14,7	25,3	18,7	19,5	*91*	60	87	*79*	30,8	20,1	27,1	16,7	10,3	14,0	18,3	3,5	78
April..........	16,4	23,5	18,9	19,6	94	73	90	86	29,2	21,6	25,5	17,1	11,7	15,4	14,1	4,5	173
Mai	16,2	23,1	18,9	19,4	94	75	91	87	27,9	21,6	25,5	16,5	12,8	14,8	14,8	4,5	176
Juni...........	16,0	21,4	18,0	18,4	95	81	92	90	29,0	19,6	24,1	16,7	12,7	14,7	14,7	4,5	227
Juli	15,9	20,5	17,2	17,9	97	84	94	91	27,9	20,2	23,4	16,2	12,0	14,6	13,2	5,2	211
August	15,7	*19,9*	17,0	*17,5*	97	86	95	92	*25,1*	*18,6*	*22,4*	16,7	12,0	14,9	*11,8*	5,4	253
September....	15,7	20,7	*16,9*	17,8	97	83	96	92	29,5	20,8	23,6	17,0	12,1	14,7	15,7	5,7	283
Oktober.......	15,7	22,3	17,6	18,5	95	79	95	90	27,5	22,1	24,9	16,6	9,2	14,6	12,8	5,6	209
November ...	13,7	24,3	18,6	18,9	96	65	93	84	28,1	21,1	25,8	16,0	9,9	12,6	16,4	3,6	28
Dezember.....	*12,5*	24,9	18,6	18,7	94	*56*	87	*79*	31,0	23,1	26,7	16,5	7,7	*11,2*	20,4	*2,8*	*16*
Zahl d. Jahre	4	4	4	4	4	4	4	4	3	2	3	2	3	3	2	4	5

Monat	78 Batschenga (550 m ü. M.)																	
	t_7	t_{14}	t_{21}	t	f_7	f_{14}	f_{21}	f	T_+	T_-	T	τ_+	τ_-	τ	δ_+	w	s	r
Januar	20,1	28,9	23,2	23,7	91	62	92	82	31,4	25,3	29,3	21,2	16,8	19,7	14,4	6,2	5,9	20
Februar	20,9	30,0	24,0	24,8	92	55	90	81	34,4	25,2	30,9	22,4	18,9	20,5	14,0	6,4	5,2	54
März	20,8	29,8	23,9	24,8	91	57	88	79	33,0	23,3	30,6	22,2	18,1	20,4	13,6	5,4	6,6	146
April	20,9	28,9	23,0	24,0	92	67	95	85	33,1	25,5	29,6	22,1	18,8	20,6	14,0	6,2	5,7	174
Mai	20,6	28,3	23,0	23,7	91	67	94	86	32,2	26,2	29,2	22,9	17,9	20,0	12,4	7,0	4,5	236
Juni	20,7	26,2	22,4	23,0	92	75	94	87	30,0	22,5	27,3	21,2	17,7	20,2	9,8	8,0	3,9	148
Juli	19,8	25,7	21,3	22,1	91	71	93	86	29,1	22,9	26,3	20,8	17,9	19,4	11,0	7,8	2,9	78
August	20,2	26,1	21,4	22,4	93	71	95	87	29,0	23,7	26,8	20,8	18,8	19,6	9,7	6,6	2,0	69
September	20,6	27,0	21,7	22,9	93	68	96	87	30,8	24,7	27,9	21,3	18,6	20,2	10,9	5,9	3,1	208
Oktober	20,2	28,2	21,9	23,2	93	66	97	86	31,2	22,0	28,9	21,1	18,0	19,7	12,8	6,4	4,6	358
November	20,7	27,4	22,6	23,6	94	61	96	85	32,8	23,0	29,3	22,9	17,7	20,0	12,4	5,7	5,3	99
Dezember	19,9	28,6	22,6	23,6	95	63	97	86	30,6	24,3	29,1	21,5	18,5	19,5	11,4	5,7	4,9	47
Zahl d. Jahre	1	1	1	1	1	1	1	1	1	1	1	1	1	1	1	1	3	9

Monat	79 Bangui (395 m ü. M.)									80 Garua (232 m ü. M.)																
	t_8	t_{16}	f_8	f_{16}	T_+	T	τ_-	τ	r	t_7	t_{14}	t_{21}	t	f_7	f_{14}	f_{21}	f	T_+	T_-	T	τ_+	τ_-	τ	δ_+	w	r
Januar	24,4	32,4	81	65	37,6	35,3	17,0	20,1	11	22,0	34,6	27,9	28,2	60	26	41	42	39,0	30,2	35,3	26,0	16,2	20,9	20,7	3,9	0,2
Februar	24,6	32,8	84	62	40,2	35,6	16,9	21,0	52	19,6	34,9	27,9	27,4	48	12	25	28	40,0	32,6	36,1	23,9	13,3	18,3	24,6	2,2	.
März	26,9	32,7	82	66	41,0	36,2	19,5	22,3	181	26,5	38,5	30,5	31,5	49	22	36	36	42,7	35,3	39,2	29,1	18,6	24,0	20,2	4,8	7
April	26,1	—	86	—	37,6	33,5	19,2	21,3	87	27,8	36,6	29,6	30,9	68	35	56	53	42,0	31,2	37,5	28,8	21,7	25,4	16,4	4,5	32
Mai	25,7	34,0	88	94	40,2	35,8	17,5	21,2	128	26,0	32,4	26,9	28,0	80	53	74	69	38,1	28,5	33,8	27,7	20,3	23,6	14,4	4,9	95
Juni	25,4	27,8	89	87	37,0	33,9	18,0	20,8	88	25,1	30,6	25,4	26,6	82	59	82	74	35,9	26,8	31,9	24,6	19,6	22,1	14,0	5,2	140
Juli	23,4	26,7	90	88	34,0	30,8	17,5	20,2	128	25,2	30,6	25,4	26,7	81	58	80	73	34,0	27,5	32,5	23,9	19,6	22,1	14,2	5,1	164
August	23,4	28,0	91	87	35,2	31,2	18,5	20,5	356	23,5	28,9	24,8	25,5	90	67	86	81	32,5	24,9	29,8	23,5	20,5	22,0	10,8	6,7	206
September	23,6	27,7	91	83	36,5	33,1	19,5	20,4	164	23,4	30,0	24,5	25,6	92	64	90	82	—	—	30,7	—	—	21,7	—	6,4	197
Oktober	23,1	26,0	91	90	35,7	31,6	18,6	20,2	133	23,6	33,4	25,7	27,1	82	44	73	66	36,9	26,6	34,1	25,0	17,5	22,0	18,3	3,7	62
November	23,4	28,3	92	84	36,1	32,8	17,7	20,2	62	19,2	35,4	25,4	26,3	76	14	45	45	37,1	34,3	35,9	22,3	15,8	17,6	20,7	1,5	.
Dezember	22,7	29,9	91	74	36,3	33,2	15,0	18,9	18	17,7	33,7	23,8	24,8	65	18	40	41	36,7	31,2	34,3	19,0	14,0	16,1	21,6	2,8	.
Zahl d. Jahre	2	2	2	2	2	2	2	2	1	1	1	1	1	1	1	1	1	1	1	1	1	1	1	1	1	7

Monat	81 Pitoa (218 m ü. M.)																
	t_6	t_{14}	t_{20}	t	f_6	f_{14}	f_{20}	f	T_+	T_-	T	τ_+	τ_-	τ	δ_+	w	r
Januar	12,2	34,2	22,2	22,9	72	25	59	52	38,7	31,8	35,6	*10,2*	8,1	9,3	29,9	*0,0*	·
Februar	18,7	37,3	27,0	27,7	*58*	22	46	42	40,8	27,4	38,0	17,8	12,3	15,0	27,1	0,8	0,3
März	19,2	37,4	25,9	27,5	63	20	*43*	*42*	42,9	32,9	38,2	20,1	10,9	15,4	26,9	*0,0*	·
April	**28,1**	**39,0**	**31,5**	**32,9**	62	30	51	48	**43,4**	**35,4**	**39,8**	**27,7**	15,7	**24,4**	27,2	1,7	52
Mai	26,2	36,5	29,6	30,8	78	40	61	60	40,2	30,1	37,5	**27,7**	**20,5**	23,8	17,3	2,1	36
Juni	24,9	34,8	28,9	29,5	80	46	62	63	40,4	29,9	36,1	26,1	19,8	22,7	17,0	2,8	87
Juli	24,1	31,9	26,3	27,5	84	55	75	71	35,3	28,2	32,8	24,2	18,8	22,0	14,5	2,8	168
August	22,9	*30,5*	25,7	26,4	90	**63**	85	79	35,2	*25,9*	*31,2*	22,7	19,1	21,3	*12,9*	**3,7**	182
September	22,6	31,3	25,5	26,4	**93**	61	86	**80**	*34,6*	26,8	31,9	22,2	17,7	20,2	14,6	2,7	**275**
Oktober	**22,9**	32,5	25,4	**26,9**	91	54	**87**	78	37,1	26,2	34,0	24,3	16,1	21,2	20,3	3,1	67
November	14,2	**35,4**	21,6	23,7	84	22	77	61	38,4	34,0	36,6	14,1	10,6	11,8	27,4	0,6	·
Dezember	*10,3*	34,0	*19,2*	*21,2*	82	*19*	69	57	38,4	33,4	35,5	13,9	*4,8*	*9,1*	**30,4**	0,4	·
Zahl d. Jahre	1	1	1	1	1	1	1	1	1	1	1	1	1	1	1	1	2

Monat	82 Zungeru (120 m ü. M.)			83 Jebba (135 m ü. M.)		84 Bida (120 m ü. M.)							85 Baro (100 m ü. M.)		
	t_9	f_9	r	t_9	f_9	t_9	f_9	T_+	τ_-	δ_+	w	r	t_9	f_9	r
Januar	26,1	*43*	1	26,9	45	24,6	*49*	36,7	*18,3*	14,4	*2,0*	·	26,0	57	11
Februar	27,8	*43*	·	27,7	*43*	27,5	63	39,4	19,4	**17,8**	*2,0*	·	27,8	*55*	3
März	**29,4**	56	11	**30,5**	55	**28,1**	74	**41,1**	21,7	16,1	3,5	122	29,1	*55*	14
April	29,2	69	55	30,0	60	28,0	73	39,4	**22,2**	13,9	6,0	165	**29,5**	61	71
Mai	28,0	75	109	27,2	70	27,1	79	36,1	21,1	12,2	7,0	**264**	27,8	69	172
Juni	26,1	77	160	26,7	76	25,7	80	33,3	20,6	12,2	7,5	175	26,9	74	160
Juli	25,2	83	209	*25,7*	77	24,9	81	*31,7*	21,1	8,9	8,0	*74*	25,5	78	**263**
August	*24,7*	**85**	231	26,1	72	24,9	79	32,2	21,7	8,9	**9,0**	201	25,3	**79**	181
September	25,2	83	**246**	26,3	**81**	*24,0*	**87**	32,2	20,6	*8,3*	8,5	**206**	26,0	78	181
Oktober	26,6	78	96	27,5	75	25,8	82	33,3	21,7	10,0	7,0	142	27,1	74	130
November	**26,8**	65	2	**28,1**	68	**27,9**	73	36,1	22,2	13,3	4,5	·	**27,7**	66	3
Dezember	26,4	47	3	26,1	47	24,6	56	36,7	21,1	14,4	2,5	5	*23,3*	61	*1*
Zahl d. Jahre	14	14	12	2	2	1	1	1	1	1	2	1	4	4	6

Monat	86 Lokodja (100 m ü. M.)							87 Makurdi (150 m ü. M.)							88 Beriberi (175 m ü. M.)						
	t_9	f_9	T_+	τ_-	δ_+	w	r	t_9	f_9	T_+	τ_-	δ_+	w	r	t_9	f_9	T_+	τ_-	δ_+	w	r
Januar	*24,3*	70	35,6	*15,6*	16,1	*2,0*	14	27,0	*61*	(37,2)	*16,7*	18,3	5,0	.	*24,5*	*67*	—	15,6	—	4,0	.
Februar	27,3	70	38,3	17,2	**17,8**	4,0	12	29,0	73	37,8	17,8	**18,9**	*3,0*	.	27,1	71	—	18,3	—	5,0	.
März	**28,5**	*68*	**39,4**	—	14,4	6,0	39	**30,1**	72	**38,9**	18,9	17,8	6,8	36	**28,4**	76	—	**21,1**	—	5,0	31
April...........	28,0	72	36,1	20,0	13,3	6,5	124	28,7	74	36,7	**21,1**	12,2	7,0	183	27,7	81	—	—	—	5,5	79
Mai	27,3	77	35,0	**21,1**	11,1	7,0	**153**	28,4	76	34,4	19,4	12,9	7,8	188	27,3	84	**36,7**	18,3	15,0	5,5	132
Juni............	26,0	79	33,9	20,6	10,0	7,0	140	27,2	78	32,8	18,9	11,7	8,2	152	25,9	86	36,7	*14,4*	20,0	5,8	193
Juli	25,6	80	32,2	20,6	*9,4*	7,8	191	26,5	**82**	*31,7*	20,0	10,6	8,0	**272**	25,5	87	—	—	—	**6,3**	211
August	25,3	80	33,3	**21,1**	11,1	**8,7**	176	26,4	**82**	*31,7*	**21,1**	*10,0*	8,0	259	25,3	87	*32,2*	—	—	6,0	**231**
September....	**25,4**	**82**	*31,7*	20,0	*9,4*	7,3	**258**	26,8	81	32,2	20,6	10,6	**8,3**	229	25,4	**88**	—	—	—	5,0	218
Oktober.......	26,3	80	32,8	20,6	10,6	7,3	108	26,4	**82**	33,9	19,4	11,7	7,8	152	26,0	86	—	—	—	3,3	104
November ...	**26,7**	77	35,0	19,4	14,4	4,0	9	**27,3**	78	35,6	20,6	14,4	7,3	8	**26,8**	84	—	—	—	4,0	3
Dezember.....	24,7	74	35,6	18,3	16,1	4,0	*7*	*25,8*	74	37,8	17,8	17,8	6,0	5	25,6	74	—	—	—	*2,0*	.
Zahl d. Jahre	25	25	1	1	1	3	13	4	4	1	1	1	4	4	5	5	1	1	1	4	4

Monat	89 Abinsi (79 m ü. M.)		90 Wukari (?)		91 Ibi (114 m ü. M.)			92 Yola (200 m ü. M.)						
	t_9	f_9	t_9	f_9	t_9	f_9	r	t_9	f_9	T_+	τ_-	δ_+	w	r
Januar	26,7	71	—	—	25,3	*48*	4	25,4	42	37,8	17,8	18,3	*1,0*	.
Februar	27,8	*69*	—	—	27,9	*48*	2	27,7	*40*	40,0	17,8	20,0	2,5	.
März	—	—	—	—	**29,6**	58	27	**30,6**	44	**42,2**	21,1	18,9	5,0	6
April...........	—	—	**28,9**	67	28,2	70	78	30,3	59	41,1	**22,2**	15,6	5,0	52
Mai	**28,3**	70	27,3	78	27,2	73	171	28,4	69	40,0	20,6	14,4	6,0	117
Juni............	26,1	80	25,6	**86**	26,0	82	150	26,2	78	38,9	21,1	13,3	7,0	153
Juli	25,6	78	25,5	83	25,4	**84**	152	25,5	80	33,3	20,0	10,6	7,3	159
August	*25,6*	76	26,0	84	25,1	**84**	141	*25,2*	**81**	*32,2*	19,4	*10,0*	**8,0**	**210**
September....	—	—	25,7	**86**	25,4	82	**285**	25,5	80	*32,2*	19,4	10,6	6,5	202
Oktober.......	—	—	25,7	83	26,2	81	140	27,0	74	35,6	19,4	15,0	6,8	82
November ...	—	—	**26,5**	75	**26,4**	72	.	**27,2**	61	38,9	18,3	19,4	6,0	1
Dezember.....	—	—	*23,6*	*61*	*24,4*	57	2	25,6	45	38,3	*15,6*	**22,8**	6,0	.
Zahl d. Jahre	1	1	1	1	21	21	5	24	24	1	1	1	4	11

Monat	93 Samaru (650 m ü. M.)							94 Zaria (670 m ü. M.)			95 Kontagora (390 m ü. M.)		
	t_9	f_9	T_+	τ_-	δ_+	w	r	t_9	f_9	r	t_9	f_9	r
Januar	*20,9*	*20*	35,0	11,7	22,2	1,5	.	*22,4*	36	.	26,3	*27*	.
Februar	22,4	22	36,7	13,1	21,6	*1,0*	.	24,5	*32*	1	28,6	*27*	.
März	**26,6**	34	38,2	13,9	21,1	3,0	3	25,2	35	1	29,6	39	13
April	**26,6**	54	**38,6**	17,2	**23,8**	6,5	48	**28,4**	55	54	**29,7**	57	48
Mai	25,5	75	38,1	17,5	16,4	5,3	142	27,2	62	123	28,8	63	77
Juni	23,5	83	32,8	16,1	16,1	5,7	163	25,4	75	147	26,1	71	176
Juli	22,5	87	31,1	17,2	12,2	7,3	196	23,7	78	217	24,9	78	205
August	21,8	**90**	*29,4*	16,7	*11,7*	7,6	**300**	23,3	81	**319**	*24,4*	80	268
September	22,9	85	31,7	17,2	12,2	7,0	188	24,2	76	231	24,7	78	**313**
Oktober	24,4	78	33,9	12,8	20,6	4,3	28	**26,2**	66	42	26,8	69	89
November	**25,0**	38	35,0	12,8	21,1	2,5	.	26,0	44	.	**28,2**	38	1
Dezember	21,3	28	35,6	*11,1*	22,8	*1,0*	3	22,7	34	4	26,5	29	2
Zahl d. Jahre	3	3	1	1	1	3	3	16	16	9	4	4	9

Monat	96 Kaduna (600 m ü. M.)								97 Bautschi (680 m ü. M.)						
	t_9	f_9	T_+	τ_-	δ_+	w	s	r	t_9	f_9	T_+	τ_-	δ_+	w	r
Januar	20,7	*36*	36,7	*12,8*	**22,8**	2,7	8,6	3	*23,5*	33	36,1	—	—	4,0	.
Februar	22,9	39	37,2	*12,8*	**22,8**	*2,0*	9,3	.	25,3	*32*	—	—	—	*3,3*	.
März	26,5	53	**38,9**	15,0	20,0	3,3	7,8	15	29,6	38	40,0	*13,9*	18,9	5,0	2
April	**27,2**	65	37,8	17,2	20,6	5,0	8,5	64	**30,8**	54	39,4	**20,6**	16,7	4,0	34
Mai	25,9	75	35,0	17,8	13,3	6,5	7,7	165	28,6	61	38,3	17,8	17,8	5,5	103
Juni	24,4	80	33,9	**18,9**	13,9	6,8	7,3	191	26,6	69	35,6	17,8	15,6	5,8	144
Juli	23,1	85	33,3	18,3	13,9	**8,3**	5,2	185	25,3	74	33,3	18,3	13,3	5,8	263
August	22,6	87	*30,6*	17,8	*12,2*	**8,3**	*4,2*	287	24,6	77	*30,6*	18,3	*10,0*	**6,3**	**295**
September	24,1	84	32,2	18,3	13,3	7,3	5,8	**312**	25,1	75	31,7	17,8	12,8	5,5	161
Oktober	**24,5**	79	33,9	13,9	18,3	5,3	8,2	69	**27,3**	59	34,4	17,2	16,7	5,3	39
November	23,7	68	35,0	13,9	18,3	4,0	9,3	3	**27,3**	38	35,6	15,0	17,8	5,3	.
Dezember	*20,6*	45	35,6	12,8	20,6	2,5	**9,5**	8	24,6	*32*	36,1	15,0	18,3	4,0	.
Zahl d. Jahre	8	8	1	1	1	4	5	4	20	20	1	1	1	4	7

Monat	98 Minna (270 m ü. M.)							99 Jos (1200 m ü. M.)						
	t_9	f_9	T_+	τ_-	δ_+	w	r	t_9	f_9	T_+	τ_-	δ_+	w	r
Januar	26,0	*35*	37,8	*15,6*	20,0	4,0	3	*19,8*	31	31,7	*9,4*	17,8	3,0	13
Februar	28,0	37	38,9	16,7	**20,6**	2,7	.	22,4	*30*	33,3	12,2	17,8	*2,3*	18
März	**29,4**	51	**40,6**	**19,4**	18,3	5,0	31	**25,1**	37	34,4	13,9	16,1	4,3	38
April	28,3	64	38,9	19,4	17,2	5,3	74	24,9	57	**36,1**	15,6	**20,0**	5,3	127
Mai	27,2	71	36,7	17,8	13,3	6,3	150	23,9	70	31,1	**16,7**	13,9	6,5	269
Juni	25,6	77	32,2	19,4	12,2	6,2	170	22,1	75	29,4	16,1	12,8	6,4	213
Juli	24,4	83	31,7	19,4	*10,0*	**8,0**	239	20,8	81	27,2	15,0	10,6	7,3	310
August	*24,1*	**84**	*30,6*	19,4	10,6	**8,0**	244	20,3	**84**	*26,7*	15,6	*9,4*	**8,3**	**315**
September	24,9	81	32,2	18,9	12,2	7,3	**264**	21,7	77	28,3	15,0	11,1	7,0	221
Oktober	26,3	76	33,3	18,9	13,3	5,5	102	23,9	59	30,0	14,4	15,6	5,0	28
November	**27,9**	57	37,2	16,7	**20,6**	4,0	20	**24,3**	39	30,6	14,4	13,9	3,3	.
Dezember	26,8	40	38,3	16,1	**20,6**	*2,5*	8	21,3	*30*	31,7	13,3	15,6	2,5	.
Zahl d. Jahre	21	21	1	1	1	4	4	14	14	1	1	1	4	4

Monat	100 Naraguta (1200 m ü. M.)		101 Keffi (390 m ü. M.)			102 Akwanga (300 m ü. M.)		103 Womba (350 m ü. M.)		104 Birnin-Kebbi (270 m ü. M.)						
	t_9	f_9	t_9	f_9	r	t_9	f_9	t_9	f_9	t_9	f_9	T_+	τ_-	δ_+	w	r
Januar	21,8	33	26,7	*56*	.	26,1	40	26,6	*41*	*21,4*	39	38,9	12,8	21,1	2,7	.
Februar	23,8	*32*	28,6	58	7	27,5	*37*	**27,9**	52	24,7	*32*	42,2	*11,7*	24,4	*2,0*	.
März	25,6	38	**29,3**	63	19	**28,3**	50	25,8	56	28,9	33	44,0	14,4	23,9	3,3	.
April	**26,1**	55	29,1	69	66	28,1	65	**27,9**	65	**31,4**	44	**45,0**	18,3	24,4	4,0	31
Mai	24,8	62	27,7	74	99	26,5	73	27,4	72	30,0	55	42,8	**23,3**	16,7	4,0	79
Juni	23,4	68	26,3	76	136	25,5	72	25,1	78	27,8	68	42,2	20,0	18,9	4,4	63
Juli	21,8	73	25,3	**82**	208	24,3	72	24,7	79	26,0	77	36,7	20,0	13,9	5,0	**176**
August	*21,3*	**75**	*24,9*	81	**248**	*24,2*	**75**	*24,2*	**83**	25,1	80	*33,3*	20,0	*11,1*	**5,8**	169
September	22,7	72	25,3	80	169	24,3	**75**	24,6	82	26,4	77	36,1	20,6	14,4	5,0	124
Oktober	24,6	58	26,0	78	90	25,1	74	26,0	78	**28,3**	67	38,3	18,3	19,4	3,8	27
November	**24,7**	47	**28,2**	67	8	**26,2**	68	27,4	64	26,9	47	38,3	16,7	21,1	4,7	.
Dezember	21,7	38	27,4	57	.	26,1	43	27,2	44	22,1	**44**	40,0	14,4	**25,6**	4,5	.
Zahl d. Jahre	10	10	7	7	4	1	1	4	4	16	16	1	1	1	4	5

Monat	105 **Sokoto** (350 m ü. M.)							106 **Zuru** (350 m ü. M.)		107 **Katsina** (530 m ü. M.)						
	t_9	f_9	T_+	τ_-	δ_+	w	r	t_9	f_9	t_9	f_9	T_+	τ_-	δ_+	w	r
Januar	*21,9*	29	38,9	*11,7*	23,3	5,0	.	*21,6*	59	*20,0*	29	36,1	12,2	19,4	3,3	.
Februar	25,2	*26*	41,7	13,3	**24,4**	*2,5*	.	27,0	50	22,3	*26*	36,7	13,3	18,3	*1,7*	.
März	30,3	27	44,4	16,1	22,8	5,5	5	30,4	62	27,7	32	40,6	17,8	**21,1**	2,8	.
April...........	**32,7**	34	**45,6**	19,4	**24,4**	6,0	5	**30,9**	57	**30,6**	40	**41,7**	17,8	20,6	3,0	13
Mai	31,3	50	**45,6**	**23,3**	15,6	5,3	43	28,2	65	29,5	57	40,6	**22,8**	16,7	4,8	69
Juni............	28,7	59	40,6	20,6	15,6	5,8	108	25,6	76	27,0	70	38,3	20,0	15,6	4,6	102
Juli	26,9	69	36,7	19,4	14,4	6,0	172	24,8	78	25,0	79	33,3	18,3	12,2	6,5	145
August	25,8	**75**	*35,0*	20,0	*13,9*	6,8	**203**	24,0	82	24,3	**84**	*31,1*	18,3	*11,1*	**7,0**	**307**
September....	26,9	71	—	—	—	6,6	95	24,7	**83**	25,4	80	33,3	18,3	12,2	5,5	155
Oktober	**29,0**	55	40,0	19,4	19,4	**7,5**	10	26,1	76	**27,4**	58	35,6	15,6	20,0	2,8	3
November ...	27,6	31	40,6	17,2	21,7	5,6	.	**26,9**	39	25,9	32	36,7	15,6	20,0	3,0	.
Dezember.....	23,5	27	40,6	17,2	22,2	**7,5**	.	26,6	*23*	22,3	34	35,6	*11,7*	20,0	2,5	.
Zahl d. Jahre	24	24	1	1	1	4	8	1	1	12	12	1	1	1	4	4

Monat	108 **Yelwa** (500 m ü. M.)		109 **Kano** (465 m ü. M.)								110 **Hadeja** (360 m ü. M.)						
	t_9	f_9	t_9	f_9	T_+	τ_-	δ_+	w	s	r	t_9	f_9	T_+	τ_-	δ_+	w	r
Januar	*24,8*	37	*21,6*	31	35,0	*10,0*	21,1	*2,3*	7,7	1	*21,2*	40	38,9	10,0	23,9	2,0	.
Februar	27,7	37	24,6	*26*	37,2	11,1	**25,0**	3,0	9,0	.	24,6	31	41,1	*9,4*	**25,0**	3,0	.
März	**31,1**	48	28,9	28	**40,6**	12,2	21,1	4,3	8,0	3	29,0	*27*	**43,9**	13,3	24,4	2,2	.
April...........	30,7	60	**30,9**	40	40,0	17,8	20,0	5,3	8,9	12	**32,6**	40	43,3	—	—	4,0	41
Mai	28,9	66	29,9	53	**40,6**	**20,6**	15,0	5,3	8,9	81	31,4	47	43,3	—	—	4,5	46
Juni............	27,2	73	27,3	65	37,8	18,9	16,7	5,4	9,0	123	27,7	60	41,1	—	—	4,5	89
Juli	26,6	75	25,6	75	34,4	18,9	12,8	7,3	7,6	174	26,9	73	37,2	**20,0**	14,4	6,2	147
August	25,3	**84**	24,9	**78**	*30,0*	18,9	*10,0*	**7,8**	*6,1*	**288**	25,6	**79**	*31,1*	19,4	*10,0*	7,0	**307**
September....	*26,1*	78	*26,1*	75	32,8	18,3	12,2	6,8	7,4	127	27,2	71	33,9	19,4	11,7	5,5	74
Oktober	27,9	73	**28,1**	54	35,0	14,4	19,4	3,8	9,3	11	**28,8**	54	36,7	15,6	18,3	3,2	.
November ...	**28,1**	55	26,8	33	35,6	13,9	20,0	3,3	**10,2**	.	26,4	36	37,8	11,1	22,2	3,0	.
Dezember.....	25,9	*33*	22,4	30	36,1	10,6	22,8	2,5	9,6	1	22,5	36	36,7	11,7	22,8	*0,5*	.
Zahl d. Jahre	4	4	21	21	1	1	1	4	2	9	14	14	1	1	1	4	4

Monat	111 **Katagum** (400 m ü. M.)			112 **Nafada** (285 m ü. M.)			113 **Maidugari** (360 m ü. M.)							114 **Geidam** (275 m ü. M.)		
	t_9	f_9	r	t_9	f_9	r	t_9	f_9	T_+	τ_-	δ_+	w	r	t_9	f_9	r
Januar	*23,4*	36	·	*23,5*	37	·	*22,1*	43	38,3	*8,3*	24,4	3,3	·	22,5	32	·
Februar	26,1	32	·	25,7	*31*	·	24,8	36	41,1	9,4	24,4	*2,7*	·	24,6	27	·
März	30,1	*28*	·	29,2	*31*	2	29,8	*35*	42,2	12,2	**26,7**	3,8	·	27,9	*26*	·
April	**32,7**	39	10	**32,8**	42	22	**32,6**	42	**43,9**	18,9	21,7	3,7	9	**34,2**	29	6
Mai	31,8	44	40	31,7	53	51	32,0	52	42,8	**20,6**	16,7	4,5	24	33,6	36	13
Juni	30,4	53	46	29,6	68	91	29,3	62	41,1	20,0	16,1	3,4	44	32,2	43	47
Juli	27,7	66	129	27,1	73	176	27,0	74	35,0	20,0	13,9	5,3	146	30,1	54	87
August	26,6	**73**	**196**	25,6	**77**	**212**	25,9	**80**	*32,2*	19,4	*10,0*	**6,0**	**207**	27,9	**65**	**164**
September	27,3	68	72	26,4	75	128	27,1	76	33,9	19,4	11,7	5,8	121	29,0	61	43
Oktober	**29,2**	43	10	27,4	58	27	**29,1**	54	37,2	13,9	22,2	3,3	11	**30,7**	36	4
November	26,6	33	·	**27,9**	38	·	27,6	40	37,8	12,2	22,2	*2,7*	·	26,6	28	·
Dezember	23,8	36	·	25,4	37	·	23,5	42	37,8	10,6	25,0	3,5	·	*21,3*	34	·
Zahl d. Jahre	5	5	6	4	4	5	23	23	1	1	1	4	5	3	3	6

Monat	115 **Mora** (500 m ü. M.)												
	t_6	t_{14}	t_{20}	t	f_6	f_{14}	f_{20}	f	τ_+	τ_-	τ	w	r
Januar	—	—	—	—	—	—	—	—	—	—	—	—	—
Februar	—	—	—	—	—	—	—	—	—	—	—	—	—
März	—	—	—	—	—	—	—	—	—	—	—	—	—
April	—	—	—	—	—	—	—	—	—	—	—	—	—
Mai	**28,1**	**39,1**	**32,3**	**33,2**	72	47	57	59	**29,5**	21,0	**26,2**	2,2	47
Juni	26,8	37,3	29,7	31,3	65	43	57	55	27,3	20,0	24,5	2,9	19
Juli	25,2	33,3	27,5	28,7	81	56	73	70	26,5	20,0	22,8	4,4	103
August	24,4	30,6	26,8	27,3	**82**	**65**	**77**	**75**	25,5	19,0	22,1	**5,0**	**155**
September	24,4	31,9	26,6	27,7	**82**	62	75	73	25,5	18,0	22,2	3,3	130
Oktober	**25,5**	**35,4**	**28,8**	**29,9**	75	53	67	65	26,0	20,0	23,4	2,7	11
November	21,1	33,0	27,2	27,1	70	30	44	48	22,5	17,0	20,0	0,7	·
Dezember	*18,3*	*30,5*	*24,6*	*24,5*	*45*	*28*	*36*	*37*	*21,5*	*14,0*	*17,0*	*0,5*	·
Zahl d. Jahre	1	1	1	1	1	1	1	1	1	1	1	1	1

Monat	116 Kusseri (305 m ü. M.)																
	t_6	t_{14}	t_{21}	t	f_6	f_{14}	f_{21}	f	T_+	T_-	T	τ_+	τ_-	τ	δ_+	w	r
Januar	*17,0*	30,6	21,8	*23,1*	41	*13*	35	30	36,0	—	—	—	*9,7*	*13,7*	—	1,2	.
Februar	18,1	32,2	23,2	24,4	*34*	15	*30*	*26*	38,9	*26,8*	32,9	*20,0*	11,8	17,2	18,9	*0,3*	.
März	22,7	36,1	27,6	28,7	41	21	32	31	46,2	29,5	36,9	26,1	14,7	20,9	17,0	0,8	2
April	**27,3**	**39,7**	31,2	**32,7**	41	17	34	31	**47,7**	**36,0**	**41,4**	**30,1**	20,4	25,7	20,6	1,5	3
Mai	26,7	38,7	**31,5**	32,3	53	21	36	36	40,0	35,2	38,3	29,8	**24,0**	**26,4**	14,9	2,4	28
Juni	26,1	36,6	29,5	30,6	70	38	57	55	41,2	29,2	35,4	27,9	20,7	24,2	15,2	3,2	53
Juli	24,9	32,1	27,0	27,9	83	53	72	69	37,0	31,0	33,5	25,9	20,7	23,8	13,4	4,2	108
August	23,1	*28,8*	25,0	25,6	**94**	**76**	**90**	**87**	*35,5*	27,2	*30,7*	25,0	18,7	21,7	*11,6*	**5,5**	**145**
September	23,1	31,1	25,9	26,7	**94**	66	88	83	35,8	27,5	32,6	24,4	18,4	21,1	15,1	4,4	52
Oktober	**24,5**	33,3	**27,0**	**28,1**	71	50	71	64	43,0	31,8	35,2	23,8	17,6	20,6	22,0	2,5	5
November ...	20,1	**33,6**	24,6	26,0	60	41	64	55	—	—	—	—	—	—	—	1,6	.
Dezember	18,0	31,1	*21,4*	23,5	72	60	82	71	—	—	—	—	—	—	—	—	.
Zahl d. Jahre	2	2	2	2	2	2	2	2	2	1	2	1	2	2	1	2	6

Monat	117 Fort Lamy (300 m ü. M.)												
	t_7	t_{14}	t_{21}	t	f_7	f_{14}	f_{21}	f	T_+	T	τ_-	τ	r
Januar	*15,9*	32,7	*22,2*	*23,3*	45	26	43	39	42,0	34,3	8,5	*15,1*	.
Februar	17,7	34,7	23,7	25,0	*44*	*23*	41	*36*	45,0	36,1	10,0	16,3	.
März	21,6	38,7	27,8	29,0	*44*	24	*39*	*36*	49,0	40,0	13,5	19,8	3
April	25,4	**40,7**	**30,9**	**32,0**	54	32	42	43	49,0	**41,8**	15,0	22,8	10
Mai	**26,2**	39,1	30,7	31,7	66	38	53	52	**49,0**	40,6	15,5	23,9	100
Juni	25,2	36,9	28,6	29,8	77	50	69	65	48,5	38,0	**18,2**	**23,1**	84
Juli	24,2	33,6	26,5	27,7	84	56	77	72	45,0	35,0	16,5	21,8	201
August	23,3	*29,9*	25,4	26,0	**90**	**72**	**85**	**82**	*39,0*	*32,0*	16,5	21,0	**207**
September	**24,3**	32,2	26,3	27,3	87	63	83	78	41,5	34,6	16,0	21,8	79
Oktober	23,6	**35,9**	**27,6**	**28,7**	71	44	68	61	43,5	37,5	14,0	20,5	22
November ...	19,9	**35,9**	26,6	27,3	50	28	39	39	42,8	36,6	11,4	17,8	.
Dezember	16,5	33,2	23,3	24,1	47	26	45	39	42,5	33,7	*8,0*	15,2	.
Zahl d. Jahre	9	9	7	7	9	9	7	7	8	8	8	8	7

HERBERT HALENKE
(Dr. med. vet.)
Farm Hohenau Deutsch-Südwestafrika

Viehwirtschaft in Deutsch-Südwestafrika

(Probleme der Akklimatisation und Tierzucht)

Mit 14 Abbildungen im Text, 5 Tafeln und 3 Karten

Vorwort

Die gegenwärtige Viehwirtschaft Afrikas vermag nicht den Eigenbedarf der eingeborenen Bevölkerung und der ansässigen Europäer an tierischen Lebensmitteln zu decken. Soll daher Afrika in der Zukunft über die Selbstversorgung hinaus auch noch den unter Führung des Großdeutschen Reiches stehenden europäischen Raum ergänzend mit vom Tiere stammenden Nahrungsmitteln beliefern, so kann dies nur durch eine planmäßige Vermehrung und Leistungssteigerung der Tierbestände in den zu übernehmenden kolonialen Gebieten erreicht werden. Die hierzu nötigen praktischen Maßnahmen ergeben sich aus der Kenntnis der Ursachen der bisherigen Unzulänglichkeit der afrikanischen Viehwirtschaft. Dabei zeigt es sich, daß ein erfolgreicher Auf- und Ausbau der kolonialen Tierzucht nur durch engstes Zusammenarbeiten von Tierzüchter und Tierarzt möglich sein wird.

Es ist daher besonders zu begrüßen, daß ein Landwirt (Dipl. Koloniallandwirt Schlieben) und ein Tierarzt (Dr. Halenke), beide durch persönliche Erfahrungen mit den Sonderheiten der afrikanischen Farm- und Tierwirtschaft bestens vertraut, die Fragen der Tierzucht im afrikanischen Kolonialgebiet zum Gegenstand einer eingehenden Betrachtung gemacht haben. Ausgangspunkt bildet die enge Wechselbeziehung zwischen Akklimatisation und Tierzucht. Die Anpassung leistungsfähiger landwirtschaftlicher Nutztierrassen an die abweichenden Umweltbedingungen (Klima, Boden, Nahrung, Nutzung usw.) ist mit Voraussetzung für den Aufbau einer wirtschaftlich wertvollen kolonialen Tierzucht. Schlieben gibt eine Darstellung von Farmwirtschaft und Tierzucht im ostafrikanischen Raum, während Halenke die Akklimatisation sowie Farmwirtschaft und Tierzucht in Deutsch-Südwestafrika beschreibt. Die wissenschaftliche und praktische Auswertung führt zu grundsätzlichen Erkenntnissen über die Entwicklung von leistungsfähigen, bodenständigen Nutztierrassen in afrikanischen Kolonialgebieten. Die schon teilweise unter den schwierigsten Verhältnissen erzielten Erfolge, z. B. der Aufbau der Karakulzucht in Deutsch-Südwestafrika und einzelner Rinderzuchten in Ostafrika, sind ein Zeichen dafür, wie deutscher Züchterfleiß und -können die koloniale Tierzucht zu entwickeln vermögen.

Wetzel

Inhaltsverzeichnis

I. Die Akklimatisation

1. Akklimatisation und Tierzucht

Die Tierzucht Afrikas als ein wirtschaftlicher Faktor der tropischen und subtropischen Landwirtschaft steht größtenteils heute noch in den Anfängen. Tropische Seuchen, Mangelkrankheiten, vor allem aber die Eigenart des afrikanischen Klimas und Bodens, sowie ungünstige wirtschaftliche Verhältnisse haben eine Entwicklung der gesamten afrikanischen Tierzucht, vor allem der Rinderzucht, bislang verhindert, die — angesichts der riesigen Räume des schwarzen Erdteils — für die Weltwirtschaft von Bedeutung sein könnte.

So sind die Leistungen der einheimischen Rinderrassen zur Zeit noch nicht groß genug, um ihre Erzeugnisse in solchen Mengen auszuführen, daß sie auf dem Weltmarkt ins Gewicht fallen könnten.

In vielen Teilen Afrikas ist man jedoch seit langen Jahren bereits dazu übergegangen, leistungsfähige europäische Rinderrassen einzuführen, um sie mit den einheimischen Rassen zu kreuzen oder auch rein weiterzuzüchten. Der Erfolg dieser Maßnahmen war je nach den klimatischen, wirtschaftlichen und wirtschaftspolitischen Verhältnissen verschieden.

Vor allem aber lehrte die Erfahrung, daß verschiedene der eingeführten europäischen Rassen sich ungeeignet zur Zucht in Afrika erwiesen, andere Rassen dagegen zu teilweise befriedigenderen Erfolgen führten. In ausgeprägtester Form wiederholten sich diese Beobachtungen, die man in Europa und auch in anderen Erdteilen bei der Versetzung von Tieren in eine fremde Umwelt gemacht hatte.

Während man sich zuerst rein empirisch auf Beobachtungen von Erfolgen und Mißerfolgen fußend mit der Frage der Akklimatisation und Akklimatisationsfähigkeit befaßte, bemühte man sich später durch die Wissenschaft, diese Fragen zu klären. Die wissenschaftliche Erkenntnis über den Akklimatisationsvorgang und die Physiologie der Akklimatisation, sowie die Kenntnis von der Akklimatisationsfähigkeit einzelner Tiergattungen und Rassen hilft dem Tierzüchter, der Tiere in eine fremde Umwelt versetzen will, überflüssige Verluste und Mißerfolge zu vermeiden.

Akklimatisation und Tierzucht sind Wesenheiten, die in enger Beziehung zueinander stehen, — ist doch von der Akklimatisation leistungsfähiger landwirtschaftlicher Nutztierrassen in Afrika die Entwicklung einer wirtschaftlich wertvollen Tierzucht und gesunden Farmwirtschaft abhängig.

2. Akklimatisationsbegriffe

Der Tierzüchter faßt die Akklimatisation als einen Vorgang auf, der nicht nur bedingt wird durch die Gewöhnung der Tiere an ein anderes Klima, sondern überhaupt durch die Anpassung an die gesamten veränderten Lebensverhältnisse (Futter, Aufenthalt und Nutzung).

Die Tropenhygieniker der Humanmedizin geben in ihren Begriffsbestimmungen bereits aufschlußreiche Anhaltspunkte über den Ablauf der Akklimatisation und ihrer Auswirkung auf Körper und Seele bei einzelnen Individuen bzw. einer ganzen Rasse und ihrer Nachkommen.

Schellong (39) versteht unter Akklimatisation sowohl die ungewollte, ja unbewußte Veränderung, die ein neues Klima im Körper und in der Seele des Menschen bewirkt, als auch die Summe der Vorkehrungen zum Ertragen dieses Klimas.

Nocht und Plehn [nach Franz (9)] unterscheiden eine individuelle (persönliche) und eine Rassenakklimatisation.

1. Bei individueller Akklimatisation gewinnt der einzelne, meist erwachsene Einwanderer, durch die Gewöhnung die Fähigkeit, für die Dauer seines Lebens oder doch für eine lange Reihe von Jahren im anderen Klima ähnliches zu leisten, wie der dort Eingeborene.

2. Unter Akklimatisation der weißen Rasse in den Tropen versteht Nocht [nach Franz (9)] ihre gesundheitliche Anpassung nicht nur für die Einwanderer, sondern auch für deren Nachkommenschaft, so daß sich diese ohne Mischung mit eingeborenem Blut, von Geschlecht zu Geschlecht fortpflanzt.

Steudel (44) unterscheidet 1. die relative (unvollkommene) Akklimatisation, d. h. daß z. B. ein Europäer bei zweckmäßiger, dem Klima angepaßter Lebensweise und unter Vermeidung schwerer körperlicher Arbeit eine Anzahl von Jahren ohne dauernden Schaden für seine Gesundheit in den Tropen zubringen kann, dann aber zeitweise zur Erholung in seine Heimat zurückkehren muß, wenn er nicht dauernd geschädigt werden will.

2. Die absolute (vollkommene) Akklimatisation. Sie bedeutet, daß der Europäer in seiner neuen Heimat dauernd ein Leben führen kann,

das dem seiner alten Heimat entspricht und dabei nicht nur selbst gesund und leistungsfähig bleibt, sondern auch seine körperlichen und geistigen Fähigkeiten auf seine Nachkommen so übertragen kann, daß diese ebenso vollwertig sind wie die Vorfahren.

Franz (9) weist in Anlehnung an Steudel (44) darauf hin, daß der Körper stets über Reservekräfte verfügt, die beim Auftreten einer Gefahr eingesetzt werden, um den Körper mit seinen gesamten physiologischen Funktionen auf die neuen Bedingungen einzustellen. Bei Klimawechsel bedeutet die Herstellung des neuen Gleichgewichtszustandes die Akklimatisation.

Da Mensch und Tier Jahrhunderte und mehr gebraucht haben, sich vollkommen in ihren eigensten Lebensräumen zu akklimatisieren, würde es sich bei der Verpflanzung in ein anderes Klima zunächst nicht um eine Akklimatisation handeln, sondern nach Franz (9) um eine mehr oder minder gute Akkommodation oder Adaptation an das neue Klima. Erst nach vielen Geschlechterfolgen dürfte man von einer Akklimatisation sprechen.

Schellong (39) verbindet die beiden Wortbegriffe, indem er sagt: „Akklimatisation ist gleichbedeutend mit Akkommodation unter veränderten Bedingungen“.

Für den Tierarzt und Tierzüchter dürfte folgende Begriffsbestimmung zweckmäßig und zutreffend sein.

Die Akklimatisation ist ein Vorgang, der bei einem Einzeltier, das veränderten Umwelteinflüssen ausgesetzt ist, zur Anpassung durch Wiederherstellung des durch fremde Umwelt zunächst gestörten physiologischen Gleichgewichtes führt. Zur Umwelt gehören Klima, Haltung, Nutzung und Nahrung. Das akklimatisierte Tier wird in seinem Allgemeinbefinden, seiner Nutzungsfähigkeit und Konstitution gegen früher, entweder keine oder nur geringe Abweichungen zeigen. Der von Steudel (44) gefaßte Begriff der unvollkommenen (relativen) Akklimatisation scheidet für die Betrachtungen des Tierzüchters aus, da für die in der Tierzucht notwendigen wirtschaftlichen Gesichtspunkte die unvollkommene Akklimatisation der Akklimatisationsunfähigkeit gleichzusetzen ist.

Nach den Erfahrungen kann man unterscheiden:

1. Die Akklimatisation des Einzeltieres, die erreicht wird mit der Anpassung desselben für die Dauer des Lebens an eine fremde Umwelt, mit der Fähigkeit, dort entsprechend den Umweltverhältnissen dieselben Leistungen zu vollbringen wie in der Heimat.

2. Die Rassenakklimatisation, d. h. die Anpassung aller oder eines Teiles der Tiere einer Rasse an anders geartete Umwelt-

bedingungen, so daß auch die Vererbung ihrer Eigenschaften unverändert erfolgt.

3. Akklimatisationsfaktoren

Mit dem Wort Akklimatisation soll auf eine Beziehung hingewiesen werden, die zwischen einem Lebewesen und einem Klima besteht [Schellong (39)]. Obwohl das Klima einen wesentlichen Einfluß auf die Akklimatisation ausübt, ist es nicht der alleinige Faktor dieses Vorganges. Das Zusammenwirken aller „Umweltbedingungen" (Klima, Boden, Nahrung, Haltung, Nutzung und Maßnahmen des Menschen) leitet die Akklimatisation ein und führt, je nach Eignung des einzelnen Individuums oder einer Rasse, zum guten oder schlechten Ende.

Das Klima ist nach Hellpach (13) der Jahrestypus der Wetterfolge. Diese Begriffsbestimmung ist jedoch nicht ausreichend. Nach Alexander von Humboldt (15) (Kosmos) bezeichnet der Ausdruck Klima in seinem allgemeinsten Sinne alle Veränderungen der Atmosphäre, die unsere Organe merklich beeinflussen. Die Temperatur, Feuchtigkeit, Luftbewegung und Luftdruckschwankung, die Größe der elektrischen Spannung, die Reinheit der Luft oder ihre Vermengung mit mehr oder minder schädlichen gasförmigen Stoffen. Sonnen- und Wärmestrahlen, die besonders die organische Entwicklung von Tier- und Pflanzenwelt als auch Gefühle und Seelenstimmung des Menschen beeinflussen.

Klima, Boden und Pflanzenwuchs stehen in engster Wechselwirkung. Das Pflanzenleben der Erde ist das beste Anzeichen der verschiedenen Klimaformen. Vom Pflanzenwuchs weitgehendst abhängig ist auch die Ernährung von Mensch und Tier.

Klimabedingt sind bestimmte Krankheiten, die die Leistungen der Tiere wesentlich beeinflussen, oder auch eine Akklimatisation vollkommen unmöglich machen. In kalten Klimaten überwiegen die Krankheiten der Atmungsorgane, in heißen die der Verdauungsorgane und des Blutes. In tropischen Gebieten ist bei dem meist nur extensiven Wirtschaftsbetrieb die Gefahr von Futtervergiftungen größer als bei den intensiven Betrieben Deutschlands. Bodenverbesserungen, die zum Ausgleich mangelnder Mineralsalze, zur Eindämmung von Wurmseuchen und zur Vertilgung giftiger Unkräuter führen, kommen in den Tropen bislang kaum in Frage. Aus anderen Klimaten eingeführte Tiere fallen leichter Infektionskrankheiten anheim als die einheimischen, die durch überstandene Infektion in der Jugend bzw. durch Vererbung vielfach immun sind.

Ein wesentlicher Faktor der Akklimatisation ist der Mensch selbst [Letard (23)]. Er kann die Grundlage des Fortschritts oder des Stillstandes in einer bestimmten Gegend darstellen. Der Mensch ist in der Lage, durch seine Maßnahmen sowohl auf die Einflüsse des Klimas als auch der übrigen Umwelt einzuwirken. Er tut dies, indem er durch gesundheitsfördernde Maßnahmen und Bekämpfung von Krankheiten Schäden dieser Art ausschaltet, die Ernährung beeinflußt, auf seine Haustiere durch Haltung und Züchtung einwirkt, sich selbst durch technische und sonstige Mittel vor den Einflüssen des Klimas schützt (Kleidung, Wohnung usw.).

Auf das Klima wirkt der Mensch ein, sei es im günstigen Sinne, daß er durch Be- oder Entwässerung, Rodung und Bodenbearbeitung weite Gebiete fruchtbar macht, sei es durch Raubbau, planloses Abholzen von Wäldern, der Steppen- und Wüstenbildung Vorschub leistet.

Geschichtliche Beispiele sind die Verkarstung oberitalienischer Gebiete, die Ausdehnung der Sahara über einst fruchtbare Felder Nordafrikas und in jüngter Zeit die Steppenbildung im Mittelwesten Nordamerikas, wo die Wälder zur Gewinnung von Weizenboden rücksichtslos niedergeschlagen wurden, so daß die daraus entstandenen in einer kurzen Zwischenzeit fruchtbaren Weizenfelder durch Einwirkung von Wind und Bodenauswaschung jetzt vollkommen ausgetrocknet und zur unfruchtbaren Steppe geworden sind.

Jetzt versucht man, durch großangelegte Aufforstungsmaßnahmen diese Entwicklung wieder rückgängig zu machen. Ebenso bemühen sich die Italiener, aus Nordafrika wieder fruchtbares Kulturland zu machen.

Neben den äußeren Akklimatisationsfaktoren, die man in ihrer Gesamtheit als die Umwelt betrachten kann, stehen die inneren Akklimatisationsfaktoren, die in Mensch und Tier selbst vorhanden sind. Es ist dies also das Lebewesen selbst mit seiner art- und rassegebundenen Akklimatisationsfähigkeit.

Die Fähigkeit sich zu akklimatisieren setzt voraus, daß der Organismus in der veränderten Umwelt sein physiologisches Gleichgewicht herzustellen in der Lage ist (siehe Physiologie der Akklimatisation). Ebenso muß die Erbmasse auf die veränderte Umwelt ansprechen, bis die Rasse im Verlaufe mehrerer Geschlechterfolgen vollkommen angepaßt ist (siehe S. 92ff.).

Während die Fähigkeit zur Wiederherstellung des physiologischen Gleichgewichts (die Anpassung an die fremde Umwelt) allein der Faktor für die Akklimatisation des Einzeltieres im Sinne dieser auf

S. 67 angeführten Begriffsbestimmungen sein kann, ist die Anpassung der Rasse im Sinne der Rassenakklimatisation gebunden an das ursprüngliche Anpassungsvermögen der Rasse. Dabei ist die Wiederherstellung des physiologischen Gleichgewichts die Voraussetzung zur Anpassung aller Einzelwesen der Rasse.

Sind die inneren Faktoren ungünstig, d. h. besitzt eine Rasse oder ein Einzelwesen nicht die erforderliche Akklimatisationsfähigkeit, ist die Anpassung nicht möglich.

Die inneren Faktoren hochgezüchteter Rassen sind meist ungünstig, da sie als ausgesprochene Spezialisten zumeist nicht über eine ausreichende Reaktionsbreite in ihrer Erbmasse verfügen, die es ihnen ermöglicht, sich von ihrer heimischen Umwelt auf eine völlig anders geartete fremde Umwelt einzustellen.

Zusammenfassung: Die Faktoren der Akklimatisation sind die Umweltbedingungen in ihrer Gesamtheit, sowie die Akklimatisationsfähigkeit des Individuums und der Rasse. Klima und Boden sind die wichtigsten äußeren Faktoren, da außer der unmittelbaren Einwirkung ein Teil der Umweltbedingungen wie Pflanzenwuchs, Krankheit, Ernährung und auch die Haltung davon abhängig sind. Wärme und Strahlung sind die stärksten Einflüsse, die das Klima ausübt. Auch die Strahlung hat nach Grober (11) eine ungeheure Bedeutung für die Akklimatisation. Jedoch sind die „Strahlungsklimate" noch wenig erforscht. Die Arbeiten von Gertrud Riemerschmidt (11), die im Auftrage von Grober in Südamerika und Südafrika Messungen vornimmt, werden in absehbarer Zeit Klärung über die Strahlungsverhältnisse und die sich daraus ergebenden Zusammenhänge in diesen Ländern bringen.

Ernährung und Haltung sind weitgehendst klimatisch bedingt. Ebenso ist die Klimatopathologie als Abhängige des Klimas zu betrachten.

Der Mensch mit seinen Maßnahmen und technischen Hilfsmitteln zum Schutze und zur Pflege seiner selbst und seiner Haustiere, sowie die Gestaltung der Umwelt durch den Menschen und die Nutzung der Tiere ist schließlich auch von wesentlicher Bedeutung für die Akklimatisation.

Das Lebewesen trägt in sich selbst die inneren Faktoren der Akklimatisation. Die Wiederherstellung des physiologischen Gleichgewichts in einer fremden Umwelt sowie art- und rassegebundene Reaktionsbreite in der Erbmasse bedingen die Akklimatisation im Verlauf der Geschlechterfolgen.

4. Akklimatisationsvorgang und Physiologie der Akklimatisation

a) Akklimatisationsvorgang

Das Klima, als die Summe aller den lebenden Körper umgebenden und ihn beeinflussenden physikalischen und biologischen Faktoren, wirkt auf Mensch und Tier durch die Vermittlung seiner Oberfläche, der Haut und auch der Schleimhäute [Grober (11)]. Es liegt dabei klar auf der Hand, daß Haut und Schleimhäute sozusagen die Fühler und Leiter für den Gesamtorganismus bilden und auf dem Wege des funktionellen, besonders aber des vegetativen Nervensystems das Blut und die innersekretorischen Drüsen und darüber hinaus alle Organe in Mitleidenschaft gezogen werden.

Der Akklimatisationsvorgang äußert sich in gewissen physiologischen Erscheinungen, die jeweils entsprechend der Akklimatisationsfähigkeit des Individuums stärker oder schwächer hervortreten. Diese Erscheinungen klingen zeitlich ab mit der Wiederherstellung des physiologischen Gleichgewichts. Das Gleichgewicht kann auch dann hergestellt sein, wenn das Tier im äußeren, phänotypischen Erscheinungsbild sich von seinem ursprünglichen genotypischen Erscheinungsbild unterscheidet; vorausgesetzt, daß auch hierbei keine Funktionsstörungen der Organe mehr nachzuweisen sind.

Das bedeutet nach v. d. Malsburg (26), daß die Tiere sich mit ihrem gesamten histologischen und innersekretorischen Gefüge an die neuen Lebensverhältnisse anpassen müssen. Weichen diese erheblich von den früheren ab, so sind die Reize und Reaktionen stärker und die Anpassung wird schwieriger.

Nach Keller (18) erscheinen alle Lebewesen an die Daseinsbedingungen, unter denen sie leben, angepaßt. Sowohl die äußere und innere Gestaltung ihres Körpers als auch die Lebensvorgänge, die sich darin abspielen, stehen in vielseitiger Beziehung zur Umwelt. Tiere und Pflanzen auf den gleichen Gebieten weisen, obwohl sie den verschiedensten Gruppen des naturwissenschaftlichen Einstellungssystems angehören, vielfach gewisse gleichgerichtete Merkmale auf, die erkennen lassen, daß ihre Träger unter gewissen gemeinsamen Bedingungen leben müssen. So haben z. B. die Tiere der Tiefsee, der Polargegenden, der tropischen Wüsten, der Steppenlandschaften besondere Eigentümlichkeiten, die für den Aufenthalt in solcher Umwelt lebenswichtig sind und uns wenigstens zum Teil nach unserem menschlichen Ermessen zweckmäßig erscheinen.

Alle Lebewesen besitzen eine gewisse Weite der Anpassungsfähigkeit, die sowohl für die Art als auch für die Rasse und für das Einzelwesen ganz bestimmte Grenzen hat. Wird nun ein Lebewesen aus der Umwelt, an die es angepaßt ist, entnommen und in andere Daseinsbedingungen versetzt, so geht es entweder zugrunde oder es paßt sich den neuen Bedingungen an, je nachdem der Radius seiner Anpassungsweite genügt oder nicht. Dabei ist festzustellen, daß sich, wenn die Reizwirkungen der Umwelt gewisse Grenzen überschreiten, morphologisch und physiologisch in verschiedenem Grade Abänderungen einstellen.

Der Akklimatisationsvorgang beruht auf der Gewöhnung an Einflüsse, die von der neuen Umgebung auf das Einzelwesen einwirken [Pusch-Hansen (35)].

Die verschiedenen Umweltbedingungen wirken zum Teil spezifisch auf gewisse Organe oder Organsysteme, meist jedoch geben sie dem physiologischen Ablauf der Akklimatisation ihre Prägung durch die Summe ihrer Eigentümlichkeiten.

b) Die physikalischen Einflüsse des Klimas

Außenwärme: Früher nahm man an, daß die Außenwärme den bedeutendsten Einfluß auf Akklimatisation und Rassebildung ausüben würde.

Wegelin [nach Duerst (6)] stellte fest, daß die Schilddrüse unmittelbar durch die Außenwärme beeinflußt wird. Zunahme der Außenwärme bewirkt Abnahme der Schilddrüsenfunktion, Kälte hingegen Steigerung derselben. Es bestehen Wechselbeziehungen mit dem Blute, da durch die Vermittlung des Blutes hauptsächlich die Wärmewirkung bedingt wird.

Mit zunehmender Wärme dickt sich das Blut ein; so kann weniger Kolloid der Schilddrüse gelöst werden. Dagegen erfolgt bei verdünntem Blut in der Kälte bei gleichzeitig vermehrter Sauerstoffzirkulation und erhöhtem Gewebegaswechsel auch die Lösung des Schilddrüsensekrets in vermehrtem Maße.

Die Einflüsse jeder höheren Außenwärme werden um so schwerer vom Organismus überwunden, je mehr dieselbe sich der Körperwärme nähert und je höher gleichzeitig die Luftfeuchtigkeit ist. Am schwierigsten ist deshalb die Anpassung an das feuchte Tropenklima.

Besonders aufschlußreich für die Wirkung der Außenwärme bei der Akklimatisation von Rindern in den Tropen sind Versuche, die japanische Forscher in den letzten Jahren auf der Insel Formosa angestellt haben. So teilt Kato (17) (Tai-hok-ku auf Formosa) die Zusammenfassung erlangter Forschungsergebnisse mit, die auf Grund wissenschaftlicher Untersuchungen erzielt wurden. Auf der Insel

Formosa wurden die Körperwärme, Puls- und Atmungszahl an drei indischen Zebustieren, drei Holländerstieren, einer Koreakuh und einem Kreuzungsstier aus Holländerkuh und Zebustier bei möglichst vollkommener Stallruhe von Januar bis September täglich um 15 Uhr gemessen, und zwar unter Beachtung der Luftfeuchtigkeit und Wärme in den Ställen.

Die gefundenen Zahlen wurden biometrisch verwertet. Die Abhängigkeit oder Nichtabhängigkeit der genannten physiologischen Erscheinungen von den beiden klimatischen Faktoren wurden an Hand der Wechselbeziehungen beurteilt.

Die Hauptergebnisse lassen sich wie folgt zusammenfassen: Bei den Schwankungen der Körperwärme, Puls- und Atmungszahl aller Rinderrassen spielt die Luftwärme die größte Rolle, während die Luftfeuchtigkeit nur bei hoher Außenwärme wirksam ist. Bei Steigerung der Luftwärme tritt in beträchtlichem Maße die Steigerung der Atmungszahl zutage. Am empfindlichsten ist der Friesisch-Holländer für das Tropenklima. Die Atmungszahl bei diesem beträgt im Durchschnitt 18 bei 15° C, 24 bei 20° C, 37 bei 25° C und 62 bei 30° C. Der Temperaturkoeffizient beträgt 2,1 für die Steigerung von 15—25° C und 2,6 bei 20—30° C. Die Steigerung der Atmungszahl bei Erhöhung der Außenwärme scheint demnach der R.G.T.-Regel nach Van't Hoff zu folgen, die besagt, daß die Reaktionsgeschwindigkeit aller chemischen Umsetzungen bei einer Erhöhung der Außenwärme um 10° um das 2—3fache steigt.

Die Körperwärme steigt auch mit der Erhöhung der Luftwärme, besonders aber bei gleichzeitig erhöhter Luftfeuchtigkeit. Die kritische Wärme scheint bei 28° C zu liegen, denn das Ansteigen von Atmungszahl wie auch Körperwärme ist bei Außenwärme von über 28° C bedeutend.

Der indische Zebu (Kankrej- und Sindhirasse) zeigt die größte Widerstandsfähigkeit gegen die Hitze, indem er bei jeder Außenwärme (15—30° C) keine nennenswerten Schwankungen der Körperwärme, Puls- oder Atmungszahl aufweist. Die Atmungszahl bei 15° C beträgt 13—14 und selbst bei 30° C nur 16—17.

Die beiden nordasiatischen Hausrinder (Mongol- und Korearind) sind ähnlich empfindlich wie der Friesisch-Holländer. Das Kreuzungsrind aus Zebukuh und Holländerbulle nimmt in jeder Hinsicht eine Zwischenstellung zwischen beiden Elternrassen ein.

Als Schlußfolgerung finden wir die wichtige Feststellung, daß die Anpassung an das Tropenklima eine Eigenschaft darstellt, die rassegebunden erscheint.

Eine ähnlichen Versuch der Südafrikaner teilte Otto Halenke mit. In Messina, an der nördlichsten Grenze Südafrikas in fast tropischem Gebiet, wurden Messungen der Körperwärme und Atmungszahlen an englischen Reinblutbullen (Shorthorn, Aberdeen-Angus und Hereford) sowie an Afrikanderbullen vorgenommen. Die englischen Rassen zeigten in der Mittagszeit im Schatten sehr hohe Körperwärme- und bedeutende Atmungserhöhungen gegen morgens und abends. Bei den Afrikanderbullen konnten kaum Veränderungen nachgewiesen werden. Die Südafrikaner führen die Unempfindlichkeit des Afrikanderbullen im Vergleich zu den europäischen Rassen auf seine dicke Haut zurück, ein Schluß, dem jedoch ziemliche Zweifel entgegengesetzt werden können.

Die Luftfeuchtigkeit ist nächst der Außentemperatur als der wichtigste der physikalischen Faktoren des Klimas zu betrachten, da durch sie alles organische Leben auf das höchste beeinflußt wird [Duerst (7)].

Von Luftwärme und Luftfeuchtigkeit ist die Wasserabgabe und Schweißbildung abhängig, die bei den Tieren verschieden ist. Weil nun eine Verminderung der Verdunstung durch Haut und Lungen erfahrungsgemäß durch vermehrte Harn-, Darm- und Milchsekretion ausgeglichen wird, müssen plötzliche Schwankungen in der relativen Feuchtigkeit der Luft mit entsprechenden Änderungen des Blutdruckes auf alle Fälle zu vermehrter Herzarbeit führen. Je trockener eine Gegend ist, desto mehr wird z. B. die Bluttrockensubstanz der Rinder auf Kosten der absoluten Blutmenge durch Wasserverdunstung eingedickt, und es geht damit gewöhnlich eine Beschleunigung des Blutkreislaufes Hand in Hand. Die Folgen sind dann geringe Ausscheidung und Milchsekretion, Zunahme des Blutdrucks infolge vermehrter Anstrengung der Herzmuskeln [Duerst (7)].

Umgekehrt wird durch die unzureichende Abgabe des Wasserdampfes aus den Lungen und der Haut bei hoher Dampfspannung in den Tropen eine Vermehrung der Blutflüssigkeit, also der absoluten Blutmenge bewirkt. Als Folge wird die Blutplasmamenge bei gleichbleibender Menge der Formelelemente vermehrt. Es entsteht eine relative Anämie, die Tropenanämie [Treille, nach Duerst (7)].

Zum Luftdruck steht die Atmungstätigkeit in fester Beziehung. Die mit Luftdruckerniedrigung einhergehende Verringerung der Sauerstoffspannung bewirkt eine Vermehrung und Vergrößerung der roten Blutkörperchen und dementsprechend auch eine Erhöhung des Hämoglobingehaltes des Blutes (Bluteindickung als die Folge einer stärkeren Verdunstung in der Höhenluft trotz kühlerer Außenwärme).

Starke Luftdruckschwankungen (verbunden mit Luftströmung) wirken auf das zentrale Nervensystem vieler Menschen und wahrscheinlich auch der Tiere ungünstig ein. Bekannt ist der Einfluß des Föhns im Gebiet der Alpen und Voralpen.

Härte und Widerstandskraft der Gewebe der Tiere wird durch den niedrigen Luftdruck im Hochgebirge günstig beeinflußt [Duerst (7)].

Treille [nach Duerst (7)] erklärte die Wirkung der Tropenluft auf den Organismus aus dem Absinken des Luftdruckes in heißen Ländern, also im Grunde aus gleichen Ursachen, wie sie das Höhenklima mit sich bringt. Der Sauerstoffverbrauch eines Tieres in Höhengegenden und in den Tropen ist in ganz ähnlicher Weise herabgesetzt. Daher ist es verständlich, daß Höhenvieh unter sonst gleichen Konstitutions-, Farb- und Blutqualitäten sich leichter in den Tropen akklimatisiert als Niederungsvieh. So stellte auch Neumann (30) fest, daß in Deutsch-Südwestafrika die Pinzgauer und teilweise die Simmentaler sich am besten von allen Rindern anpaßten.

Das Licht erhöht ebenfalls den Stoffwechsel. Es wirkt vor allem entwicklungsbeschleunigend, wobei vor allem den kurzwelligen Strahlen der stärkste Einfluß zukommt [Keller (18)]. Die Pigmentierung der Haut ist eine Abwehrreaktion auf zu starke Sonnenbestrahlung, andererseits wird auch eine Entfärbung des Haarkleides bei Tieren durch starke Strahlung beobachtet. So berichtet von Ostertag (33) aus Südwestafrika, daß die vor dem Weltkrieg in Deutschland bevorzugten hellfarbigen Simmentaler dort ganz weiß werden. Sundstrom [nach Franz (9)] beobachtete beim Menschen, daß starkes Licht wachstumsfördernd wirkt. Das Klima wirkt nach Keller (18) augenfällig auf die Beschaffenheit der Haut, die seinen Einflüssen am unmittelbarsten ausgesetzt ist. Die Gesamtdicke der Haut als auch die Stärke und der Bau ihrer einzelnen Schichten wechseln entsprechend dem Klima. Vor allem aber ist es die Behaarung, die die Anpassung an ein bestimmtes Klima verrät (Haarwechsel, Sommer- und Winterhaar).

Die physikalischen Einflüsse des Klimas und ihre Auswirkungen auf den allgemeinen Ernährungs- und Gasstoffwechsel, sowie die Folgeerscheinungen bei der Leistung, stellte Duerst (7) in beigefügter Übersicht zusammen. Wie aus dieser Zusammenstellung ersichtlich ist, kann mit der Zunahme der Außenwärme auch hoher Luftdruck und erhöhte Luftfeuchtigkeit verbunden sein. Die ersten beiden Be-

Wirkungen	Allgemeiner Stoffwechsel	Sauerstoff-Aufnahme	Wasser-verbrauch	Anpassungs-erscheinungen des Gasstoffwechsels	Anpassung des Ernährungs-stoffwechsels	Anpassung der Haut und Hautdrüsen	Leistungsfolge-erscheinungen
Bei: Zunahme der Wärme wie auch der	–	–	+	Vermehrung der relativen Blutleistung durch Verminderung der Sauerstoffs und vermehrte Blutkonzentration.	Verminderung des Nahrungsbedarfs, geringerer Kalorienverbrauch. Relativ engeres Nährstoffverhältnis (oft anfangs höhere Wasseraufnahme).	Verminderung des Haarkleides. Ausbildung der Oberhautfunktion eventuell Schweißdrüsen.	Milch Abnahme der Milchmenge, Zunahme der Qualität. Mast Fleischmast begünstigt.
Abnahme des Luftdrucks	–	–	+	Hämoglobin u. Trockensubstanzvermehrung.			
Abnahme der Luftfeuchtigkeit	–	–	+	Verminderung des Blutkreislaufs, Wasserabnahme in Blut und Geweben.			
Abnahme der Wärme gleich wie auch der	+	+	–	Verminderung der relativen Blutleistungsfähigkeit, aber vermehrte Blutmenge u. Blutkreislauf.	Vermehrung der Nahrungszufuhr, besonders der Trockensubstanz bei meist weiterem Nährstoffverhältnis.	Vermehrung des Haarkleides. Verstärkung der Unterhaut u. des Unterhautbindegewebes. Selten Schweißdrüsenfunktion.	Milch Vermehrung der Milchmenge, Abnahme der Qualität. Mast Fettmast begünstigt.
Zunahme des Luftdrucks	+	+	–				
Zunahme der Luftfeuchtigkeit	+	+	–	Vermehrung des Blutkreislaufs infolge von Wasservermehrung in Blut und Geweben. Relative Anämie (Tropenanämie).	Ohne gleichzeitige Hitze verstärkte Diurese u. Durchspülung d. Körpers. Bei Tropenhitze Leberüberlastung, Salzretention.	Unterdrückung der Schweißfunktion. Häufung von Salzen in der Haut und Übergang derselben ins Blut, Stockung der Diurese.	Milch Abnahme der Milchmenge und meist der Qualität. Mast Im Anfangsstadium begünstigt.

dingungen ergeben sich beim Herabsteigen von hohen Gebirgen in die Ebene. Alle drei Bedingungen entsprechen den Verhältnissen bei Verpflanzung in die Tropen.

Die äußersten Stufen werden naturgemäß für die Tiere am schwersten zu ertragen sein, und wohl die ungünstigste Wirkung lösen hohe Außenwärme bei gleichzeitig vorhandener hoher Luftfeuchtigkeit aus (Tropenklima).

Die günstige Form der Anpassung des Blutes an die erhöhte Außenwärme durch Blutkonzentration wird dabei durch die erhöhte Luftfeuchtigkeit verhindert, da eine Verdunstung wegen der hohen Wasserstoffspannung nicht möglich ist. So entsteht die Tropenanämie. Ein damit behaftetes Tier kann trotz großer Blutmengen keine Milch- und Mastleistung entfalten.

Eine gute Daueranpassung kann nur allmählich durch Neubildung von Blutkörperchen oder Hämoglobinvermehrung vor sich gehen. Weil gleichzeitig aber auch der Sauerstoffgehalt des Blutes herabgesetzt ist, muß das Tier durch vermehrte Atmung den Sauerstoffmangel auszugleichen versuchen, die Folge ist, daß der Organismus unter der vermehrten Atmungstätigkeit stark leidet.

c) Die biochemische Einwirkung des Klimas

Die biochemische Einwirkung des Klimas ist abhängig von Sauerstoffmenge und -konzentration. Diese sind gebunden an die Höhenlage über dem Meere und an die Außenwärme.

Mit großer Höhe sinkt die Sauerstoffspannung der Luft, mit erhöhter Außenwärme findet eine Ausdehnung des Gasvolumens statt und somit eine Verringerung der relativen Sauerstoffmenge. Demnach liegen für die Tiere des hohen Gebirges und in heißen Ländern einigermaßen gleiche Aufnahmebedingungen für den Sauerstoff vor.

Die Ergebnisse einer Monte Rosa-Expedition gab nach Duerst (7) für die Akklimatisation des Rindes folgende wichtige Feststellungen: Der dem Höhenklima angepaßte Organismus besitzt die Fähigkeit, in sauerstoffreicher Luft weniger Sauerstoff bei gleichem respiratorischen Quotienten (Verhältnis der ausgeschiedenen Kohlensäure zum aufgenommenen Sauerstoff) zu bedürfen, was nach Barcroff [zit. nach Duerst (7)] darauf zurückzuführen ist, daß das Hämoglobin der Höhenbewohner mehr Sauerstoff aufzunehmen vermag, als das der Niederungsrassen, d. h. daß bei gleicher Ladung dessen Wertigkeit oder Bindungsvermögen ein höheres ist.

Der jährliche Sauerstoffverbrauch heimischer Rassen in Kilogramm berechnet lag bei gleichbleibender Atmungszahl in den Alpen und auf

Kontrollstationen in den Tropen weit unter dem Sauerstoffverbrauch der Tiere in den Niederungen der gemäßigten Zonen. Daraus ergibt sich, daß ein Tier in tropischen oder Höhenregionen entweder den Sauerstoff besser ausnützen kann oder wenn es dazu nicht in der Lage ist, mehr atmen muß.

Was die Ausnutzung des Sauerstoffes anbetrifft, ergibt sich daraus, daß die Akklimatisation des Höhenviehs in den Tropen leichter erfolgen muß, als die des Niederungsviehs.

Endlich kann in den entsprechenden Klimaten auch eine Eindickung des Blutes und damit eine relative Vermehrung der sauerstoffabsorbierenden Blutoberfläche beim Lungenkreislauf erzielt werden. Tierzüchterisch stellen sich der Vermehrung der Sauerstoffdurchlüftung des Körpers durch Zunahme des Blutes an Viskosität und Trockensubstanz ganz bedeutende Schwierigkeiten auch in bezug auf die Milchleistung entgegen. Die Eindickung des Blutes ist auf eine Vermehrung der Trockensubstanz, besonders wohl auf eine Vermehrung der roten Blutkörperchen zurückzuführen. So fand Montandra [nach Duerst (6)], daß Arabervollblutpferde 42—43,9‰ Erythrozyten besitzen, während die Mittelzahl bei 252 Stuten europäischer Rassen zwischen 28 und 35,9‰ schwankte.

Abderhalden, Jaquet und Mitarbeiter [nach Duerst (7)] stellten bei Hunden, Ratten und Kaninchen eine vermehrte Bildung von Blutkörperchen in größeren Höhen fest. Bei einem Höhenunterschied von rund 1000 m konnten sie eine Vermehrung des Hämoglobins und somit der roten Blutkörperchen um 16,6—23‰ nachweisen.

Die so geschaffene Vermehrung der sauerstoffresorbierenden Blutoberfläche erklärt es, daß dem Höhenklima und dem Tropenklima angepaßte Rassen keine Steigerung der Atmungszahl zeigen, besonders dann, wenn zugleich die Lungenkapazität gestiegen ist. Duerst (7) und Bisschop (2) weisen darauf hin, daß Nachkommen eingeführter Rinder im Gebirge und in den Tropen sich diesen Bedingungen anzugleichen versuchen, indem sich eine Verlängerung des Brustkorbes durch Schrägerstellung der letzten falschen Rippen einstellt. Duerst (6) konnte durch Versuche bei Pferden nachweisen, daß die Trockensubstanz im Blut mit Zunahme der Höhe und Wärme in einer Gegend steigt. Er begründete darauf folgendes Gesetz: „Züchtet man in einer Gegend Tiere, die Gebieten entstammen, die ganz andere Trockensubstanzgrade verlangen, so wird man stets Formveränderungen im Typus der Tiere in der Richtung erhalten, die dem Klima bzw. dem Trockensubstanzgrad des betreffenden Landes entsprechen." Daraus folgt für die Zuchtpraxis, daß man möglichst nur Tiere in Gegenden einbürgert, die den passenden Trockensubstanzgrad des Blutes haben.

Durch Versuche konnte nachgewiesen werden, daß Blutdrucksteigerung, vermehrte Atmungszahl und weitere akute Akklimatisationserscheinungen im Höhenklima dadurch sofort behoben werden, daß man reinen Sauerstoff aus Stahlflaschen einatmen ließ. Diese Untersuchungen machen es wahrscheinlich, daß nicht der direkte Sauerstoffmangel der Gewebe die unmittelbare Ursache der klimatischen Funktionsstörungen bildet, sondern der Sauerstoffmangel, der sich auf die den Blutkreislauf regelnden vasomotorischen Nervenzentren auswirkt.

Eine Vermehrung der Atemzüge ist ein Mittel, das den raschesten und einfachsten Ausgleich des Sauerstoffmangels erzielt. Jedoch ist nach Korany [zit. nach Duerst (7)] die Anpassung des Organismus durch erhöhte Atemtätigkeit eine unvollständige, da durch weitgehende Zunahme der Kohlensäurezufuhr der Reiz für das Atemzentrum verringert wird. Die Anpassung muß ergänzt werden durch eine Vermehrung der roten Blutkörperchen, die aber ihrerseits erhöhte Blutviskosität und Trockensubstanzzunahme bewirkt. Die dadurch hervorgerufene Mehrbelastung des Herzens wird durch Erweiterung der Gefäße im großen Kreislauf ausgeglichen.

Der vorher angeführte Versuch japanischer Forscher auf Formosa und die sich zeigenden Ergebnisse lassen den Schluß zu, daß hier nicht allein die Außenwärme, sondern auch die durch die Temperaturerhöhung verringerte Sauerstoffmenge und somit der Sauerstoffmangel im Blute im ursächlichen Zusammenhang mit der Atmungsbeschleunigung stehen.

d) Boden und Ernährung

Die Tierzüchter sagen, daß die Rasse das Erzeugnis ihrer Scholle ist und verweisen somit auf den engen Zusammenhang, der zwischen dem Boden einerseits sowie Form und Leistung der Tiere andererseits besteht.

Vom Boden abhängig ist der Pflanzenwuchs und somit auch die Ernährung der landwirtschaftlichen Nutztiere.

Boden und Ernährung beeinflussen nicht nur die Entwicklung des Einzeltieres, sondern die Entwicklung ganzer Rassen. So sind die Kulturrassen, besonders die Niederungsschläge des Rindes als Erzeugnisse sehr günstiger Haltungsbedingungen entstanden. Der Versuch, sie in den Tropen und in Steppengebieten zu akklimatisieren, mußte fehlschlagen, da außer den ungünstigen physikalischen und biochemischen Einwirkungen des Klimas die Leistungsfähigkeit des Bodens und der Ernährung nicht ihren Anforderungen entsprach.

Für den Einfluß des Bodens ist vor allem maßgebend seine chemische Zusammensetzung und die Wasserlöslichkeit der vorhandenen Salze. Daraus ergibt sich zwangsläufig auch Art und Zusammensetzung der auf ihm erzeugten Futterpflanzen.

Die Bedeutung des Bodens für die Akklimatisation wird in ihrer physiologisch-pathologischen Auswirkung unter dem Abschnitt „Klimatopathologie" und die Beeinflussung von Form, Leistung und Konstitution in Teil III, „Viehwirtschaft in Deutsch-Südwestafrika" noch besonders besprochen.

Die Ernährung wirkt über die Verdauung auf die gesamte Entwicklung, besonders der jugendlichen Einzelwesen. Durch ungenügende Ausnutzung kann es zu Verkümmerungen kommen, zu Entartung, Störung der innersekretorischen Drüsen und vor allem zu Mangelkrankheiten und allgemein gesteigerter Krankheitsbereitschaft.

Nach Teodoreanu (46) leiden hochgezüchtete Tiere unter den veränderten Fütterungsverhältnissen im trockenen Klima der heißen Länder sehr. Durch die Ernährung mit großen Mengen trockenen Futters wird die Verdauungsfähigkeit geringer. Die Verwertung des Futters ist schlecht. Verstopfungserscheinungen begleiten das Sinken der Widerstandskraft der Organe.

Die Ursache dieser Erscheinung ist darauf zurückzuführen, daß sich in dem trocken-heißen Klima Stärke und Kohlehydrate der Futterpflanzen sehr schnell in Zellulose verwandeln, die den Organismus stark belastet und kaum Nährwert besitzt. Die trockene Nahrung bewirkt Erguß von Darmsaft in den Darm und beeinflußt so durch indirekten Feuchtigkeitsentzug die Blutkonzentration.

Der Wasserverbrauch der Tiere ist unmittelbar abhängig von Außenwärme, Luftdruck und Luftfeuchtigkeit, und steht deshalb in ursprünglichem Zusammenhang mit allen physiologischen Veränderungen, die durch die physikalischen Einflüsse dieser drei Klimafaktoren hervorgerufen werden. Besonders auffällig ist die Herabsetzung der Milchsekretion bei Kühen in trocken-heißen Ländern, wo den Tieren nicht genügend Saftfutter und Wasser gereicht wird. Es wird deshalb so lange unmöglich sein, hohe Milchleistungen in trocken-heißen Ländern zu erzielen, wie nicht die Voraussetzung durch geeignete Ernährung (eiweißreiches Futter) und genügende Darreichung von Wasser gegeben ist.

e) Einfluß des Klimas auf das innersekretorische System, Entwicklung, Fortpflanzung und Vererbung, Charakter und Psyche

Die wesentlichsten und tiefgreifendsten physiologischen und pathologisch-physiologischen Erscheinungen der Akklimatisation werden durch die Gesamtheit der Umweltfaktoren ausgelöst. Dies sind vor allem die Entwicklungsstörungen, Störungen des Nervensystems sowie der innersekretorischen Drüsen, Beeinflussung des Charakters und des Seelenlebens, der Fortpflanzungs- und Vererbungsfähigkeit, sowie der Vererbung überhaupt.

Die innersekretorischen Drüsen der Tiere werden durch die Umwelteinflüsse bei Klimawechsel stark beeinflußt. Die baldige Wiederherstellung des innersekretorischen Gleichgewichts ist deshalb Voraussetzung für eine erfolgreiche Akklimatisation. Anzeichen hierfür liefert vor allem die Geschlechtstätigkeit. Eine besondere Empfindlichkeit bekunden nach Keller (18) die Geschlechtsdrüsen. Die Tiere beantworten den Wechsel des Standortes mit einer Verminderung oder gar vollkommenen Einstellung der Geschlechtstätigkeit. Männliche Tiere decken lange nicht oder nur matt, befruchten nicht oder vererben sich schlecht. Weibliche Tiere zeigen keine Brunst oder nehmen schwer auf. Sobald sie sich aber an die neuen Daseinsbedingungen angepaßt haben, können sie wieder normal fortpflanzungsfähig werden. Bleibt die Geschlechtstätigkeit noch weiterhin aus, so ist daraus zu schließen, daß die Tiere bis dahin das Gleichgewicht ihrer Organe nicht erlangt haben.

Die Außenwärme hat auch Einfluß auf die Fortpflanzungsfähigkeit. Die Samenfäden benötigen zu ihrer Entwicklung einer Temperatur, die unter der normalen Körperwärme liegt. Kryptorchiden sind aus diesem Grunde nicht fortpflanzungsfähig. Diese Erkenntnis nützen nach Carius (4) australische Schafzüchter aus, um ihre Schafböcke zeitlich unfruchtbar zu machen. Sie wickeln die Hoden der Böcke dick in Wolltücher ein, dadurch steigt die Temperatur in den Hoden um 2—3°, wodurch die Entwicklung der Spermien verhindert wird.

Keller (18) führt die bei der Versetzung in fremde Umwelt auftretende schlechte Vererbungsfähigkeit männlicher Zuchttiere auf eine Erschlaffung der Samenfäden zurück. Hat eine Befruchtung stattgefunden, so kommen die männlichen Erbmassen beim Kampfe mit den weiblichen im Furchungskern nicht zur Geltung, weshalb bei der Vererbung die männlichen Erbfaktoren den weiblichen unterliegen.

Die von den innersekretorischen Drüsen abhängige Körperentwicklung wird durch Klima und Umwelt bedeutend beeinflußt, wie beim Menschen beobachtet werden konnte.

Nach Grober (11) zeigen als Kinder zuwandernde Mädchen fast sofort eine Angleichung an das betreffende Klima. In den kühleren Gegenden tritt die Menstruation später ein, als es in der Heimat durchschnittlich der Fall ist, manchmal erst im dritten Lebensjahrzehnt. In warmen und heißen Klimaten, wie bei den Eingeborenen sehr viel früher, oft schon mit dem 10. oder 11. Lebensjahr. Hand in Hand damit geht eine Verzögerung oder Beschleunigung der Entwicklung der sekundären Geschlechtsmerkmale, wie des Körperwachstums überhaupt. Dies zeigt sich auch bei Töchtern von eingewanderten europäischen Ehepaaren, die in dem fremden Land geboren werden. Sie gleichen sich in allen diesen Dingen der Entwicklung den eingeborenen Frauen an, auch dann, wenn beide Eltern und deren Ahnen sämtlich seit Generationen nur in gemäßigten Klimaten gelebt haben. Auch die Menopause und damit der Abstieg des sexuellen Lebens der Frau ist unmittelbar abhängig von den Einflüssen des Klimas. Frühes Altern im warmen, spätes Altern im kalten Klima. Ja selbst wenn Frauen nach Erreichung dieses Stadiums in das heimische Klima zurückkehren, schreitet diese Entwicklung weiter fort.

Rodenwaldt (36) ist der Ansicht, daß durch die Akklimatisation eine körperliche Entartung der Nachkommen nicht beobachtet werden kann, d. h. unter den Einflüssen des tropischen Klimas können Keimschädigungen schwerlich angenommen werden. Ob gewisse Änderungen im Typus auf Keimänderungen zu beziehen sind, ist noch eine ungelöste Frage.

Die verschiedentlich in den Tropen bei Europäerkindern beobachtete Abänderung des Körpergepräges besteht in ausgesprochener Schlankwüchsigkeit, verbunden mit verhältnismäßig geringerem Gewicht, als bei gleichaltrigen Kindern in Europa. Daß dadurch irgendwelche Störungen der konstitutionellen Entwicklung verursacht würden, hat sich nicht feststellen lassen. Solche Typen sollen auch im erwachsenen Alter überwiegen und werden als Ergebnis der Anpassung gewürdigt.

Vor allem scheint der Mensch (rassische Unterschiede vorausgesetzt) am akklimatisationsfähigsten zu sein. Das Rind besitzt bei weitem diese Fähigkeit nicht in dem Maße. Besonders aber hochgezüchtete Rassen, die als Erzeugnis günstiger Umwelt in ihrer gesamten Konstitution, Leistungs- und Vererbungsfähigkeit von den äußeren Lebensumständen ihrer Heimat abhängig sind, können sich nur schlecht oder überhaupt nicht veränderten Verhältnissen anpassen.

Pusch und Hansen (35) stützen sich bei ihren Erörterungen über die Auswirkungen vollkommen anders gearteter Umweltbedingungen auf die Angaben Neumanns (30), der 1914 die Rinderzuchtverhältnisse in Deutsch-Südwestafrika untersuchte.

„Werden Schläge von fruchtbaren Kulturböden in die trockenheiße Steppe verpflanzt, treten schon in der ersten Generation die Folgen der verfehlten Maßnahme zutage. Die Nachzucht wird je nach den Umständen größer und schwammiger, oder kleiner, schmäler, hochbeiniger und schwerfuttriger und nimmt mit Zunahme der Geschlechterreihen mehr und mehr den Charakter derjenigen Tiere an, die man durch die neue Rasse ersetzen wollte. Von letzterer bleibt dann nicht viel mehr übrig als die Farbe, obwohl auch diese noch bei manchen Rinderschlägen erblaßt."

„Diese Entwicklung bedeutet jedoch meiner Ansicht nach keine Akklimatisation, sondern eine durch die völlig andersgeartete Umwelt bedingte Entartung."

Inwieweit die Umwelt das Seelenleben des Tieres beeinflußt, ist wenig erforscht. Daß es aber beeinflußt werden kann, ist aus dem allgemein bekannten Verhalten der Wildtiere in der Gefangenschaft zu schließen.

Der große Unterschied in der Akklimatisation des Menschen und der Tiere liegt in der geistigen Spannkraft des Menschen, besonders seines höchstentwickelten Vertreters, des Europäers, der nicht nur befähigt ist, die Einflüsse des Klimas auf Grund seiner „Akklimatisationstechnik" abzuwehren und sich seine Umwelt (Wohnung, Nahrung, Hygiene) sowie seine Lebensführung nach seinen Erkenntnissen und Bedürfnissen zu gestalten, sondern vor allem auch in der Lage ist das Geistes- und kulturelle Leben seiner Urheimat hineinzutragen in die fremde Umwelt, dort beizubehalten und weiterzuführen. Dagegen ist eine geistig-seelische Akklimatisation des Menschen möglich, wenn er nicht mehr in der Lage ist, seine geistig-seelische Widerstandskraft aufrechtzuerhalten und somit allmählich in das Stadium gerät, das man in Afrika kraß als „Verkaffern" bezeichnet. Dieser Akklimatisationsvorgang ist deshalb für den nordischen Menschen restlos abzulehnen.

Den Tieren ist nicht die zielbewußte geistige Widerstandskraft wie dem Menschen gegeben. Tierzucht und Tierhaltung werden vom Menschen nach wirtschaftlichen Gesichtspunkten gelenkt. Dabei unterstützt er die Akklimatisation nur so weit, als sie ihm im Rahmen der Wirtschaftlichkeit recht ist. Durch Zuchtwahl ist der Mensch in der Lage, die Akklimatisation der Tiere zu fördern.

So sind die Tiere den Einflüssen der Umwelt in bedeutend höherem Maße ausgesetzt als der Mensch. Der vom Menschen erstrebte Nutzungsgrad der Haustiere kann mit der vollständigen erfolgreichen Akklimatisation erreicht werden.

Ein Grundsatz aber ist Anfang und Ende in der für Mensch und Tier bestehenden Rasselehre bei der Betrachtung der Akklimatisation, das ist das Gesetz von Blut (Rasse) und Boden (Umwelt). So sind Menschen und Tiere in ihrem Rassetyp (Erscheinung und Leistung) an ihre biologisch bedingten Lebensräume gebunden.

5. Akklimatisationsfähigkeit

Die Entwicklungsgeschichte der lebenden Welt zwingt uns ebenso wie die Erdgeschichte zu der Annahme, daß die Akklimatisationsfähigkeit eine der wesentlichsten, weil unbedingt erforderlichen Eigenschaften alles Lebens überhaupt ist [Grober (11)].

Die Entwicklungsgeschichte ist im Sinne der Lehren Lamarks, Darwins und Haeckels ein Beispiel erfolgter oder nicht erfolgter Akklimatisation. Die heute bestehenden Arten und Rassen haben sich im Wechsel der erdgeschichtlichen Zeiträume gebildet und erfolgreich an die klimatischen Veränderungen der Erde angepaßt = akklimatisiert. Die ausgestorbenen Arten früherer Zeitläufte waren Klimastürzen oder langsamen Veränderungen nicht gewachsen, sie waren nicht akklimatisationsfähig und wurden deshalb ausgeschieden.

Die Akklimatisationsfähigkeit in ihren Abstufungen ist art- und rassebedingt.

Keller (18) teilt die Akklimatisationsfähigkeit der wichtigsten Haustiere folgendermaßen ein:

1. Der Hund, lebt mit dem Menschen auf der ganzen Welt, in den Tropen wie im Polareis.
2. Das Schwein vermag sich als Allesfresser sehr gut an neue Ernährungsverhältnisse anzupassen.
3. Die meisten ausschließlichen Pflanzenfresser besitzen eine geringere Akklimatisationsfähigkeit.
   a) Schaf und Pferd haben eine große Verbreitungsmöglichkeit, da sie geringe Ansprüche an das Futter stellen.
   b) Das Rind ist abhängig von Weide und gutem Rauhfutter und deshalb an deren Vorkommen gebunden.

c) Das sehr anspruchslose und gegen Temperaturschwankungen widerstandsfähige Kamel beschränkt sich nur auf bestimmte Gegenden mit trockenem Klima.

Das Versetzen von Tierrassen in Gegenden, an deren Klima sie sich nicht anzupassen vermögen, führt zwangsläufig zu Mißerfolgen. Kaum veredelte oder ursprüngliche Rassen sind leichter zu akklimatisieren als die veredelten hochgezüchteten Rassen, die in besonderem Maße Erzeugnisse ihrer fruchtbaren Scholle sind.

Wir sehen lediglich: je höher die Züchtung, besonders einseitige Leistungszüchtung, desto geringer die Aussichten, daß diese Rassen in Gebieten gedeihen, die sich von der Zuchtheimat geologisch und klimatisch unterscheiden.

Rassen der Niederungen (schwarz- und rotbunte Niederungsrinder, Shorthorn und andere, bei Pferden: Belgier und Oldenburger) akklimatisieren sich in kontinentalem Klima, im Gebirge, besonders aber in tropischem Klima unvollkommen oder gar nicht, sie verkümmern oder entarten.

Gebirgsrassen sind anpassungsfähiger, da sie anspruchsloser und durch ihre Nutzung (Rinder als Zugtiere) und durch das rauhere Klima konstitutionshärter sind.

Teodoreanu (46) unterscheidet bei der Akklimatisationsfähigkeit eingeführter Tiere drei Arten, die sich je nach den klimatischen und Ernährungseinflüssen ganz verschiedenartig verhalten.

1. In der ersten Art erfahren die Tiere nur **nicht** vererbbare Veränderungen der Konstitution, die mit geschultem Blick erkannt, gewürdigt und durch prophylaktische Maßnahmen bekämpft werden können. Die einzelnen Körperteile erleiden dabei geringfügige Verminderungen in ihren Dimensionen. Die Widerstandskraft und die Leistungen, besonders die Milchleistung und Mastfähigkeit gehen zurück. Beispiel: Original Simmentaler Rind in Deutschland, Frankreich, Ungarn und Rumänien, das Braunvieh in Frankreich und Rumänien.

2. In der zweiten Art erleiden die Tiere vererbbare Veränderungen während mehrerer Geschlechterfolgen. Bei Abnahme der Konstitution nähern sie sich in ihren Leistungen den dortigen Landesrassen. Beispiele: Holländerrinder in der bessarabischen Steppe und friesische Schafe in der Bukowina.

3. Endlich kommt der Fall der verunglückten Akklimatisation. Hierbei entarten die Tiere allmählich und verschwinden nach drei oder vier Generationen. Beispiele: Shorthorns in der Steppe Südwestafrikas, Friesen, Simmentaler und Jerseyrinder im Tropenklima Jamaikas und Trinidads.

Auch Geschlecht und Alter haben, wie man beim Menschen beobachtet, Einfluß auf die Akklimatisationsfähigkeit. Wie aus der Tierzucht bekannt, gewöhnen sich Jungtiere besser ein als erwachsene.

Fetthöcker und Fettschwanz sind eigentümlich für Rassen und Arten, die in Ländern mit stark schwankenden Ernährungsverhältnissen leben. Während die Tiere in der einen Jahreszeit im Überfluß leben und Reservestoffe speichern können, müssen sie in der kargen Jahreszeit von diesen Reservestoffen leben. Besonders ausgeprägt sind diese Fettspeicher bei Zebus, Kamelen, Dromedaren, Fettsteiß- und Fettschwanzschafen. Ja selbst die Frauen niedrigstehender Menschenrassen in kargen Gebieten haben solche Fettspeicher, wie die Hottentotten- und Buschmannweiber, die einen unförmigen Fettsteiß besitzen.

Die Akklimatisation von Schafen, die nicht dem Fettschwanztyp angehörten, schlug in Ägypten, Palästina und in Ländern mit ähnlichen klimatischen und Ernährungsverhältnissen fehl, da die Tiere sehr unter der Hitze litten und die Ernährung für ihre Ansprüche nicht ausreichte.

Die Akklimatisation des Karakulschafes in Südwestafrika ist dagegen ein Beispiel, wie leicht und schnell eine Anpassung stattfinden kann, wenn die Tiere in dem neuen Land ähnliche Verhältnisse vorfinden wie in der Heimat. Dagegen ist die Zucht des an trockenes Klima gewöhnten anspruchslosen Karakulschafes in feuchten Gebieten mit großen Schwierigkeiten verbunden, ja teilweise unmöglich.

Eine ähnliche spezifische Akklimatisationsfähigkeit bei größter Anspruchslosigkeit an Klima, Futter und Haltung zeigt das Kamel, das auch hier an die trockenen Klimate angepaßt ist.

Wie die letzten Beispiele, aber auch die Erfahrung mit allen anderen Arten und Rassen zeigt, ist die Akklimatisationsfähigkeit nicht nur art- und rassebedingt, sondern im weiteren oder engeren Rahmen spezifisch für die der heimatlichen Scholle ähnlichen Umweltverhältnisse, denen das Tier angepaßt ist.

6. Klimatopathologie Afrikas

In dem Abschnitt „Akklimatisationsfaktoren“ wurde bereits darauf hingewiesen, daß klimabedingte Krankheiten die Leistungen der Tiere wesentlich beeinflussen oder auch eine Akklimatisation unmöglich machen.

Es verbleibt dem Tierarzt die Aufgabe, den Bann der verheerenden Tropenkrankheiten zu brechen, um Neuland für wirtschaftliche Entwicklung zu schaffen. Die Bekämpfung der Malaria, des Gelbfiebers, der Schlafkrankheit, der Nagana, der Pferdesterbe und anderes mehr sind Großtaten der medizinischen, insbesondere der deutschen medizinischen Wissenschaft der neueren Zeit.

In großen Zügen sollen nachstehend einige der bedeutendsten in Afrika vorkommenden Krankheiten angeführt werden und soweit als möglich die Zusammenhänge zwischen Akklimatisation und Krankheit gezeigt werden.

a) Infektions- und Invasionskrankheiten

An erster Stelle stehen die vorwiegend an die Tropen gebundenen, von Blutparasiten wie Hämosporidien und Trypanosomen hervorgerufenen Erkrankungen, die bei sämtlichen landwirtschaftlichen Nutztieren vorkommen. Sie verursachen in vielen Ländern große Verluste und verhindern unter Umständen das Halten von Nutzvieh.

Die für Afrika bedeutendste Trypanosomose ist die Nagana. Sie wird durch einen echten Zwischenwirt übertragen (Fliegen der Gattung Glossina, Zungenfliegen, Tsetsefliegen). Trypanosoma brucei, Trypanosoma vivax und Trypanosoma congolense werden in Rein- und Mischinfektion als Erreger sämtlicher durch Tsetsefliegen übertragener Trypanosomenkrankheiten in Afrika beobachtet und die durch sie hervorgerufenen Erkrankungen als Nagana bezeichnet [Kulenkampff (22)]. Virusträger ist nach R. Wetzel und Enigk (Vorlesung über Tropenkrankheiten) das Wild sowohl für die Erreger der Nagana wie der Schlafkrankheit des Menschen. Da das Wild, latent infiziert, selbst nicht erkrankt (Wirt und Parasit haben sich einander angepaßt), bildet es als Ernährer der Glossinen auch eine dauernde Infektionsquelle.

Einheimische Rinder und Zebus sind im Gegensatz zu eingeführten Rindern gegen die Nagana außerordentlich widerstandsfähig [Hornby und Lichtenheld nach Kulenkampff (22)]. Stewart nach Worthington (52) ist der Ansicht, daß die Rinder nur in ihren Zuchtgebieten gegen bestimmte Stämme der Nagana widerstandsfähig sind und andernorts der Krankheit erliegen. Nur die N'Damarinder von Französisch-Guinea und das Lagunenrind aus Dahome und Togo erwiesen sich als widerstandsfähig gegen verschiedene Parasitenstämme. Die Nagana ist das größte Hindernis zur Verbesserung der Rinderzuchten in Afrika durch leistungsfähigere Kulturrassen.

Die Bekämpfung der Nagana ist nicht nur ein therapeutisches, sondern vor allem ein biologisches Problem, das abhängig ist von der Glossinenbekämpfung. So versucht man die Tsetsefliegen durch

Rodung, Vernichtung der Brutstätten, Fangen in Fallen und mit anderen Maßnahmen planmäßig auszurotten.

Hämosporidien: Zu ihnen gehören die Piroplasomosen, Theileriosen und Anaplasmiden, die Reininfektion, meist jedoch unter natürlichen Verhältnissen Mischinfektionen hervorrufen. Es sind fieberhafte, nicht direkt übertragbare Infektionskrankheiten der Haus- und einiger wildlebender Säugetiere, die durch protozoische pigmentlose Parasiten, die auf oder in den roten Blutkörperchen leben, hervorgerufen und durch Zecken übertragen werden (Knuth).

Texasfieber und Anaplasmose sind für eingeführte Rinder von außerordentlicher Bedeutung. Einheimische Rinder sind mit Texasfieber latent infiziert, ohne im allgemeinen daran zu erkranken. Eingeführte Rinder erkranken jedoch regelmäßig sehr schwer. Anaplasmose zeigt eine Sterblichkeitsziffer von 50—90% bei eingeführten Rindern, bei einheimischen Rindern dagegen nur 20%.

Das vornehmlich in Ost- und Südafrika vorkommende Ostküstenfieber wird durch Theileria parva hervorgerufen und ist eine spezifische Krankheit des Rindes. Die Krankheit verursacht empfindliche Verluste. Besonders bei frisch eingeführten Rindern kann die Sterblichkeit sehr hoch sein und manchmal fast 100% betragen [Hutyra Marek Manninger (16)].

Großzügige veterinärpolizeiliche Maßnahmen und planmäßige Zeckenbekämpfung durch Baden in sogenannten Dippen haben in Südafrika das Ostküstenfieber fast zum Aussterben gebracht.

Herzwasser der Schafe, Ziegen und Rinder ist eine septikämische, nicht kontagiöse, durch einen nicht filtrierbaren Erreger hervorgerufene Krankheit, die nur in bestimmten Gegenden Afrikas vorkommt. Der Erreger ist Rickettsia ruminantium und der Überträger die sogenannte „bunte Zecke", Amblyomma hebraeum.

Einheimische Rassen sind gegen das Herzwasser sehr widerstandsfähig. Die Sterblichkeit eingeführter Rassen dagegen ist sehr hoch. Rinder bis zu 60%, Merinoschafe 40—90%, Angoraziegen 80—100%, dagegen sterben von den erkrankten Schwarzkopfschafen nur 5%, und Kaffernziegen 2%.

Die Rinderpest ist eine von altersher bekannte Seuche des Rindes. Sie wird durch ein Virus verursacht und geht vom Rinde auch auf andere Wiederkäuer über. Sie erzeugt in vorher seuchenfreien Gebieten ein Massensterben, pflegt dagegen in dauernd verseuchten Gegenden in bedeutend milderer Form zu herrschen.

Bekannt ist der Seuchengang, der etwa 1889 am Roten Meer begann und sich in der Folge über ganz Zentral- und Südafrika verbreitete und im Jahre 1896 die Kapkolonien erreichte. Sie vernichtete $^4/_5$ des ostafrikanischen Rinderbestandes und 90 v. H. aller Hererorinder.

Auch jetzt ist die Rinderpest in Afrika noch nicht getilgt und greift von Zentralafrika plötzlich auf angrenzende Gebiete über. Durch Impfungen und veterinärpolizeiliche Maßnahmen konnte eine Ausbreitung über den Erdteil jedoch immer rechtzeitig eingedämmt werden.

Von gleicher Bedeutung wie die Rinderpest ist die in Afrika noch nicht getilgte Lungenseuche. Nach Hutyra-Marek-Manninger (16) ist die Empfänglichkeit der Rinder je nach ihrer Rasse und Lebensweise sowie auch individuell verschieden. Das abgehärtete graue Steppenrind ist widerstandsfähiger als die farbigen Rassen.

Die Pferdesterbe ist eine durch ein ultravisibles Virus hervorgerufene Krankheit der Equiden, die in Zentral- und Südafrika vorkommt, teils perakut, teils subakut verläuft und meistens tödlich endet. Sie tritt nur in der Regenzeit in Tälern und in der Nähe von Flüssen auf. Sie wird durch ein bisher unbekanntes Insekt nur nachts übertragen. Da Pferde, die die Krankheit überstanden haben, immun sind und kein Virus im Blute bleibt, ist das Virusreservoir von Seuchengang zu Seuchengang entweder das übertragende Insekt oder ein kleines Säugetier (Wetzel, Vorlesung Tropenkrankheiten).

Die Verluste betragen in Sterbegegenden 60—90%. Durch jährliche prophylaktische Impfungen mit einer aus dem Gehirn von Nagern gewonnenen polyvalenten Vakzine, die in den letzten Jahren in Onderstepoort in Südafrika hergestellt wird, sind die Verluste auf weniger als 1% heruntergegangen. Dadurch ist jetzt die Pferdehaltung und erst recht die Zucht in weiten Gebieten Süd- und Südwestafrikas ermöglicht.

Blauzunge oder afrikanisches Katarrhalfieber der Schafe, auch Pseudo- Maul- und Klauenseuche genannt, da sie ähnliche Veränderungen der Maulschleimhaut und Entzündungen der Klauenlederhaut hervorruft, wird durch ein ultravisibles Virus verursacht. Die Übertragung erfolgt durch ein stechendes Insekt nur nachts. Die Krankheit kommt besonders in Niederungen und an Flußläufen vor. Das Virus der Blauzunge ist jedoch nicht dasselbe wie das der Pferdesterbe, auch hält es sich lange im Blute genesener Tiere. Sterblichkeit 30%, bei erfolgter aktiver Immunisierung unter 1% (Wetzel, Vorlesung Tropenkrankheiten).

Von Bedeutung für Afrika ist noch das epizootische Auftreten von Milzbrand und Rauschbrand, außerdem Maul- und Klauenseuche,

Rotz, Pseudorotz, malignes Ödem, Schafpocken, Tollwut, Schweinepest, Räude, Geflügelpest und anderes mehr.

Das Maltafieber (Brucella melitensis) ist nicht nur für Tiere, sondern auch für den Menschen von besonderer Bedeutung. Die Übertragung geschieht meist durch den Milchgenuß von infizierten Tieren.

Den Endo- und Ektoparasiten fällt in Afrika eine weit größere Bedeutung zu, als dies in Europa der Fall ist. Ihre Verschiedenheit und Vielgestaltigkeit sowie wirtschaftliche und klimatische Ursachen machen die Bekämpfung so schwierig und stellen oft die Wirtschaftlichkeit der Tierzucht in Frage, ja machen sie manchmal unmöglich.

Stechende und blutsaugende Insekten sowie Zecken sind Überträger und Zwischenwirte gefährlicher Tropenkrankheiten bei Mensch und Tier. Würmer, darunter Hakenwürmer (Ancylostoma und Geigeria), Magen und Dünndarmwürmer (Trichostrongyliden), der Knötchenwurm (Oesophagostomum), Parasiten der Blutbahn (Schistosoma und Filarien), Bandwürmer und anderes verursachen wegen der Schwierigkeit der sanitären Maßnahmen und therapeutischen Bekämpfung Millionenverluste.

Der Wurmbefall ist abhängig von der Ernährung. Bei veränderter, besonders verschlechterter Ernährung bricht die Widerstandskraft der Tiere gegen die Parasiten zusammen und sie gehen an dem Wurmbefall zugrunde. Störungen im Mineralstoffwechsel und Vitaminmangel verursachen ebenfalls eine Resistenzverminderung und führen in den Trockenzeiten zu großen Verlusten.

b) Mangelkrankheiten

In Afrika gibt es weite Gebiete, in denen der Boden einen sehr geringen Phosphorgehalt aufweist, was sich im geringen Phosphorgehalt der Weidepflanzen widerspiegelt [v. Ostertag-Kulenkampff (34)]. Fast in allen Ländern Afrikas, in denen Viehzucht getrieben wird, herrscht Phosphormangel, besonders aber in den sogenannten Mangelsteppen. In gewissen Teilen des Betschuanalandes und in Osttransvaal z. B. ist der den Pflanzenwurzeln zugängliche zitratlösliche Phosphor im Boden nicht höher als 0,0005 bis 0,0013% P_2O_5. Der Phosphormangel macht sich besonders dort, wo er mit Regenmangel verbunden ist, in dem geringen P-Gehalt der Weidepflanzen bemerkbar [Henrici (34)]. Der P-Mangel der Weide hat einen P-Mangel im Körper der dort gehaltenen Tiere zur Folge und spiegelt sich wider im P-Gehalt des Blutes [Malan (34)]. Der organische P-Gehalt im Blutserum zeigt sich bis auf 1,9 mg-%, gegenüber 6—6,5 mg-% unter normalen Verhältnissen verändert [Theiler (16)].

Der P-Mangel äußert sich in den höheren Graden meist durch eine triebmäßige Begier nach mangelnden Stoffen [Hutyra-Marek-Manninger (16)], die in Afrika als „pica“ bezeichnet wird [von pica (lat.) die Elster, übertragen wegen des elsterartigen Gelüstes nach ungewöhnlichen Stoffen].

Als Folge der Pica tritt meist die Lahmkrankheit (Lamsiekte-Parabotulismus) des Rindes und der Schafe auf [Bovine parabotulism. nach Theiler und Mitarbeitern, 1927 (2)]. Der toxinbildende Bacillus botulinus (parabotulinus) wird mit herumliegenden verwesten oder halbverwesten Kadaverteilen, besonders Knochen, aufgenommen und führt zu Störungen des Bewegungssystems (Bulbärparalyse). Die Tiere gehen unter Lähmungserscheinungen ein.

Durch den P-Mangel werden Störungen des Mineralstoffwechsels hervorgerufen, die zu schweren Veränderungen des Knochengerüstes, Rachitis und Osteomalazie führen. Diese Erkrankung äußert sich durch klammen, steifen Gang und wird Steifsiekte genannt. Eine weitere Folge des P-Mangels ist die Verminderung der Fruchtbarkeit und Verlangsamung des Wachstums bei Farmtieren.

Die eingeborenen Rassen sind an den P-Mangel der Weide angepaßt. Sowie man aber versucht durch Einkreuzung europäischer Rinderrassen den Leistungsstandard zu verbessern, mußte festgestellt werden, daß die Ernährung für die anspruchsvollen Rassen nicht ausreichte. Durch Zufütterung von Knochenmehl kann der Mangel an Phosphor ausgeglichen werden und das Knochenfressen (Pica) mit der folgenden Botulinusintoxikation vermieden werden [v. Ostertag-Kulenkampff (34)].

Nakuritis, pine-busch-sickness und verwandte Erkrankungen sind nach Aston und Orr [zit. nach v. Ostertag-Kulenkampff (34)] auf einen Mangel an Spurenelementen zurückzuführen, jedoch in ihren Ursachen noch unbekannt. Während man früher oft Eisenmangel dafür verantwortlich machte, werden neuerdings diese Erkrankungen auf Kobaltmangel zurückgeführt. Die Zufütterung von Kobaltnitrat bewährte sich sehr gut, während Eisenoxydzufütterung versagte. Die Krankheit äußert sich nach Aston in einer langsam beginnenden Abmagerung. Es entwickeln sich Steifheit, Bewegungsstörungen und Anämie, gefolgt von fortschreitender Abmagerung und Tod nach 2—4 Monaten.

Die Assimilation von Kalzium und Phosphor und somit die Verkalkung der Knochen und die Regelung des Ca/P-Verhältnisses im

Organismus ist abhängig von der Gegenwart der D-Vitamine. Mangel an Vitamin D führt ebenso zu Rachitis und Osteomalazie wie Mangel an Kalzium und Phosphor.

Da das Vitamin D meist in Form seiner Provitamine aufgenommen wird, und der tierische Körper daraus bei Bestrahlung mit ultraviolettem Licht das Vitamin D bildet, sind v. Ostertag und Kulenkampff (34) der Ansicht, daß dank der intensiven Sonnenbestrahlung in Afrika D-Avitaminosen dort keine bedeutende Rolle spielen. Jedoch bleibt es fraglich, ob die ausgedörrten, jegliche Vitamine entbehrenden Weiden in der Trockenzeit die erforderlichen Provitamine aufzuweisen haben.

Der Mangel an Vitamin A führt in der Trockenzeit zu Wachstumsstörungen bei jungen Tieren und steigert außerdem die Anfälligkeit gegen Krankheiten und Wurmbefall.

c) Vergiftungen durch Pflanzen

Pflanzenvergiftungen sind für die Veterinärmedizin in allen Gebieten Afrikas, in denen Tierzucht betrieben wird, von großer Bedeutung. Steyn (34) hat bisher in der südafrikanischen Union über 200 Pflanzen mit giftigen Eigenschaften festgestellt. Curasson (34) zählt über 250 Pflanzen in den französischen Gebieten auf, die er als giftig bezeichnet.

Im Gegensatz zu Europa, wo die Tiere triebmäßig die Giftpflanzen meiden, treten Pflanzenvergiftungen in Afrika besonders bei hochgezüchteten und eingeführten Tieren sehr häufig auf. Die Vergiftungen häufen sich nach Steyn in Zeiten der Dürre und im Frühjahr, wenn vor den ersten Regenfällen vereinzelte Giftpflanzen bereits zu grünen beginnen. Sie sind dann, während die übrige Weide noch dürr ist, eine Verlockung für die Tiere und werden leicht aufgenommen. Während Wild und Eingeborenenvieh sehr selten infolge Genusses von Giftpflanzen eingehen, da sie aus natürlichem Instinkt die Pflanzen meiden, und auch Generationen ihrer Vorfahren ein gewisses Maß von Widerstandsfähigkeit oder Immunität erlangt haben, sind die Verluste bei eingeführten Tieren sehr hoch.

7. Überlegungen, ob die vollständige Akklimatisation zur Bildung einer neuen Rasse führen kann

In den vorhergehenden Erörterungen wurde verschiedentlich darauf hingewiesen, daß durch die Akklimatisation eine neue Rasse entstehen könne. Bevor jedoch diese Frage behandelt wird, möge der Rassebegriff in der Tierzucht erläutert werden.

Die Tierzucht versteht unter „Rasse“ eine Gruppe von Tieren gleicher Art, die sich in ihren äußeren Eigenschaften und in ihren Leistungen ähneln und diese Eigenschaften bei ähnlicher Umwelt auf ihre Nachkommen vererben. Damit ist schon angedeutet, daß geänderte Umwelt die Vererbung der Rasseeigenschaften beeinflußt und der Tierzüchter weiß, daß die Rasse in ihren Formen und Leistungen von der Umwelt abhängig ist. Sie ist dem Klima, den Futterverhältnissen, den Ansprüchen, die diese und andere örtliche Verhältnisse an sie stellen, angepaßt. Deshalb spricht man von einheimischen Rassen als einem Erzeugnis der Scholle (Scholle in weiterem Sinne, die gesamte Umwelt) und versteht auch in diesem Sinne die Bezeichnung „bodenständig“. Es ist ferner bekannt, daß sich nach Überführung in abweichende Verhältnisse das Gesamtbild des Ursprungstyps bis zu einem gewissen Grade ändert. Für den Farmer, dessen Tiere in wesentlich anderen Umweltverhältnissen, als Deutschland sie hat, leben müssen, ist die Kenntnis hiervon bedeutungsvoll, wenn er sich mit dem Gedanken trägt, deutsche oder andere europäische Rassen bei sich einzuführen. Es fragt sich daher, wird durch die Einflüsse der Umwelt auch die Erbmasse eines Tieres so beeinflußt, daß sich neue, ebenfalls vererbbare Eigenschaften herausbilden, oder sind die neuen Eigenschaften nur phänotypisch, also nicht vererbbar zu erklären.

Überlegungen und Erfahrungen zeigen uns folgendes:

Werden Tiere aus ihrer Umwelt herausgerissen und in eine fremde versetzt, dann passen sie sich entweder an oder sie kümmern, entarten und sterben früher oder später nach einigen Geschlechterfolgen aus. Nehmen wir den Fall der Anpassung: Voraussetzung für die Anpassung ist eine Bereitschaft dazu, und diese ist — wie Beispiele lehren — in der Erbmasse verankert, also erblich bedingt. Diese die Akklimatisation ermöglichende Bereitschaft kann ihrem Grade nach verschieden sein und dementsprechend beobachtet man, daß die Akklimatisation sich leicht und schnell oder schwer und langsam vollzieht. Dabei wirkt offenbar auch noch die konstitutionelle Veranlagung der Tierart mit. So wissen wir, um ein Beispiel aus Südwestafrika zu geben, daß das Karakulschaf sich dem trockenen Klima des Südens gut, dem nassen des Nordens schlecht anpaßt, weil es aus einem trockenen Klima stammt. Demnach scheint auch der Grad der Anpassungsfähigkeit mit dem Grad des Unterschiedes zwischen alter und neuer Umwelt gleichsinnig zu verlaufen. Zu dieser Annahme ist man berechtigt, weil man die Erfahrung gemacht hat, daß die Anpassung schneller erfolgt, wenn der Unterschied zwischen den alten und neuen Umweltverhältnissen gering ist. Das ist auch verständlich, denn je geringer der Unterschied, desto weniger fremd die physikalischen und chemischen Reize für das Äußere, das Innere und den Stoffwechsel des Tieres und desto leichter die Angewöhnung an diese Reize, d. h. an die neuen Daseinsbedingungen. Aber gleichgültig, ob die Angewöhnung schnell oder langsam erfolgt, stets wird die Eingewöhnung an die neuen Verhältnisse nicht ohne Ein- oder Umstellung des Gesamtorganismus des Tieres erfolgen, denn jede Umwelt stellt besondere Anforderungen an die Tätigkeit der Organe und Organsysteme, an die Nerven, den Stoffwechsel und die innere Sekretion. Kommt nun in dem lebenswichtigen Zusammenwirken aller Organe und Stoffe ein Teil unter dem Einfluß der anders gearteten Umweltreize nicht mit, so ist das physiologische Gleichgewicht gestört. Sind die Störungen leicht, so kann das Tier dabei einen gesunden Eindruck machen, sind die Störungen aber stärker, so äußert sich das an dem Allgemeinbefinden des Tieres. Es ist krank oder kränkelt oder kümmert. Liegt keine physiologische Gleichgewichtsstörung vor und sind alle Leistungen des Körpers und seiner Organe normal, so wird man die Akklimatisation als vollendet ansprechen können.

Der Akklimatisationsvorgang beeinflußt aber nicht nur die Gesamtheit der Lebensvorgänge, sondern wirkt oft auch auf das Äußere des Tieres ein. Insbesondere kann das Gepräge der Nachzucht durch die neue Umwelt merklich beeinflußt werden. Die Nachzucht wird ein Erzeugnis der neuen Scholle. Dabei können kleine, mittlere oder große Abweichungen von den Eltern in Form und Leistung entstehen, die sich — züchterisch betrachtet — als erwünscht oder unerwünscht, als Verbesserung oder Verschlechterung auswirken. Oft beobachtet man erwünschte und unerwünschte neue Eigenschaften nebeneinander. Es fragt sich nun, welche Beziehungen bestehen zwischen den neuen Eigenschaften und der Erbmasse des Tieres? Sind es nur Änderungen innerhalb der erblich festliegenden Variationsbreite oder ist die Erbmasse selbst geändert? Die Erfahrung lehrt, daß beides vorkommen kann, weiter aber auch, daß doch die überwiegende Mehrzahl der Änderungen sich innerhalb der erblich verankerten Variationsbreite bewegt, daß also der Genotyp nicht geändert ist.

Eine Änderung der Erbmasse ist nur durch Mutation möglich. Mutationen treten jedoch sehr selten auf, so daß, abgesehen von Entartungserscheinungen, die Keller (41) bis zu einem gewissen Grade auch als Mutationserscheinungen ansieht, alle Änderungen im oben angeführten phänotypischen Sinne zu erklären sind. Oft ist die Abweichung mehr eine Folge anderer Nahrung als des Klimas, so das geringere Gewicht durch zurückgebliebene Entwicklung des Skelettes oder der Muskulatur oder die Umwandlung vom frühreifen kurzbeinigen Tier mit tiefem, breitem Rumpf zum spätreifen langbeinigen und flachrippigen. Dabei können die Änderungen in der Form bei den nachgezogenen Tieren so groß sein, z. B. durch Umgestaltung von Kopf und Horn, durch Entstehen eines neuen Gepräges mit geringem Gewicht und geänderter Rumpfform, daß man ein Tier einer neuen Rasse vor sich zu haben glaubt. Der Durchschnittszüchter, der sich entsprechend den Anforderungen der Praxis an die oben angegebene Begriffsbestimmung für das Wort Rasse hält, wird darum auch von einer neuen Rasse sprechen, weil er ja tatsächlich eine Gruppe von Tieren vor sich hat, die sich in ihren äußeren Eigenschaften und Leistungen ähneln und diese bei ähnlicher Umwelt vererben. Unter diesem praktischen Gesichtspunkt behält auch der Satz seine Gültigkeit, daß die Rasse das Erzeugnis ihrer Scholle ist.

Für den Wissenschaftler jedoch werden die Tiere Phänotypen sein, die sich innerhalb der Variationsbreite ihres Genotyps bewegen, was zum Teil ja auch schon ihre Eltern als Erzeugnis einer anderen Scholle waren.

II. Tierzucht in Afrika und ihre Bedeutung für die Versorgung Europas

Afrika kann heute schon als Hinterland Europas angesehen werden.

Obwohl dieser Erdteil, unmittelbar vor den Toren Europas liegend, mit seinen nördlichen Gebieten zur alten Welt gehört, ist er mit Ausnahme Südafrikas und einiger Küstengebiete der wirtschaftlichen Nutzung Europas bis zum Ende des vorigen Jahrhunderts verschlossen geblieben. Wenn auch Afrika bis heute noch größtenteils Ausbeutungsgegenstand der im Überfluß besitzenden Kolonialmächte ist, wird es bei planmäßiger Entwicklung und verantwortungsbewußter Kolonialpolitik mit seinen riesigen, gering genutzten Räumen das Zukunftsland der gesamteuropäischen Kolonial- und Wirtschaftspolitik sein.

Obgleich Afrika fünfmal so groß wie Europa ist, hat es, relativ betrachtet, einen nur kleinen Viehbestand. Berücksichtigt man aber dabei, daß in Europa zweieinhalbmal soviel Menschen zu ernähren sind wie in Afrika, so wird die Bedeutung des schwarzen Erdteils als viehwirtschaftliches Versorgungsgebiet offensichtlich.

Mit Ausnahme der ausschließlich tropischen Urwaldgebiete in Zentralafrika, wo tropische Krankheiten die Haustierhaltung fast unmöglich machen, wird vornehmlich in den Steppengebieten des Erdteils überall Viehzucht betrieben. Besonders viehreich sind die nördliche Zone (Nordafrika, Sudan und Oberguinea), Ost- und Südafrika. Nach dem „Annuaire international des statisque agricole" [nach Sala (37)] verteilte sich der Viehbestand Afrikas in tausend Stück wie folgt:

Gebiete	Pferde	Esel	Kamele	Rinder	Schafe	Ziegen	Schweine
Nordafrika	519	1941	546	4353	17711	8919	242
Sudan und Oberguinea..........	479	1023	588	10311	9723	14936	417
Ostafrika	3	295	2557	15992	10885	13583	108
Kongo-Urwald	12	—	—	16	35	1829	133
Lundaschwelle	2	66	—	4950	621	1536	462
Südafrika	950	789	—	12806	51937	10054	925
Atlantische Inseln..	1	10	—	17	15	83	31
Inseln des Indischen Ozeans	4	5	—	6679	198	224	546
Afrika insgesamt:	1970	4129	3691	55124	91125	51119	2864

In dieser Aufstellung ist Abbessinien nicht mit einbegriffen, dessen Rinderbestand allein zwischen 10 und 20 Millionen Stück geschätzt wird.

Die wichtigsten Fleischausfuhrländer sind Marokko, Algerien, Nigerien, Südafrika und Madagaskar. Südafrika und Algerien sind die wichtigsten Ausfuhrländer für Molkereierzeugnisse. Das bedeutendste Woll-Land ist Südafrika.

Die Milchwirtschaft in Afrika entwickelte sich mit der Verbesserung der einheimischen Rinderschläge durch leistungsfähige europäische Rassen im Gleichschritt mit der allgemeinen Verkehrserschließung. Auch die Tiermedizin hatte besonders in Südafrika bedeutenden Anteil an den Erfolgen durch die Bekämpfung tropischer Krankheiten, die früher die Haltung europäischer Rassen unmöglich machten. Südafrika mußte noch 1910 australische und dänische Butter einführen, weil Texasfieber und andere Seuchen das Halten milchergiebigen Viehs unmöglich machten, 1936 erzeugte Südafrika mit Südwestafrika zusammen über 18 Millionen kg Butter und führte 4 Millionen kg davon aus

Die Erschließung Afrikas als Lieferant für Fleisch, Molkerei und sonstige tierische Erzeugnisse ist abhängig 1. von der Regelung des Wasserhaushaltes, der Schicksalsfrage Afrikas; 2. der verkehrstechnischen Erschließung und der Errichtung von Schlachthöfen, Konservenfabriken, Molkereien usw., um einen geregelten Absatz und Versand zu sichern; 3. einer großzügigen Marktregelung, die dazu führt, die Monopolstellungen des Händlertums in der Verwertung von Tieren und tierischen Erzeugnissen in Afrika zu brechen, um dadurch dem Farmer die Möglichkeit einer gesunden wirtschaftlichen Entwicklung zu geben. 4. Der Entwicklung der Tierzucht, deren Aufgabe es ist, leistungsfähige bodenständige Rassen zu züchten.

III. Viehwirtschaft in Deutsch-Südwestafrika

1. Klima, Boden, Nahrung

Südwestafrika hat ein arides, d. h. heißes und trockenes Klima. Die während der Sommermonate November bis März niedergehenden Regenfälle nehmen in ihrer jährlichen Durchschnittsmenge von Nordosten nach Südwesten zu gleichmäßig ab. Nach Blumhagen (3) betragen die durchschnittlichen jährlichen Regenhöhen für das Damaraland und Amboland 40—60 cm, nördliche Hälfte des Groß-Namalandes und südliches und mittleres Damaraland 30—40 cm, Groß Namaland 20 cm, Bezirk Warmbad 10 cm (siehe Karte).

Dem Lande vorgelagert ist an der Küste ein fast regenloser, 80—100 km breiter Wüstenstreifen, die Namib. Da die kalte Benguelaströmung vor der Küste jegliche Regenbildung verhindert, muß die Luftfeuchtigkeit zur Wolkenbildung über den ganzen Kontinent aus dem indischen Ozean kommen.

Das Land steigt von der Küste langsam an, erreicht ein Hochplateau zwischen 1000 und 1800 m und fällt nach Südosten zum Kalaharibecken wieder ab.

Die mittlere Jahreswärme beträgt nach Blumhagen (3) 22,5° C. Die Temperaturschwankungen zwischen Nacht und Tag sind sehr groß. Während des vollkommen regenfreien Winters Mai-August sinken die Temperaturen des nachts oft auf — 5 bis — 10° C, steigen tagsüber jedoch auf + 15 bis + 30° C wieder an.

Durch das aride Klima werden Bodenkolloide weitgehendst zerstört und eine höchst ungünstige Wirkung auf die Ernährung der Futterpflanzen ausgeübt. Die unregelmäßigen periodischen Niederschläge haben große Unregelmäßigkeiten in der Zusammensetzung der Weidepflanzen zur Folge. Die chemischen Untersuchungen von Bodenproben des ganzen Gebietes ergeben häufig Fehlen von Stickstoff, in vielen Fällen Mangel oder Überfluß an Kalk (0,09—5,41%), stets Mangel an Phosphorsäure (0,005—0,23%), zeigen also eine Beschaffenheit, die den übelsten Osteomalaziegegenden Deutschlands gleichkommen [Scheben (38)].

Durch regelmäßige und planmäßige Düngung könnte der Phosphormangel des Bodens und der Futterpflanzen behoben werden.

In Kenya wurde 1929 im Rowett-Institut festgestellt, daß durch Düngung mit mangelnden Mineralsalzen, besonders Phosphor, der Ertrag der Weiden um mehr als 400% zunahm. Diese Weiden blieben für längere Zeit ertragreich und grün, und die Tiere zogen instinktmäßig das Gras auf den gedüngten Weiden den ungedüngten vor [Veterinary Record XI, S. 564 (53)].

Das Vieh ist in Südwestafrika allein auf die natürliche Weide angewiesen, da es kein Zufutter bekommt. Die Weide besteht aus Gräsern, die nicht in zusammenhängender Grasnarbe, sondern in einzelnen Büscheln stehen, aus Zwergsträuchern und Futterbüschen. Teilweise dienen auch die abfallenden Blätter und Schoten der Bäume als Nahrung.

Nach Einsetzen der Regenzeit Dezember-Januar wird das Gras grün und steht dann bald in voller Blüte. Im April-Mai wird es wieder trocken und gelb. Von diesem trockenen Gras muß sich das Vieh über 8 Monate ernähren. Dieses „auf dem Halm getrocknete Heu" ist jedoch mit deutschem Wiesenheu nicht zu vergleichen. Sein Nährwert ist sehr gering, da die Nährstoffe mit dem Beginn der Trockenzeit als Reserven in den basalen Teilen der in Büscheln stehenden Horstgräser zurückgeleitet und gespeichert werden [Walter (50, 51)].

Die frischen Gräser enthalten in der Trockensubstanz etwa 5—8 mal soviel verdauliches Eiweiß wie die trockenen. Die ersteren entsprechen gutem bis mäßigem deutschen Wiesenheu, die letzteren nur Stroh. Entsprechend dem geringen Phosphorgehalt des Bodens ist auch der Phosphorgehalt in den Gräsern gering. Aristida unipulmis, das Feder- oder Blinkhaargras, ist die wichtigste Grasart in Südwest. Die nachfolgende Gegenüberstellung gibt einen Vergleich vom Nährstoffgehalt dieser Grasart als Heu und als trockenes Gras [nach Walter (50, 51)] im Vergleich zu deutschem Wiesenheu [nach Mach und Hermann (25)].

	Rohprotein	Reineiweiß	Verdaul. Eiweiß	Rohfaser	N-freie Extraktstoffe	Rohfett	Asche	SiO_2	Phosphor
Heu	7,60	6,30	4,48	36,55	46,5	1,47	7,88	4,11	0,239
Trockenes Gras	2,33	1,78	0,81	34,71	51,18	1,22	10,56	8,29	0,178
Deutsches Wiesenheu	8,62	7,14	5,47	27,73	39,76	1,64	8,32	1,93	0,49

Ein Gehalt des Futters von 2,5% an verdaulichem Eiweiß dürfte als Mindestgrenze für eine gute Ernährung selbst bei dem abgehärteten südwestafrikanischen Vieh angesehen werden [Walter (50)].

Wenn das Vieh trotz der ungünstigen Ernährungslage während der langen Trockenzeit diese doch noch besser übersteht, als man auf Grund der Grasanalysen erwarten kann, so liegt das sicher daran, daß die natürliche Weide nicht nur aus Gräsern, sondern auch Zwergsträuchern und Futterbüschen besteht, die zwar in der Trockenzeit sich auch im Ruhestand befinden, deren Blätter aber doch eiweißreicher als die Gräser bleiben. Außerdem ergrünen die Büsche meist vor dem Regen mit dem Wärmerwerden im Frühjahr also bereits im September und Oktober. Nicht umsonst wird die Buschweide von den Farmern in Südwest so geschätzt. Selbst in der ungünstigsten Jahreszeit gesammelte Proben von Zwergsträuchern enthielten 3—4% verdauliches Eiweiß, da die Reserven nicht wie bei den Gräsern in den unteren Teil gespeichert werden, sondern in den Blättern verbleiben oder höchstens in die Stengelteile abwandern. Im frischen Zustand beträgt der Eiweißgehalt oft 8—11 v. H. und entspricht demjenigen von Luzerne. Dasselbe gilt auch für die Brackbüsche, die praktisch das ganze Jahr hindurch frisch bleiben. Da aber in Südwestafrika, im Norden und in der Mitte des Landes die Zwergsträucher und Büsche gegenüber den Gräsern zurücktreten, wird die Grundlage der Ernährung immer das Gras bilden, und die anderen Pflanzen haben mehr als Beifutter zu gelten, dessen Bedeutung aber keineswegs unterschätzt werden soll [Walter (50, 51)].

2. Die Viehwirtschaft in Deutsch-Südwestafrika

mit ihren Hauptzweigen, der Rinder- und der Schafzucht, wird als extensive Weidewirtschaft zur Erzeugung von Milch und Fleisch und zur Gewinnung von Persianerpelzen betrieben.

Während sich in Deutschland bei intensiv betriebener Viehwirtschaft und Stallhaltung die Höhe der monatlichen Milcherzeugung kaum ändert, ist in Deutsch-Südwestafrika der Ertrag der Milch vollkommen abhängig von den jahreszeitlichen und jährlichen Schwankungen der Regenfälle (s. Abb. 6).

Auch die Güte der Schlachttiere wechselt besonders mit den meist sehr hohen jährlichen Schwankungen der Regenfälle. Die Persianergewinnung aus der Karakulschafzucht bleibt Dank der großen Anspruchslosigkeit dieser Schafrasse ziemlich gleich. Häufig treten jedoch Verluste an Mutterschafen auf, wenn in einem schlechten Regenjahr nach langanhaltender Trockenzeit, in der die Tiere sehr abmagerten, die Regenzeit plötzlich und sehr heftig einsetzt.

Die Farmen haben entsprechend ihrer geographischen Lage, von der die durchschnittliche jährliche Regenmenge abhängig ist, eine wechselnde Größe. Sie sind im Süden 15—20000 ha, in der Mitte des Landes 5—10000 ha, im Norden 4—6000 ha groß. Ein Rind benötigt im allgemeinen 10 ha, im Süden 20 ha Land für seine Ernährung.

Die Abhängigkeit der Viehbestandsdichte und des Verhältnisses von Schafbestand zu Rinderbestand von der Niederschlagsmenge auf den Farmen Deutsch-Südwestafrikas ist nach Langlet (54) aus folgender Zusammenstellung ersichtlich.

Bezirk	Mittlere jährliche Niederschlagshöhe in mm	Auf je 1000 ha Farmland kommen		Auf je 100 Schafe kommen an Rindern
		an Rindern	dazu an Schafen	
Grootfontein	531	55	17	338
Gobabis	443	34	61	57
Otjiwarongo	434	129	59	121
Okahandja	406	67	47	142
Windhuk	379	51	104	49
Outjo	315	24	116	20
Omaruru	296	107	107	100
Rehoboth	273	18	183	10
Karibib	249	29	90	32
Gibeon	210	4	188	2
Aroab	200	7	53	13
Keetmannshoop	176	3	100	3
Maltahöhe	164	2	132	2
Warmbad	147	3	127	2
Bethanien	155	2	330	0,6

Das Verhältnis von Niederschlagshöhe zum Viehbestand ist nicht überall gleich. Örtlich gegebene Bedingungen, Weide- und Wassererschließung und Zeitpunkt der Besiedlung sind maßgebend für die Bestandsdichte. Während in Grootfontein durch das Überwiegen von Trockenwald die Zahl der Rinder und Schafe herabgesetzt ist, können in den spät besiedelten Gebieten wie Outjo und Gobabis wegen der bisher mangelhaften Wassererschließung die Weiden noch nicht voll ausgenützt werden. Dem entgegen stehen mit starker Viehbestockung die am frühesten besiedelten Gebiete von Omaruru, Otjiwarongo, Okahandja und Windhuk. Allgemein nimmt mit abnehmender Niederschlagsmenge das Verhältnis der Schafe zu den Rindern zu. Schwankungen hierin sind abhängig von der Weidebeschaffenheit, besonders aber auch von der Bevölkerung. In den früh besiedelten Gebieten des Nordens halten die Farmer meist noch an der Rinderzucht fest, es ist also nicht allein das zur Schafhaltung weniger geeignete feuchtere Klima maßgebend. Die vorwiegend von Buren besiedelten Gebiete des Südens weisen verhältnismäßig zu wenig

Rinder auf. Im Bezirk Gibeon, von dem die Karakulzucht ihren Ausgang nahm (Voigtsgrund), spielt die Rinderzucht überhaupt keine Rolle.

Die Farmen sind alle eingezäunt, zum Teil auch noch in Kamps unterteilt. So bewegt sich das Großvieh Tag und Nacht, Sommer wie Winter ohne Hirten auf der Weide. Nur zum Melken werden die Kühe einige Stunden in den Kraal gebracht. Da auf den Farmen meist nur ein oder zwei ergiebige Wasserstellen erschlossen sind, müssen die Tiere von ihren Weideplätzen zur Tränke oft weite Wege zurücklegen.

Schafe und Ziegen werden zur besseren Überwachung und wegen der Raubtiergefahr von Hirten bewacht und nachts in Kraale eingestellt.

Zufutter (Luzerne, Hafer, Maisschrot) wird nur an einzelne, besonders wertvolle Zuchttiere gegeben.

Da das Land außerordentlich wechselvolle Niederschläge hat, Bäche und Flüsse zeitweilig nur für einige Stunden oder Tage Wasser führen, steht und fällt die Farmwirtschaft Südwestafrikas mit den jährlichen Regenmengen und der Wassererschließung. Brunnen, die das Grundwasser der Reviere (Trockenflüsse) anzapfen, Bohrlöcher bis 100 Meter und tiefer in den Fels auf unterirdische Wasseradern hinunter getrieben, sowie Staudämme, dienen der Erschließung des kostbaren Wassers.

Wo genügend Wasser zur Verfügung steht, kann durch Berieselung oder mit Beregnungsanlagen Anbau von Futtermitteln betrieben werden. Bei guter Bodenbearbeitung ist dann der Ertrag außerordentlich hoch. So kann z. B. Luzerne 8—9mal im Jahr geschnitten werden. Mais wird nur im Norden des Landes auf Regen angebaut und zum Teil in der Landesmitte auf Überschwemmungsgebieten.

Die Farmen Südwestafrikas sind auch jetzt noch, trotz der bösen Erfahrungen in den Trockenjahren 1931—1933 meist überstockt. Die Folge ist, daß die Weiden immer minderwertiger werden und durch die plötzlichen Regenfälle der fruchtbare Boden abgespült wird. Wenn dieser Entwicklung nicht Einhalt geboten wird, kann eines Tages die Farmwirtschaft Südwestafrikas vor der Vernichtung stehen.

Die Verhütung der fortschreitenden Bodenerosion durch Wasser und Wind und somit der Austrocknung des Landes ist in Südwest wie in vielen Gebieten Afrikas eine Frage um Sein oder Nichtsein. Sie wird dereinst eine der gewaltigsten Aufgaben sein, die der schwarze Erdteil deutscher Planung und deutschen Ingenieuren in eigenen Kolonien stellen wird.

3. Weidewirtschaft und Futtermittelanbau[1])

a) Die Verbesserung der Weideflächen, Kunstweiden und Heugewinnung

Die Zukunft Deutsch-Südwestafrikas als viehwirtschaftliches Erzeugungsgebiet ist davon abhängig, inwieweit es gelingen wird, die durch die augenblickliche Überstockung gegebene Entwicklung aufzuhalten.

Gathemann, einer der ersten Deutschen die in Südwestafrika sich ansiedelten, gab an, daß man früher bei voller Grasreife in der Mitte und im Norden des Landes etwa 80 Zentner Pflanzensubstanz auf den Hektar erhalten konnte, eine Menge, die für ein Rind ausreicht. Walter konnte 1938 solche Ergebnisse nur im Norden des Landes auf nicht oder nur wenig beweideten Gebieten erzielen, dagegen deckten sich Walters Erhebungen mit der derzeitigen Bestockungsdichte, so daß auf ein Rind etwa 10 ha Weideland kommen.

Legt man die von Gathemann gegebenen Zahlen zugrunde, könnten im Damaraland etwa 2 Millionen Rinder gehalten werden. Das Jahr 1929, als der Viehbestand den bis jetzt nicht wieder erreichten zahlenmäßig hohen Stand von 930000 Rindern hatte, war jedoch schon der Beginn einer Wirtschaftskatastrophe, die vielen Farmen in den folgenden Dürrejahren bis 60% und mehr Verluste an ihrem Viehbestand einbrachte.

Der augenscheinliche Widerspruch, der sich aus den Angaben von Gathemann und der in den letzten Jahren gezeigten Entwicklung ergibt ist erklärlich, wenn man sich vor Augen hält, wie in Südwest im Vertrauen auf die Kraft der Natur Raubbau getrieben worden ist. Das Klima hat sich nicht verschlechtert, wie meist angenommen wird, denn jahrzehntelange Messungen haben ergeben, daß bis jetzt nur immer wiederkehrende zeitliche Schwankungen aufgetreten sind. Wohl aber werden Jahr für Jahr durch die Beweidung dem Boden Nährstoffmengen entzogen, die ihm nicht wieder zugeführt werden. Der Farmer in seiner Sorge um Vermehrung und Verbesserung seiner Herde übersieht, daß um Farmhaus und Tränkstellen, immer weitere Kreise ziehend, die ursprüngliche Vegetation allmählich ver-

[1]) Die wissenschaftlichen Unterlagen dieses Abschnittes wurden den Arbeiten Walters entnommen. Da über die Weidewirtschaft und Futtermittelanbau im Rahmen der Gesamtarbeit nur kurz die wichtigsten wissenschaftlichen und praktischen Fragen erörtert werden können, sei auf Walters Arbeit [Die Farmwirtschaft in Deutsch-Südwestafrika (51)] ganz besonders hingewiesen. Nur ein eingehendes Studium seiner Arbeit gibt Aufklärung über die biologischen Grundlagen der Farmwirtschaft in Südwestafrika.

nichtet wird und an Stelle der wertvollen Futtergräser minderwertige Gräser und Kräuter treten. Diese haben erstens nur sehr geringen Nährwert und bilden zweitens keinen Wurzelstock, der bei den plötzlich einsetzenden Regenfällen die Abspülung der wertvollen Bodenoberschicht verhindert. Grasbrände, unsachgemäß angelegte Wege sowie Viehpfade unterstützen den schnellen Abfluß des Wassers, das jetzt statt in den Boden einzudringen, unausgenutzt ins Meer fließt oder irgendwo in der Kalahari spurlos versickert.

Die Verhinderung der fortschreitenden Bodenabspülung durch Anlage von Sperren in den Erosionsfurchen schon in ihren kleinsten Anfängen, und die Verteilung des Wassers durch Konturwälle auf das umliegende Gelände ist eine Aufgabe, deren Lösung den Ingenieuren bleibt. Die Verbesserung der Weiden aber ist Sache der Farmer.

Da die Anlage von Kunstweiden, abgesehen von einigen Ausnahmen, in den meisten Gebieten Südwestafrikas nicht möglich sein wird oder unwirtschaftlich ist, muß der Farmer hauptsächlich sein Augenmerk auf Pflege und Verbesserung der Naturweide richten.

Das System des Weidewechsels, dessen Aufgabe es ist, die ganze Farm gleichmäßig auszunutzen, ohne daß es zur Zonenbildung mit schlechten Weideflächen kommt, wird in Südwest durch die Schwierigkeit der Wasserschließung sehr erschwert. Doch sollte der Farmer bestrebt sein, durch Ausnutzung von Vleys (natürlichen Wasserstellen), kleinen Dämmen usw. sowie durch Anlage besonderer Kamps entlegene Gebiete der Farm während der Regenzeit auszunutzen, um erst in der Trockenzeit das Vieh in die Kamps mit den Hauptwasserstellen zu ziehen. Zweck dieser Maßnahme ist eine einigermaßen gleichmäßige Beweidung der Farm zu erreichen, da sonst die Zonen um die Hauptwasserstellen in Regen- und Trockenzeit übermäßig stark beansprucht, entlegene Gebiete aber nur wirtschaftlich unzureichend genutzt werden.

Von Bedeutung sind auch die vorhandenen Grasarten. Sauergräser sind in der Trockenzeit wertlos und werden vom Vieh nicht gefressen, im grünen Zustand aber geben sie ein gutes Futter und sollten deshalb vom Vieh auch während der Regenzeit beweidet werden. Es empfiehlt sich nicht, Kamps völlig unbeweidet zu lassen, denn eine mäßige Beweidung fördert die Entwicklung des Graswuchses in der kommenden Regenzeit. Ein einheitliches Schema läßt sich für die Weidewirtschaft nicht aufstellen, sondern bleibt immer von den örtlichen Verhältnissen abhängig.

Auf den meisten Farmen ist es nötig die Weiden zu verbessern. Die Entwicklung der vergangenen Jahre und Jahrzehnte hat dazu geführt, die Güte der Weide herabzusetzen. An Stelle der mehrjährigen Gräser, die auf Grund ihres Eiweißgehaltes und der Fähigkeit früh mit dem Wachstum zu beginnen wertvoll sind, sind oft einjährige Gräser oder Sauergräser getreten, die diese Eigenschaften nicht in dem Ausmaße besitzen. Eine Aussaat mehrjähriger Gräser an geeigneten Standorten sollte deshalb vorgenommen werden. Walter ist der Ansicht, daß ausländische Gräser anzusetzen kaum Erfolg bringen wird, denn die einheimischen Arten sind auf Grund eines jahrtausende währenden Auslesevorganges dem Klima und dem Boden des Landes angepaßt.

Walter schlägt folgende Arbeitsweise vor: Die Saat wird durch Abrechen einer Fläche gewonnen, die mit den gewünschten Gräsern bewachsen ist. Man erhält so eine den Ortsverhältnissen angepaßte standortgemäße Mischung. Das zu besäende Stück Land ist mit einer Egge oder einem Hakkiesbusch leicht aufzulockern. Die Aussaat geschieht breitwürfig. Zum Feststampfen des Samens treibt man eine Schafherde über das Land. Zwei Jahre muß dieses Land geschont werden, ehe es beweidet oder gemäht werden kann. So ist der Farmer in der Lage, sich im Verhältnis zu der Gesamtgröße der Farm gesehen kleine aber außerordentlich wertvolle und ertragreiche Weiden zu schaffen, deren Ausnutzung am zweckmäßigsten durch Heubereitung geschieht. Die Heugewinnung wird in Zukunft für eine planmäßige Vorratswirtschaft von Bedeutung sein. Rauhfutter (Heu) ist die wichtigste Futtergrundlage, die es bei Zugabe entsprechender Eiweißfuttermittel ermöglicht, Milchkühe und wertvolle Zuchttiere in der Trockenzeit auf hoher Leistung zu halten, sowie tragende Tiere und Jungtiere zuzufüttern. Das „am Halm getrocknete Heu" der südwester Weiden ist in seinem Gehalt an Nährstoffen ein fast noch geringwertigeres Futter als gewöhnliches Stroh und deshalb nicht mit Heu zu vergleichen (s. S. 98).

Der Ertrag der Weiden wird durch Düngung, d. h. Ausnützung des reichlich zur Verfügung stehenden Kraalmistes bedeutend gesteigert. Nach in Südafrika erzielten Ergebnissen ergab die Düngung der natürlichen Weiden eine Zunahme um 20% Eiweiß, 57% Phosphor, 130% Kalium und 47% Kalk.

Die Anlage von Kunstweiden, wie sie in Ostafrika möglich ist, würde mit ähnlicher Arbeitsweise nur in den nordöstlichen Gebieten Südwests Erfolg versprechen. In den übrigen Teilen des Landes wäre die Anlage einer Kunstweide mit dem Südwester Queckgras (cynodon dactylon) möglich. Auf Farm Hohenau bei Windhuk hat dieser Versuch zu einem guten Erfolg geführt. Nach vorheriger Bodenbearbeitung und guter Düngung wurde das Gras während der Regenzeit von einem Natur-Rasen auf der Farm mit den Wurzelstöcken abgestochen und in Reihen und Zwischenreihenabständen von 1 m gepflanzt. Ohne Bewässerung und trotz schlechter Regenfälle in den Jahren 1931—1933 wuchs ein Teil des Grases an. Nach scheinbar vollkommener Vernichtung des Wurzelstockes durch Springhasen und Erdhörnchen in der Trockenzeit 1933 begann das Feld in der kommenden guten Regenzeit aufs neue zu ergrünen und hatte ein Jahr später einen dichten Rasen gebildet. Dies ist ein Beweis für die außerordentliche Widerstandsfähigkeit der wegen ihres hohen Eiweißgehaltes besonders wertvollen Grasart. Im Oktober, d. h. bereits vor Einsetzen der Regenzeit, beginnt das Queckgras zu ergrünen. Es ist vor allem als Schafweide geeignet, kann aber auch 1—2mal jährlich zur Heubereitung abgemäht werden.

Auf Kunstweiden ist Zeitpunkt und Häufigkeit der Mahd anders festzusetzen als auf Naturweiden. Im Gegensatz zum Queckgras, das stets genügend Reservestoffe in seinen rasenbildenden Ausläufern tief im Boden hat, würden bei den Horstgräsern durch Abmähen während des Schossens vor der Blüte die Reservestoffe mit den Halmen abgeschnitten, und die Wurzeln haben dann nicht mehr die Kraft, aufs neue auszutreiben. Der richtige Zeitpunkt des Schnittes ist deshalb für die Erhaltung der Grasnarbe von größter Wichtigkeit. Auf Kunstweiden wird man kurz vor oder in der Blüte mähen, da dann das Gras am meisten Eiweiß enthält.

Der günstigste Zeitpunkt für den Schnitt der Horstgräser auf den Naturweiden ist nach der Blüte. Ein Teil der Speicherorgane ist dann von den Blättern her wieder aufgefüllt, so daß das Gras in der Lage ist, im nächsten Jahr wieder frisch auszutreiben. Neben der größtmöglichen Mengenausbeute ist dann der Verlust an Nährstoffen so gering, daß noch ein wertvolles Heu gewonnen werden kann. Ob die Naturweiden jährlich oder nur alle zwei Jahre gemäht werden können, ist praktisch noch nicht genügend erprobt. Eventuell empfiehlt es sich, das Feld ein Jahr zu mähen, im nächsten Jahr durch Rinder gering beweiden zu lassen und im dritten Jahr wieder zu mähen.

Das Heu kann im Freien in Diemen oder Mieten aufgestapelt werden. Der Stapelplatz muß zum Schutz gegen Wild und weidende Rinder eingezäunt sein. Zum Schutz vor Grastermiten und Nagetieren wird das Heu auf einem erhöhten Gestell aufgeschichtet, das auf termitensicheren Füßen aus Hartholz (Kameldorn) oder Mauerwerk ruht. Auf diese Füße wird ein halb durchschnittener umgestülpter Benzinkanister gesetzt, um Nagetieren ein Hochklettern unmöglich zu machen. Zur Verhinderung der Erhitzung und Selbstentzündung läßt man bis zur halben Höhe des Stapels einen Hohlraum. Es wird dazu in der Mitte ein Gestell aus Latten errichtet, um das herum das Heu aufgeschichtet wird. Die Spitze der Miete muß kegelförmig steil zusammenlaufen, damit das Regenwasser abläuft ohne einzudringen. Wenn außerdem der Durchmesser im oberen Teil größer als an der Basis ist, kann das Regenwasser frei abtropfen. Dieses Heu ist bis zu zwei Jahren haltbar und liefert ein bedeutend nährstoffreicheres Futter als das verdorrte Gras.

b) Anbau von Futtermitteln (Trocken- und Bewässerungskultur)

Da die Schwankungen in der Ernährung des Viehs innerhalb eines Jahres sehr hoch sind — man kann eigentlich nur 4—6 Monate als ausreichend erachten —, ist eine zusätzliche Futtergabe besonders an Milchkühe, Zuchttiere, tragende Tiere und Jungtiere in den übrigen Monaten unumgänglich notwendig. Dabei muß besonders danach getrachtet werden, den Eiweißmangel der Weiden durch Zufütterung auszugleichen. Kunstweiden und Heu werden kaum in der Lage sein, diesen Mangel vollkommen zu beheben. Da aber im Interesse der viehwirtschaftlichen Erzeugung, die sich auf einer möglichst gleichbleibenden Höhe halten soll, dieser Ausgleich geschaffen werden muß, sind alle Möglichkeiten erschöpfend auszubauen, die der Ackerbau in Südwestafrika gibt. Dabei ist es Aufgabe des Ackerbaues, ausschließlich zur Ergänzung der nötigen Eiweißfuttermittel der Viehwirtschaft zu dienen.

Für den Ackerbau Deutsch-Südwestafrikas unterscheiden sich grundsätzlich zwei Kultursysteme.

1. Der Anbau auf Regenfall (Trockenkultur).
2. Die Bewässerungskultur.

Als eine Zwischenform dieser beiden Systeme kann man den Anbau in Überschwemmungsgebieten und Omiramben (flache Talsenkungen, in denen bei starken Regenfällen das Wasser langsam abfließt) unter Zuhilfenahme sogenannter Saatdämme betrachten. Die hintereinander liegenden niedrigen Saatdämme bewirken eine geringe Überstauung und gleichmäßige Verteilung des Wassers über den Acker.

Geht man von dem für die Landwirtschaft regelbildenden Grundsatz aus, daß ausschließlich wirtschaftseigene Futtermittel oder im Lande erzeugte Produkte verwendet werden sollen, so befindet sich Südwestafrika im Gegensatz zu Ost und anderen afrikanischen Kolonialgebieten mit ihren Kraftfuttermittelreserven und Anbaumöglichkeiten sehr im Hintertreffen.

Leider bringen es die durch die geographische Lage bedingten klimatischen Verhältnisse mit sich, daß die oben erwähnten Kultursysteme auf vielen Farmen Südwestafrikas nur unzureichend oder überhaupt nicht anzuwenden sind. Die untere Grenze eines erfolgreichen Ackerbaues auf Regenfall liegt nach Walter bei einer durchschnittlichen jährlichen Niederschlagsmenge von 450 mm. Diese Grenze ist aus der beigefügten Karte ersichtlich und umfaßt etwa $^1/_3$ des Landes. Südwestlich davon ist eine Trockenkultur bei den niedrigeren und oft unsicheren periodischen Niederschlägen meist in Frage gestellt. Es bleibt deshalb der Zukunft überlassen, festzustellen, ob nicht doch anspruchslose Futterpflanzen wie die Owambobohne bei entsprechender Bodenbearbeitung anzubauen sind.

Für die restlichen zwei Drittel des Landes käme somit nur ein Anbau von Futtermitteln mit künstlicher Bewässerung in Frage. Dazu sind aber verhältnismäßig große Wassermengen erforderlich, wenn die Anlage über den üblichen Rahmen des Farmgartens hinausgehen soll, der zur Erzeugung von Gemüse, Kartoffeln, Wein und Obst für den eigenen Bedarf sowie etwas Luzerne zur Fütterung von Zuchttieren dient. Solche Wassermengen sind in erster Linie im Gebiet der artesischen Brunnen am Auob sowie an den großen Grundwasserströmen zu erhalten. Selten werden auch einige sehr ergiebige Bohrlöcher diesem Zweck dienen können. Die Anlage von Staudämmen für Bewässerungen großen Stils ist nur möglich auf Farmen, die ein Revier mit ausreichendem Zuflußgebiet haben und eine geeignete Dammstelle zum Bau eines großen Dammes finden, der mindestens zwei Jahre Wasser hält. In der Nähe des Dammes muß sich außerdem geeignetes Gelände für die Bewässerungskultur finden. Ähnlich liegt der Fall für den Bau von Saatdämmen auf Überschwemmungsgebieten und im Omirambengelände.

Trockenkultur

Für die Trockenkultur eignen sich nur tiefgründige, mittelschwere Lehmböden, da sie mehr Wasser enthalten als Sandböden und nicht eine so intensive Bearbeitung erfordern wie schwere Tonböden. Tiefgründige Böden sind erforderlich, da in ariden Gebieten die Wurzeln der Ackerpflanzen zur Ausnutzung des im Boden enthaltenen Wassers bis zu einer Tiefe von 2 m eindringen. Der Farmer muß sich deshalb vor Anlage seines Ackers durch mehrere 2—3 m tiefe Gräben davon überzeugen, daß der Untergrund nicht durch Stein oder Kiesschichten oder schwere Tonschichten unterbrochen wird. Die natürliche Vegetation muß bis auf wenige Buschstreifen, die als Windbrecher ein Abwehen der Ackerkrume verhindern, vernichtet werden. Auf geneigten Äckern sind die Pflugfurchen senkrecht zur Neigungsrichtung zu ziehen, um ein Ablaufen des Regenwassers zu verhindern und das Eindringen des Wassers zu begünstigen. Wenn irgend möglich, soll der Acker unmittelbar nach der Ernte umgepflügt werden, um das Unkraut zu vernichten, die Verdunstung zu unterbrechen und den Boden für die Aufnahme der ersten Regen vorzubereiten. Wird mit dem Pflügen bis zum Eintreten der Regenzeit gewartet, so geht durch das Umbrechen der Ackerkrume die meiste Feuchtigkeit wieder verloren. Nach den ersten schweren Regenfällen im Dezember/Januar braucht der Acker mit der Scheibenegge nur leicht aufgelockert zu werden und ist dann für die Aussaat vorbereitet.

Der Boden muß jedoch mehrmals bearbeitet werden, und zwar am zweckmäßigsten nach jedem schweren Regenfall. Durch Egge oder Kultivator wird die oberste Bodenschicht zwischen den Saatreihen aufgelockert. Damit erreicht man folgendes:

1. Unkraut, das dem Boden überflüssig Wasser entzieht, wird vernichtet.
2. Der Acker ist für weitere Regenfälle besser aufnahmebereit.
3. Durch die Auflockerung der obersten Bodenschicht trocknet diese schnell und vollkommen aus, dadurch wird die Kapillarität des Bodens gegenüber den darunter liegenden Schichten aufgehoben. Das tieferliegende Haftwasser kann also nicht mehr nach oben steigen und verdunsten und ist somit weitgehend den Pflanzen nutzbar. Bei Versuchen in Kalifornien fand man, daß eine lockere Bodenoberschicht von 10 cm Dicke die Verdunstung um 72%, eine Schicht von 20 cm um 80% verringerte und eine Schicht von 25 cm die Verdunstung aus den tieferen Bodenlagen praktisch ausschaltete.

Da auf den Farmen Deutsch-Südwestafrikas meist große Flächen zur Verfügung stehen, kann hier Zwei-Felderwirtschaft angewendet werden. Dies ist besonders zu empfehlen, wenn ein Umpflügen des Ackers nach der Ernte nicht möglich ist. Die dann erst während der Regenzeit umgebrochene Ackerkrume bleibt bis zum nächsten Jahr unbestellt (Schwarzbrache) und ist zu Beginn der nächsten Regenzeit bereit zur Aufnahme der neuen Saat. Dieses Verfahren, das Walter sehr empfiehlt, sofern durch Buschstreifen, Konturwälle usw. die Bodenerosion verhindert wird, hat bei Lockerhaltung der Bodenoberfläche noch den Vorteil, daß 40—60% des Niederschlages für das nächste Jahr in den tieferen Bodenschichten aufgespeichert werden kann, außerdem die Bodenfruchtbarkeit erhöht wird. Da fruchtbarer Boden den Wasserbedarf der Pflanzen herabsetzt, ist es notwendig, die ungeheuren Massen des Kraalmistes nicht zu verbrennen oder in die Reviere zu werfen, sondern dem Acker zuzuführen.

Nach den ersten Regen, die den Boden gut durchfeuchtet haben, möglichst bis zu einer Bodentiefe die noch Haftwasser aus dem Vorjahr enthält (bei Zwei-Felderwirtschaft), muß gesät werden. Die günstigste Saattiefe ist 10—12 cm für Mais (Dressel, Farm Ossa bei Grootfontein). Dadurch kommen die Saatkörner in Tiefen, die der Keimling mit seinen Kraftreserven noch gut durchstoßen kann, gleichzeitig wird aber auch bewirkt, daß die Wurzel der jungen Pflanzen mit einiger Sicherheit auch bei langen Pausen zwischen den Regenfällen schon in Tiefen gelangt sind, wo der Boden nicht so schnell austrocknet.

Von noch größerer Bedeutung aber ist die Saatdichte. Auf Grund von Berechnungen kann nach Walter dabei folgendes festgestellt werden: Bei einem Abstand von 1 m von Maispflanze zu Maispflanze steht jeder Pflanze eine Bodenfläche von 1 qm zur Verfügung. Wurzelt der Mais 2 m tief, wie dies in den ariden Ländern der Fall ist, stehen jeder Pflanze 2 cbm Bodensäule zur Verfügung. Bei einem Haftwassergehalt von 10% des Bodenvolumens sind dann darin 200 lt Wasser enthalten. Die Wasserbedarfszahl des Maises beträgt in Südwestafrika zur Erzeugung von 500 g Trockensubstanz oder etwa 250 g Körnern 200 lt. Somit könnte ein Ertrag von 25 Doppelzentnern pro Hektar erreicht werden. Reichen die Wurzeln auf Grund besonderer Umstände nur einen Meter tief hinunter, würde sich der Ertrag auf die Hälfte verringern. Daraus ist ersichtlich, daß nur eine lockere Pflanzendichte bei Trockenkultur zu einem Erfolg führen kann, da dann die Pflanzen sich nicht gegenseitig das nötige Wasser wegnehmen.

Dressel pflanzt Mais in einem Reihenabstand von 1 m und läßt in den Reihen einen Abstand von 80 cm.

Bohnen erfordern den gleichen Reihenabstand. Der Zwischenraum innerhalb der Reihen beträgt jedoch nur 30 cm.

Kaffernkorn wird wie Mais gepflanzt. In den Reihen aber 2—3mal dichter und nur 5 cm tief.

Mais, daneben die in Afrika heimischen Betschuana- oder Owambobohnen (Vigna sinensis = V. catjang = V. unguiculata) und Kaffernkorn (Sorghum vulgare) sind für Südwest die wichtigsten Kulturpflanzen.

Da die Regenfälle meist erst in der zweiten Hälfte des Sommers beginnen, ist die Zeit bis zum Einsetzen der ersten Nachtfröste sehr kurz. Es müssen deshalb mittel- bis frühreife Sorten verwendet werden, je nachdem ob die guten Regentage früher oder später fallen.

Dressel verwendet drei Sorten des weißen Pferdezahnmaises, der zur Ernährung der Eingeborenen dient, und eine Sorte von gelbem Futtermais:

1. Hickory King .... 5—6 Monate Reifezeit
2. Wisconsin .... $4—4^1/_2$ „ „
3. Anveld .... $3^1/_2—4$ „ „
4. Badischer gelber Frühmais .... 3 „ „

Walter empfiehlt, zur Aussaat eigenes Saatgut zu verwenden. Dazu sind die besten Kolben auszusuchen, denn sie bieten die Gewähr, daß sie besonders gut auf die örtlichen klimatischen Verhältnisse ansprechen und als somit bestgeeignetste Individuen auch weiterhin gute Erträge versprechen.

Die noch halbgrünen Maisstengel geben nach der Körnerernte gehäckselt und mit saftreichem Futter wie Rüben oder grünem Bohnenkraut gemischt und einsiliert noch ein sehr gutes Futter. Deshalb sollte auch diese Verwendungsmöglichkeit nicht unausgenützt bleiben.

Mit Kaffernkorn, das widerstandsfähiger gegen Dürre ist als Mais, hat man in Südwest bislang kaum Erfahrungen gesammelt. In den trockensten Gebieten des Oranjefreistaates, wo noch Ackerbau auf Regen betrieben werden kann, erzielte man Erträge von 5,2 bis 15,7 dz/ha. Anerkannte Sorten in Südafrika sind „Vinco“ (rot) und „Bothaville white“. Als frühreif werden die rote Sorte „Vorster“ und die weiße „Glenelf“ angegeben. Da die junge Pflanze ein Glykosid „Dhurrin“ enthält, das unter Abspaltung von Blausäure zerfällt, darf junges Kaffernkorn wegen seiner Giftigkeit nicht verfüttert werden. Eine Ernte ist deshalb erst nach der Blüte oder noch besser zur Zeit der Milchreife ratsam. Die Körner enthalten dann kein Glykosid.

Die anspruchslose Ovambo- oder Betschuanabohne (Cow pea) liefert ein hervorragendes Eiweißfutter und reichert als Hülsenfrüchtler den Boden mit Stickstoff an. Sie sollte deshalb im Fruchtwechsel mit Mais alle zwei Jahre angebaut werden. In Südafrika erreichte man Erträge von 2—4 Tonnen Heu und 4—6 Sack (1 Sack etwa 180 lbs) Samen pro Morgen. Der Gehalt an verdaulichem Eiweiß beträgt beim Heu 13,1%, bei den Samen 19,4%. Ihre Reifezeit beträgt je nach der Sorte 100—150 Tage. Als frühreife Sorten werden „New Era“ und „Whip-Poor-Will“ genannt; späte, aber ertragreichere Sorten sind „Iron“ und „Wonder“. Dank ihrer Anspruchslosigkeit wird es vielleicht auch möglich sein, die Bohne südlich der angegebenen Ackerbaugrenze auf Regen anzubauen. Sollte trotzdem infolge mangelnder Niederschläge die Ovambobohne nicht zum Ausreifen kommen können, wird sie allein als Heu gewonnen immer noch ein hervorragendes Eiweißfutter für die Trockenzeit ergeben und ist somit in der Lage, den Eiweißmangel der Weiden auszugleichen.

Trotz der in den vorhergehenden Abschnitten angegebenen klimatischen Voraussetzungen für die Anlage von Trockenkulturen in Deutsch-Südwestafrika ist auch in anderen Gebieten des Landes mit geringeren Regenfällen die Möglichkeit zum Anbau von Futtermitteln gegeben. Die angebauten Kulturpflanzen können dort zwar meistens nicht ausreifen, das ist aber auch nicht erforderlich. Mais, Bohnen und Kaffernkorn geben in grünem Zustand ein gutes Zufutter für Vieh. Die Niederschlagshöhe genügt, um bei entsprechender Bodenbearbeitung, wie sie oben angegeben wurde, mengen- und wertmäßig ausreichendes Zufutter für das Vieh, vor allem die tragenden Tiere, Jungtiere, Milchkühe und wertvolle Zuchttiere zu gewinnen. Für den Bedarf in der Trockenzeit kann grüner Mais und im Stadium der Milchreife befindliches Kaffernkorn geschnitten und in Silos eingesäuert werden. Der Ertrag bei grünem Mais und Kaffernkorn beträgt in trockenen Gebieten 2—5 t pro Hektar. Bohnenheu liefert, wie erwähnt, ein gutes Eiweißfuttermittel und wird auch zur Verbesserung der Mais- oder Kaffernkornsilage im Verhältnis 1 : 4 gemischt und eingesäuert.

Der Bau der Silos sowie die Art der Einsilierung mit oder ohne Zusätze entspricht den in Europa üblichen Methoden. Bis zu 15 kg täglich kann Silage als Zufutter bei Milchkühen gegeben werden, darf jedoch keinesfalls mehr als 50% der Gesamtfuttermenge betragen. Schafe erhalten 1—2 kg täglich. Zur Neutralisierung der in der Silage enthaltenen Milchsäure muß viel Rauhfutter (Heu) gegeben werden. Außerdem empfiehlt sich die Zugabe von Futterkalk. Letzteres ist wegen der drohenden Steifsiektegefahr in Südwest unumgänglich notwendig, da der Organismus der Tiere die in der Silage enthaltene Säure mit seinem an sich schon mangelhaften Bestand an Kalzium zu neutralisieren trachtet. Selbst in Gebieten mit stark kalkhaltigen Böden ist dies erforderlich, da die notwendige Phosphorsäure, deren Aufgabe es ist, den Kalziumspiegel des Organismus auf der erforderlichen Höhe zu erhalten, meist fehlt oder nur mangelhaft vorhanden ist.

Bewässerungskultur

Die Anlage von Bewässerungskulturen ist, wie bereits oben angeführt, abhängig von der Voraussetzung, ausreichend Wasser zu erschließen. Bei guter Bodenbearbeitung, Düngung und unter Einwirkung des intensiven Sonnenlichts sind in Südwest mit ausreichender Bewässerung ganz hervorragende Erträge zu erzielen. Die wichtigste Futterpflanze für Bewässerungskultur in Südwestafrika ist die Luzerne. Bei 8—10 Schnitten im Jahr kann ein Hektarertrag von 15—20 t Heu und mehr erzielt werden. Als beste Saaten werden empfohlen: Hunters River, Provenea, Chilan, Chinese und Hairy-Peruvian.

Die Luzerne wird in Reihen in tiefliegenden Beeten gesät, zu denen das Wasser in Steinrinnen geleitet wird. Die Beete haben je nach dem Gelände eine verschiedene Größe. Sie werden durch 40 cm breite Dämme voneinander getrennt. Bei ausreichenden Wassermengen empfiehlt es sich, die Beete in einer Größe von 100 × 10 m anzulegen, um mit der Maschine mähen zu können. Die Aussaat erfolgt nach vorheriger guter Bodenbearbeitung im Frühjahr, wozu etwa 30 kg Saat auf den Hektar benötigt werden. Vor und nach dem Keimen müssen die Beete erst angegossen werden, bevor man dazu übergehen kann, durch Überfluten zu bewässern.

Bei Frühjahrsansaat der Luzerne kann Hafer oder Gerste als Deckfrucht quergedrillt werden. Im Schatten der schnellwachsenden Deckfrucht entwickelt sich die junge Luzerne sehr gut. Wird die Deckfrucht als Grünfutter gemäht, hat die Luzerne bereits eine Höhe von 15—20 cm erreicht und sich gut bestockt. Hafer und Gerste bringen dann schon eine gute Futtermittelernte, die die Luzerne bis zur ersten Mahd noch nicht abgeben könnte.

Da für das Überflutungssystem große Erdbewegungen erforderlich sind, um das nötige Gefälle für die Zuleitungsrinne und Beete herzustellen, wäre es wünschenswert, geeignete bewegliche Beregnungsanlagen zu verwenden, die direkt an Rohrleitungen angeschlossen werden können. Leider entsprechen die bisher in Südwest verwendeten Anlagen dieser Art meist nicht den gestellten Anforderungen.

Die Menge des zur Berieselung verwendeten Wassers hat auf den Ertrag der Luzerne nicht den Einfluß, wie man annehmen könnte. Das Verhältnis des Ertrages steigt nicht mit der Menge des verwendeten Wassers.

Die günstigste Berieselungshöhe liegt bei 45—60 cm im Jahr. Mehr Wasser zu verwenden ist überflüssig, kann sogar schädlich sein. Der Ertrag der Luzerne steigt dadurch kaum, dafür ist aber vielerorts die Gefahr der Verbrackung und damit eine Unbrauchbarmachung des Bodens gegeben.

In Voigtsgrund wird monatlich einmal 5 cm hoch berieselt. Die günstigste Zeit hierfür ist nach dem Schnitt. Die Beete können anschließend zwischen den Reihen gehackt werden, im Großbetrieb mit Scheibenegge oder leichter Saategge, wodurch man Unkraut vernichtet und die Bodenoberfläche zur besseren Durchlüftung auflockert.

Für die Größe eines Staudammes spielt der Wasserverbrauch zur Berieselung der Felder kaum eine Rolle, denn das dazu benötigte Wasser ist unbedeutend im Vergleich zu den von der Sonne verdunsteten Wassermengen. Die jährliche Verdunstung beträgt (im Durchschnitt von 10 Jahren in der Windhuker Gegend) 2,50 m Wassersäule. Ein Damm, der zwei Jahre Wasser halten soll, muß bei einem Wasserstand von 5 Metern unter dem Überlauf noch so viel Wasser enthalten, daß noch einmal das Feld mit dem restlich verbliebenen nutzbaren Wasser berieselt werden kann.

Neben Luzerne werden in Südwestafrika Futter- und Zuckerrüben, Kartoffeln, Mais und verschiedene Grasarten auf Bewässerung angepflanzt. Dabei werden Höchsterträge von 40—60 t/ha Grünmais erzielt. Die Ergebnisse mit anderen Futterpflanzen sind entsprechend hoch.

Bei Anbau von 5 ha Mais zur Silagebereitung würde bei durchschnittlichen Ernteverhältnissen eine Trockenzeit ausreichend Zufutter für 100 Milchkühe und 1000 Schafe zur Verfügung stehen.

Jeder Farmer hat seinen kleinen Hausgarten für den eigenen Bedarf. Alle Gemüsesorten gedeihen hervorragend. Wein und Obstbäume, besonders Pfirsiche, Aprikosen, Pflaumen und Quitten entwickeln sich in kürzester Zeit zu kräftigen Bäumen, die gute Erträge bringen. In frostarmen Gebieten ist auch der Anbau von Zitronen, Grape Fruit, Apfelsinen und Mandarinen möglich.

4. Die Tierzucht in Südwestafrika, Viehbestand und Ausfuhr farmwirtschaftlicher Erzeugnisse

Ein Bild von Viehbestand und Ausfuhr der Farmwirtschaftserzeugnisse Südwestafrikas veranschaulichen folgende Zusammenstellungen nach Marcus (28) aus den Jahren 1935—1937.

Kleinvieh:

Karakulreinblut	25074	Stück [1])
Karakulkreuzungen	1880932	„
Woll- und Fettschwanzschafe	991785	„
Ziegen	1230004	„
Kleinvieh außerhalb der Polizeizone	924191	„
Gesamt:	5051986	Stück

Rinder:

Reinblutrinder und Kreuzungen	197158	Stück
Eingeborenenvieh (teilweise europäische Rassen eingekreuzt)	609509	„
Rinder außerhalb der Polizeizone	351717	„
Gesamt:	1158384	Stück

Pferde: 25447, Esel: 88051, Maultiere: 1050, Schweine: 11541.

Ausfuhr tierischer Erzeugnisse

	1935 £	1936 £	1937 £
Rinder:			
Schlachtvieh	438416	306145	170635
Häute	12481	18610	16826
Butter	309896	337195	344215
Gesamt:	760793	661950	531676
Schafe und Ziegen:			
Karakulfelle	464466	753546	1222829
Schlachtvieh	109181	47745	71978
Häute	11474	17216	35489
Wolle	77869	122849	148274
Gesamt:	662990	941356	1478570

a) Schafzucht

Bereits von den Hottentotten wurde Schafzucht betrieben. Das von ihnen und von den Buren in Südwestafrika gezüchtete Afrikaner-Fettschwanzschaf bildete die Grundlage der südafrikanischen Wollschafzucht und Ausgang der südwestafrikanischen Karakulzucht. Aus der im Jahre 1907 unter dem Gouverneur von Südwestafrika, Exzellenz von Lindequist eingeführten kleinen Herde von Karakulreinblutschafen entwickelte sich mit Unterstützung des Tierzuchtinstitutes in Halle unter Prof. Kühn und später Prof. Frölich die südwestafrikanische Landeszucht.

Von den im Jahre 1907 eingeführten 12 Karakulschafen gingen 6 Tiere, die nach dem Norden kamen, ein. 5 Muttertiere, 1 Bock und

[1]) Nach Angaben Langlets (54) zu hoch. Am 1. 1. 1938 wurden auf Grund der Bestandsmeldungen der Karakul-Reinblutzüchter etwa 17000 Reinblutkarakuls gezählt.

Dr. Müller

Abb. 1. Karakulfellchen zum Trocknen auf Rahmen mit Sackleinen aufgespannt

Halenke

Abb. 2. Schafkraal aus Maschendraht. Als Windschutz werden Blechplatten angebunden

Verlag Walter de Gruyter & Co., Berlin W 35
Deko V. Zu Halenke, Viehwirtschaft in Deutsch-Südwestafrika

3 in der Zwischenzeit geborene Lämmer bildeten die Grundlage der südwestafrikanischen Landeszucht. In den Jahren 1908 und 1911 wurden jeweils noch 250 Tiere eingeführt. 1913 waren bereits 776 Reinblut- und 10418 Kreuzungstiere vorhanden. 1923 erreichte die Jahresausfuhr 10000 Fellchen, und im Jahre 1937 führte Südwest bei einem Bestand von über 2 Millionen Karakuls dem Weltmarkt 1,2 Millionen Fellchen zu. Südwest hat damit das Ursprungsland des Karakulschafes, Turkestan, geschlagen und steht in der Welterzeugung an zweiter Stelle hinter Afghanistan.

Das aus der Buchara stammende Karakulschaf hat sich reinblütig und in seinen Kreuzungen mit dem Afrikanerschaf in Südwestafrika hervorragend akklimatisiert, da das trocken-heiße Klima seinen Ansprüchen auf Anpassung entspricht. Nur im regenreichen Norden des Landes hat die Karakulzucht noch nicht die Bedeutung erlangt wie in der Mitte und besonders im Süden.

Die schnelle Entwicklung der Karakulzucht nach dem Weltkriege wäre kaum möglich gewesen, wenn nicht das Afrikanerschaf, ein Haarschaf wie das Karakul, eine so gute Grundlage zur Kreuzungszucht gegeben hätte. Wollschafe haben sich dagegen zur Kreuzung nicht bewährt. So baut sich die breite Landeszucht auf der Verdrängungskreuzung auf. Die Reinblutherden (in Südwestafrika wird für Vollblut meist der Begriff Reinblut verwendet) dienen zur Erstellung des erforderlichen Zuchtmaterials; aber auch Böcke der 6., 7., 8. usw. Kreuzung werden nach entsprechender Zuchtwahl durch Aufkreuzen von Afrikanerschafen und Erzeugung von Fellchen mit bestem Erfolg verwendet. Schon in der ersten Kreuzung werden eine Anzahl guter Fellchen erzielt, da das Karakulschaf seine schwarze Farbe und die Lockenbildung dominant vererbt. Treten bei Verwendung von Kreuzungsböcken in den folgenden Generationen Aufspaltungen auf (weißes und glattes Haar), so werden diese Tiere ausgemerzt.

Während man die Mutterlämmer zur Zucht und Vermehrung der Herde aufzieht, werden die Bocklämmer 1—2 Tage nach der Geburt geschlachtet, da zu dieser Zeit die beste Locke mit gutem Glanz erzielt wird. Die Fellchen werden nach vorheriger gründlicher Reinigung in klarem Wasser, dem etwas Borax zugesetzt werden kann, mit einer Arsen-Sodalösung auf der Körperseite eingepinselt und auf einem mit Sackleinen bespannten Rahmen getrocknet. Die Trocknung geschieht in einem besonderen Raum, der Fellchenkammer.

Die Fellchen werden als Vollpersianer auf dem Weltmarkt abgesetzt. Zum Teil werden sie durch die Vertreter großer Firmen, wie

Thorer (Leipzig) u. a. auf den Farmen aufgekauft oder im Tendersystem an den Höchstbietenden abgesetzt. Ein großer Teil geht jedoch auch direkt auf die Auktionen der großen Rauchwarenmärkte in Leipzig und London. Die Felle hierfür nimmt die „Südwestafrikanische Persianer-Verkaufsgesellschaft" in Kalkfeld als eine gemeinnützige Organisation der Farmer und die Hudsons Bay Company in Kommission.

Die Zucht des Karakulschafes gestaltet sich, je nachdem, ob sie zur Erzeugung von Fellchen dient oder Zuchttiere bringen soll, verschieden. Bei Herden, die nur der Erzeugung von Fellchen dienen, laufen die Ramme[1]) mit der Herde und decken im Herdensprung. Der Farmer beschränkt sich meist nur darauf, Muttertiere auszumerzen, die nicht zum Gesamtbild der Herde passen und aufspalten. Jedoch wird er auch Wert darauf legen, nur Ramme zu verwenden, die vererbungsmäßig zur Herde passen oder von denen er sich eine Verbesserung der Fellchenqualität verspricht. Dabei ist es immer angebracht, statt eines schlecht vererbenden Reinblutramms einen Kreuzungsramm aus guter Blutlinie mit guter und gleichmäßiger Erbanlage zu verwenden. Die nötigen Unterlagen zur Feststellung der Blutlinie sind aus dem für jeden Zuchtbock erforderlichen Zucht- und Registerblatt sowie aus dem Herdbuch ersichtlich (s. Abb. 3).

Auf den Zuchtfarmen werden die großen Herden, wenn sie am Abend von der Weide zurückkehren, in kleinere Herden aufgeteilt, die jeweils in einem besonderen Kraal untergebracht werden. Durch Farbklekse können die Schafe bezeichnet werden. Sie lernen auch bald ihren Kraal kennen, in den sie zu gehen haben. In jeder Herde wird dann über Nacht der für sie bestimmte Bock hineingesetzt. Der Sprung aus der Hand wird nur vereinzelt durchgeführt. Somit besteht die Möglichkeit, die Mutterschafe jeweils dem gewünschten Ramm zuzuteilen und genau Buch über Abstammung und Vererbung zu führen.

Alle Zuchttiere sind mit Metallohrmarke gekennzeichnet, auf denen Herdbuchnummer und Eigentumszeichen des Besitzers eingeschlagen sind. Für jedes Zuchttier wird am ersten oder zweiten Tag nach der Geburt ein Zucht- und Registerblatt angelegt, das alle Angaben über Lockenbildung, Haarqualität, Haarglanz (die Bonitur) und den Nachweis über die Abstammung enthält. Diesem Registerblatt ist eine zur selben Zeit angefertigte Photographie des Tieres beigegeben, auf der die gemachten Angaben nachgeprüft werden können. Das Tier

[1]) In Südwestafrika werden Schafböcke als Ramme bezeichnet.

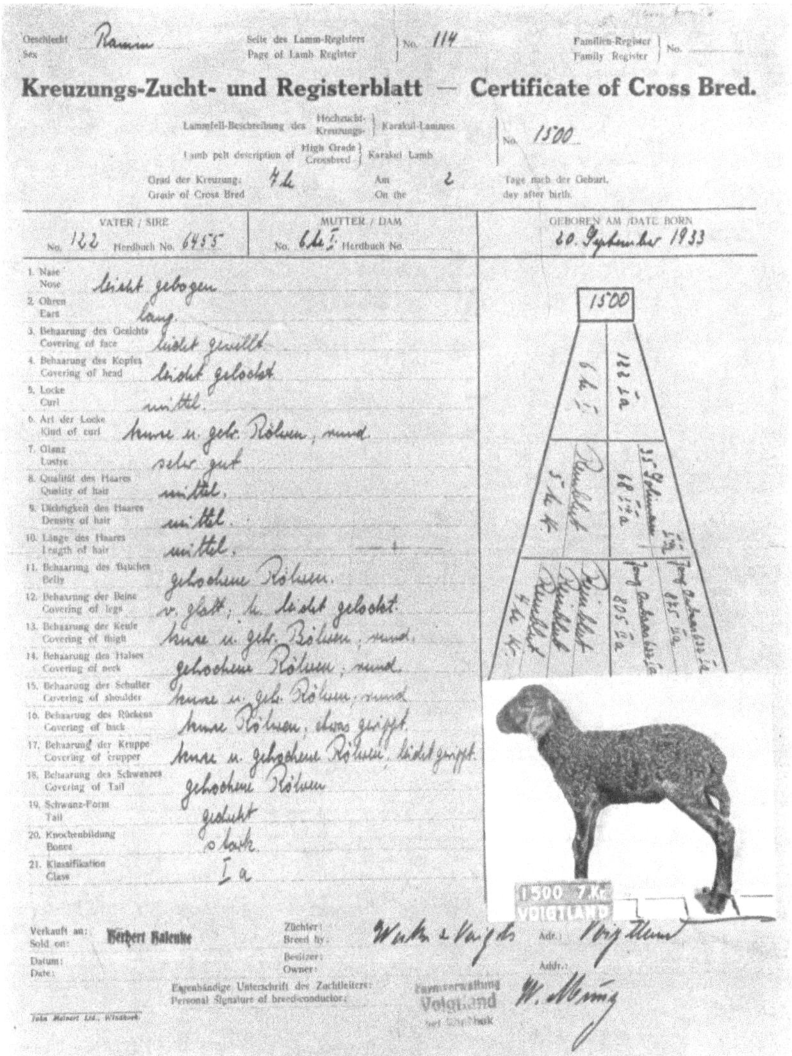

Geschlecht / Sex: Ramm

Seite des Lamm-Registers / Page of Lamb Register: No. 114

Familien-Register / Family Register: No.

Kreuzungs-Zucht- und Registerblatt — Certificate of Cross Bred.

Lammfell-Beschreibung des Hochzucht- / Kreuzungs- Karakul-Lammes / Lamb pelt description of High Grade / Crossbred Karakul Lamb: No. 1500

Grad der Kreuzung / Grade of Cross Bred: 4 k

Am / On the: 2 Tage nach der Geburt / day after birth.

VATER / SIRE	MUTTER / DAM	GEBOREN AM / DATE BORN
No. 122 Herdbuch No. 6455	No. 6 k I Herdbuch No.	20. September 1933

1. Nase / Nose: leicht gebogen
2. Ohren / Ears: lang.
3. Behaarung des Gesichts / Covering of face: leicht gewellt
4. Behaarung des Kopfes / Covering of head: leicht gelockt.
5. Locke / Curl: mittel.
6. Art der Locke / Kind of curl: kurze u. geb. Röhren, rund.
7. Glanz / Lustre: sehr gut
8. Qualität des Haares / Quality of hair: mittel.
9. Dichtigkeit des Haares / Density of hair: mittel.
10. Länge des Haares / Length of hair: mittel.
11. Behaarung des Bauches / Belly: gebrochene Röhren.
12. Behaarung der Beine / Covering of legs: v. glatt; h. leicht gelockt.
13. Behaarung der Keule / Covering of thigh: kurze u. geb. Röhren, rund.
14. Behaarung des Halses / Covering of neck: gebrochene Röhren, rund.
15. Behaarung der Schulter / Covering of shoulder: kurze u. geb. Röhren, rund
16. Behaarung des Rückens / Covering of back: kurze Röhren, etwas gerippt.
17. Behaarung der Kruppe / Covering of crupper: kurze u. gebrochene Röhren, leicht gerippt.
18. Behaarung des Schwanzes / Covering of Tail: gebrochene Röhren
19. Schwanz-Form / Tail: gedreht
20. Knochenbildung / Bones: stark.
21. Klassifikation / Class: I a

Verkauft an / Sold on: Herbert Halenke

Datum / Date:

Züchter / Breed by: Walter v. Voigts Adr.: Voigtland

Besitzer / Owner: Addr.:

Eigenhändige Unterschrift des Zuchtleiters / Personal Signature of breed-conductor: W. Mrinz

Farmverwaltung Voigtland

John Meinert Ltd., Windhoek.

Abb. 3. Zucht- und Registerblatt eines Karakulzuchtbockes der siebenten Kreuzung

wird auf Grund der Bonitur klassifiziert und das Ergebnis ebenfalls auf dem Registerblatt eingetragen. Der Farmer kann seine Tiere im Herdbuch des Karakulzuchtvereins eintragen lassen. Von dieser Stelle werden auch die Registerblätter überprüft. Da die Qualität des Fellchens in den ersten beiden Tagen ausschlaggebend ist für die Beurteilung und Zuchtverwendung, erübrigen sich spätere Körungen, obwohl die Beurteilung der Konstitution der Tiere von großer Bedeutung wäre.

Neben dem Reinblutregister führt der Karakulzuchtverein ein Kreuzungsregister. Die Farmer können ihre Herde anerkennen lassen, falls durch Buchführung oder Nachweis langjähriger Benutzung von Reinblutrammen belegt werden kann, daß die Herde mindestens den vierten Kreuzungsgrad erreicht hat. Eine besondere Kommission besichtigt die Herden und erkennt dann nach Ausscheiden eventuell ungeeigneter Tiere den vierten Kreuzungsgrad an. Die Herde muß jetzt in der Buchführung, Bonitur usw. nach den Bestimmungen des Reinblutregisters behandelt werden. Von der sechsten Kreuzung ab können dann Tiere mit ausreichenden Qualitäten in das Kreuzungsregister aufgenommen und dürfen Ramme als Zuchttiere abgegeben werden. Der hierbei angelegte Maßstab ist sehr scharf; nur die besten Tiere werden eingetragen.

Das Zuchtziel des Karakulzuchtvereins ist ein Lamm mit ausgeglichenem Lockenfell (Mittellocke des Fellhandels), hohem schwarzblauen Glanz und elastischem Haar. Die Locke soll rund und geschlossen sein. Dieses Zuchtziel wird auch von den meisten Farmern verfolgt. Nur die Herden der Mandatsregierung haben den flachen „watered-silk"- und „shallow-curl"-Typ in ihren Herden eingezüchtet, um zu einer ähnlichen Form wie der Breitschwanz zu kommen. Das Zuchtziel wurde jedoch nicht erreicht, und auch bei den Farmern ist „watered-silk" und „shallow-curl" nicht beliebt. Fast ausschließlich wird in Südwestafrika der schwarze Persianer gezüchtet. Nur auf wenigen Farmen werden auch graue und braune Persianer gehalten. Langlet ist der Ansicht, daß dem weichhaarigen grauen Karakulschaf in Zukunft stärkere Aufmerksamkeit gewidmet werden sollte. Die grauen Ramme haben in Südwest bei Kreuzungen mit Muttertieren, die unerwünschtes hartes Haar hatten und sich zur Zucht mit schwarzen Karakuls wenig eigneten, gute Felle gebracht.

Die Haltung des Karakulschafes ist fast immer extensiv. Je nach dem auf der Farm vorherrschenden Gelände werden Herden von 300 Schafen im Busch und bis zu 800 und 1000 Schafen im übersichtlichen Gelände von einem guten Hirten bewacht. Dabei ziehen die

Schafe weit über die Farmen. Doch muß der Farmer ständig darüber wachen, daß der Schafwächter aus Bequemlichkeit nicht immer dieselben Strecken beweiden läßt. Er vermeidet dadurch die Gefahr, daß bestimmte Gegenden seiner Farm allmählich von den Schafen kahl gefressen werden, außerdem Wurmlarven und Eier sich dort anreichern können, was allmählich zu einer Masseninvasion von Parasiten führen könnte.

Über Nacht kommen die Tiere in einen oder mehrere Kraale. Überdachte Schuppen mit halbhohen Mauern sind für Lämmer und wertvolle Zuchttiere auf einigen Farmen gebaut. Für Lämmer, frisch gelammte Mutterschafe und Zuchtböcke sind in einfacheren Betrieben abgeteilte Buchten im Kraal vorhanden, die zumeist auch zum Schutz vor Sonne und Regen überdacht sind. Die einfachsten Kraale, wie sie jetzt nur noch als Notbehelf errichtet werden, werden aus Hakkiesbusch errichtet, der zu dichten Hecken zusammengeschlagen wird. Die früher viel gebauten Steinkraale haben sich nicht als praktisch erwiesen, da sie sich schlecht reinigen lassen und da auch in der Regenzeit das Wasser nicht frei abfließen kann. Das Regenwasser bildet dann mit dem vorhandenen Dung einen tiefen Schlammsee. Am praktischsten sind Kraale aus Maschendraht, die möglichst auf etwas abschüssigem Gelände angelegt werden sollten. Der Maschendraht muß 15—20 cm tief in den Boden eingegraben werden, damit Schakale und ähnliches Raubzeug verhindert wird, den Draht zu untergraben und so einzudringen. Da die Schafe die Gewohnheit haben, sich am Maschendraht zu scheuern, ist in einigen Jahren auch der beste Draht durchgewetzt. Falls der Farmer leere Zementfässer oder alte Wellblechplatten in ausreichender Menge zur Verfügung hat, kann er solche auf der Innenseite des Kraales am Maschendraht anbinden. Neben der dadurch erzielten besseren Haltbarkeit des Kraales ist dadurch gleichzeitig ein Windschutz für die kalte Zeit geschaffen. Auch empfiehlt sich das Anbringen von Scheuerpfählen im Kraal.

Es ist erforderlich, die Kraale etwa alle drei Wochen, in der Regenzeit alle 10 Tage auszumisten und den Mist bis zum Abtransport auf Haufen zu werfen. Eine Invasionsgefahr von Parasiten ist entgegen der bisher bestehenden Ansicht in engen Kraalen ohne Vegetation und bei der starken Sonnenbestrahlung nicht vorhanden, da die Wurmlarven sich in der dicken Dungschicht nicht bis zum invasionsfähigen Stadium entwickeln können. Große Kraale mit wenig Schafen, die womöglich noch an vorhandenen Gräsern knabbern können, sind der günstigste Boden zur Anreicherung und Aufnahme von Wurmlarven und damit zur Verseuchung der Herde. Dieselben Gefahrenquellen bilden Lagerplätze der Schafe im Feld, die von den Wächtern tagtäglich als Rastplätze für die Herde aufgesucht werden. Während auf Rastplätzen und dauernd besuchten Weiden die Schafe mit dem Futter die Larven der Magenwürmer, Zwölffingerdarmwürmer und des Knötchenwurmes aufnehmen, bildet das Tränken an offenen Dämmen und Vleys ein Ansteckungsquelle des durch die Haut eindringenden Hakenwurms, wenn die Schafe zum Tränken in das Wasser oder den nassen Schlamm treten. Zur Verhinderung des Befalls mit Hakenwürmern, in feuchten Gegenden auch mit Leberegeln, wäre es angebracht, die Schafe nur aus einem stets sauber zu haltenden Tränktrog saufen zu lassen, der hinter dem Damm aufgestellt ist und für den das Wasser an der steilen Dammmauer entnommen wird. Das mit Pumpen aus Brunnen und Bohrlöchern geförderte Wasser wird in großen Bassins aus Stein oder Wellblech gesammelt und von dort in die Tränken geleitet. In diese Tränken ist meist ein Schwimmer eingebaut, der bewirkt, daß bei Wasserverbrauch frisches Wasser aus dem Bassin nachfließt, damit der Tränktrog stets bis zum Rande gefüllt bleibt (s. Abb. 4).

Der Befall mit Würmern bringt der Südwester Schafzucht jährlich große Verluste. Therapeutisch sind die Parasiten sehr schwer oder überhaupt nicht anzugreifen. Nur prophylaktische Maßnahmen (regelmäßige Gaben des „Wire Worm Remedy“ alle 3 Wochen) und Vermeidung von Invasionsquellen sowie ausreichende Fütterung von Phosphorkalk und Vitaminen, wodurch die Tiere in guter Konstitution gehalten werden, ermöglichen es die Verluste zu mindern. Leider sind diese von vielen Farmern schon erfolgreich angewendeten Maßnahmen bei der extensiven Wirtschaft bislang nicht überall durchführbar. Zur Bekämpfung der Räude ist auf jeder Farm eine Dipanlage meist mit rundem Bottich aufgestellt. Es ist keinesfalls erforderlich, die Schafe regelmäßig zu dippen, sondern nur bei Räudebefall oder Räudeverdacht zweimal in Abständen von 14 Tagen. Zur Herstellung der Dippflüssigkeit wird meistens das schwefel- und arsenhaltige „Coopers Dip“ verwendet.

Auf die Bedeutung der Zufütterung wurde bereits früher hingewiesen. Nach Möglichkeit sollte sie nicht nur für Ramme und gute Zuchttiere, sondern auch für die übrigen Zuchtschafe und Lämmer in der Trockenzeit angewendet werden. Auch Magermilch kann als Eiweißfuttermittel an hochtragende Mütter und Lämmer gegeben werden. Die Molkereiabfälle dürfen jedoch nicht im halbsauren Zustand verfüttert werden, sondern nur süß oder ganz sauer.

Obwohl Zwillingsgeburten beim Karakulschaf eine Seltenheit sind, kann man mit einer Fellchenausbeute von 100—150% pro Jahr und Tier rechnen. Die Mütter, deren Lämmer zur Fellchengewinnung geschlachtet werden, nehmen alsbald wieder auf und bringen so häufig zwei Lämmer im Jahr. Die Hauptlammzeiten liegen im Januar/Februar und Juni/Juli. Am günstigsten für die Aufzucht der Lämmer wäre die Regenzeit, doch da in diese Monate auch die Hauptdeckzeit fällt, liegt der größere Anfall von Lämmern in der Trockenzeit im Juni/Juli. Hat man genügend Zufutter für säugende Mütter und und Lämmer zur Verfügung, wird auch in der Trockenzeit die Aufzucht kräftiger Jährlinge zu erzielen sein. Einige Farmer nehmen die Ramme aus den Herden heraus, wenn die Gefahr besteht, daß die Lämmer zu einem Zeitpunkt fallen, in dem für die Mütter nicht ausreichend Futter zur Verfügung steht. In den ganz schweren Trockenjahren wie 1932/33 schlachteten viele Farmer sämtliche Lämmer und erreichten dadurch, daß ihnen wohl die Nachzucht eines Jahres verloren ging, der Verlust an Mutterschafen aber nicht groß war und sie außerdem durch den Verkauf der Fellchen einen guten Gewinn buchen konnten. Diese Maßnahme ist in Notzeiten gerechtfertigt. Leider handeln noch viele Farmer auf eine vom tierzüchterischen Standpunkt nicht zu billigende Art und Weise, indem sie auch in guten Zeiten ihre besten Mutterlämmer schlachten, um die Fellchen gegen gutes Geld abzusetzen. Sie wollen es nicht einsehen, daß sie damit die Entwicklung ihrer Zucht aufhalten und schließlich nur sich selber schädigen.

Da es bei den großen Herden oft nicht möglich ist alle hochtragenden Tiere festzustellen, um sie zur rechten Zeit im Kraal oder einem kleinen Kamp zu halten, wo sie ungestört lammen können, lammt ein großer Teil der Schafe auf der Weide. Der Wächter bringt dann abends die neugeborenen Lämmer mit zum Kraal. Lämmer, deren Aufzucht der Farmer beabsichtigt, bleiben 1—2 Tage mit der Mutter im Kraal, dann läuft das Mutterschaf wieder mit der Herde und läßt nur abends und über Nacht das Lamm im Kraal saugen. Die Lämmer bleiben bis zum Alter von 3—4 Monaten im Kraal oder in einem besonders eingezäunten Auslauf und erhalten neben Wasser auch etwas Luzerne als Zufutter. Im Anschluß daran gehen sie mit der Herde auf die Weide und werden im Alter von 5 Monaten abgesetzt. Auf Farm Hohenau hat sich eine dort angelegte Kunstweide mit Queckgras (cynodon dactylon) sehr gut für die Aufzucht der Lämmer sowie für die Ernährung von besonders wertvollen Zuchttieren bewährt.

Die auf den Auktionen in Leipzig und London gezahlten Preise waren entsprechend der Güte und den bestehenden Konjunkturschwankungen sehr unterschiedlich. Als Landesdurchschnitt wurde in den letzten Jahren ein Preis von etwa 20 Schilling pro Fellchen erzielt. Dabei ist wertmäßig Schilling = Mark zu setzen. Ausnahmsweise gute Felle brachten bis zu 80 Schilling und mehr.

Oft taucht die bange Frage auf, ob nicht eines Tages die Karakulzucht dasselbe Schicksal erleiden wird wie einst die Straußenzucht. Zwar ist der Persianerpelz eine Luxusware, aber doch immer ein Pelz der warm hält und nicht nur ein Modeartikel wie die Straußenfeder. Wenn auch einmal in Zukunft die vor dem Krieg gezahlten hohen Preise sinken werden, weil vielleicht ein anderer Pelz mehr in Mode kommt, so ist doch anzunehmen, daß für gute Felle immer noch zufriedenstellende Preise erreicht werden, die eine Zucht lohnend machen.

Außer den Fellchen wird aber auch die Karakulwolle zur Herstellung wertvoller Filze und Decken verwendet. Die Verarbeitung der Wolle zu Spinnstoffen ist noch nicht genügend ausgebaut, verspricht aber nach den bisher angestellten Versuchen gute Ergebnisse. Schließlich können auch zur Fellchengewinnung ungeeignete Lämmer aufgezogen und als Hammel abgesetzt werden.

Die südwester Karakulzucht hat sich mit ihren guten Fellchen die zweite Stelle am Weltmarkt erobert. Da seine Eigenart das Karakulschaf an besondere klimatische Verhältnisse bindet, wird den bisher bestehenden Zuchtgebieten kaum ein bedeutender Konkurrent in anderen Teilen der Welt entstehen. In Afrika selbst allerdings sind Versuche im Gange, es im Sahelgebiet von Französisch-Westafrika einzuführen; Versuche, die keineswegs als aussichtslos bezeichnet werden können. Die bisherige Entwicklung der Zucht in Deutsch-Südwestafrika verspricht jedoch trotzdem für die Zukunft die besten Erfolge, wenn weiter das Bestreben besteht, Güte und Leistung vor Menge zu setzen. Sie wird dann besonders in dem regenarmen Süden des Landes das Rückgrat der Farmwirtschaft bleiben.

Die ersten Anfänge der Wollschafzucht in Südwestafrika gehen, wie Scheben (38) berichtet, auf das Jahr 1891 zurück, als der Farmer Hermann mit Unterstützung der Kolonialgesellschaft für Südwestafrika in Kubub und später in Nomtsas die ersten Wollschaffarmen begründete. Das Unternehmen wurde jedoch durch die Aufstände der Hottentotten wiederholt vernichtet. In den Jahren 1907—09 begann der Neuaufbau der Zucht durch die Deutsch-Südwestafrikanische Wollzüchterei GmbH. mit Kapmerinos und Oschatzer

Elektorals. 1912 begann die Gesellschaft mit der Reinzüchtung australischer Merinoschafe. Verschiedentlich versuchten Farmer Kapmerinos mit Afrikanerschafen zu kreuzen. Als aber im Jahre 1913 durch Unterstützung der Regierung australische Merinos vom Typ des Wanganellaschafes eingeführt wurden, gingen die meisten Farmer zur Reinzucht über. Die australischen Schafe akklimatisierten sich außerordentlich gut und brachten bei ausreichenden Wasser- und Weideverhältnissen in der Jahresschur wesentlich bessere Erträge an Wolle als die Kapmerions.

Die falsche Hütetechnik der Eingeborenen erschwerte häufig eine gute Entwicklung der Wollschafzucht. Die Eingeborenen trieben die Wollschafe an, wie sie es bei den Afrikanerschafen gewohnt waren, statt sie ohne anzutreiben im offenen Gehüt frei weiden zu lassen.

Durch den Weltkrieg wurden die Zuchten zum größten Teil vernichtet. In den Jahren nach dem Kriege mangelte es an geeigneten Zuchttieren, so daß die Farmer auf Kapmerinos und Kreuzungen mit Afrikanerschafen zurückgreifen mußten. Die Zucht der Merinoschafe fand nun keine große Verbreitung mehr, da die Karakuls ertragreicher waren und die Kreuzungen mit den einheimischen Schafen bei diesen schneller zu guten Erfolgen führten. Die Wollgüte und die Menge der Kapmerinos sowie Kreuzungen der einheimischen Schafe mit Merino war nicht so hoch, daß bereits gute Preise erreicht wurden, dagegen wurden Persianer von Kreuzungsschafen im Durchschnitt sehr hoch bezahlt.

Wenn im Augenblick auch die Bedeutung der wenigen Merinozuchten weit hinter der für das Land so bedeutungsvollen Karakulzucht zurückbleibt, wird die Wollschafhaltung nach der Rückgliederung Deutsch-Südwestafrikas im Interesse der Wollversorgung Deutschlands gefördert werden müssen.

In raubtierfreien Gegenden und bei ausreichender Wassererschließung wäre es ratsam, entsprechend dem in Südafrika gegebenen Vorbild die Schafe vollkommen frei in kleinen Kamps weiden zu lassen.

b) Schweine, Pferde, Maultiere, Esel, Ziegen

Schweine werden als Abfallverwerter der Milchwirtschaft gehalten. Sie werden nur mit Magermilch und Abfällen ernährt und gemästet. Gezüchtet werden Berkshire und Large-Blacks. Ihre Aufzucht macht keine Schwierigkeiten und wird bislang wegen Absatzmangel in der Hauptsache nur für den eigenen Bedarf im Lande betrieben.

Die meisten Farmer kaufen Läufer von den Zuchtfarmen, ziehen sie groß und mästen sie. Bis zum Beginn der Mast, während der die Schweine in Ställen gehalten werden, laufen die Schweine in der Nähe des Hauses frei herum und können sich Wurzeln, Zwiebeln und andere wildwachsende Futterpflanzen suchen, bekommen aber täglich zusätzlich 2—3mal saure oder süße Magermilch. Die Schweine bis zum Beginn der Mast weiden zu lassen, ist nur bei kleinen Beständen in extensiver Wirtschaftsform möglich. Große Schweinebestände würden die wild wachsenden Futterpflanzen in der Umgebung der Ställe bald vollkommen vernichten. Auch wäre die Fütterung unzureichend. Weiterhin besteht in Afrika bei Weideschweinen die Gefahr des Befalls mit Bandwurmfinnen, die somit das Fleisch bedingt tauglich bzw. untauglich machen würden. Die Beweidung durch viele Schweine führt zu einer Anreicherung des Bodens mit Bandwurmeiern und vergrößert somit die Gefahr des Finnenbefalls.

Die Mastbuchten für Schweine sind bis zu einer Höhe von etwa 1,30 m massiv gemauert und in einer Höhe von 2,50 m mit Wellblech überdacht. Der Boden vor dem Futtertrog bis zum Ausgang ist mit einer leichten Neigung zum Ausgang betoniert. In der dem Futtertrog gegenüberliegenden Ecke bleibt ein durch erhöhtes Mauerwerk vom Boden abgesetztes Viereck frei, das mit Sand gefüllt den Schweinen als Lager dient.

Für Zuchtsauen mit Ferkeln können in derselben Art gebaute kleinere Stände verwendet werden, zusätzlich müssen an die Buchten noch getrennte Ausläufe angebaut werden. Die neuerdings in Deutschland für die Ferkelaufzucht viel verwendeten Ferkelhütten nach Waldmann (Riems) können in Südwest nicht verwendet werden, da in kurzer Zeit die Holzhütten von Termiten aufgefressen werden.

Für die Schweinezucht Südwestafrikas bestehen Erweiterungsmöglichkeiten, wenn lohnender Absatz vorhanden ist. Neben der Verwertung der Magermilch sowie der für die Persianergewinnung geschlachteten Karakullämmer können auf Farmen mit Bewässerungskultur Rüben, Kartoffeln, Mais, Luzerne und andere Futtermittel angebaut werden, die den Zucht- und Mastschweinen gegeben werden. Ob in Zukunft die Schweinezucht größere Bedeutung erlangen wird, ist davon abhängig, ob Südwestafrika in der Lage ist, so viel Schweine zu erzeugen, daß eine Ausfuhr sich lohnt. Es muß aber auch noch erwogen werden, ob der für die Erweiterung der Schweinezucht notwendige Aufwand an Baulichkeiten, vor allem aber der Anbau von Futtermitteln sowie die Verwertung der Molkereiabfälle nicht nutzbringender zur intensiveren Ausnützung der Rinder- und Schafzucht verwendet werden könnte.

Pferde, Maultiere und Esel haben sich in Südwestafrika entsprechend ihrer allgemein guten Akklimatisationsfähigkeit den klimatischen Verhältnissen angepaßt. Die in der Regenzeit auftretende bereits erwähnte Pferdesterbe hat in den letzten Jahren durch den in Onderstepoort (Südafrika) hergestellten Impfstoff und seine prophylaktische Verimpfung ihre Schrecken verloren, so daß jetzt Pferdezucht im ganzen Lande getrieben werden kann.

Entsprechend ihrer heute ausschließlichen Verwendung als Reittiere wird in Südwestafrika nur Warmblut gezüchtet. Außer englischen Vollblütern und Arabern werden in neuerer Zeit auch Trakehner mit sehr gutem Erfolg als Deckhengste benutzt.

Maultiere und besonders der genügsame Esel dienen als Zugtiere.

Ziegen sind auch in Afrika die Kuh des kleinen Mannes und werden daher besonders von den Eingeborenen gehalten. Die Afrikanerziege, von den Hottentotten aus Südafrika eingeführt, ist sehr genügsam und anspruchslos und liefert ein gutes, schmackhaftes Fleisch. Sie ist aber ein großer Schädling für Busch und Baumbestand, da sie die frischen Triebe der jungen Pflanzen abbeißt und dadurch vernichtet.

Die vor dem Weltkrieg angestellten Versuche mit Angoraziegen erwiesen sich wegen der Absatzschwierigkeiten für Mohair als nicht wirtschaftlich. Das Karakulschaf hat nach dem Weltkrieg die Angoraziege wie auch das Wollschaf verdrängt. Die Zuchten sind darum bis auf wenige im Süden des Landes eingegangen. Für die Angoraziegenzucht ist der Süden, die südliche Mitte und der Westen Südwestafrikas besonders geeignet, Gegenden, in denen nur wenig Dornbusch vorkommt. Auf Farmen mit dichtem Dornbuschbestand bleiben die Ziegen mit ihrem Vließ in den Büschen hängen, die Äste brechen ab, verfilzen den Mohair und setzen somit den Wert des Vließes erheblich herab.

Seit etwa 1938 versuchen einige Farmer entsprechend dem durch die Karakuls gegebenen Vorbild „Indisch Lamm“ (Locken- oder Krüllziege) zu züchten. Diese Zuchten sind bislang bei guten Anfangserfolgen noch in der Entwicklung und deshalb ihr Erfolg oder Mißerfolg noch nicht zu beurteilen.

Halenke

Abb. 4. Typische südwester Wasseranlage. Windmotor und Wellblechbassin

Halenke

Abb. 5. Eingeborene beim Melken im Drahtkraal. Die Hintergliedmaßen der Kühe werden mit weichen Lederriemen gefesselt, die Kälber während des Melkens mit einer Kette festgebunden

Verlag Walter de Gruyter & Co., Berlin W 35
Deko V. Zu Halenke, Viehwirtschaft in Deutsch-Südwestafrika

5. Die Rinderzucht Deutsch-Südwestafrikas

a) Allgemeines

Die Rinderzucht ist neben der Schafzucht der bedeutendste Teil der Farmwirtschaft Südwestafrikas. Trotz jahrzehntelanger Versuche und großer wirtschaftlicher Opfer erleben die Farmer Südwestafrikas immer wieder Rückschläge auf diesem Gebiet. Es ist ihnen jedenfalls bislang nicht gelungen, jene erstrebte Höhe zu erreichen, wie sie sie in der wahrhaft vorbildlich entwickelten Karakulschafzucht erreicht haben. Die Rinder werden nach zwei Richtungen genutzt: 1. als Schlachttiere (Mastochsen) und 2. zur Milchgewinnung. Ein Herdendurchschnitt je Kuh von 800—1000 kg Milch jährlich ist nach deutschen Begriffen sehr niedrig, aber dort als sehr hoch zu betrachten. Da jedoch in Südwest nur vereinzelt Milchleistungsprüfungen durchgeführt werden, beruhen die Angaben meist auf Schätzungen.

Die Aufzucht des Rindes in Südwestafrika ist einfach. Die Kühe kalben ohne Schwierigkeiten im Feld ab. Das Kalb bleibt 14 Tage bis 3 Wochen bei der Mutter und wird dann von der Kuh getrennt, kommt aber täglich einmal im Kraal bei der Mutter an das Euter, damit die Kuh die Milch frei gibt. Drei Striche werden ausgemolken, der Rest verbleibt dem Kalb. In den ersten 6—8 Wochen erhalten die Kälber teilweise zweimal am Tage Milch, sonst sind sie allein auf die Milch, die sie beim Melken erhalten, und auf die Weide angewiesen. Nach etwa 8—10 Monaten kommen die Kälber zur Jungrinderherde und nach zwei Jahren zur Rinderherde, in der auch die Bullen gehen. Die Ochsen verbleiben bei der Jungrinderherde und werden nach 3 bis 4 Jahren verkauft.

Stallhaltung wird in Südwest mit Ausnahme von einigen Farmen und Kleinsiedlungen nur auf den Regierungsversuchsfarmen betrieben. Die zum Melken sowie zum Aussortieren des Viehs und anderen Zwecken gebauten Kraale sind entweder aus Stein oder besonders hohen und starken Zäunen. Maschendraht ist für einen Rinderkraal überflüssig (s. Abb. 5).

Sollte sich für Zuchtfarmen und intensiv betriebene Milchwirtschaften die Anlage von Ställen oder überdachten Ständen als nötig erweisen, wäre es anzuraten, die in Südafrika und Ostafrika üblichen Ställe mit halbhohen Mauern und Kurzständen zu bauen. Da in Südwest kein Einstreumaterial zur Verfügung steht, wäre zu überlegen, ob nicht der Stand der Tiere mit reinem Reviersand ausgefüllt werden könnte. Da die Kurzstände von den Kühen kaum beschmutzt werden, ist nur selten ein Wechsel des eingestreuten

Sandes erforderlich. Da bisher hierüber noch keine Erfahrungen vorliegen, muß durch entsprechende Versuche festgestellt werden, ob die Möglichkeit besteht, in Zukunft eine Stallhaltung dieser Art auszubauen. Die Stallhaltung bietet gegenüber der freien extensiven Weidewirtschaft den Vorteil, daß die Tiere entsprechend der Entwicklungsmöglichkeit ihrer Leistungen (Milchleistung) gefüttert werden können. Nachteil der Stallhaltung ist die hohe Anfälligkeit der Tiere für viele Krankheiten sowie häufige Sterilität, Schwer- und Fehlgeburten. In Deutsch-Südwestafrika wird für intensiv betriebene

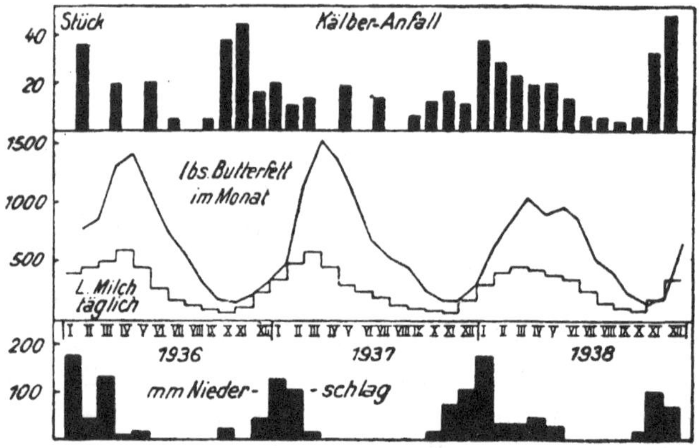

Abb. 6. Periodische Änderungen im Ertrag an Milch und Butterfett auf einer Farm im Bezirk Gobabis in den Jahren 1936—1938. Der Ertrag steigt nach Einsetzen der Regen und fällt während der Trockenzeit, wenn die Weide schlecht ist. [Aus Walter „Die Farmwirtschaft in Südwestafrika“ (51)]

Wirtschaften die Stallhaltung je nach Bedarf in Anwendung kommen. Grundsätzlich ist es jedoch anzuraten, die Milchkühe so lange wie möglich auf die Weide zu lassen, um bei der reichlichen Bewegung die Tiere gesund und konstitutionshart zu halten. Besonders in der Regenzeit, wenn auf den Weiden grünes, eiweißreiches Gras in großen Mengen vorhanden ist, erübrigt sich meist die Zufütterung von Eiweißfuttermitteln. Läßt der Nährwert der Gräser mit Beginn der Trockenzeit nach, sollte der Farmer zum Ausgleich des mangelnden Eiweißes mit der Fütterung im Stall oder Stand beginnen und die täglichen Gaben an Futtermitteln in demselben Maße steigern, wie sich die Weiden verschlechtern. Dadurch könnte der Farmer auch in der Trockenzeit eine hohe Milchleistung seiner Rinder erzielen und die Erzeugung im Gegensatz zu den augenblicklichen Verhältnissen auf einer gleichbleibenden Höhe halten (s. Abb. 6).

Für den durchschnittlichen Farmbetrieb wird eine Stallhaltung in der oben angeführten Form kaum in Frage kommen. Der Farmer müßte sich im Kraal in abgeteilten Ständen, die noch nicht einmal überdacht zu sein brauchen, Vorrichtungen schaffen, die ihm eine wirtschaftliche Zufütterung seiner Tiere ermöglicht. Einfache Heuraufen und abgeteilte Tröge für Silage, Häcksel und anderes zerkleinertes Futter werden ausreichen. Statt der abgeteilten Stände könnte auch ein großes mechanisches „Freßgitter“ angelegt werden, durch das die Tiere ihre Köpfe stecken müssen, um zum Futter zu gelangen. Eine Trennung der einzelnen Tiere voneinander ist ratsam, um gegenseitige Verletzungen durch Futterneid zu verhindern und um gleichzeitig auch sicherzustellen, daß jedes Tier seine ihm zugedachte Futtermenge bekommt.

Die Fütterung der Milchkühe könnte zum Teil auch gleich mit dem Melken geschehen, doch sollte während des Melkens selbst das Futter nicht ausgegeben werden, um Staubentwicklung und Unruhe der Tiere zu vermeiden.

b) Milchwirtschaft und Molkereiwesen

In den Jahren 1935—1937 betrug der Anteil der Milchwirtschaft 50—75% der Gesamtausfuhr der Rinderzucht Deutsch-Südwestafrikas.

Die auf der Karte angegebenen Exportmolkereien verarbeiten die Sahne, die mit der Bahn oder den „Sahneautos“ aus dem ganzen Lande angeliefert wird. Daneben bestehen mehrere Farmmolkereien, die meist nur die auf der eigenen Farm anfallende Milch verarbeiten und die für die Belieferung der Städte mit Milch und Milcherzeugnissen von örtlicher Bedeutung sind. Auch die Käsereien einzelner Farmbetriebe führten nur geringe Mengen nach Südafrika aus. Erst die 1938 in Betrieb gesetzte Käserei Brack bei Windhuk, an der die Milchlieferanten zu einem geringen Teil genossenschaftlich beteiligt sind, verarbeitet bis zu 15000 l Milch täglich und hat somit einen wesentlichen Anteil an der Ausfuhr der Milcherzeugnisse erhalten.

Die Käserei Brack holt täglich mit mehreren Lastkraftwagen die Milch von den umliegenden Farmen ab. Die Milch wird auf den Farmen von den Melkeimern durch ein täglich zu erneuerndes Wattefilter in Kannen abgefüllt und kühlgestellt. Kühlapparate sind leider meist nicht vorhanden. In der Käserei werden Stichproben auf Geschmack, Säuregrad, Fettgehalt und Keimgehalt gemacht, um dio Farmer zum Abstellen eventuell auftretender Übelstände veranlassen zu können.

Die Verwendung von Wattefiltern wäre auch für die Behandlung der Milch zur Sahnegewinnung ratsam, da die üblichen Seihtücher bei wiederholtem Gebrauch einen Nährboden für Bakterien darstellen, der die Milch stark mit Keimen besetzt.

Die Milch wird zur Sahneherstellung kuhwarm zentrifugiert. Die auf den Farmen üblichen Handzentrifugen haben je nach Größe eine Stundenleistung von 180—400 Litern. Die Sahne wird möglichst gleich gekühlt. Ein nasser Sack um die Sahnekannen ist ein einfaches, aber bei weitem nicht ausreichendes Verfahren. Bewährt hat sich der Schurzsche Sahnekühler, der aus einem Röhrensystem besteht, durch das die Sahne langsam fließt. Die Röhren liegen in einem Bottich, der mit kaltem Wasser, wenn verfügbar, mit Eis gefüllt ist. Durch eine einfache und sinnvolle Anordnung kann an die Sahne auch noch von außen Luft herantreten, so daß sie sich beim Durchlaufen des Röhrensystems ausdünsten kann (s. Abb. 7).

Bis zum Abtransport in die Molkerei muß die Sahne kühl gehalten werden. Die Sahnekannen werden an einem freien schattigen Ort, am besten auf der Wirtschaftsveranda so aufgestellt, daß von allen Seiten frische Luft zutreten kann. Mit nassen Säcken eingeschlagen, die alle paar Stunden angegossen werden, entwickelt sich bei dem trockenen Klima Südwestafrikas eine Verdunstungskälte, die für die Kühlung der Sahne ausreicht. Die Kannen dürfen nicht mit einem Deckel verschlossen werden, da die Sahne sonst stickig wird. Ein auf die Kannen gespanntes Leinentuch läßt genügend Luft hinzutreten und hält Verunreinigungen durch Staubteilchen, Insekten usw. ab.

Frische Sahne darf erst nach 24 Stunden zu der Sahne vom Vortag gegossen werden und muß mit dieser gut verrührt werden. Es ist empfehlenswert, auch volle Sahnekannen täglich umzurühren. Durch diese sorgfältige Behandlung wird eine Säuerung erreicht, die die Herstellung guter Exportbutter gewährleistet.

Zu dem wöchentlich ein- oder zweimal erfolgenden Abtransport der Sahne mit Bahn oder Auto in die Molkereien werden die Kannen mit dem Deckel verschlossen und plombiert.

In den Molkereien wird die Sahne nach Geschmack und Geruch beurteilt und in eine der 3 Güteklassen eingereiht. Der Fettgehalt wird festgestellt. Die Bezahlung erfolgt nach Kilogramm Butterfett und Güteklasse.

Viele Farmen haben einen Sahnekühler, in dem die Sahnekannen aufbewahrt werden. Dieser Kühler hat Doppelwände. Die äußere Wand ist unterbrochen. Der Raum zwischen den Wänden ist mit Holzkohle, Schlacke oder einem anderen, stark porösen Stoff angefüllt. Die Kohle wird von oben zeitweilig oder ständig mit Wasser berieselt. Der Kühler ist noch mit einem Sonnendach versehen und muß gut ventiliert sein. Mit einer Doppeltür oder Isoliertür wird er abgeschlossen. Die entwickelte Verdunstungskälte setzt die Temperatur im Kühler auf etwa + 12° C herab, unter günstigen Verhältnissen sogar tiefer (s. Abb. 8 und 9).

Wird die Sahne in einen solchen Kühler gebracht, dürfen keine anderen Lebensmittel wie Fleisch, Fisch, Käse usw. darin vorhanden sein, da die Sahne sehr leicht Gerüche aller Art annimmt und dadurch minderwertig wird.

Die anfallende Magermilch wird in Bottiche gegossen und an die Schweine verfüttert. Der Quark wird auch an die Hühner gegeben.

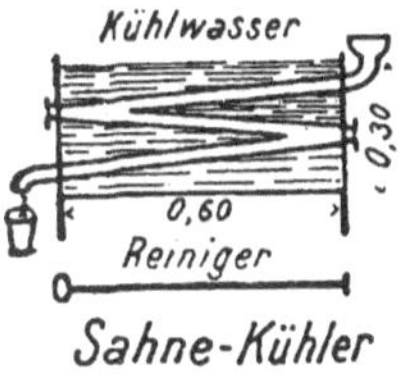

nach Schurz Windhuk

Abb. 7

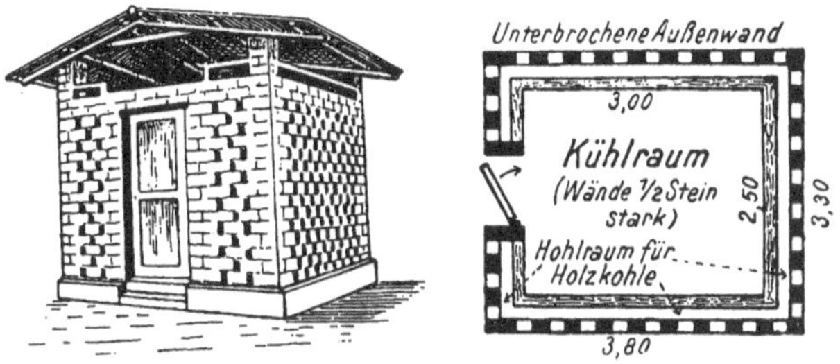

Verdunstungskühler zur Aufbewahrung von Sahne oder Lebensmitteln

Abb. 8 und 9

Jedoch wäre es ratsam, einen Teil der Magermilch den älteren Kälbern und Lämmern zu geben, statt sie restlos an die Schweine zu verfüttern. Die Kühe könnten dann vollkommen ausgemolken werden. Die Aufzucht der Kälber würde auch, wie in Deutschland, ausschließlich mit Magermilch geschehen.

6. Die Rinderrassen in Deutsch-Südwestafrika

a) Einheimische Rassen

Nach Luerssen (24) stand bei der Eingeborenenbevölkerung die Tierzucht in hoher Blüte, schon lange bevor die Weißen den Boden Südafrikas betraten.

Ihrer Rasse nach gehören diese dort einheimischen Rinder ursprünglich zu den Buckelrindern kleinster bis schwerster Form. Sie sind mit dem Zebu, Bos indicus, verwandt und wahrscheinlich in ihren Urformen mit einwandernden Völkern nach Afrika gelangt.

In Südwestafrika unterschied man drei Arten dieser einheimischen Rinder, und zwar von Norden nach Süden:

1. Das Ovamborind, ein kleines, kurzes und gedrungenes Rind mit höckerartigem Widerrist, hohen, nach oben lyraförmig geschwungenen Hörnern, meist grau oder braun, mit weißer Sprenkelung gefärbt, keiner Zugleistung und geringer Milchergiebigkeit.

2. Das Damara- oder Hererorind, eine schon stärkere Rasse, ein mittelgroßes Steppenrind mit stärkerem Knochenbau, hochgestellten, schlanken Beinen, mit großem, vorn spitzem Kopf, großen und breit ausladenden Hörnern und einem großen Höcker beim Bullen. Die Zugleistung der Ochsen ist ausgezeichnet, gleichzeitig sind sie als Reitochsen zu benutzen. Die Milchleistung dagegen ist ganz gering und auch das Schlachtgewicht beträgt bei den erst mit 7 Jahren reif werdenden Ochsen höchstens 200—250 kg. Die Farbe ähnelt dem Ovamborind.

3. Das Namarind ist im Anfang des 18. Jahrhunderts mit den eingewanderten Hottentotten in das Land gekommen. In Farbe, Form und Leistung entspricht es dem Afrikanderrind Südafrikas, so daß mit Recht angenommen werden kann, daß sich aus ihm das sogenannte Afrikanderrind entwickelt hat (s. u.).

4. Das im Osten Südwestafrikas an der Grenze des Betschuanalandes vorkommende Betschuanarind ist ein typischer Vertreter der afrikanischen Langhornrassen, wie das Watussirind Deutsch-Ostafrikas. Die Betschuanarinder haben einen gedrungenen Rumpf mit hohem Widerrist und abschüssiger Kruppe. Der Kopf läuft spitz zu und auf der breiten Stirn sitzen weitausladend gewaltige Hörner, die in ihrer Größe jedoch nicht die des Watussirindes erreichen. Die Milchleistung des Betschuanarindes ist gering, als Zugochsen sind sie gut geeignet.

Damararind und Namarind sind jetzt ausgestorben. Das Ovamborind wird im Norden Südwestafrikas noch von den Ovambos gezüchtet, während das Betschuanarind mit wenigen Ausnahmen nur noch im englischen Betschuanaland vorkommt.

Das Afrikanderrind ist das Erzeugnis der Scholle Südafrikas. Nach Holm (14) geht entsprechend den neuesten Forschungen in Potchefstroom die Entwicklung des Afrikanderrindes auf das 17. Jahrhundert zurück. In der zweiten Hälfte des 17. Jahrhunderts wurde im Handelsverkehr portugiesisches Vieh und Vieh aus Java nach Südafrika gebracht. Zur selben Zeit soll aber bereits Vieh mit ähnlichen Rasseeigenschaften wie das des portugiesischen in Südafrika heimisch gewesen sein, von dem man annimmt, daß es durch wandernde Eingeborenenstämme von Nordafrika heruntergebracht und jetzt von den Hottentotten gezüchtet wurde. Es ist andererseits wahrscheinlich, daß das nordafrikanische auf das portugiesische Vieh zurückzuführen ist, bzw. von derselben Ursprungszucht abstammt. Gestalt und gewisse Rasseeigenschaften des Afrikanderrindes sind jedenfalls ähnlich dem portugiesischen und indischen Rind.

Anfangs des 19. Jahrhunderts, noch bevor das Devonvieh eingeführt wurde, von dem man ursprünglich die Abstammung des Afrikanderrindes glaubte ableiten zu sollen, wurde das Afrikanderrind bereits rein in Südafrika gezüchtet.

Holländische Kolonisten führten im 18. Jahrhundert und später in beträchtlichem Maße ihr schwarzbuntes Vieh ein und kreuzten dieses mit dem Landschlag. Ein kleiner Bluteinschlag des holländischen Viehs in einigen Zuchten des Afrikanders mag vorhanden sein, jedoch ist es unwahrscheinlich, daß das aus Holland eingeführte Vieh einen bedeutenden Anteil an der Entstehung des Afrikanders hat. Die Rassenmerkmale des schwarzweißen, frühreifen Holländerrindes, sowie Körperbau, Hornform, Fleisch- und Milchleistung stehen im krassen Gegensatz zum Erscheinungsbild des roten, spätreifen Afrikanders (s. Abb. 10).

Der Afrikander war zunächst und hauptsächlich Zugochse (Trekochs), deshalb wurde von den Farmern ein Typ gezüchtet, der kräftig, genügsam und zäh, intelligent, lebhaft und schnell in seinen Gängen war. Gleichzeitig legte man Wert auf Ausgeglichenheit in Form, Farbe und Erscheinung, um ein schönes, gleichmäßiges Gespann von 6—8 Paar Ochsen vor dem großen Kapwagen zu haben. Gleichmäßig rote Farbe, weitausladende, gutaussehende Hörner, Schwanz mit guter Quaste, guter Körperbau, harte Klauen und gleichmäßiger, fördernder Gang. Besonders begünstigt wurde die Zucht des Afrikanders durch den großen Trek der Buren im Jahre 1836.

Den Bedingungen des zum Teil außerordentlich wechselvollen Klimas in Südafrika ausgesetzt, Dürre- und Hitzezeiten mit Futtermangel, wurde der Afrikander durch Zuchtwahl auf eine hohe Klimafestigkeit und Anspruchslosigkeit gebracht. Der Afrikander ist sehr spät reif. Nur auf Weide gezogene Ochsen bringen mit 6—7 Jahren ausgeschlachtet ein Gewicht von 300—350 kg. Die Milchleistung der Afrikanderkuh ist gering bei hohem Fettgehalt der Milch.

b) Die Entwicklung der Rinderzucht in Südwestafrika und Zuchtziele der Farmerschaft

Ovambo-, Damara- und Afrikander- bzw. Namarind bildeten die Grundlage, auf der die Farmer Südwestafrikas ihre Zuchten aufbauten.

Scheben (38) berichtet, daß durch den Hereroaufstand und den Aufstand Witbois bis 1908 der Viehbestand auf kleine Reste zusammengeschmolzen war. Die wahllos zusammengeworfenen Viehreste wurden an die beraubten Farmer verteilt. Es wurde unterlassen, aus dem Beutevieh Stämme zu schaffen, um brauchbare Landrassen zu entwickeln.

Die Farmer begannen ein planloses Züchten mit meist anders gearteten frühreifen Kulturrassen, die aus Deutschland und Südafrika eingeführt wurden (Shorthorn, Devons, Kerrys, Ayrshires, Jerseys, Simmentaler, Allgäuer, Pinzgauer, Vogelsberger, Harzer, Ostfriesen usw.). Man hoffte damit die Landeszucht zu heben, ohne Rücksicht auf die schwierigen klimatischen und Fütterungsverhältnisse, um mit der Nachzucht der eingeführten Rassen die hohe Leistung dieser Tiere auf ihrer Scholle auch in Südwestafrika zu erreichen. Dieses planlose wirtschaften mußte zu vollkommenen Fehlschlägen führen [Neumann (31)].

In den Jahren nach dem Weltkriege trug die südafrikanische Regierung nichts dazu bei, die Farmer zu unterstützen oder zu beraten. Einige Farmer scheinen auf Grund besonders gelagerter Verhältnisse, vor allem aber dank ihrer unermüdlichen Tatkraft zu guten Ergebnissen in der Züchtung eines geeigneten Rindes gekommen zu sein, doch bietet im großen und ganzen die Rinderzucht Südwestafrikas auch jetzt noch ein buntes Durcheinander einheimischer und ausländischer Rassen.

Eine weitschauende Planung, ohne die eine neuzeitliche Landeszucht kaum denkbar ist, fehlte. Es gab keine Körgesetze und keine Herdbücher. 1937 machte der Bezirk Windhuk durch die Schaffung eines „Viehverbesserungsbezirks“ den ersten Ansatz, wenigstens eine gesunde Auslese der Zuchtbullen zu erreichen. Die freiwillige Körung wurde dann bald auf das ganze Land ausgedehnt. Jedoch richtete sich die Beurteilung der Bullen nur nach ihrem Äußeren und nicht nach Leistung und Vererbung.

1939 ging man einen Schritt weiter. „Züchtervereinigungen“ wurden gegründet und Herdbücher für die verschiedenen im Lande gezüchteten Rassen angelegt, um eine genaue Auslese zu ermöglichen.

Der Farmer Stöck (45) führte über den Zusammenschluß der Rinderzüchter Südwestafrikas im April 1939 folgendes aus: „Bei der Erwägung des Zusammenschlusses steht hauptsächlich der Wunsch im Vordergrund, unsere Zuchten in geregelte Bahnen zu bringen. Deshalb wird zunächst für jede Rinderrasse, die im Lande nennenswert vertreten ist, eine Züchtervereinigung gegründet. Diese Vereinigungen haben die Aufgabe, das im Lande vorhandene Vollblutzuchtmaterial in Registern zu sammeln, ferner die Zuchten zu überwachen, für die geeigneten Inspektoren zu sorgen usw. Die einzelnen Rassen werden in eigenen Züchtervereinigungen zusammengefaßt. Diese werden später zu einer Herdbuchvereinigung zusammengeschlossen. Die geplanten Register sollen nicht nur für Vollblut allein, sondern auch für Kreuzungen angelegt werden."

Bis Juli 1939 bestanden bereits Züchtervereinigungen für Shorthorn, Simmentaler und Redpoll. Die Züchter von Schwyzer, Afrikander und Rotvieh wollten sich ebenfalls zusammentun.

Das Zuchtziel der Rinderzuchtvereinigungen Südwestafrikas legte Tomschegg (47) in einem Vortrag am 28. Juli 1939 dar. „Es wird der Farmer in Südwest keinen reinen Fleischschlag halten, da er dann keine Einnahmen aus Sahne hat; er wird auch nicht einen ausgesprochenen Milchschlag anstreben, sondern ein Vieh, das ausreichend Milch erzeugt, einigermaßen frühreif ist und das mit $3^1/_2$ Jahren verkaufsfähige Ochsen mit gutem Fleisch liefert, das auf jedem in- und ausländischen Markt gesucht wird."

c) Die Zuchterfolge mit einheimischen und ausländischen Rinderrassen und deren Eignung für Südwestafrika

Von den in Südwestafrika gezüchteten Rassen und den damit erzielten Erfolgen sollen der Afrikander, rotbuntes Höhenfleckvieh und Original Simmentaler, Pinzgauer, schwarzbuntes Niederungsrind (Ostfriesen), Shorthorn, Red-Poll und Aberdeen-Angus besprochen werden.

Der Afrikander: Seine Geschichte und Leistungen wurden bereits bei den „einheimischen Rassen Südwestafrikas" besprochen. Seine Leistungen in bezug auf Milch und Fleischerzeugung sind entsprechend den von den Farmern Südwestafrikas gesteckten Zuchtzielen nicht ausreichend. Seine Bedeutung als Zugtier geht mit der fortschreitenden Motorisierung Südwestafrikas mehr und mehr zurück. Aus den meisten Zuchten, besonders in der Mitte und im Norden des Landes, ist er durch Einkreuzung europäischer Rassen fast vollkommen verdrängt.

Neumann (31) wie auch Günter (12) und Scheben (38) halten trotz aller Verbesserungsversuche mit europäischen Rassen den Afrikander als das Erzeugnis der Scholle Südafrikas für das geeignetste Rind zur Zucht in Südwestafrika. Sie sind der Ansicht, daß erst mit einer weiteren Erschließung der Farmen der Boden für Kulturrassen reif ist. Scheben(38) ist der Meinung, daß durch eine Verbesserung der Haltung und Ernährung, verbunden mit Zuchtwahl, der Afrikander auch zu höheren Leistungen imstande wäre.

In den langjährigen Versuchen auf Armoedsvlakte in Betschuanaland stellte Bisschop (2) fest, daß bei verbesserten Haltungs- und Ernährungsverhältnissen durch Zufutter von Knochenmehl zum Ausgleich des Phosphormangels der Weide sowohl die heimischen Afrikander als auch europäische Rassen 24,1 % an Gewicht, 5,6 % an Körperlänge, 4 % an Rumpflänge, 5 % an Widerristhöhe, 7,6 % an Brusttiefe, 8,5 % an Hüftweite, 6,4 % an Brustumfang, 10 % an Rippenbrustweite und 3,9 % an Orbitalweite zunehmen.

Während jedoch die Afrikanderherde in den beiden folgenden Generationen durch die „verbesserte Armoedsvlakter Weide“ ihren erlangten spezifischen Phaenotyp beibehielt, war das mit den ausländischen Rassen nicht der Fall. Die eingeborenen Rassen paßten sich der verbesserten Umwelt an, die ausländischen Rassen nicht.

Die ausländischen Rassen (Friesen, Sussex und Red-Polls) zeigten von Geschlechterfolge zu Geschlechterfolge Änderungen. Die erste Kreuzung (F_1-Generation) des einheimischen Afrikanders mit Friesen, Sussex und Red-Polls entwickelte sich sehr vorteilhaft. Wurde nun mit denselben europäischen Rassen weitergekreuzt, kam der Rückschlag. Die Tiere der zweiten Kreuzung blieben meist in der Entwicklung hinter den Tieren der Stammrassen und der ersten Kreuzung zurück.

Sollten auch in absehbarer Zeit durch Einkreuzung europäischer Rassen befriedigende Ergebnisse erzielt werden — es seien die später erwähnten Erfolge mit Höhenvieh vorweggenommen —, so wird der Afrikander für die kargen, regenarmen Gebiete im Süden Südwestafrikas und in der Kalahari seine Bedeutung beibehalten und dort seine Wirtschaftlichkeit behaupten.

Rotbuntes Höhenfleckvieh und Original Simmentaler: Die Zucht dieser Rassengruppe hatte schon vor dem Weltkriege eine ziemliche Bedeutung für die Farmwirtschaft in Südwestafrika. 1892 wurde der erste Bulle eingeführt. In ihren Körpermaßen erreichten nach Neumann (30) die südwestafrikanischen Simmentaler nicht die der in Deutschland gezüchteten Tiere, jedoch entwickelten sie sich verhältnismäßig sehr gut, eine Tatsache, die Neumann (30, 31) besonders ihrer Konstitution zuschreibt. Farmen, auf denen Simmentaler Bullen zur Aufkreuzung von einheimischen Rindern verwendet wurden, hatten eine Verbesserung der Nachzucht zu verzeichnen.

Die Entwicklung der Simmentaler Zucht in Südwestafrika verlief ähnlich der Entwicklung der Höhenfleckviehzuchten in Deutschland.

Prof. Karstens aus der „Deutschen Tierärztlichen Wochenschrift"

Abb. 10. **Afrikander-Bulle**

F. Nink

Abb. 11. **Höhenfleckvieh-Bullen auf der Landesausstellung in Windhuk 1934**

Verlag Walter de Gruyter & Co., Berlin W 35
Deko V. Zu Halenke, Viehwirtschaft in Deutsch-Südwestafrika

Auch in Deutschland brachte die Einfuhr von Original-Simmentalern oft nicht die erhofften Erfolge, da das aus der Schweiz eingeführte Zuchtmaterial zum großen Teil ungeeignet war, einen bodenständigen Schlag zu erzeugen [Oberst (32)].

Voigts (48) schrieb im „SWA.-Farmer“ Nr. 12 und Nr. 26 über die Höhenfleckviehzucht in Südwestafrika 1939: „Der ‚Simmentaler‘ ist hier in Südwestafrika viel angefeindet worden. Sicher ist, daß hier genau wie in Deutschland Bullen verwendet wurden, die nicht in dieses Land paßten und deren Nachkommen mehr Zerrbilder als Repräsentanten der Rasse waren. Auch hier hat man schon lange eingesehen, welche Fehler früher gemacht wurden und ist ganz selbständig durch Erfahrung bei dem gleichen Typ angelangt, den man heute in Deutschland anstrebt. Der Simmentaler des deutschen Wirtschaftstyps (Höhenfleckvieh) hat seine Eignung für dieses Land vielfach bewiesen. Durch seine Futterdankbarkeit und Robustheit behält er auch bei weniger guten Weideverhältnissen seine Milchergiebigkeit und ist deshalb besonders auf Farmen mit intensiver Milchwirtschaft beliebt.

Um ein Beispiel für die gute Eignung der deutschen Fleckviehbullen für dieses Land zu geben, sei auf den Bullen „Burggraf“ Nr. 11 537 hingewiesen, der im Jahre 1930 für die Zucht in Voigtland eingeführt wurde. Dieser Bulle stammt aus der „Amor 169“-Linie, von der es heißt, daß es die wichtigste Fleckviehlinie der Gegenwart geworden ist.

In „Burggraf“ hat die Voigtländer Zucht in Südwest einen Bullen besessen, der die Eigenschaften seiner Blutlinie in reichem Maße vererbt und dadurch die ganze Herde schlagartig dem erstrebten Zuchtziel nähergebracht hat. Dieser „Amor 169“-Großenkel hat sich mit besonderer Treue in seinen weiblichen Nachkommen durchgesetzt. Seine Kühe sind meistens nur mittelgroß, zeigen jedoch praktische Formen, sind auffallend leichtfutterig und niedrigstehend und besitzen durchweg eine gute Milchergiebigkeit. Auch in der Farbe kommt „Burggraf“ den hiesigen Wünschen sehr entgegen, da er sein kräftiges Rot den meisten seiner Nachkommen mitgegeben hat. Die Mutter von „Burggraf“ hatte eine Jahresmilchleistung von 3165 kg mit 4,37% Fettgehalt. Dabei ist zu berücksichtigen, daß sie einem kleinen Bauern gehörte und bei ausschließlich wirtschaftseigenem Futter regelmäßig als Arbeitskuh verwandt wurde.

Der Bulle „Burggraf“ verband also in idealer Weise die Akklimatisationsfähigkeit des Einzeltieres und der Rasse. Wenn die Höhenfleckviehzucht Südwestafrikas in diesem Sinne sich weiter entwickelt, wird aus ihr die Züchtung eines bodenständigen Tieres möglich sein.

Pinzgauer: Die vor dem Weltkrieg begonnenen Pinzgauer Zuchten sind leider in den Nachkriegsjahren wegen der Schwierigkeiten, Zuchttiere aus Deutschland einzuführen, bis auf wenige eingegangen. Von ihnen ist noch von Bedeutung die Zucht des Farmers Held auf Otjivero, der 1927 drei Bullen einführte und der über sehr gute Zuchterfolge berichtet.

Neumann (30) ist der Ansicht, daß von allen nach Südwestafrika eingeführten Kulturrassen die Pinzgauer den Eindruck machen, als wenn sie sich am besten in die Verhältnisse der Mitte des Landes eingewöhnt hätten.

Auf Farm Hohenau bei Windhuk wurden von 1910—1923 Pinzgauer Bullen zur Aufkreuzung gehalten. Es wurde mir bestätigt, daß auf dieser Farm bis jetzt mit keiner anderen Rasse die guten Erfolge wieder erzielt wurden wie mit den Pinzgauern. Fleischleistung sowie Milchleistung sind für südwestafrikanische Verhältnisse als hervorragend zu bezeichnen. Ihre Langsamwüchsigkeit und Spätreife im Vergleich zu den Niederungsrassen begünstigt die Akklimatisation sowie die Gesamtentwicklung. Ihre Vererbungsfähigkeit bei Aufkreuzung heimischer Rassen ist sehr gut.

Im Anschluß an die beiden vorher aufgeführten Höhenrassen soll noch das graubraune Gebirgsvieh bzw. Schwyzer erwähnt werden. Besonders beachtenswert ist die für Südwestafrika sehr hohe Milchleistung dieser Tiere, die dort von keiner anderen Rasse erreicht wird.

Braunviehkreuzungen hatten im Norden Südwestafrikas eine Jahresmilchleistung bis zu 1000 kg und mehr. Einzeltiere sogar 1500 bis 1800 kg.

Das Braunvieh hat sich im Norden und im Bezirk Gibeon gut entwickelt und verspricht eine günstige Beeinflussung der Zuchten.

Das schwarzbunte Niederungsrind (Friesen) zeichnet sich in seiner fruchtbaren Heimat durch hervorragende Milch- und Fleischleistung (Milchmasttyp) aus. Es lag daher für viele Farmer Südwestafrikas, denen die guten Leistungen dieses Rindes bekannt waren, nahe, diese Rasse zur Aufkreuzung der heimischen Rinderrassen und zur Weiterzucht auch in Südwestafrika zu verwenden. Sie gingen dabei von dem Gesichtspunkt aus, daß das schwarzbunte Niederungsrind seine Leistungen in Südwest beibehalten würde, und darüber hinaus in Rein- und Kreuzungszuchten sich weiterhin günstig vererben würde. Diese Farmer vergaßen zu berücksichtigen, daß die Niederungsrinder nur auf Grund ihrer günstigen Fütterungs- und Haltungsbedingungen zu ihren hohen Leistungen fähig sind.

Abb. 12.

In Oldenburg gezüchtete Kuh

Abb. 13.

In Oldenburg geborene, mit einem Jahr nach Südwestafrika überführte Kuh

Abb. 14.

In Südwestafrika geborenes, aus Original-Oldenburger Eltern gezüchtetes Rind. (Zweijährig.)

Abb. 12–14. **Beispiel der Formveränderungen durch Überführung in anderes Klima.** (Nach Originalbildern von Direktor Prof. Dr. Neumann, Hamburg.) Aus Stang-Wirth, Tierheilkunde und Tierzucht

Verlag Walter de Gruyter & Co., Berlin W 35
Deko V. Zu Halenke, Viehwirtschaft in Deutsch-Südwestafrika

Die Friesen sind wie alle Niederungsrinder zur Akklimatisation in andersgearteten Umweltverhältnissen wenig geeignet. Ihre physiologischen Funktionen werden besonders durch das Tropenklima sehr stark gestört, wie sich aus den vorher angeführten Versuchen auf Formosa ergab. Sie bleiben in ihrer Entwicklung zurück. Die erste Kreuzung mit einheimischen Rindern macht allgemein einen günstigen Eindruck. Die zweite Kreuzung läßt aber bereits sehr stark nach. Die Reinzucht der schwarzbunten Niederungsrinder entartet jedoch nach einigen Geschlechterfolgen vollkommen, wie aus den Abb. 12—14 zu ersehen ist.

Bisschop (2) berichtet über Versuche auf Armoedsvlakte mit Friesen, daß durch Zufütterung von Knochenmehl (verbessertes armoedsvlakter Milieu) die erste mit Friesen gekreuzte Geschlechterfolge im Vergleich zur Stammherde sich vorteilhaft veränderte. Die Tiere werden schwerer, tiefer und größer und nähern sich im Körperbau dem großgebauten Milchtyp, der für die reine Rasse eigentümlich ist. Die zweite mit Friesen gekreuzte Geschlechterfolge zeigt in stärkerem Maße als andere Kreuzungen rückschlägige Veränderungen. Die Tiere sind kürzer, schmaler, geringer in der Körpertiefe und wiegen auch viel weniger als die Tiere der ersten Kreuzung, behalten aber dieselbe Körperhöhe. Sie sind hochbeinig, flach, eng, mager und unproportioniert geworden sowohl im Vergleich mit der ersten Kreuzung als auch mit den Kühen der Stammherde.

Die Milchleistung geht ebenfalls sehr stark zurück. Am auffälligsten ist der geringe Fettgehalt der Milch im Vergleich zu den anderen in Südwestafrika gezüchteten Rassen. Nach einer Mitteilung von Otto Halenke wird die von den Farmen angelieferte Milch in der Käserei Brack bei Windhuk regelmäßig auf ihren Fettgehalt untersucht. Die Milch weist einen Durchschnittsfettgehalt von 3,4—4% auf. Eine Ausnahme hiervon aber machen alle Lieferanten, die Friesenkreuzungen halten. Die Milch der Friesenkühe erreicht nicht den Durchschnittsfettgehalt.

Der Versuch, Niederungsrinder in Südwestafrika zu züchten, scheint also ein Mißgriff zu sein, unbeschadet einiger rein subjektiver gegenteiliger Meinungen. Hat doch schon die Zucht von Niederungsrindern in Süddeutschland zu Fehlschlägen geführt, wie vollkommen unmöglich erscheint dann bei kritischer Betrachtung die Haltung dieser anspruchsvollen Rasse unter den völlig andersgearteten Verhältnissen Südafrikas.

Shorthorn: Als nach dem Weltkriege die Einfuhr von deutschem Zuchtvieh nach Südwestafrika nicht möglich war und die Farmwirtschaft sich auf südafrikanische Verhältnisse einstellen mußte, wurde von der Regierung und von südafrikanischen Farmern Zuchtvieh aus der Union eingeführt. Im wesentlichen wurden Shorthorn, Devon, Aberdeen-Angus und seit 1930 auch Red-Poll eingeführt. Den ersten Platz nahmen die Shorthorn ein, so daß sie im Augenblick mit ihren Kreuzungen wohl die am meisten gezüchtete Kulturrasse in Südwestafrika sind.

Die Shorthornzucht in Südafrika ist größtenteils auf aus Argentinien eingeführten Zuchttieren aufgebaut. Zwei Schläge werden unterschieden: 1. das argentinische Fleischshorthornrind, 2. das Milchshorthornrind.

Von den Shorthorn verspricht man sich in Südwestafrika auf Grund ihrer Anlagen eine gute Milch- und Fleischleistung. Die erste Kreuzung entwickelt sich bei sehr guten Weideverhältnissen günstig (Voraussetzung ist, daß die Farm nicht überstockt ist), sowie sie aber weitergekreuzt werden, treten dieselben Entartungserscheinungen auf wie bei den Ostfriesen. In schlechten Regenjahren und in der Trockenzeit magern sie zu Skeletten ab, während die einheimischen Rinder und Rassenkreuzungen mit Höhenvieh und Aberdeen-Angus noch eine verhältnismäßig gute Kondition beibehalten.

Von drei Vollblutshorthornbullen, die von der Regierung gekauft waren und zur Zucht auf Farm Hohenau gehalten wurden, vererbten sich zwei sehr gut. Die Tiere waren auf der Regierungsfarm Neudamm im Stall großgezogen, hielten sich bei geringer Zufütterung, sonst nur auf Weidegang angewiesen, auch in der Trockenzeit verhältnismäßig gut. Der dritte und wertvollste Bulle war ein aus Südafrika eingeführtes Herdbuchtier von schönem, ebenmäßigem Bau. Trotz dauernder Zufütterung deckte er wenig und vererbte sich schlecht, dazu machte er ständig einen matten Eindruck. Eine Shorthornkuh, ebenfalls von Neudamm gekauft, war von allen Tieren der Herde ständig in der schlechtesten Konstitution.

Die Shorthornkälber von Kühen der ersten und zweiten Kreuzung zeigen, wenn sie vollkommen von der Muttermilch abgesetzt werden (nach 7—9 Monaten), ein struppiges Haarkleid und unförmig dicke „Grasbäuche“. Da die Färsen zum Teil schon sehr früh mit den Bullen auf der Weide zusammenkommen, werden sie zu früh gedeckt und bringen mit $2^1/_2$ Jahren bereits das erste Kalb. Die Folge ist, daß sie sehr stark in der Entwicklung zurückbleiben, was die Natur dann allerdings dadurch auszugleichen versucht, daß die Tiere eine Kalbezeit aussetzen.

Die Milchleistung der Shorthornkühe aus der ersten und zweiten Kreuzung geht mengenmäßig auch nicht über den Leistungsdurchschnitt von 800—1000 kg jährlich hinaus. Der Fettgehalt der Milch beträgt 3,5—4%.

Manrese (27) berichtet aus Texas, daß in den letzten 35 Jahren versucht wurde, die Shorthorns dort heimisch zu machen. Trotz dauernder Einfuhr wertvoller Zuchtbullen aus den nördlichen Gebieten der Vereinigten Staaten und England entarteten die Tiere in der Reinzucht. Die Fruchtbarkeit ging auf 30% zurück. Die Hoffnung, daß sich aus der großen Zahl der Tiere doch einige akklimatisieren würden, blieb ohne Erfolg. Erst durch die Kreuzung eines indischen Bullen (Brahaman-Zebu) mit Shorthorns gelang es, die Zucht zu verbessern und daraus die Santa-Gertraudis-Rasse zu entwickeln.

In Deutschland werden Vollblutshorthorn nur in Schleswig, in der Eiderstädter Gegend seit etwa 100 Jahren gezüchtet. Sie haben zur Formverbesserung einiger deutschen Niederungsschläge beigetragen. Versuche, diese Mastrasse auch in anderen Teilen Deutschlands einzuführen, mißlangen aber. Aus den Eiderstädter Vollblutshorthorn sind die Landshorthorns hervorgegangen, die aber auch nur in den fruchtbaren friesischen Marschen und nur zum Teil auch auf der Geest des Mittelrückens eine stärkere Verbreitung gefunden haben.

Die Shorthorn dürften nicht für Südwestafrika geeignet sein, da sie an Ernährungs- und Haltungsbedingungen sehr hohe Ansprüche stellen, um zu den für die Rasse typischen Leistungen zu kommen.

Der bereits von Neumann (31) erwähnte und auch jetzt immer wieder auftretende Gedankengang vieler Farmer, man müßte die Tiere, deren Mutter und Großmutter mit einer anspruchsvollen Kulturrasse gekreuzt wurden, wieder mit einheimischen oder anspruchslosen Rassen zurückkreuzen, ist abzulehnen. Eine solche Züchtung bedingt keinen Fortschritt und führt niemals zur Entwicklung einer leistungsfähigen bodenständigen Rasse, sondern im Gegenteil zu dauernden Aufspaltungen, die schließlich zu keinem züchterischen und praktischen Erfolg führen.

Red-Poll. Seit 1930 aus Südafrika nach Südwest eingeführt, findet in letzter Zeit unter der Farmerschaft sehr viele Anhänger. Der Red-Poll ist ein in England einheimisches hornloses Rind, seine Farbe ist dunkelrot. Er ist ein Fleisch-Milchrind. Die Anfangserfolge sollen gut gewesen sein, die Kreuzungstiere der ersten Kreuzung haben sich angeblich gut bewährt, Milch- und Mastleistung soll gut gewesen sein, jedoch berichtet Bisschop (2) über seine Versuche auf Armoedsvlakte, daß auch bei „verbesserter Weide“ die rein nachgezüchteten

Kälber aus England eingeführter Red-Polls bereits in der ersten Generation gleichmäßig entarten. Die erste Kreuzung mit einheimischen Rassen zeigt eine vorteilhafte Neigung zum Bau des Milchtypus, aber die nächste Kreuzung wird genau so mager wie die gleiche Geschlechterfolge der Friesenkreuzungen.

Die in Südwest sich zeigenden Anfangserfolge lassen sich demnach wahrscheinlich nicht verallgemeinern.

Aberdeen-Angus, ein in England heimisches schwarzes, hornloses Rind mit guter Mastfähigkeit, aber sehr geringer Milchleistung, wurde in Südwestafrika vor allem auf den Farmen der Liebig-Kompanie gezüchtet. Da jedoch die Milchleistung des Aberdeen-Angus den Wünschen der Farmer nicht entspricht, beschränkt sich seine Verbreitung auf Farmen, deren Bewirtschaftung nur auf Fleischerzeugung eingestellt ist.

Das Aberdeen-Angus-Rind ist leicht zu akklimatisieren, da es sehr genügsam und konstitutionshart ist. Dies bestätigt auch Teodoreanu (46). Es ist sehr fruchtbar und vererbt sich gut. Die Kälber entwickeln sich vorteilhaft im Gegensatz zu den Shorthorn. Struppiges Haar, „Grasbäuche" u. a., die bei den Shorthornkälbern regelmäßig auftreten, kann man bei ihnen nicht beobachten. In den Dürrejahren 1932/33 hatte Otto Halenke auf seiner Farm und auf den Pensionsfarmen 25—30 % Verluste, darunter waren jedoch die Verluste an Aberdeen-Angus unbedeutend.

Kreuzungen des Aberdeen-Angus mit Simmentaler- und Shorthornkreuzungen geben in ihrer Milchleistung diesen nichts nach. In der Trockenzeit und in Dürreperioden halten sie sich gut im Fleisch und entwickeln sich in der Regenzeit bei guter Weide zu hervorragenden schweren Masttieren. Ein von der Regierungsfarm Neudamm auf der Landesausstellung in Windhuk 1935 vorgeführter Mastbulle hatte das unwahrscheinlich anmutende Gewicht von 1800 kg erreicht.

Das Aberdeen-Angusrind dürfte demnach für Südwestafrika geeignet sein. Ihm wird vielleicht dieselbe Bedeutung zukommen wie dem Afrikander.

7. Die Grundlagen zur Entwicklung leistungsfähiger bodenständiger Rassen in Deutsch-Südwestafrika

Voraussetzung für eine Leistungssteigerung ist vielerorts eine Verbesserung der Ernährungs- und Haltungsbedingungen für die Tiere und allerorts die Gewähr für lohnenden Absatz, denn das sind die Grundlagen jeden Fortschritts in der Tierzucht. Solange z. B. in Südwestafrika auf Kopfzahl statt auf Leistung gezüchtet wird und die Farmen zum Schaden der Weiden überstockt sind und zum Schluß für die Tiere kein Absatz besteht, ist die Grundlage zur Entwicklung leistungsfähiger Rassen nicht vorhanden.

Eine Umstellung der derzeitigen, oft nur auf den Augenblick zugeschnittenen, ausgesprochen extensiven Bewirtschaftungsform der Farmen ist erforderlich, will man die oben angeführten Übelstände beseitigen und auf weite Sicht arbeiten. Von Bedeutung ist deshalb zunächst eine planmäßige Erschließung der Farmen, um die von der Natur gegebenen Möglichkeiten derart auszunutzen, ohne dabei Raubbau zu betreiben.

Mit der Wassererschließung, der leider teilweise durch ungünstige Verhältnisse Grenzen gesetzt sind, muß eine planmäßige Erschließung der Weiden Hand in Hand gehen. Die Anlage von Kamps mit sachgemäßem Weideumtrieb, Verbesserung der Weiden durch Aussaat wertvoller Futtergräser, die Ausnützung des Kraaldüngers, sowie die Verhütung der fortschreitenden Bodenerosion, ermöglichen dem Farmer die Leistungsfähigkeit seines Bodens zu erhöhen. Gleichzeitig müßte der Farmer dazu übergehen, Vorratswirtschaft zu betreiben. Einige Farmer, denen ausreichend Land zur Verfügung steht, haben sogenannte „Reservekamps", auf die sie ihr Vieh nur in Dürrezeiten bringen. Bedauerlicherweise wird aber auch hierbei häufig der Fehler gemacht, daß die übrige Farm überstockt wird und in Dürrejahren der jetzt überlastete Reservekamp bei weitem nicht mehr ausreicht, da die Weide der bestockten Farm vollkommen ruiniert ist. Der Farmer muß dann schließlich doch mit seinem Vieh „trecken", ein Unternehmen, das mit den heruntergekommenen Tieren bei den großen Entfernungen zu Verlusten bis zu 50% und mehr führen kann.

Weiterhin ist zu berücksichtigen, daß der Graswuchs in einem vollkommenen unbeweideten Kamp sich nicht so gut entwickelt wie bei schwacher Beweidung. Walter (51) führt an, daß durch Beweidung die Entwicklung guter Futtergräser begünstigt und somit eine Verbesserung der Weide erreicht wird.

Bei ausreichender Farmgröße, die dem Farmer nicht allein sein Existenzminimum sichert, sondern darüber hinaus eine allgemeine volkswirtschaftlich bedeutungsvolle Entwicklung ermöglicht, könnte er durch Vermeidung der Überstockung und durch planmäßigen Weideumtrieb erreichen, daß seine Farm auch in Dürrejahren in der Lage ist das Vieh zu ernähren.

Bei staatlicher Marktregelung, die dem Farmer lohnenden Absatz seiner Erzeugnisse zu jeder Zeit sichert, müßte er aber auch begreifen, wie notwendig es ist, in die Zukunft zu schauen. Der Farmer müßte endlich dazu übergehen, nicht nur die Gunst des Augenblicks zu nutzen. Mehrere aufeinanderfolgende gute Regenzeiten sowie günstige Konjunktur verleiten ihn, durch starke Vermehrung seiner Herde ein gutes Geschäft zu machen. Darüber vergißt er, daß ihm nachfolgende Dürrezeiten einen solchen Nackenschlag versetzen können, von dem er sich nach Jahren noch nicht wieder erholt hat. Die Natur rächt sich für jeden Raubbau und so sollte Selbstbeschränkung der oberste Grundsatz für die Farmwirtschaft in Südwestafrika sein. Erst wenn der Farmer selbst daran gegangen ist, die Voraussetzungen durch Sicherstellung ausreichender Futtermittel, besonders Eiweißfuttermittel zu schaffen, kann er dazu übergehen, seinen Betrieb zu erweitern, Leistung und Menge seines Viehs erhöhen.

Von Bedeutung ist deshalb neben der oben angeführten besseren Ausnutzung der Weide die Schaffung von Futterreserven durch Heubereitung sowie der Anbau von Futtermitteln. Die Heubereitung bietet für die Trockenzeit eine bessere Ausnutzung der Weide, da, wie bereits in dem Abschnitt über Weidewirtschaft und Futtermittelanbau angeführt, das Heu ausreichend Eiweiß enthält, das am Halm getrocknete Gras dagegen nicht. Geeignete Futtermittel, auf Trocken- oder Bewässerungskultur angebaut, sind Mais zur Herstellung von Gärfutter, ferner Luzerne, Bohnen und andere eiweißhaltige Futtermittel, die zur Behebung des Eiweißmangels in der Trockenzeit dienen.

Ergänzend wäre eine Verbesserung der Tierhaltung erforderlich. Die hochentwickelte Karakulschafzucht in Südwest hat schon Wege beschritten, die als vorbildlich gelten können. Bei der Rinderhaltung sind jedoch noch manche Mißstände auszuschalten.

Die weiblichen Jungtiere sollten von der übrigen Herde getrennt gehalten werden, damit sie nicht zu früh von den Bullen gedeckt und dadurch in ihrer Entwicklung geschädigt werden. Der Sprung aus der Hand wäre für Zuchtfarmen ratsam. Die Fütterung der Jungtiere und der tragenden Tiere ist besonders in der Trockenzeit unzureichend, so daß sie, wie auch die Zucht- und Leistungstiere (Milchkühe), eiweißreiches Zufutter erhalten sollten. Der Verwendung von Magermilch zur Aufzucht der Kälber müßte besondere Beachtung geschenkt werden.

Eine andere wichtige Frage ist die Regelung des Absatzes. Solange der Viehhandel in den Händen von Juden verbleibt und solange die Farmer in einem Jahr £ 10, im anderen aber nur £ 3 und weniger für ihre Schlachtochsen erhalten, ist eine gesunde wirtschaftliche Entwicklung ausgeschlossen. Erst wenn durch staatliche Maßnahmen für längere Zeit feste Preise geschaffen sind und dadurch der Farmer nicht auf Gnade oder Ungnade der sogenannten freien Wirtschaft ausgeliefert ist, kann er auf Jahre hinaus planen, ohne sich der Gefahr auszusetzen, bei schlechter Geschäftslage zugrunde zu gehen. Ein lehrreiches Beispiel ist die Karakulschafzucht in Deutsch-Südwest. Sie entwickelte sich von Anfang an günstig, weil sie bei geringen Schwankungen der Geschäftslage auf Jahre hinaus mit lohnenden Preisen rechnen konnte und weil die Farmer zum größten Teil unmittelbar die großen Rauchwarenmärkte in Leipzig und London beliefern konnten. Auch die Züchter von Wollschafen wurden durch das deutsch-südafrikanische Wollabkommen, das ihnen auf Jahre hinaus lohnenden Absatz sicherte, vor dem drohenden Untergang gerettet.

Sind die volkswirtschaftlichen Voraussetzungen gegeben, dann kann mit staatlicher Förderung und Lenkung daran gegangen werden, die Rassenfrage von der farmwirtschaftlich-tierzüchterischen Seite anzupacken. Dieses würde dann gleichzeitig für viele Farmer der Übergang von der bisher vorherrschenden extensiven zur intensiven Farmwirtschaft bedeuten.

Drei Möglichkeiten bestehen, um leistungsfähige Rassen in den Kolonialgebieten zu erlangen.

a) Verbesserung der Form und Leistung der einheimischen Rinderrassen durch Zuchtwahl.
b) Bildung neuer bodenständiger Rassen durch Kreuzung akklimatisationsfähiger Kulturrassen mit den einheimischen.
c) Reinzucht mit eingeführten Rassen.

a) Verbesserung der Form und Leistung einheimischer Rassen durch Auslese und Zuchtwahl

Bekanntlich sind alle Kulturrassen durch Auslese und Zuchtwahl aus ursprünglichen Rassen oder Schlägen entstanden, und zwar dadurch, daß Einzeltiere, die nach Gepräge und Leistung dem Zuchtziel nicht genügten, der Zucht ferngehalten wurden und nur die Einzeltiere Verwendung fanden, die sich der Scholle anpassen konnten, also dem Zuchtziel nahekamen. Deshalb ist es naheliegend, dem seit langem seiner Umwelt angepaßten Afrikanderrind in Südwestafrika besondere Aufmerksamkeit zu schenken, denn man darf annehmen, daß durch die Schaffung günstigerer Ernährungsverhältnisse und durch planmäßige Zuchtwahl, d. h. Ausschluß der Tiere, die den Anforderungen nicht genügen, diese alte einheimische Rasse auf eine höhere Durchschnittsleistung zu bringen ist, zumal Bisschop (2) im „verbesserten armoedsvlakter Milieu" sehr gute Erfolge mit dem Afrikanderrind erzielte. Auch Worthington (52) äußert bei der

Auswertung der Beobachtungen vieler Tierärzte und Tierzüchter in allen Gebieten Afrikas die Ansicht, daß die besten und dauerhaftesten Erfolge in Afrika durch Zuchtwahl zur Verbesserung der Leistung der einheimischen Rinderrassen führte.

Ein Beispiel von der Steigerungsmöglichkeit der Leistung solcher Rinder teilte Hubl aus dem Hochland von Kenya mit. An der Grenze des Nandi-Reservates hielten zwei englische Farmer einheimische Kühe, die bis zu 10 Liter Milch im Tag gaben, und zwar als Folge der Auslese und guten Fütterung (Weidegang in Verbindung mit Zufütterung im Stall). Der Fettgehalt der Milch betrug 6—7%. An anderen Orten wurden durch Beifütterung von kalzium- und phosphorsäurehaltigen Erzeugnissen erreicht, daß Kühe bis zu 40% mehr Milch gaben bei gleichzeitig dauernd besserem Nährzustand [Veterinary Record XI (53)].

b) Bildung neuer bodenständiger Rassen durch Kreuzung mit akklimatisationsfähigen Kulturrassen

Kreuzungen haben immer schon in der Tierzucht eine bedeutende Rolle gespielt und zur Bildung neuer Rassen geführt. Man unterscheidet vier Arten von Kreuzungen:

1. Verdrängungskreuzung wird in Südwestafrika neben der Reinzucht in der Karakulzucht betrieben. Im allgemeinen führt man nur Vatertiere der neuen Rasse ein, paart die vorhandenen Muttertiere mit diesen und setzt dieses Verfahren mit den weiblichen Kreuzungstieren so lange fort, bis die Nachkommen den erstrebten Typ in Form und Leistung erreicht haben.

2. Die Umbildungs- oder Veredelungskreuzung, bei der die einer Rasse eigentümlichen wertvollen Merkmale oder Leistungen in die verbesserungsbedürftige Rasse eingekreuzt werden, so daß durch Umbildung oder Veredelung eine neue Rasse entsteht. Man will damit erreichen, daß Merkmale und Leistungen verschiedener Rassen in einer neuen Rasse vereinigt werden. Die Kreuzungsprodukte werden nach Auslese der besten Tiere untereinander gepaart, bis schließlich durch wiederholte Auslese und Paarung, zum Teil verbunden mit Inzucht, möglichst reinerbige Vertreter der neuen Rasse herausgezüchtet worden sind. So entstand z. B. das Shorthorn, das Gelbe Frankenrind u. a.

3. Bei der Gebrauchskreuzung dienen die Nachkommen lediglich einem bestimmten Gebrauchszweck, werden aber nicht zur weiteren Zucht verwendet. Ein Beispiel hierfür ist das sogenannte Baconschwein, sowie die allerdings sterilen Maultiere und Maulesel.

4. Die wilde Kreuzung führt infolge ihrer Planlosigkeit zu keinem züchterischen Ziel. Leider wird die wilde Kreuzung noch häufig in der Rinderzucht Südwestafrikas angewendet. Bullen mehrerer Rassen decken in einer Herde oder alle paar Jahre wird mit dem Wechsel der Bullen auch die Rasse gewechselt.

Zur Zucht einer bodenständigen Rasse durch Einkreuzung akklimatisationsfähiger Rassen kommt nur die Verdrängungskreuzung oder die Veredlungskreuzung in Betracht.

Zuvor muß allerdings die Akklimatisationsfähigkeit der Rasse (vielleicht auch des Einzeltieres) an seine Umwelt geprüft werden, wobei die mit deutschen und englischen Rinderrassen bereits gemachten Erfahrungen bei weiteren Versuchen mit Vorteil berücksichtigt werden können. Die Akklimatisationsfähigkeit für eine Farm oder Gegend darf aber nicht verallgemeinert werden. Warnend wirkt hier das Beispiel der Zucht des Karakulschafes, die sich in regenreichen Gebieten als nahezu aussichtslos erwiesen hat.

Schwierigkeiten bietet die Akklimatisation des Rindes, weil dieses sich nicht so leicht anpaßt wie Pferde, Schafe und Schweine. Das gilt ganz besonders für die auf Höchstleistung gezüchteten Rassen, insbesondere das Niederungsvieh und die Shorthorns. Die Höhenrassen sind leichter zu akklimatisieren, vielleicht weil — wie Duerst schreibt — die physiologische Zusammensetzung des Blutes sowie die Anpassung an den Sauerstoffwechsel bei Rassen im Gebirge und in den heißen Klimaten sehr ähnlich sind. Tatsächlich lassen die bisher mancherorts gemachten Erfahrungen mit Höhenrassen eine günstige Einwirkung auf die Entwicklung der Zucht in afrikanischen Kolonialgebieten erhoffen. Grundsätzlich wird folgendes zu beachten sein: die Schaffung einer neuen bodenständigen und vererbungstreuen Rasse durch Kreuzung einer oder mehrerer eingeführter Rassen unter sich oder mit einer einheimischen Rasse kann nicht Aufgabe der breiten Landestierzucht sein. Sie kann vielmehr nur durch die Züchtungskunst scharf beobachtender und erfahrener Einzelzüchter erfolgen, die es verstehen, die geeigneten Tiere zu paaren und die guten Merkmale der Nachzucht durch Inzucht festzuhalten, d. h. in der Erbmasse zu verankern. Man darf nicht vergessen, das Shorthornrind, das deutsche veredelte Landschwein, das Yorkshire- und Berkshireschwein und viele andere bedeutende durch Kreuzung entstandene Rassen sind alle nur durch die Züchtungskunst einzelner hervorragender Züchter entstanden und haben erst, als die Rasse vererbungstreu geworden war, allgemeine Verbreitung gefunden.

c) Reinzucht eingeführter Rassen

Auch dieses Züchtungsverfahren wird zu versuchen sein, sei es auch nur, um an Ort und Stelle Vatertiere zur Kreuzung mit einheimischen Rindern zu besitzen und um die Abhängigkeit von der Einfuhr zu verringern. Die mehrfach schon gemachten Versuche mit Höhenfleckvieh und Pinzgauer Vieh lassen erhoffen, daß, wenn auch nicht überall, so doch in Gegenden mit gutem, mineralhaltigem Boden und ausreichender Erschließung der Farmen diese Rassen nutzbringende Verwendung finden können.

Bei näherer Betrachtung der mannigfachen Möglichkeiten zur Erlangung passender Rassen dürfte je nach Umständen und Bedürfnissen die Verbesserung der einheimischen Rassen durch planmäßige Auslese und Zuchtwahl oder durch Einkreuzung von Kulturrassen die meiste Aussicht auf Erfolg haben. Jedenfalls werden die alten einheimischen Rassen ihre Bedeutung besonders in den Gebieten weiterbehalten, in denen infolge der eigenartigen klimatischen und wirtschaftlichen Verhältnisse weder die Reinzucht eingeführter Rassen noch die Kreuzung mit ihnen Erfolg versprechen.

Zu Beginn dieses Abschnittes ist darauf hingewiesen, daß zunächst die Grundlagen für eine wirtschaftliche Tierhaltung in den verschiedenen Gegenden gelegt sein müssen, ehe man der Frage nähertritt, welche Rasse gezüchtet werden soll, d. h. es muß zunächst gesorgt werden für Wasser und für Futter, das alle erforderlichen Nährstoffe in genügender Menge enthält. Ferner muß Sorge getragen werden für Futter während der regenarmen Zeit, sei es Heu, sei es Gärfutter oder andere wirtschaftseigene Futtermittel, die in ausreichenden Mengen verdauliches Eiweiß enthalten, um den Eiweißmangel der vertrockneten Weide auszugleichen. Weiterhin muß für sicheren Absatz bei lohnenden Preisen für die Tiere und tierischen Erzeugnisse gesorgt werden.

Sind erst einmal alle diese Grundlagen geschaffen, so wird man die aus früher gemachten Fehlern gezogenen Lehren berücksichtigen und von Anfang an auf einer planmäßigen Zucht bestehen müssen, bei der der Umfang der Bestände mit dem vorhandenen Futter im Einklang steht und bei der die bewährten Mittel zur Förderung der Zucht angewendet werden, soweit sie den örtlichen Verhältnissen angepaßt werden können. Auf jeden Fall wird man — wie erwähnt — die Zucht planmäßig betreiben und alle Sonderbestrebungen und voreilige Maßnahmen einzelner unterbinden müssen, denn das Ziel ist zu hoch, als daß seine Erreichung durch Abweichen von der allgemeinen Richtung verzögert werden darf.

Schrifttum

1. Bauer, (1940), Die Tierzucht in Ägypten (Diss), Berlin.
2. Bisschop (1938), The Relation between Environment and Animal Breeding with special Reference to the Breeding of Cattle in the semi-arid Regions of South-Africa. XIII. Internat. tierärztl. Kongreß, Zürich.
3. Blumhagen, H. (1934), Südwestafrika einst und jetzt. Berlin.
4. Carius (1933), Die weiße Rasse im tropischen Australien. Koloniale Rundschau, Heft 8—10.
5. Cilentho (1926), The White Man in the Tropics.
6. Duerst (1922), Die Beurteilung des Pferdes. Stuttgart.
7. Duerst (1931), Grundlagen der Rinderzucht. Berlin.
8. Dexler (1930), Psychologie der Tiere, in Stang-Wirth „Tierheilkunde und Tierzucht", Band 8. Berlin-Wien.
9. Franz (1937) (Diss.), „Was wissen wir über die Akklimatisations- und Siedlungsmöglichkeiten für die weiße Rasse in tropischen Ländern?" Hamburg.
10. Frei (1940), Allgemeine Pathologie. Berlin.
11. Grober (1936), Die Akklimatisation. Jena.
12. Günter (1937), Der Regierungstierarzt in Deutsch-Südwestafrika. Berliner tierärztl. Wochenschrift, Nr. 14—17.
13. Hellpach (1911), Die geopsychischen Erscheinungen. Leipzig.
14. Holm (1939), Das Afrikanderzuchtrind. SWA-Farmer Nr. 9. Windhuk.
15. Humboldt, A. v. (1845), Kosmos, 1. Band. Potsdam.
16. Hutyra-Marek-Manninger (1938), Spezielle Pathologie und Therapie der Haustiere. Jena.
17. Kato (1940), Referat aus der „Tierärztl. Rundschau", Nr. 21. Berlin.
18. Keller (1926), Anpassung und Akklimatisation in Stang-Wirth „Tierheilkunde und Tierzucht", Band 1. Wien.
19. Klimmer (1924), Gesundheitspflege der landwirtschaftlichen Nutztiere. Berlin.
20. Kraemer (1926), Begriff und Entstehung der Arten in Stang-Wirth „Tierheilkunde und Tierzucht", Band 1. Berlin-Wien.
21. Kraemer (1930), Entstehung und Einteilung der Rassen in Stang-Wirth „Tierheilkunde und Tierzucht", Band 8. Berlin-Wien.
22. Kulenkampff (1939) (Diss.), Die Nagana. Berlin.
Langlet siehe Nr. 54.
23. Letard (1938), De l'etendue qu'il convient de donner au sens du mot Climat. XIII. Internat. tierärztl. Kongreß, Zürich.
24. Luerssen (1929) (Diss.), Beitrag zur Kenntnis der Viehzuchtverhältnisse, insbesondere der Rindviehzucht in Groß-Namaland, Südwestafrika. Berlin.
25. Mach u. Hermann (1934), Nährstoff- und Aschenanalysen von wirtschaftseigenen Futtermitteln. Berlin.
26. v. d. Malsburg (1911), Die Zellengröße als Form und Leistungsfaktor der landwirtschaftlichen Nutztiere. Hannover.
27. Manrese (1940), Die Santa Gertraudis-Rasse. Zeitschrift für Tierzüchtung und Züchtungsbiologie, Band 46, Heft 2. Berlin.
28. Marcus (1940), Wirtschaftszahlen aus unseren Kolonien in „Das deutsche koloniale Jahrbuch". Berlin.
29. Mitscherlich (1940), Farmwirtschaft in Südwestafrika in „Deutsche tierärztl. Wochenschrift", Nr. 35—37.

30. Neumann (1914), Die Verwendung von deutschem Zuchtvieh in Deutsch-Südwestafrika, Abhandlung des Hamburgischen Kolonialinstituts, Band XXVI. Hamburg.
31. Neumann (1914), Die Viehzucht von Südwestafrika und ihre Ziele. Jahrbuch der deutschen Landwirtschaftsgesellschaft. Berlin.
32. Oberst (1939) (Diss.), Die Bedeutung der Einfuhr von Original-Simmentaler Zuchttieren für den Aufbau und die Weiterentwicklung der Zucht im Gebiet des Fleckviehzuchtverbandes des württembergischen Schwarzwaldes. Zeitschrift für Tierzüchtung und Züchtungsbiologie, Band 45, Heft 2. Berlin.
33. v. Ostertag (1912), Das Veterinärwesen und Fragen der Tierzucht in Deutsch-Südwestafrika. Jena.
34. v. Ostertag-Kulenkampff (1941), Tierseuchen und Herdenkrankheiten in Afrika, in „Afrika, Handbuch der prakt. Kolonialwissenschaften". Herausgegeben von Prof. Dr. E. Obst. Verlag W. de Gruyter u. Co., Berlin.
35. Pusch-Hansen (1915), Allgemeine Tierzucht. Stuttgart.
36. Rodenwaldt (1938), Tropenhygiene. Stuttgart.
37. Sala (1938) in Barth von Wehrenalp „Europa blickt nach Afrika". Leipzig.
38. Scheben (1926), Südwestafrika in Stang-Wirth „Tierheilkunde und Tierzucht", Band 1. Wien.
39. Schellong (1894), Handbuch der Hygiene, Band 1. Jena.
40. Schmidt, J. (1939), Züchtung, Ernährung und Haltung der landwirtschaftl. Haustiere, Teil 1 u. 2. Berlin.
41. Stang-Wirth (1926/30/32), „Tierheilkunde und Tierzucht", Bände 1, 8 u. 10. Berlin-Wien.
42. Stang-Kronacher-Kliesch (1932), Züchtungsverfahren in Stang-Wirth „Tierheilkunde und Tierzucht", Band 10. Berlin-Wien.
43. Stang (1938), Über Konstitution und Erbfehler. Berlin.
44. Steudel (1908), Kann der Deutsche sich in den Tropen akklimatisieren? Beiheft 4 für Schiffs- und Tropenhygiene. Hamburg.
45. Stöck (1939), Zusammenschluß der Rinderzüchter Südwestafrikas. SAW-Farmer Nr. 19. Windhuk.
46. Teodoreanu (1938), Influence des climats sur la constitution, la résistance et le rendement des animaux domestiques. Acclimatation. XIII. Internat. tierärztl. Kongreß, Zürich.
47. Tomschegg (1939), Zuchtziele der Rinderzuchtvereine, SAW-Farmer Nr. 21. Windhuk.
48. Voigts (1939), Simmentaler-Deutsches Fleckvieh. SWA-Farmer Nr. 12 u. Nr. 26. Windhuk.
49. Walter (1939), Ökologische Untersuchungen in Deutsch-Südwestafrika und ihre Bedeutung für die Farmwirtschaft. Aus den Berichten der deutschen botanischen Gesellschaft, Band L VII, 1. Generalversammlungsheft.
50. Walter (1940), Der Nährwert südwestafrikanischer Futterpflanzen. Aus „Der Tropenpflanzer" Nr. 5.
51. Walter (1940), Die Farmwirtschaft in Deutsch-Südwestafrika. Ihre biologischen Grundlagen, Teil I—III, in „Deutsche Forscherarbeit in Kolonien und Ausland". Berlin.
52. Worthington (1938), Science in Africa. Oxford University Press.
53. Veterinary Record XI, (1931), S. 564. Sixth Report of the Committee on the Mineral Content of Natural Pastures.
54. Langlet (1938), Die Karakulzucht in Südwestafrika. Kühn-Archiv, Band 47. Berlin.

ROLF SCHLIEBEN
Dipl.-Kolonialwirt

Farmwirtschaft und Viehzucht im ostafrikanischen Raum

Mit 19 Abbildungen auf 9 Tafeln
und einer Karte

Inhaltsverzeichnis

1. Der ostafrikanische Raum, Boden und Klima

Unter dem Begriff „Ostafrikanischer Raum“ ist das am Indischen Ozean gelegene Gebiet von Deutsch-Ostafrika, Kenya mit seinem Grenzgebiet Uganda und der nördliche Teil von Mozambique, von Nord-Rhodesien und das Njassa-Land zu verstehen, ein Gebiet, das westlich im wesentlichen vom Kongobecken begrenzt wird.

In dem so gekennzeichneten geographischen Raum sind vom Standpunkt der Viehwirtschaft in erster Linie Deutsch-Ostafrika und Kenya von Interesse.

Deutsch-Ostafrika umfaßt 995200 qkm mit einer Bevölkerung (1935) von 8388000 Menschen, Kenya eine Fläche von 582374 qkm mit 3084000 Seelen (1935).

Im ostafrikanischen Raum herrschen folgende vier Landschaftsformen vor: Die Savannen als baumarme Grasländer, die Steppen als offene baumlose Grasländer, die Hochweiden und die Urwaldgebiete. An der Küste, besonders im mittleren Teil derselben, findet sich noch ein Streifen von tropischem Regenwald (Sachsenwald bei Daressalam). Nur das Küstenland Kenyas weist einen der Küste entlang ziehenden, nach Norden breiter werdenden, wüstenartigen Gürtel auf. Gebiete tropischen Urwalds im Inneren Ostafrikas sind nur noch in den Hochländern anzutreffen, so in einem langen Streifen an dem nach Südosten abfallenden Steilabhang von Dabaga und Mufindi, ferner im Gebiet von Rungwe-Tukuyu am Nordufer des Njassa-Sees. Weitere Urwaldgebiete befinden sich im Uluguru-gebirge südlich Morogoro, im Usambaragebirge und um die Gebirgsmassive des Kilimandjaro, des Meru und des Oldeani (Winterhochland).

Einen beträchtlichen Umfang nehmen dagegen die Savannen ein, die den ganzen Südosten Deutsch-Ostafrikas, den anschließenden nördlichen Teil Mozambiques, den Norden des Njassa-Landes und den Nordosten Nord-Rhodesiens bedecken. In Deutsch-Ostafrika zieht sich ein zwischen dem Nordende des Njassa-Sees und dem Südzipfel des Tanganjika-Sees beginnender breiter Savannenstreifen hin, der sich nach Norden zu bis zum Viktoria-See verjüngt. Endlich besteht der nördliche Teil Kenyas und Ugandas aus Savannen.

Einen ebenso bedeutenden Teil nehmen die Steppengebiete ein, die in Kenya große um die Kenya-Hochländer herum liegende Flächen und in Deutsch-Ostafrika weite Gebiete im Norden (Serengettisteppe) und im Nordosten (Massaisteppe) bedecken.

Als letzter Vegetationstyp sind die Hochweiden zu nennen. Hierzu gehören jene grasbestandenen Hochflächen, die in den südwestlichen Hochländern den höher heraufsteigenden Urwaldgebieten vorgelagert sind. Ferner besteht das gesamte Gebiet von Urundi und Ruanda aus Hochweiden, die sich nach Norden zu über den südwestlichen Teil Ugandas ausdehnen und sich auch nach Süden längs des Tanganjika-Sees bis in die Landschaft Ufipa erstrecken.

Bezüglich der Güte des Bodens sind die ostafrikanischen Böden sehr unterschiedlich. Die nährstoffreichsten Böden sind die vulkanischen Verwitterungen im Norden Deutsch-Ostafrikas, Teile der Kenya-Hochländer und bestimmte Schwemmlandböden in einigen Niederungen (Baumwollböden). Ein Mangel an Phosphorsäure ist allerdings für alle Böden typisch, ebenso besteht häufig Kalkmangel.

Von allen diesen Landschaftsformen haben für Viehzucht und Viehhaltung in erster Linie die Steppen- und Hochweidegebiete Bedeutung.

Das Klima Ostafrikas ist in den Hochländern ein subtropisches. Für die südwestlichen und die Kenya-Hochländer ist charakteristisch, daß die Temperaturen in den kalten Monaten von Mai bis August in den Vollmondnächten mitunter unter den Gefrierpunkt sinken. Ferner sind die starken nächtlichen Nebel typisch, die einen beträchtlichen Tau hinterlassen und die oft bis gegen Mittag anhalten. Das tropische Klima an der Küste und in den nieder gelegenen Gebieten ist in der Regenzeit heiß und schwül, während die um 1000 m hoch liegenden Steppengebiete heiß und trocken sind.

Im Süden Deutsch-Ostafrikas fällt der Regen in nur einer großen Regenzeit von November bis Ende April, im Gegensatz zum Norden des Landes, der eine gegabelte Regenzeit von Oktober bis Dezember und eine von März bis Mai aufweist. Ebenso beginnt in Kenya die kleine Regenzeit Ende Oktober und dauert bis zum Jahresende, die große im März und dauert bis Mai. Uganda hat fast ausschließlich tropisches Klima, nur um das Ruwensiri-Gebirgsmassiv bei Toro herrscht subtropisches Klima. Die Hauptregenzeit fällt in die Monate März bis Juni, die kleine Regenzeit in die Monate September bis November. Die heißesten Monate sind Januar und Februar — wie überall in Ostafrika —, während die kühlsten Mai, Juni und Juli sind. Die Durchschnittsregenmenge beträgt in Uganda 1490 mm. Entebbe

H. J. Schlieben

Abb. 1.

R. K. B.

Abb. 2.

Abb. 1 und 2. **Viehkrale mit Buckelrindern**

Verlag Walter de Gruyter & Co., Berlin W 35
Deko V. Zu Schlieben, Farmwirtschaft und Viehzucht im ostafrikanischen Raum

am Viktoria-See hat eine Durchschnittstemperatur von 21,5° C. und 1500 mm Regen. Die heißesten Gegenden Ugandas liegen am Albert-See und im Niltal, wo die Durchschnittstemperatur 27° C. beträgt. In Ruanda-Urundi entspricht das Klima im wesentlichen dem der angrenzenden Gebiete. Die Niederschläge fallen zwischen Oktober und Juni mit einer Unterbrechung im Januar. Das Njassa-Land hat für ein tropisches Gebiet ein verhältnismäßig gesundes Klima. Auf den Hochländern längs des Njassa-Sees herrscht den größten Teil des Jahres hindurch kühles Wetter. Die Regenzeit liegt in den Monaten Oktober bis März, in denen westlich des Njassa-Sees etwa 1400 mm Niederschläge fallen. Die Monate Mai bis September in der Trockenzeit sind verhältnismäßig kühl und trocken. Ähnliche klimatische Verhältnisse hat der nordöstlichste Teil Nord-Rhodesiens.

In folgender Zusammenstellung sind die Durchschnittszahlen der letzten Jahre für die mittleren Temperaturen und die mittleren Niederschlagsmengen einer Anzahl wichtiger Orte in Deutsch-Ostafrika und Kenya wiedergegeben:

Deutsch-Ostafrika				Kenya			
Ort	Höhe über dem Meeresspiegel	Mittlere Temp. in °C	Regenfall in mm	Ort	Höhe über dem Meeresspiegel	Mittlere Temp. in °C	Regenfall in mm
Daressalam	8	24,7	1358	Mombasa	16	23,0	1400
Tanga	28	25,7	1146	Nairobi ..	1676	18,5	947
Tabora ...	1237	22,6	1063	Fort Hall	1345	19,7	1170
Bukoba ...	1135	20,4	1838	Kikuyu .	2043	15,8	1200
Kigoma ..	842	24,0	902	Limuru ..	2227	18,0	1380
Tukuyu ..	1550	16,8	2169	Kisumu .	1146	25,9	1156
Amani	918	19,8	1918				
Arusha ...	1500	19,5	1411				
Iringa	1635	18,9	1100				

2. Die Viehhaltung der Eingeborenen

Um über den Aufbau der Rinderzucht im ostafrikanischen Raum urteilen zu können, muß man zunächst die Viehhaltung der Eingeborenen näher betrachten und sich in die primitive Denkungsart des Negers hineinzuversetzen suchen. Das Vieh bedeutet für den Eingeborenen Reichtum. Es kommt ihm weniger auf Leistung des einzelnen Tieres, als vielmehr auf eine möglichst große Anzahl von Tieren an. Je mehr Vieh er besitzt, desto weniger braucht er zu arbeiten. Ausschlaggebend ist insbesondere, daß er sich dann entsprechend mehr Frauen kaufen kann. Die einstigen vielen Kriege unter den Eingeborenen sind fast ausschließlich zur Vergrößerung des Viehbesitzes ausgetragen worden. Von einem züchterischen Ziel kann überhaupt nicht die Rede sein, wenn man von dem bei den Watussi feststellbaren Bemühen, ein möglichst großes Horn zu erzielen, absieht.

Die in manchen Gegenden besonders großen Kälberverluste durch Ostküstenfieber nimmt der Eingeborene als selbstverständlich hin, läßt sich auch schwer überzeugen, daß bestimmte Maßnahmen zur Seuchenbekämpfung unbedingt erforderlich sind. Da der Eingeborene von Natur aus äußerst träge ist, stören ihn auch durch seine eigene Bequemlichkeit und Gleichgültigkeit entstandene Verluste in seiner Herde kaum.

Die Aufsicht der Herde wird vielfach halbwüchsigen Kindern übertragen, die sich die Zeit natürlich lieber mit Spielen oder Schlafen vertreiben, als auf die Herde zu achten oder sie auf die besten Weideplätze zu treiben. Die Verwendung von Dünger erfordert ebenfalls nach Ansicht der Eingeborenen zuviel Arbeit und unterbleibt daher meist, obwohl ihnen die Wirkung sehr gut bekannt ist. Oft verkaufen die Eingeborenen ihren ganzen Düngerbestand für wenig Geld an den nächsten Europäer. Gehen Tiere ein, sei es durch Ostküstenfieber oder durch sonst eine Krankheit, ausgenommen wohl nur durch Rinderpest, so verzehrt er stets noch das Fleisch. Selten verwendet der Eingeborene das Rind als Arbeitstier, da er ja auch die Bodenbearbeitung mit Pflug und Egge bis auf wenige Ausnahmefälle nicht kennt und seine Felder nur mit der Hacke bearbeitet. Die Unterbringung des Viehes geschieht im allgemeinen in offenen Kralen, in denen die Tiere in der Regenzeit oft bis über die Knie im Morast stehen und jeder Witterung ausgesetzt sind oder auch in manchen Gegenden in einem Raum, der im Zusammenhang mit dem eigenen Wohnraum des Negers steht. Einstreuen kennt der Eingeborene ebensowenig wie Ausmisten. Hat er Verwendung für die anfallende Milch, so wird die geringe Milchmenge einmal täglich in ein meist sehr fragwürdiges Gefäß gemolken. Wird die für den Europäer bestimmte Flasche nicht voll, so füllt er selbstverständlich mit Wasser nach. Zum Melken bindet der Eingeborene die Hinterbeine der Kuh zusammen. Die Eingeborenen-Kuh gibt nur dann Milch her, wenn das Kalb ansaugt. Ist dies geschehen, wird das Kalb fortgezogen und in einiger Entfernung angebunden, worauf der Neger nun der Kuh die wenige Milch durch Ausziehen der nassen Striche (Strippen) mit zwei Fingern zu entlocken sucht. Diese falsche Melktechnik ist dem

H. J. Schlieben

Abb. 3. **Buckelrinder bei Dodoma**

H. J. Schlieben

Abb. 4. **Buckelrinder bei Shinyanga**

Verlag Walter de Gruyter & Co., Berlin W 35
Deko V. Zu Schlieben, Farmwirtschaft und Viehzucht im ostafrikanischen Raum

Eingeborenen schwer abzugewöhnen. Das sachgemäße Melken mit der ganzen Hand ist aber Voraussetzung für die Entwicklung eines leistungsfähigen Euters. Der Eingeborene ist nicht in der Lage festzustellen, ob das Kalb genug Milch bekommt. Er läßt ihm erst dann mehr Milch, wenn die Magerkeit des Kalbes auffällt. Da die Kuh aber keine Milch mehr gibt, wenn das Kalb eingegangen ist, versucht der Eingeborene, sofern er für die Milch durch Verkauf an Europäer noch Verwendung hat, gelegentlich eine List anzuwenden, indem er das Fell des eingegangenen Kalbes einem anderen Kalb überhängt oder das Fell mit Gras ausstopft und neben der Mutter beim Melken aufstellt. Der Erfolg dieses fragwürdigen Verfahrens ist allerdings meist nur von kurzer Dauer.

a) Der Anteil der einzelnen Volksstämme an der Rinderhaltung

Im Nordwesten Deutsch-Ostafrikas treffen wir bei den zur Zeit im belgischen Mandat lebenden Watussi neben anderen das Langhornrind. Der Verwaltungssitz der fruchtbaren Hochländer von Ruanda und Urundi, nordöstlich der Nordspitze des Tanganjika-Sees und östlich vom Kivu-See gelegen, befindet sich in Usumbura am Tanganjika-See. In diesem Mandatsgebiet gibt es, abgesehen von einigen belgischen Missionsstationen und der etwa 20 km nordöstlich von Astrida gelegenen Versuchsstation Rubona, nur wenige europäische Niederlassungen, da die belgische Regierung eine Besiedlung durch Europäer dort nicht zuließ. Das verhältnismäßig kleine, aber wertvolle Land umfaßt nur 53200 qkm, wies aber im Jahre 1935 die für afrikanische Verhältnisse gewaltig hohe Zahl von 3,7 Millionen Eingeborenen auf — 69 Köpfe auf den Quadratkilometer gegen nur 5,5 im englischen Mandat —, die zusammen im Jahre 1939 970000 Stück Rindvieh besaßen. Die Haltung des in diesen beiden Sultanaten vorkommenden Langhornrindes steht ausschließlich bestimmten Häuptlingen und deren Sippen zu. Den Langhornrinderherden werden — getrennt von anderen Tieren — die besten Weiden vorbehalten und das Schlachten weiblicher Tiere soll verboten sein. Das Gros der Bevölkerung besitzt Rinder aller übrigen in Ostafrika vorkommenden Rassen.

Das viel stärker verbreitete Buckelrind wird vor allem von dem Nomadenvolk der Massai gehalten, welche große Steppengebiete südöstlich von Arusha im englischen Mandatsteil und nordöstlich davon in Kenya bewohnen. Die Massai leben in erster Linie von ihrer Viehhaltung. Sie haben von Eingeborenen-Stämmen die größten Viehherden und betreiben kaum Ackerbau. Die Massai haben im Gegensatz zu den anderen Stämmen ihre eigenartigen Sitten und Gebräuche bis heute noch rein erhalten. Die zopftragenden Krieger sind nur mit einem ledernen Lendenschurz bekleidet und tragen Schild und Speer. Südwestlich von den Massai bis nach Kondoa-Irangi und Dodoma hin, sitzen — gleichfalls in einem Steppengebiet — die ebenfalls zopftragenden und vorwiegend von Viehhaltung lebenden Wagogo. Man nennt sie die Massai-Affen, weil sie — wenngleich Neger — in Sitten, Tracht und Bewaffnung die hamitischen Massai nachzuahmen versuchen.

Das Hochland südlich von Oldeani und westlich des Manyara-Sees bewohnen die Wambulu mit ihren selbst für afrikanische Begriffe wohl kleinen, aber besseren Buckelrindern, welch letztere sich sehr gut zur Aufkreuzung mit europäischen Rassen eignen. Andere Gebiete mit Viehhaltung finden sich westlich der Wambulu bei Singida, dann in der Umgegend von Tabora und besonders bei Muanza und Musoma, süd- und südöstlich des Viktoria-Sees. Ein anderes Volk mit einer bedeutenden Viehhaltung sind die um Iringa herum in den südwestlichen Hochländern lebenden Wahehe, denen sich nach Süden zu die Wabena anschließen.

In der Umgegend von Mbeya und Tukuyu halten die Wasukiri Rinder und beliefern die nahe gelegenen Lupa-Goldfelder mit Schlachtochsen. Am Njassa-See selbst halten die Eingeborenen nur vereinzelt Rinder, die in der Nähe der Hütten angebunden weiden und in deren Nähe schwelende Feuer unterhalten werden, um die dort verbreiteten Tsetse-Fliegen zu vertreiben.

Ein anderer Volksstamm, der sich viel mit Rinderhaltung beschäftigt, sind die um Moshi am Kilimandjaro lebenden Wachagga, die in Deutsch-Ostafrika die am höchsten entwickelte Landwirtschaft besitzen. Es ist bisher der einzige in Deutsch-Ostafrika lebende Volksstamm, der Ochsen zum Ziehen des Pfluges und der Egge in seinen eigenen Kaffeekulturen verwendet.

Außer diesen großen geschlossenen Viehhaltungsgebieten befinden sich noch kleinere Viehhaltungen um Korogwe, nördlich Kilossa, um Morogoro, Ssongea und bei Liwale, ferner in der Nähe der beiden großen Küstenstädte Daressalam und Tanga. Nach Berichten der Portugiesen gab es in früheren Zeiten ebenfalls in den weiter südlich gelegenen Küstenorten Lindi und Kilwa und deren Hinterländern nicht unbeträchtliche Rinderherden. Heute sind diese Gebiete alle durch die Tsetse verseucht und kommen nicht mehr für eine Rinderhaltung in Betracht. Dorthin getriebene und unterwegs durch Tsetse infizierte Schlachtochsen müssen immer baldmöglichst geschlachtet werden, da sie sonst nach kurzer Zeit einzugehen pflegen.

Der Bestand an Rindvieh betrug in Deutsch-Ostafrika im Jahre 1937 rund 5800000 Stück, und zwar entfallen auf die einzelnen Provinzen folgende Bestände:

Urundi und Ruanda (belg. Mandat ... etwa	750000	Südwestliche Hochländer	393193
Zentralprovinz	1263297	Südprovinz	13537
Ostprovinz	23531	Tanga-Provinz	176032
Seeprovinz	1710271	Westprovinz	414779
Nordprovinz	1040648		

Im Jahre 1939 wurden in Deutsch-Ostafrika 6,2 Millionen — davon im belgischen Mandat 970000 — Rinder gezählt. Dieser Rinderbestand befindet sich fast ausschließlich in den Händen der Eingeborenen. Infolge der weiten Verbreitung der Tsetse und des in manchen Gebieten fehlenden Wassers ist das tsetsefreie Weideland in an sich guten Viehhaltungsgegenden häufig stark überstockt[1]). Besonders große Bestände von Rindern sind im Mandatsgebiet auf einem sehr beschränkten Raum in der Seeprovinz südlich des Viktoria-Sees anzutreffen. Während man im Dodoma-Distrikt für ein Stück Großvieh noch etwa 4 ha Weideland schätzt, stehen in Shinyanga einem Tier nur noch 1 ha und in Kwimba sogar nur etwa $^1/_2$ ha Weideland zur Verfügung. Versuche, die Eingeborenen zu veranlassen, größere Bestände als Schlachtvieh an die Fleischverwertungsindustrie (Muanza) abzustoßen, sind besonders in Kenya (Athi-river) auf Widerstand gestoßen, da die Eingeborenen den Zweck dieser Maßnahme nicht einsehen und sie ihrer oben gekennzeichneten Auffassung über den Wert des Rindes widersprechen.

In Kenya treffen wir östlich der Kenya-Hochländer die schon für Deutsch-Ostafrika erwähnten Massai. In den Hochländern selbst haben die Engländer die Eingeborenen aus der Nähe der Bahnlinien verdrängt, um hier ausschließlich eine Besiedlung durch Europäer (Engländer) sicherzustellen. Die Eingeborenen leben meist mit ihren

---

[1]) Überstockt ist eine Weide dann, wenn das Futter für die Ernährung während der Dauer des ganzen Jahres für die Anzahl der aufgetriebenen Tiere nicht ausreicht. Andererseits läßt sich an der großen Rinderzahl in manchen Gebieten der unterschiedliche Wert der Weiden feststellen. Die Weidegräser in der Seeprovinz haben einen höheren Wert als z. B. die in den südwestlichen Hochländern. Außerdem muß berücksichtigt werden, daß die geringen Fleisch- und Milchleistungen nie ausschließlich eine Folge zu starker Bestockung der Weiden sind.

Viehherden in Reservaten. Größere Viehbestände gibt es vor allem im Kavirondo-Gebiet am Ostufer des Viktoria-Sees, ferner in Nakuru und in Laikipia, sowie südöstlich von Nairobi in Mashakos und Kitui. Die Nandi in Kenya, ein Vetternstamm der Massai, haben teilweise sehr gute Zeburinder. Der Rinderbestand der Eingeborenen in Kenya betrug im Jahre 1930 etwa 5 Millionen Stück; neuere Zahlen liegen nicht vor, da in den letzten Jahren nur immer die Anzahl der im Besitze der Europäer befindlichen Rinder angeführt wurde.

Der Rinderbestand in Nord-Rhodesien betrug im Jahre 1933 nur 484297 Stück, in Süd-Rhodesien im Jahre 1934 etwa 2,6 Millionen, im Njassa-Land im Jahre 1939 nur 216000 Rinder. An der Geringfügigkeit der letzteren erkennt man schon die starke Verbreitung der Tsetse im Njassa-Land. Im Nordosten von Nord-Rhodesien galt noch vor einigen Jahrzehnten die Umgegend von Mporokoso als besonders viehreich; Tsetse und Rinderpest haben jedoch recht starke Verluste verursacht.

b) Die bisherige Erzeugung aus der Eingeborenen-Rinderhaltung

Vergegenwärtigen wir uns die Erzeugung aus der Rinderhaltung der Eingeborenen. Ein großer Teil der Kühe der Eingeborenen wird überhaupt nicht oder nur zum eigenen Bedarf gemolken. Die durchschnittliche Milchleistung einer Eingeborenen-Kuh schwankt in einer Laktation zwischen 250 und 1200 Litern bei den einzelnen Tieren. Der Fettgehalt der Milch bewegt sich zwischen 3,5 und 6,5%. Bei allen Rinderrassen steigt der Fettgehalt der Milch mit dem Rückgang der Milchmenge.

Der Eingeborene verkauft seine Milch je nach den örtlichen Verhältnissen zu 5—30 Cents pro Flasche an Europäer und Asiaten in den nächsten Ortschaften. Anderenfalls verarbeitet er die Milch auf Schmelzbutter, das sogenannte Samli, ein Fett, dessen Wert als Genußmittel meist zweifelhaft ist. Eine einwandfreie Butter kann der Eingeborene nicht herstellen, auch kennt er keine Käsebereitung. Auf diesem Gebiete muß der ostafrikanische Eingeborene noch vieles hinzulernen.

Der Schlachtviehhandel spielt im ganzen Lande eine große Rolle. Eingeborene Viehhändler, zu denen sich besonders nach dem Weltkriege eine Anzahl Somalis gesellt haben, kaufen in viehreichen Gegenden Rinder auf und treiben sie zum Schlachten in rinderlose Gebiete, so vor allem in die größeren Orte, die Haupthafenplätze oder zu den Großpflanzungen und in die Minengebiete. In Ruanda-

Urundi werden im Gegensatz zum übrigen Deutsch-Ostafrika Ochsen nicht aufgezogen. Nach belgischen Angaben werden männliche Jungtiere nach dem Absetzen im Alter von 10—12 Monaten geschlachtet oder zum Schlachten verkauft. Eine Kastration findet dort nur in geringem Umfange statt. Kühe sind im belgischen Mandat nur in Ausnahmefällen verkäuflich.

Der Preis eines Schlachtochsen schwankt je nach Gegend im englischen Mandat zwischen 25 und 80 Shs. bei einem durchschnittlichen Lebendgewicht von etwa 350 kg. Der Preis einer mittelmäßigen Kuh liegt in Viehhaltungsgebieten durchschnittlich bei 40 Shs., wobei aber zu beachten ist, daß der Eingeborene nie seine besten Milchkühe zum Verkauf anbietet und vorführt. Die Häute von geschlachteten Tieren, die eine wichtige Exportware darstellen, werden von den Eingeborenen auf primitive Art auf dem Erdboden in der Sonne ausgebreitet und mit Pflöckchen festgeheftet. Die Häute trocknen in wenigen Tagen und werden dann beim nächsten indischen Händler verkauft.

c) Die Maßnahmen der Mandatsregierungen zur Förderung der Erzeugung aus der Eingeborenen-Rinderhaltung

Während die Mandatsverwaltungen in den ersten Jahren nach dem Weltkriege wenig zur Hebung der Rinderhaltung der Eingeborenen und der Ausfuhr ihrer Erzeugnisse beitrugen, waren sie in späteren Jahren durch Unterweisungen der Eingeborenen bemüht, die Erzeugnisse zu verbessern und die Leistungen zu erhöhen. Im belgischen Mandatsgebiet haben sich nach belgischen Berichten die Eingeborenen gegenüber jeglichen Förderungsmaßnahmen bis zum Jahre 1923 sogar stur ablehnend verhalten. Erst nach dieser Zeit soll sich diese Haltung geändert haben. In viehreichen Gegenden wurden Milchzentrifugen auf staatlichen Milchsammelstellen aufgestellt, wohin die Eingeborenen ihre Milch lieferten und bezahlt erhielten. Das Veterinary Department ließ dann aus der Sahne eine recht brauchbare Schmelzbutter, das sogenannte Ghee, durch ihre ausgebildeten schwarzen Hilfskräfte herstellen. Unter dieser Schmelzbutter (Ghee oder clarified butter) versteht man das aus geschmolzener Butter gewonnene reine Butterfett. Dieses Erzeugnis hat den großen Vorteil, daß es praktisch unbegrenzt haltbar ist, und daß es einen sehr hohen Gehalt an Vitamin A enthält. Im Jahre 1937 waren bereits eine ganze Reihe solcher Milchsammelstellen im englischen Mandatsgebiet im Betrieb, so in den Bezirken: Kondoa-Irangi, Dodoma,

Singida, Mpapwa, Nzega, Iringa, Tabora und besonders in Musoma. Iringa und Musoma lieferten das meiste Ghee. 40 „Ghee“-Fabriken wurden für das englische Mandatsgebiet im Jahre 1937 angegeben. In Kenya wurden im Jahre 1937 nicht weniger als 854 Feldmolkereien aufgeführt, von denen die weitaus meisten im Bezirk Süd-Kavirondo lagen. Bei den Feldmolkereien handelt es sich um Milchsammelstellen. Ebenso richtete das Vet. Dep. Grashütten ein, in denen die Eingeborenen ihre Rinderhäute nach den Anweisungen der angelernten Gehilfen im Schatten durch Aufspannen an senkrecht stehenden Rahmen trocknen lernten. In Kenya gab es im Jahre 1937 377 solcher Hütten zum Trocknen von Häuten. Die so präparierten Häute erzielten, in 4 Klassen eingeteilt, viel höhere Preise als die in der Sonne getrockneten, welche in manchen Jahren überhaupt unverkäuflich waren. Eine große, gut präparierte Haut brachte in den letzten Jahren — sogar weitab von der Bahn — den Preis von 6—7 Shs. In den Jahren des wirtschaftlichen Niederganges 1932/33 standen Häute so gering im Preise, daß es oft vorkam, daß die Eingeborenen ihr Schlachtvieh nicht abzogen, sondern die einzelnen Teile, wie z. B. eine ganze Hinterkeule, mit der Haut verkauften. Welche Werte durch das primitive Trocknen in der Sonne verloren gehen, zeigt folgendes Beispiel: Nach dem Bericht des Vet. Dep. in Kenya erzielten 14891 t sonnengetrocknete Häute den Preis von 1734280 Shs., während 13730 t schattengetrocknete Häute den Preis von 2187140 Shs. brachten. Auch im belgischen Mandat waren die Maßnahmen zur Förderung der Viehhaltung der Eingeborenen in den letzten Jahren von guten Erfolgen gekrönt. Die Schattentrocknung der Häute wurde erfolgreich eingeführt und die Samli-Erzeugung machte in den letzten Jahren vor dem Kriege große Fortschritte. Besonders zu erwähnen ist die Herstellung von ausfuhrfähigem Trockenfleisch, das im englischen Mandat und in Kenya, wenn auch bisher noch nicht in größeren Mengen, zur Ausfuhr gelangte.

Die Wirkung der Bemühungen um die Hebung der Erzeugung aus der Rinderhaltung der Eingeborenen drückte sich dann auch bald in den Exportziffern für das Jahr 1937 bzw. 1939 im Vergleich zum Jahre 1932 aus.

Zuchtbullen zur Verbesserung der Herden der Eingeborenen wurden bisher seitens des Vet. Dep. noch nicht gestellt, wohl aber war eine solche Maßnahme geplant. Der Verbrauch an Schlachtrindern wird für das englische Mandat auf 150000 und für Kenya auf 125000 Stück je Jahr geschätzt; der Milchverbrauch dürfte bei beiden Ländern etwa 85 Millionen Liter je Jahr betragen. Im belgischen Mandatsgebiet wird der jährliche Milchverbrauch auf 30 Millionen Liter geschätzt.

Export in Tonnen:

Art		Engl. Mandat	Belg. Mandat	Kenya	Zusammen
Häute	1932	2664	681	2743	6088
	1937	3261	659	2296	6216
	1939	—	450	—	—
Samli	1932	364	3	?	—
	1937	722	20	121,7	863,7
	1939	—	150	—	—
Lebende Tiere	1932	5613	3197	?	—
	1937	240	4801	1574	6579 Stück
	1939	—	30000[1])		—
Trockenfleisch	1932	—	—	—	—
	1937	—	211	—	211

d) Die Förderung der Eingeborenen-Viehzucht und -Haltung und deren Erzeugungssteigerung

Will man die Viehzucht und Viehhaltung der Eingeborenen verbessern, so muß man sich zunächst über das Ziel im Klaren sein. Unter Berücksichtigung der im ostafrikanischen Raum herrschenden besonderen Verhältnisse erscheint es am zweckmäßigsten, die Maßnahmen zur Hebung der Viehwirtschaft der Eingeborenen in der bisherigen Weise — nur in weit größerem Ausmaße — voranzutreiben. Insbesondere ist der Bau weiterer Dip-Anlagen in solchen Gebieten wünschenswert, in denen noch keine bestehen; ferner wären die seuchenpolizeilichen Maßnahmen zu erweitern.

Als Ziel ist für die Eingeborenen die Züchtung eines anspruchslosen, bodenständigen Rindes mit zweifacher Nutzung, also ein Milch- und Fleischrind, in Betracht zu ziehen. Zur Erreichung dieses Zieles ist eine ausreichende wirtschaftliche Futterbasis durch Weide- und Wassererschließung zu schaffen. Der Eingeborene ist zu veranlassen, einen geordneten Weideumtrieb einzuführen und die Weiden zu verbessern. Vielleicht läßt es sich durchführen, die Herden in Gruppen — getrennt nach Mastvieh, Kälbern, milchenden und trocken stehenden Kühen — zu weiden und die Tiere später in guten Weidegegenden in Koppeln unterzubringen. Bei der bisherigen Art der Viehhaltung der Eingeborenen wird in manchen Gegenden viel Weidefläche durch die Tiere zu stark beweidet und zertreten. Solche Weiden fallen der Bodenerosion besonders schnell zum Opfer und verschlechtern

[1]) Nach dem Kivu-Distrikt.

die Futterverhältnisse von Jahr zu Jahr. Alle übrigen Maßnahmen zur Verbesserung der Herden und zur Hebung der Erzeugung aus der Viehwirtschaft sind dem Eingeborenen nach und nach beizubringen. Zu vielen Verbesserungen wird sich der Eingeborene durch die Arbeiten und das gelegentliche Vorführen solcher Arbeiten auf staatlichen Versuchsfarmen und vor allem auch durch das Beispiel europäischer Farmer in der Nähe seiner Wohnsitze allmählich überzeugen lassen, wie dies bereits jetzt an manchen Orten feststellbar war.

Will man dem Eingeborenen nach erweitertem Verständnis Zuchtvieh überlassen, so kämen hierfür besonders die anspruchslosen und anpassungsfähigen Afrikander in Frage. Noch wichtiger aber ist es, den Eingeborenen zu veranlassen, innerhalb der heimischen Rassen nur ausgesuchte Bullen und Muttertiere zu halten, sowie die sich schlecht entwickelnden Jungtiere abzustoßen. Auch in Ostafrika werden die Eingeborenen mehr und mehr dazu übergehen, Ochsen für Pflugarbeit zu verwenden, wie es heute vereinzelt schon im belgischen Mandatsgebiet, bei den Wachagga am Kilimandjaro und auf der Insel Ukara im Viktoria-See üblich ist.

Für die Erzeugungssteigerung aus der Viehwirtschaft kommen für den Eingeborenen zunächst vier Richtungen in Frage:

Vor allem ist die Erzeugung von Samli noch weiter zu fördern, es müßten weitere Milchsammelstellen mit Zentrifugen durch die Regierung eingerichtet werden, wobei auch an die weitab von den Straßen liegenden Gebiete gedacht werden sollte.

Zweitens wäre gleichzeitig noch eine große Menge von Trockenhäusern für Häute zu errichten, um das Sonnentrocknen allmählich ganz zu verdrängen. Auch die abgelegenen Landschaften müssen mit Trockenhäusern versehen werden.

Drittens sollte die Errichtung von Fleischverwertungsfabriken für Gebiete erwogen werden, in denen der Auftrieb von Schlachtvieh besonders groß ist; es wäre ratsam, die in Muanza bereits bestehende Fabrik wieder in Betrieb zu nehmen. Bei der Fleischverwertung in den Fabriken kommt nicht nur die Herstellung von Fleischextrakt, sondern in Zukunft auch die von Gefrierfleisch und Konserven in Frage, sofern die in Betracht kommenden Absatzgebiete durch Bahn oder Schiff zu erreichen sind.

Viertens sei hier noch an die Herstellung von Trockenfleisch erinnert, wie es in Ostafrika häufig in der Trockenzeit von jeder Hausfrau hergestellt wird, und nicht etwa eine harte ausgetrocknete, schwarz aussehende Fleischmasse darstellt, sondern in seiner Güte dem sogenannten Hamburger Rauchfleisch ähnlich ist. Im belgischen Mandatsgebiet wurde Trockenfleisch bereits in besonderen Aufbereitungsanlagen hergestellt und ging hauptsächlich in die Minenbetriebe. In diesem Zusammenhange sei auch auf das in Südamerika übliche Verfahren zur Trockenfleischherstellung hingewiesen. Etwa ein Drittel des Fleischverbrauchs in Rio de Janeiro besteht aus Trockenfleisch. Die Verarbeitung von Zeburindern in Fleischverwertungsfabriken sowie die Herstellung von Trockenfleisch wäre sowohl als eine verbesserte Ausnutzung der Erzeugung aus der Eingeborenen-Viehhaltung als auch als eine zweckmäßige Verwendung von überzähligem, in Händen von Europäern befindlichem Rindvieh anzusehen.

Bei der Überstockung der Weiden in Ostafrika ist es schließlich für die Rinderhaltung der Eingeborenen von großer Bedeutung, wenn durch eine großzügige und planmäßige Erschließung der Weiden und Bekämpfung der Tsetse alte Viehhaltungsgebiete wieder neu erschlossen werden könnten. — Hierfür ist jedoch Voraussetzung, daß dem Eingeborenen an Stelle seines Strebens nach einer großen, aber leistungsschwachen Herde der Begriff für Zucht auf Leistung beigebracht wird.

3. Rinderzucht und Viehhaltung der Europäer im ostafrikanischen Raum

a) Die Rinderzucht in Deutsch-Ostafrika unter englischem Mandat

Parallel mit der Hebung der Viehhaltung der Eingeborenen ist die Entwicklung der Rinderzucht in den Europäerbetrieben auf Grund der besonders in Kenya in den letzten 10 Jahren gesammelten Erfahrungen erforderlich. Die Boden- und klimatischen Verhältnisse sind in vielen Gebieten Kenyas besser als in Deutsch-Ostafrika, in anderen Teilen denen Deutsch-Ostafrikas ähnlich. In Deutsch-Ostafrika sind bereits Anfänge einer Viehzucht nach europäischen Grundsätzen mit hochwertigen Kreuzungsrindern in den letzten Jahren im Aufbau begriffen.

Außer wenigen Engländern haben sich in Deutsch-Ostafrika vor allem Deutsche mit Viehzucht beschäftigt. In Daressalam und Tanga gab es einige Milchviehwirtschaften mit Kreuzungsrindern, die einen großen Teil des Milchbedarfs dieser Städte lieferten. Neben diesen privaten Unternehmungen unterhielt das Vet. Dep. in Daressalam einen Milchviehbetrieb mit einer kleinen, aber sehr guten Herde hochwertiger Kreuzungsfriesenkühe und einem aus Südafrika importierten Friesen-Reinblutbullen. Dieser moderne vorbildliche Betrieb deckte in erster Linie den Bedarf der Hospitäler in Daressalam. Die Leistung der aus etwa 40 Milchkühen bestehenden Herde betrug im Durchschnitt etwa 180 Liter Milch täglich. Den klimatischen Verhältnissen in Daressalam entsprechend bestehen die Ställe aus offenen Hallen, durch die immer eine erfrischende Seebrise streicht. Tagsüber nähren sich die Tiere auf kleinen durch Kokospalmen beschatteten Weiden in der Nähe der Ställe, während sich die Herde nachts auf den großen nahebei gelegenen Golfplätzen aufhält.

Neben den Küstenplätzen waren es einige Ortschaften an der Bahn, in deren unmittelbarer Nähe deutsche Farmer Milchvieh hielten. Es sollen hier die deutschen kleinen Betriebe an der Mittellandbahn bei Morogoro und Tabora erwähnt sein. In Morogoro unterhielt das Vet. Dep., ähnlich wie in Daressalam, einen Milchviehbetrieb mit Ayrshire-Kreuzungsrindern, der das Hospital und die Beamtenfamilien mit Frischmilch versorgte. Weiter abseits von der Bahn in der Umgegend von Iringa und Mufindi in den südwestlichen Hochländern hatten sich Farmer das erste Zuchtvieh beschafft und bereits Dip-Anlagen in Betrieb genommen. In den Grasländern vor dem Urwaldgebiet von Mufindi-Ost hatte auch ein Engländer den Anfang für eine Rinderzucht gemacht, indem er englische red polled Rinder aus Kenya einführte. Der Transport dieser Tiere erfolgte auf der Bahn- und dem Wasserwege über Kisumu-Muanza nach Dodoma und von dort mit dem Lastwagen bis Mufindi. Alle Tiere überstanden die beschwerliche Reise sehr gut.

Weiter im Süden gab es neben der englischen Viehversuchsfarm Msima und einer katholischen Missionsstation noch den Rinderzuchtbetrieb Likanga bei Lupembe (Betrieb des Verfassers), der neben Milch und Butter auch schon junge Zuchtbullen abgab. In diesem Betriebe wurden anfangs Buckelrinder mit einem Kreuzungs-Afrikander, der aus Msima stammte, gekreuzt, und ein Jahr später wurde dieser Bulle durch einen hochwertigen Ayrshire-Kreuzungsbullen von der Versuchsstation Mpapwa ersetzt. Die Beförderung des Tieres erfolgte mit dem Lastkraftwagen in etwa 36 Stunden (560 km). Etwa 10 ha Kunstweiden und Kunstwiesen zur Heugewinnung waren auf Regen in der Weise angelegt worden, daß alte Kaffeeparzellen gereinigt und die Grassaat darauf ausgesät worden war. Bei anderen natürlichen Grasflächen wurde die ursprüngliche mit den wenig wertvollen Gräsern bestandene Grasnarbe durch tiefes Unterhacken entfernt und die Flächen mit der Saat wertvollerer Gräser neu besät oder mit Wurzelstücken anderer Grasarten wie z. B. Pennisetum clandestinum und Paspalum dilatatum bepflanzt. In einer größeren Stallanlage, in der die wertvollen Kreuzungstiere, Ayrshire- und Friesenkreuzungen ersten und zweiten Grades, beim Melken in ihren Ständen angebunden wurden, bekamen die Tiere Kraftfutterzulagen und Grünfutter. Erdnußkuchen wurden allmählich durch selbstangebaute Süßlupinen ersetzt, während grüne Seradella die ganze Trockenzeit hindurch bis kurz vor Beginn der nächsten Regenzeit mit bestem Erfolg gefüttert wurde. Während in Lupembe Versuche mit Sojabohnen noch nicht abgeschlossen waren, kommt der Anbau für manche Gegenden in Frage. In Oldeani war der Anbau sowohl der weißen als auch der schwarzen Sojabohne als erfolgreich zu bezeichnen. Die Kälber wurden auf kleinen eingezäunten Kälberweiden untergebracht, während die hochwertigen Kreuzungsrinder auf größeren eingezäunten Kunstweiden standen. Der Betrieb hatte auch seine eigene Dip-Anlage, die trotz ihrer kleinen Ausmaße den Zweck vollständig erfüllte. Die Kunstweiden und Wiesen wurden durch Kompost, der in besonderen Gruben nach dem Endore-Verfahren hergestellt wurde, ständig verbessert.

Für Kreuzungsrinderzucht eignet sich auch die Landschaft Mbozi zwischen dem Tanganjika- und dem Njassa-See, in der Kaffee mit gutem Erfolg angebaut wird. Viele Pflanzer hielten Rinder für den eigenen Bedarf, waren aber bemüht, durch Kreuzungsbullen, die aus dem Betrieb Likanga stammten, ihre Herden zu verbessern.

Gute Rinderzuchtgebiete sind zwei tsetsefreie Gegenden in der Nähe des Tanganjika-Sees. Es sind dies das Gebiet bei Kasulu, nordöstlich von Kigoma und nördlich von Uvinza und das Ufipa-Hochland am Südende des Tanganjika-Sees, nördlich von Bismarckburg (Kasanga) und nordwestlich des Rukwa-Sees. Im Ufipa-Hochland betrieb bereits ein Europäer erfolgreich Rinder- und Schweinezucht. Während die Betriebe bei Kasulu durch die nur etwa 50 km entfernte Mittellandbahn ein gutes Absatzgebiet fänden, könnten die im Ufipa-Hochland gelegenen Farmen ihre Erzeugnisse am Lupa einerseits oder über Mbozi und die Kap-Kairostraße anderseits absetzen.

Außer den Gebieten im Süden und Südwesten gab es in der Landschaft Engare-Nairobi nordwestlich von Moshi im Norden von Deutsch-Ostafrika eine Anzahl fast ausschließlich in deutschen Händen befindlicher Farmbetriebe, die teilweise sehr wertvolles Kreuzungs- und Reinblutvieh hatten und sich mit der Erzeugung von Butter und Käse beschäftigten. Den Anfang mit Rinderzucht in Engare-Nairobi machte die deutsche Farm Matadi, auf der hervorragende

Reinblut-Friesen standen. Die dortigen Farmbetriebe hatten kleinere, maschinell betriebene Molkereien und teilweise sogar kleine Kühlanlagen. Meist waren diese Farmen mit sehr geringen Mitteln entstanden, aber mit zähem Fleiß aufgebaut worden. Die Farmer gingen dazu über, ihre Weiden zu verbessern, Futterpflanzen anzubauen und geeignete Grasflächen zur Heugewinnung anzulegen, da die Besitzer die Überzeugung erlangt hatten, daß aufgekreuztes Vieh mit den gewöhnlichen, wenn auch verhältnismäßig guten Naturweiden dieser Gegend besonders in der Trockenzeit nicht auskommen könne. Auch in dieser Gegend befand sich ein Teil der in Deutsch-Ostafrika noch so wenig vorhandenen Kunstweiden. Die Zuchttiere hatten diese Farmer auf Versteigerungen in Kenya erstanden und sie auf Lastwagen auf ihre etwa 250 km entfernten Plätze gebracht, zum Teil sogar in hochtragendem Zustand mit der Bahn über Voi-Moshi immer 4 Tiere in einem Waggon mit bestem Erfolg befördert. Ein größerer Betrieb in Engare-Nairobi am Fuße des Kilimandjaro soll nicht unerwähnt bleiben, der sicherlich bei planmäßiger Bewirtschaftung die allerbesten Aussichten gehabt hätte. Es handelt sich um einen idealen Platz mit Bewässerungsmöglichkeit und guter Naturweide mit der wohl einzigen größeren modernen Molkerei und Kühlanlage in Deutsch-Ostafrika. Prachtvolle Stallungen und eine große Dip-Anlage waren errichtet worden. Die Herde bestand im Jahre 1936 aus etwa 25 Vollblut-Anglerkühen mit mehreren Bullen, die mit Transport von Deutschland bis zur Farm etwa 2000 Shs. je Stück gekostet hatten. Drei Jahre später war ein Teil der Tiere eingegangen. Kunstweiden waren auf dieser Farm, die für die Belieferung von Moshi mit Frischmilch reichlich abgelegen war (80 km) nicht vorhanden, auch schien der Anbau von Futterpflanzen noch im Anfangsstadium zu stecken. Die Anglerherde wurde jedenfalls damals in einem Buschgelände geweidet, das die Tiere niemals ohne größere Kraftfuttermittelzulagen ernähren konnte.

Die Umgegend von Arusha war schon vor dem Weltkrieg als ein gutes Rinderzuchtgebiet bekannt. In den letzten Jahren trieben dort neben einigen Deutschen eine Anzahl von Südafrikanern Rinder- und Schweinezucht und setzten ihre Erzeugnisse in Arusha ab.

Endlich sei das von Europäern, vornehmlich Deutschen, stark besiedelte Oldeani-Gebiet genannt, in welchem eine Reihe von Deutschen Rinder- und Schweinezucht in erster Linie für den eigenen Bedarf betrieben. Der Rinderzucht entstanden allerdings in den fruchtbaren Gegenden nicht unerhebliche Schwierigkeiten durch das Auftreten von Tsetsefliegen.

b) Die Rinderzucht in Kenya

Im Vergleich zu Deutsch-Ostafrika hat Kenya stellenweise eine verhältnismäßig fortschrittliche Rinderzucht, die in Händen von Europäern liegt. Die große Anzahl der Rinder der Europäer in Kenya besteht zu einem hohen Prozentsatz aus Kreuzungsrindern und Vollbluttieren. Die Hauptrinderzuchtgebiete befinden sich in den Kenya-Hochländern und zwar in der Nähe der Bahnlinien. Die Anzahl der im Besitze von Europäern befindlichen Rinder betrug im Jahre 1937 267361 Stück, eine Zahl, die im Jahre 1938 bereits auf 307091 Stück angestiegen war. Die Ausfuhr der Erzeugnisse aus der Rinderzucht der Europäer erhöhte sich in Kenya in den letzten Jahren ständig und betrug in den beiden Jahren 1933 und 1937:

	1933	1937
Butter	381 t	1163 t
Käse	24 t	44 t
Frischfleisch	—	162,7 t

Außer diesen Erzeugnissen stellten die europäischen Farmbetriebe bereits eine ansehnliche Menge von Schlachtvieh für den Verbrauch in den Städten des Landes, bei dem es sich zum größten Teil um Kreuzungstiere handelte. Die Anzahl betrug im Jahre 1937 nicht weniger als 16458 Rinder und 2361 Kälber.

Diese hochentwickelte Rinderzucht der Europäer in Kenya fußt ausschließlich auf Kreuzungs- und Reinbluttieren, die in modernen Ställen gehalten werden und auf eingezäunten Kunstweiden stehen. Während die vorhandenen Kunstweiden in ganz Deutsch-Ostafrika schätzungsweise im Jahre 1938 noch keine 100 ha betrugen, gab es im Jahre 1936 in Kenya bereits 25700 ha, und im Jahre 1938 stieg diese Zahl bereits auf 42600 ha Kunstweiden an. Die meisten Kunstweiden finden sich im Nanyuki-Bezirk am Kenyaberg mit 22400 ha und dem ebenfalls sehr hohen Rinderbestand von 39594 Stück im Jahre 1938. Die meisten Rinder im Besitz der Europäer gibt es südwestlich davon im Aberdare-Bezirk (44255). Hiernach folgt Laikipia mit 39502, dann Rift-Valley mit 13985 und Machakos mit 12096, während alle übrigen Bezirke wesentlich kleinere Bestände aufwiesen.

Eine Dip-Anlage hat jeder größere Betrieb, und die im Lande vorhandenen Kraftfuttermittel oder die auf der Bahn aus Uganda herangebrachten Baumwollsaaten werden ausgiebig verwendet. Der Handel mit wertvollen Kreuzungs- und Reinbluttieren erfolgt hauptsächlich über die monatlich einmal in Nairobi und anderen größeren Plätzen abgehaltenen Versteigerungen. Die Preise beliefen sich für eine gute Kreuzungsstärke auf etwa 150—200 Shs., für ein halbjähriges Kalb auf etwa 50—60 Shs.; Bullen erzielten oft mehrere tausend Shilling, je nach Körperbau, dem Grade der Aufkreuzung und der Abstammung. Der Preis für tragende Reinblutkühe belief sich in der Regel auf 700—900 Shs.

Schon seit Jahren wird Zuchtvieh nach Kenya eingeführt; während es im Jahre 1928 nur 52 Tiere waren, stieg die Zahl im Jahre 1937 auf 124 Stück an. Folgende Übersicht für das Jahr 1937 gibt Aufschluß über Schläge und Geschlecht der Zuchttiere:

Einfuhr von Reinbluttieren nach Kenya im Jahre 1937

Schläge	Aus England		Aus Südafrika		Aus Holland		Zusammen
	Bullen	Stärken	Bullen	Stärken	Bullen	Stärken	
Red Poll	13	—	4	—	—	—	17
Guernsey	8	4	8	1	—	—	21
Jersey	1	1	1	—	—	—	3
Ayrshire	13	—	7	4	—	—	24
Friesen	1	2	—	—	10	3	16
Shorthorn	10	2	10	5	—	—	27
Aberdeen	1	—	8	3	—	—	12
Hereford	1	—	—	—	—	—	1
Welsh	3	—	—	—	—	—	3
							124

Im Jahre 1928 stand die Rinderzucht in Kenya noch in ihren Anfängen und ist heute auf dem besten Wege, sich kräftig zu entwickeln. Die noch im Jahre 1928 in beträchtlichen Mengen in das englische Mandatsgebiet aus Europa und Indien eingeführte Butter ist bereits durch die Selbsterzeugung in Kenya verdrängt. Bei der Einfuhr von Käse handelt es sich hauptsächlich um Käsesorten, die man in Ostafrika bisher noch nicht herstellen konnte. Die Ausfuhr von Frischfleisch, das meist von Kreuzungstieren stammte, wird durch die Belieferung der Dampfer weiter steigen. Bei der Beurteilung der Rinderzucht in Kenya ist allerdings zu beachten, daß es dort neben wirtschaftlichen Farmbetrieben eine ganze Reihe von Unternehmungen gibt, bei denen es sich nur um Liebhaberzuchten vermögender Engländer handelt.

Demgemäß darf bei den Viehfarmen in Kenya nie übersehen werden, daß die Gründer vielfach wohlhabende Engländer waren, die über weit höhere finanzielle Mittel verfügten als die deutschen Siedler in Deutsch-Ostafrika. Auch die Siedler in Kenya konnten deshalb mit viel geringeren Mitteln einen Viehbetrieb als jene in Deutsch-Ostafrika aufziehen, weil sie durch das Vorhandensein von Stammzuchtbetrieben in ihrer Nachbarschaft in die Lage versetzt wurden, das Zuchtvieh verhältnismäßig billig zu erwerben.

Einen Maßstab für die landwirtschaftliche Erschließung Kenyas gibt die Einfuhr von Traktoren, die im Jahre 1933 nur 7 und im Jahre 1937 bereits 97 Stück betrug. Ein großer Teil dieser Traktoren wurde in Kenya auf den Viehfarmen zur Bearbeitung von Kunstweiden verwendet. Ähnlich stieg die Einfuhr von landwirtschaftlichen Maschinen in diesen Jahren von 44 auf 678 t.

c) Warum ist die Rinderzucht in Deutsch-Ostafrika nicht über ihre Anfänge hinausgekommen?

Im Vergleich zu Kenya liegen die Verhältnisse für die Entwicklung einer Viehzucht in Deutsch-Ostafrika ungünstiger. Der Seuchenstand ist in Kenya durch das geringere Vorkommen der Tsetse besser, dagegen kommen allerdings einige Seuchen vor, die in Deutsch-Ostafrika selten sind. Ostküstenfieber ist in beiden Ländern gleich stark verbreitet. Die Kenyazuchtgebiete haben vor allem den Vorteil, daß sie in einem zusammenhängenden, für Viehzucht besonders günstigen um die Bahnlinien herum gelegenen Hochlandsgebiet vereinigt sind. In Ostafrika liegen die für Viehzucht geeigneten Gebiete überall verstreut und teilweise sehr weit von der Bahn entfernt. In Deutsch-Ostafrika beschäftigen sich die meisten Deutschen lieber mit Kaffee, Tee oder Sisal und schrecken vor den Schwierigkeiten einer Rinderzucht nach europäischen Grundsätzen zurück. Die wenigen an der Rinderzucht interessierten Deutschen besaßen hierzu kein Kapital, auch wurden sie in ihren Plänen durch die wirtschaftlichen und politischen Verhältnisse stark behindert. Ferner fehlte in Deutsch-Ostafrika die Anregung zur Rinderzucht wie in Kenya.

Als englisches Mandatsgebiet wurde Deutsch-Ostafrika im Vergleich zur angrenzenden englischen Kronkolonie von jeher vernachlässigt, war man sich doch englischerseits nicht im Klaren, was aus dem Mandat einmal werden würde. Die englische Regierung legte natürlich großen Wert auf den Absatz der meist englischen Unternehmungen in Kenya, der durch die Konkurrenz erschwert wurde, wollten doch andere englische Gebiete wie Südafrika auch ihre Butter loswerden. Die Kenya-Farmer hatten also großes Interesse an dem Markt im englischen Mandatsgebiet und erzielten dort auch einen besseren Preis als in England.

Aus Kenya wurden im Jahre 1937 folgende Erzeugnisse der Viehzucht nach Deutsch-Ostafrika eingeführt: 36 t Bacon, 17 t Frischfleisch, 18 t Fleischkonserven, 54 t frische Butter, 33 t Büchsenbutter und 24 t Käse. (911 t Frischbutter gingen aus Kenya nach England.) — Eine Ausfuhr von Erzeugnissen dieser Art aus dem Mandatsgebiet fand überhaupt noch nicht statt. Es wurde lediglich die Erzeugung aus der Viehhaltung der Eingeborenen durch die bereits erwähnten Maßnahmen etwas gefördert. Eine Viehseuchenbekämpfung war wohl vorhanden, doch bei weitem nicht wirkungsvoll genug.

Ein anderer Grund für die Vernachlässigung des Landes seitens der Engländer lag in der Nationalität der europäischen Siedler und Pflanzer, die im Mandatsgebiet vornehmlich Deutsche waren. England versuchte Südafrikaner und Engländer im englischen Mandatsteil anzusiedeln, aber Lockungen und Versprechungen halfen nicht. Die erwünschten Siedler kamen nicht. Der Aufbau der Regierungsversuchsfarm Msima in den südwestlichen Hochländern war zur Unterstützung für die Förderung der erwarteten Siedler bestimmt, ebenso wurde das Gelände für eine größere Anzahl von Viehfarmen in dieser Gegend ausgesucht und vermessen. Da die erwünschten englischen Siedler nicht kamen, vor allem aber damit die deutsche „Invasion“ nicht überhand nahm, wurde das Mandatsgebiet — angeblich zum Schutze der Eingeborenen — bereits im Jahre 1928 für jede weitere Besiedlung gesperrt.

4. Der Aufbau einer europäischen Milchviehwirtschaft

a) Die Ortswahl

Bei der Auswahl von Farmgelände muß der Landsuchende vor der Entscheidung die natürlichen örtlichen Verhältnisse und die Absatzmöglichkeiten genau prüfen, um sich vor unangenehmen Nackenschlägen zu sichern.

Außer auf die Güte des Bodens ist auf die Verkehrsverhältnisse, Bahn oder Autostraßen zu achten; je besser der Boden, um so leichter lassen sich auch Futterpflanzen anbauen und Kunstweiden anlegen. Das Vorkommen bestimmter Weidegräser läßt auf die Eignung des Bodens für Viehwirtschaft schließen. Von großem Wert für das Vieh und die Futterpflanzen ist die jährliche Niederschlagsmenge und deren Verteilung, sowie ein reichlicher Kalk- und Phosphorgehalt im Boden.

In an sich geeigneten aber regenarmen Gegenden ist der Bau von Staudämmen, Untergrundsperren und Brunnen notwendig. Die Nähe von Erdnuß-, Sesam- und Baumwollpflanzungen oder deren Aufbereitungsanlagen bedeuten einen großen wirtschaftlichen Vorteil, da die Nebenprodukte dieser Kulturen billiges Kraftfutter für die Viehzucht liefern. Die Beschaffung von Arbeitskräften spielt bei einem Viehzuchtbetrieb nur eine untergeordnete Rolle, da es nicht schwer fallen dürfte, die verhältnismäßig geringe Anzahl von brauchbaren schwarzen Arbeitskräften, die möglichst aus viehhaltenden Stämmen geworben werden sollten, zu beschaffen. Der Erfolg in der Viehzucht hängt zu einem wesentlichen Teil von der Fachkenntnis und der Fähigkeit des Farmers sowie von der Willigkeit, Zuverlässigkeit und Intelligenz der Viehhirten ab.

b) Die Anlage von Kunstweiden und Wiesen, die verschiedenen Grasarten und Futterpflanzen

Die Lösung der Futterfrage hängt von dem wirtschaftlichen Ziel des Betriebes ab. Die vorhandene Naturweide wird stets als Ernährungsgrundlage dienen müssen. Für Zeiten der Trockenheit sowie als Leistungsfutter ist die Anlage einiger Hektar Futterpflanzen unumgänglich notwendig. In solchen Betrieben muß in erster Linie darauf geachtet werden, daß die Weiden, aus denen man zweckmäßigerweise alle Büsche und Bäume entfernt hat, für einen zweckmäßigen Umtrieb eingeteilt werden. Etwaiges Brennen der Weiden in regenreichen Gebieten muß in kleinen Stücken und in regelmäßigen Zeitabschnitten erfolgen. Da die einzelnen Gebiete in Ostafrika in bezug auf Klima und Boden außerordentlich unterschiedlich sind und somit auch die vorhandene Flora, wird man über die Zweckmäßigkeit und den Zeitpunkt des Brennens nur von Fall zu Fall entscheiden können. Von der Schaffung ausreichender Tränkgelegenheiten hängt der Erfolg in weitestem Maße ab.

Will man aber im Gegensatz hierzu eine Viehzucht aufbauen, die in erster Linie größere Mengen Milch erzeugen soll, und hat man sich für Aufkreuzung ausgesuchter Eingeborenen-Kühe mit einem europäischen Bullen oder auch für eine Kreuzungs- oder Reinblutherde entschieden, so ist die Lösung der Kraftfutterfrage von größter Bedeutung. In den meisten Fällen ist auch in diesem Falle die Anlage von Kunstweiden notwendig, während Kunstwiesen zur Heugewinnung und der Anbau von anderen Futterpflanzen unbedingt erforderlich ist. Es darf nicht außer acht gelassen werden, daß Reinbluttiere besonders anspruchsvoll an Weide und Futter sind.

Für die Anlage von Kunstweiden und Kunstwiesen müssen die hierfür ausgewählten Flächen erst gründlich gepflügt und geeggt werden. Kurz vor der Regenzeit wird die Saat eingebracht, was am besten breitwürfig, bei besonders kleinen Saatkörnern vermischt mit trockenem Sande zu geschehen hat; hierauf wird die Saat mit Harken oder einer Saategge leicht untergebracht. Erst nachdem dies alles fertig ist, werden die Flächen in Koppeln eingeteilt und eingezäunt. Die Größe der einzelnen Koppeln hängt ab von der Leistungsfähigkeit der einzelnen Weiden und der Anzahl der Tiere, mit der die Weide beschickt werden soll. Die heranwachsende Weide verwendet man immer zuerst für milchende Kühe, dann für trockenstehende und danach für Jungvieh und Kälber. Für Kälber werden vielfach auch kleine gesonderte Kunstweiden in der Nähe der Stallungen angelegt.

Da in Afrika die Gefahr der Bodenerosion besonders groß ist, empfiehlt es sich, für Gegenden mit hohen Niederschlägen besonders auf stärker geneigtem Gelände solche Gräser zu verwenden, die direkt auf die Weiden ausgepflanzt werden, nachdem sie vorher auf Saatbeeten herangezogen worden sind. Besonders eignen sich hierfür das Kikuyugras, die Paspalum- und Cynodon-Arten. Die Gefahr einer Erosion besteht aber nicht nur bei stärkerem Gefälle im Gelände, sondern tritt oft auch auf fast ebenem Gelände auf, wenn der Boden nicht die Fähigkeit hat, das Wasser aufzusaugen. Diese Eigenart ostafrikanischer Böden kann man z. B. in der Ugogosteppe in typischer Weise beobachten.

Es ist nicht gleichgültig, für welche Grasart man sich entscheidet, da hierfür nicht nur die Bodenbeschaffenheit, sondern auch Höhenlage, Klima und die jährliche Regenmenge und ihre Verteilung über das Jahr zu berücksichtigen sind. Ganz besonders kommt es darauf an, Gräser mit möglichst hohem Eiweißgehalt zu säen. Von den verschiedenen Grasarten haben sich einige Sorten besonders bewährt, so z. B. für die Hochländer als Weidegräser Paspalum dilatatum, Paspalum virgatum, Cynodon dactylon, Pennisetum clandestinum und andere. Während die ersteren australische Gräser sind, kommt letzteres in Kenya und im Mandatsgebiet vor, wo es als Kikuyu-Gras bekannt ist und in den Hochländern in Gartenanlagen zu Rasenflächen verwendet wird. Auch von dem Cynodon kommt in Ostafrika die Abart Cynodon plectostachyum vor. Die Paspalumarten sind sehr anspruchslos, entwickeln einen starken Wurzelstock und überstehen auch die Trockenzeit recht gut. Paspalum dilatatum liegt mehr auf dem Boden und ist stark horstbildend, während Paspalum virgatum mehr aufrecht wächst und sich auch zur Heubereitung eignet. Beide Arten können auch erst auf Saatbeete ausgesät und dann in Abständen von etwa 20 × 20 cm auf das vorbereitete Feld ausgepflanzt werden, wozu möglichst regnerische Tage ausgewählt werden sollten. Cynodon dactylon ist ein feines Gras, das lange Ausläufer auf dem Boden bildet, zu den Queckenarten gehört und etwas besseren Boden verlangt. Die Cynodon-Arten sind an das Klima sehr anpassungsfähig, sie gedeihen in den Hochländern wie auch in den tropischen, tief gelegenen Gebieten. Besonders erwähnt zu werden verdient die höher wachsende Abart Cynodon dactylon maritimus. Das Kikuyu-Gras endlich, ebenfalls eine Queckenart mit starken ober- und unterirdischen Ausläufern, will besseren Boden haben und wird durch Auspflanzen von Stecklingen vermehrt; am besten wächst es auf den feuchten ostafrikanischen Hochländern und ist eines der wertvollsten ostafrikanischen Gräser. In starken Trockenzeiten leidet das Kikuyu-Gras etwas, erholt sich aber nach den ersten Regenfällen sehr schnell; in klimatisch anders gearteten Gegenden gedeiht es dagegen nicht, an der Küste ist man daher für Weiden hauptsächlich auf die Cynodon-Arten angewiesen.

Sehr wertvolle Futtergräser sind die Panicum-Arten, von denen P. maximum die größte ihrer Art ist und trockenen aber möglichst fruchtbaren Boden bevorzugt. P. maximum eignet sich sowohl zur Heubereitung als auch zur Grünfütterung. Besonders die Abart P. maximum var. gongylodes, welches die Brasilianer capim sempre verde nennen, wird in Südamerika wegen seiner Widerstandsfähigkeit gegen Dürre und Feuer sehr geschätzt. Andere Panicum-Arten sind P. melinis und P. aureum, die für Kunstwiesen zur Heubereitung besonders geeignet sind und die Panicum-Arten altissimum, rivulare und sanguinale, die mehr für die Anlage von Kunstweiden in Betracht kommen.

Kunstwiesen werden in gleicher Weise angelegt und mit den dazu geeigneten Grasarten besät. Hierfür kommt Chloris guayana, das Rhodes-Gras, sowohl für die Hochländer als auch für das Küstengebiet in Frage, ein 60—150 cm hochwachsendes Gras, von dem man unter günstigen Umständen 3—4 Schnitte im Jahre ernten kann. Das Gras bildet dichte Büschel, verträgt hohe Temperaturen und widersteht längeren Trockenzeiten. Wird das Rhodes-Gras allein auf Kunstwiesen zur Heubereitung angebaut, so muß es nach einigen Jahren in der Fruchtfolge durch eine Leguminosen-Art ersetzt werden, da seine Erträge mit der Zeit stark nachlassen. In Argentinien wird Rhodes-Gras in neuerer Zeit vielfach mit Luzerne zusammen sehr erfolgreich angebaut. Ein anderes Gras für Kunstwiesen ist das

Teffgras, Erogrostis abessynica, ein feines, etwa 30 cm hoch werdendes Gras, das gegen Trockenheit widerstandsfähig ist. Teff-Gras ist besonders gegen Phosphorsäuremangel empfindlich.

Eine Anzahl von Gräsern eignet sich besonders zu Grünfutter, von denen das Elefanten-Gras, Pennisetum purpureum, in Südafrika Napiergras genannt, eine besondere Rolle spielt und die höchste, 4—5 m hoch werdende Graminee ist. Das Elefanten-Gras ist stark anpassungsfähig, verlangt aber viel Feuchtigkeit, jedoch keine Überschwemmungen, auch wollen die Wurzeln nicht im Grundwasser stehen. In längeren Trockenzeiten geht der Ertrag stark zurück. Auf Düngung reagiert die Pflanze außerordentlich stark. Düngungsversuche mit Mbeya-Guano in Likanga (Kalk und Phosphorsäure) brachten das gedüngte Versuchsstück auf 4—5fache Höhe. Die Vermehrung des Grases geschieht durch Stecklinge, die reihenweise in Entfernungen von 80—140 cm je nach der Güte des Bodens gepflanzt werden. Bei einer Höhe von etwa 1 m wird die Pflanze zu Grünfutter verwendet und liefert die weitaus höchsten Erträge an Grünmasse, die im Durchschnitt 140—150 t je ha beträgt. Da die Nährwerte bei steigendem Alter stark nachlassen, sollte man überzählige Bestände rechtzeitig schneiden und einsilieren.

Für die Küste und andere heiße Gegenden käme noch das in Brasilien heimische Venezuela-Gras, Paspalum scoparium und Paspalum tripinatum, in Betracht, das ein wertvolles Grünfutter liefert. Das Gras bildet kräftige, 80—100 cm hoch werdende Büschel und besonders wird die glatte Unterart vom Vieh sehr gern gefressen, da sie stets saftig und zart bleibt. Die Pflanze bevorzugt fruchtbaren, humosen, sandigen Lehmboden, besonders Schwemmböden in den Flußniederungen und gedeiht nicht auf harten, in der Trockenzeit zum Reißen neigenden Böden. An das Klima stellt das Gras keine spezifischen Ansprüche, es gedeiht sowohl in den kühleren Hochländern als auch in heißen Gegenden. Die Vermehrung geschieht am besten durch Stecklinge, die in Abständen von 40—50 cm reihenweise gepflanzt werden. Die Ernte bringt meist 4 Schnitte zu je etwa 70—80 t Grünmasse je ha. Zur Heubereitung und Silage eignet sich diese Art nicht, sondern ausschließlich als Grünfutter für Milchkühe bei Stallfütterung, es darf aber wegen der abführenden Wirkung nicht in zu großen Mengen verfüttert werden. Neben den Anlagen mit nur einer Grasart kommen auch Grasmischungen in Frage und zwar besonders bei Wiesen, denen auch Leguminosen-Arten beigemischt werden können. In Kenya sowie auch in Südafrika wird vielfach Weißklee (Phalaris bulbosa) in Verbindung mit Kikuyu-Gras auf Kunstweiden angebaut.

Im allgemeinen kann über den Wert der afrikanischen Gräser gesagt werden, daß sie den guten europäischen unterlegen sind, wie die verschiedenen Analysen ergaben. Aus diesem Grunde werden für Kunstweiden und Wiesen nur wenige afrikanische Gräser, dagegen mehr Gräser aus Australien und Südamerika verwendet. Es ist schwierig, genaue Angaben über den Nährstoffgehalt zu machen, da oft nicht angegeben ist, in welchem Wachstum und zu welcher Jahreszeit die Gräserproben entnommen wurden. Es dürfte als bekannt anzusehen sein, daß die Heugräser in Afrika ebenfalls kurz vor Entwicklung der Blüten den höchsten Wert haben. Die Werte einiger wichtiger Futtergräser, die in Ostafrika vielfach zu Kunstweiden und Wiesen verwendet werden, sind in nachstehender Aufstellung wiedergegeben:

Futterpflanze	Gesamteiweiß in %	Fett in %	Kohlehydrat in %	Faser in %	Bemerkung
Chloris guayana	8,5	2,0	37,1	23,6	Mittel von 4 verschied. Angaben
Pennisetum purpureum	20,3	2,6	37,1	23,6	Junge Pflanzen in 120 cm Höhe
	7,65	0,76	45,2	38,65	Ausgewachsene ganze Pflanze
Cynodon plectostachyum	10,7	1,9	51,6	25,4	
Pennisetum clandestinum	10,8	1,5	53,6	24,6	
Paspalum dilatatum	13,3	2,54	45,19	27,71	Nur Blätter, ohne Stengel
Sojabohnenheu bei voller Blüte	17,09	1,45	34,6	23,3	
bei Beginn des Fruchtansatzes	19,3	1,87	35,66	26,49	
Seradella	15,2	3,0	33,4	25.6	Im Heu
Timothegras	11,42	3,48	50,76	24,81	

Um genügend Futtermittel für die Trockenzeit zur Verfügung zu haben, wird man Gras nicht nur in Form von Heu konservieren, sondern man wird mehr und mehr dazu übergehen, aus bestimmten Pflanzen eine Silage zu bereiten, die, wenn richtig verfahren wird, fast den gleichen Wert wie frische Pflanzen besitzt. Massive Silos sind den einfachen Grubensilos in jedem Falle vorzuziehen, da in ersteren die Nährstoffe bedeutend besser erhalten bleiben. Als Silage-Material kommen hauptsächlich Grünmais und das Elefanten-Gras in Betracht, die einzeln oder auch gemischt verwendet werden. Beimischungen von Leguminosen sind zu empfehlen. In Südamerika verliefen Versuche mit einer Silage aus Grünmais und Tapilan, Phaseolus calcaratus Roxb., sehr günstig. Tapilan ist eine Futterpflanze, die mit Mais abwechselnd in Abständen von 40 cm in der

Reihe und 100 cm voneinander auf kleine Pflanzhügel gepflanzt, nach 3 Monaten geschnitten und zur Silage in kleine Stückchen zerschnitten wird. Der Ertrag beträgt etwa 13 t Grünmasse je ha. Die Versuchstiere erhielten 6,5 kg dieses Silofutters je Tag und nahmen in 140 Tagen im Durchschnitt 32,7 kg mehr als die nur auf der Weide gehaltenen Tiere zu. Für Silage käme ferner noch solches Gras in Betracht, das ursprünglich zur Heubereitung bestimmt war, aber durch Regen verdorben wurde. Auf keinen Fall aber sollte Silofutter mehr als 50% des Gesamtfutters bei ausreichenden Mengen von Rauhfutter und der Beimischungen von Schlemmkreide und Futterkalk zur Neutralisierung der Milchsäure betragen.

Neben den Wiesen und Weiden wird man zweckmäßigerweise auch Flächen mit Futterpflanzen anlegen, die man wiederum entweder als Grünfutter oder Silage verwendet. In Ostafrika sind beispielsweise in den Hochländern auf ärmeren, besonders kalkarmen Böden sehr gute Erfahrungen mit Seradella und Süßlupinen gemacht worden. In den Hochländern im Njombe-Distrikt lieferte Seradella ganz hervorragende Erträge, sowohl auf den Bergrücken als auch in den Flußtälern. Auf dem Viehbetrieb Likanga wurde Seradella die ganze Trockenzeit hindurch bis einen Monat vor Beginn der neuen Regenzeit als Grünfutter verwendet; überreif werdende Bestände wurden zur Saat stehen gelassen. Das gleiche gute Ergebnis wurde mit der Süßlupine erzielt, von der, wie von der Seradella, noch Saatgut abgegeben werden konnte.

Luzerneanbau sollte gleichfalls überall versucht werden, wenigstens sollte für kranke Tiere ein kleines Stück angelegt werden, das stark mit Kompost und bei Kalkmangel vorher mit Düngekalk gedüngt werden müßte. Hinsichtlich der verschiedenen Luzernearten war auf Versuchsbeeten in Likanga meist kein Unterschied festzustellen. Immerhin ist in jedem Betrieb die am besten geeignete Sorte durch Versuche zu ermitteln. Auf guten Böden am Kilimandjaro z. B. konnte man bei Bewässerung bis zu 8 Schnitten im Jahre erzielen. Es sollten Versuche mit der Hunter River, der chinesischen Art, vor allem aber auch mit der Abart murcia, die sich in verschiedenen Anbaugebieten bestens bewährt hat, angestellt werden. Für trockene Granitregionen wäre ferner die Medicago polia, die Peruluzerne, zu empfehlen. In Ostafrika wächst die Luzerne meist noch auf Böden, auf denen sie in Europa schon nicht mehr wachsen würde und reagiert in Ostafrika bei Kalkmangel auf eine entsprechende Düngung sehr stark. Andere Futterpflanzen sind die Rübenarten, die allerdings nicht überall gedeihen. Verschiedene aus Brasilien eingeführte Legu-

Abb. 5.

Abb. 6.

Abb. 7.

Aufnahmen von H. J. Schlieben

Abb. 5—7. **Dip-Anlage der Reg.-Versuchsfarm Msima**

Verlag Walter de Gruyter & Co., Berlin W 35
Deko V. Zu Schlieben, Farmwirtschaft und Viehzucht im ostafrikanischen Raum

minosen, die in Likanga ausprobiert wurden, haben sich in den südwestlichen Hochländern teilweise sogar auf sehr mäßigen Böden gut bewährt, so z. B. die Stylosanthes-Arten, die sicher gut in Mischung mit Chloris guayana für Kunstwiesen zu verwenden sind. Stylosanthes mucronata, vielfach als wilde Luzerne bezeichnet, hat fast die gleichen Nährwerte wie Luzerne. Als weitere luzerneähnliche Pflanzen wären folgende zu nennen, die in Likanga in Versuchen standen: Desmodium discolor, Desmodium barbata, Stylosanthes guayannensis und die Abart St. guy. subviscosus. Alle diese Pflanzen bevorzugen einen lockeren Boden, der besser etwas Kalk enthalten sollte, was aber nicht unbedingt erforderlich ist und liefern große Mengen an Grünfutter. Zur Heubereitung ist nur St. guayannensis geeignet. Für Böden, auf denen Luzerne schlecht oder überhaupt nicht gedeiht, kommt die luzerneartige Lespedeza sericea in Betracht, die noch auf kalkarmen, ja selbst auf sauren und leichten Böden fortkommt. In erster Linie eignet sich diese Pflanze zur Heubereitung.

Als Futterpflanze wäre noch die überall in Ostafrika vorkommende Straucherbse, Cajanus indicus zu nennen, die anspruchslos und gegen Trockenheit widerstandsfähig ist. Die Pflanze liefert ein sehr wertvolles Heu und die reifen Samen stellen ein brauchbares Futtermittel in geschrotetem Zustand dar. In Iheme bei Iringa (Regierungsversuchsstation) wurden in den letzten Jahren Anbauversuche mit Kadzu, Pueraria Thunbergiana, angestellt, die sehr gute Ergebnisse zeigten. Die Pflanze ist gegen Trockenheit sehr widerstandsfähig und gedeiht auch auf armen Böden. Kadzu liefert auf geringen Böden bei 4 Schnitten 5 Jahre hindurch jährlich im Durchschnitt 45 t je ha, auf besseren Böden sind nahezu doppelte Erträge zu erwarten. Die Pflanze, die vielfach auch zur Gründüngung verwendet wird, ist fast so eiweißreich wie Luzerne und verursacht dem Vieh keine Blähungen. Für viele Gegenden wäre auch der Anbau von Sojabohnen von größter Bedeutung, besonders dann, wenn Kraftfuttermittel in der Nähe nicht erhältlich sind und der Transport derselben für die Rentabilität untragbar wäre. Endlich sollten auch Versuche mit dem Alexandriner Klee, Trifolium alexandrinum, angestellt werden, der heute in Ägypten und Palästina sehr viel angepflanzt wird und in Ägypten die einzige Futterpflanze darstellt. In Süd- und Mittelamerika wurden gute Ergebnisse mit Desmodium cuneatum, einer perennierenden strauchartigen Futterpflanze erzielt, die 150—300 cm hoch wird, Frost verträgt, sehr anspruchslos ist und noch auf abfallendem, steinigem Boden gedeiht, auf dem andere Kulturpflanzen nicht mehr fortkommen. Die Pflanze gedeiht auch im Gemenge mit Gräsern. Der Nährwert des verdaulichen Eiweißes kommt an den der argentinischen Luzerne heran. Die Pflanze liefert ein ausgezeichnetes Heu, zumal die Blätter bei der Heubereitung nicht abfallen.

c) Die Dip-Anlage

Während die Kunstweiden und Wiesen angelegt werden, sollte gleichzeitig mit dem Bau der Dip-Anlage begonnen werden, die die einzig wirksame Vorbeugungsmaßnahme gegen das überall in Ostafrika auftretende Ostküstenfieber darstellt. Es hat sich als sehr zweckmäßig herausgestellt, gleich zu Beginn des Aufbaues eine Anzahl afrikanischer Zugochsen und vielleicht auch einige Milchkühe zum Hausbedarf zu beschaffen und diese, sobald die Dip-Anlage fertiggestellt ist, regelmäßig wöchentlich hindurchzutreiben. Zugochsen werden ohnehin zur Anlage der Weiden und Futterflächen benötigt. Die Maßnahme zu dippen dient dazu, die Weiden durch die Rinder von Zecken zu reinigen. Die Tiere sammeln auf der Weide die Zecken auf und tragen sie in die Dip-Anlage, wo sie getötet werden. Das Halten von Eingeborenen-Ziegen ist ebenfalls zu empfehlen, da es dem gleichen Zweck, allerdings in anderer Weise, dient. Die infizierten Zecken verlieren durch das Saugen auf Ziegen ihre Infektionsfähigkeit.

Die Dip-Anlage ist am besten aus Eisenbeton in der Größe der üblichen Regierungs-Dip-Anlagen mit einem abgerundeten, glatt gestrichenen Einlaß und einer flachstufigen Auslaßtreppe zu bauen, deren Stufen gegen die Gefahr des Ausgleitens möglichst rauh sein sollen. Bei englischen Modellen, insbesondere denen der Firma Cooper, sind auch Einlaßtreppen vorgesehen, doch scheinen abgerundete Einlaßbahnen insofern zweckmäßiger zu sein, als die Tiere keinen Halt finden, wenn sie sich sträuben, ins Wasser zu gehen. Eine Verletzung der Hinterhand könnte bei dem abgerundeten Einlaß höchstens dann eintreten, wenn der Wasserspiegel zu niedrig ist. Die erhöhten Betonwände seitlich der Ausstiegtreppe können durch die verlängerte Einzäunung ersetzt werden.

Ist die Grube für die Dip-Anlage ausgehoben und sind in festen Böden die Ränder sauber abgestochen, wird das Balkengerüst für die innere Verschalung aufgebaut. Hierauf werden die in Abständen von 30 cm senkrecht und waagerecht verlaufenden Rundeisenstäbe in die Verschalung gebracht und mit Bindedraht untereinander verbunden. Die Bretter der Verschalung werden mit fortschreitendem

Einfüllen hinter das Brettergerüst gelegt. Die Betonmischung besteht am besten aus 1 Teil Zement, 3 Teilen Steinschlag und 3 Teilen feinem Sand. Beim Einstampfen können noch größere Steine in die Mischung eingebettet werden. Besonders großer Wert muß auf die Reinheit des Sandes gelegt werden. Der in vielen Gegenden durch Humus stark verunreinigte Sand muß gründlich ausgewaschen werden, bevor er zur Verwendung gelangt. Nach Fertigstellung des Stampfbetons wird die Verschalung entfernt und die Wände werden mit Feinstrich verputzt. Vor Ingebrauchnahme der Dip-Anlage wird

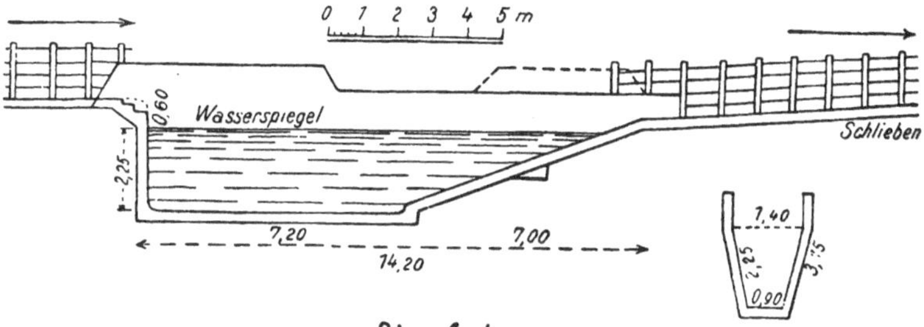

Dip-Anlage

vielfach der unter Wasser liegende Teil des Bades mit Teer oder Asphalt angestrichen. Besteht der Baugrund aus losem Sande oder ungleichmäßigem, steinigem Boden, so muß auch die Außenseite verschalt werden.

Gegen Regenwasserzufluß dient ein über die ganze Anlage verlaufendes Dach. Die Dip-Flüssigkeit ist von Zeit zu Zeit auf ihren Arsengehalt zu prüfen und die verbrauchte und verdunstete Wassermenge zu ersetzen. In der Praxis hat sich gezeigt, daß eine Dip-Füllung für mittlere Farmbetriebe etwa einmal im Jahre völlig erneuert werden muß. Nach Ablassen des Wassers ist der Schlamm, der sich im Laufe der Zeit reichlich angesammelt hat, zu entfernen und die ganze Anlage vor der Neufüllung zu reinigen. Vor und hinter der Dip-Anlage sind Einzäunungen in der Weise anzulegen, daß stärkere Pfähle etwa alle $1^1/_2$ m eingelassen werden, die durch dünnere waagerechte, etwa 20 cm voneinander angebrachte, alte Rohre oder Feldbahnschienen verbunden werden.

Stacheldraht ist wegen der großen Verletzungsgefahr bei diesen Einzäunungen nicht zu verwenden. Beim Ausstieg ist ein etwa 10—20 m langer Gang aus Pfählen in gleicher Weise herzustellen, der so schmal sein soll, daß die Tiere gerade eben noch hindurchgehen, aber sich nicht umdrehen können. In einer Höhe von etwa 1,5 m sind die beiden Pfahlreihen miteinander zu verbinden, um eine

12*

größere Festigkeit zu erzielen. Die ganze Fläche des Ganges soll aus einem zementierten und rauh gemachten Boden bestehen, der eine geringe Neigung nach der Dip-Anlage zu hat, um die Dip-Flüssigkeit in das Bad über einen eingebauten Schlammsammler (Grube, in der der Schlamm am Boden liegen bleibt und das Wasser darüber abfließt) zurückzuleiten. Dieser eingezäunte Gang hat den Zweck, jedes einzelne Tier auf etwa noch vorhandene Zecken, besonders an den Augenlidern und Ohren untersuchen zu können. Sind noch Zecken vorhanden, werden diese mit einer flüssig-fettigen Masse eingerieben und die Zecken dadurch abgetötet. Diese Maßnahme darf nie vernachlässigt werden. Die Gefahr einer Vergiftung durch den Arsengehalt des Badewassers besteht praktisch nicht, da ein ausgewachsenes Tier Flüssigkeitsmengen von 6—8 Litern ohne Schaden zu sich nehmen kann. (Bei Arsenvergiftungen gibt man Eisenzucker.)

d) Der Wirtschaftshof und die Stallungen

Bei der Auswahl des Farmgeländes ist ein geeigneter Platz für die Stallungen und die sonstigen Wirtschaftsgebäude freizuhalten, der durch einen festen Weg an das Straßennetz angeschlossen wird. Der hierfür ausersehene Platz sollte möglichst ein ganz geringes Gefälle aufweisen. Zweckmäßig ist es, die Stallungen und Wirtschaftsgebäude so aufzustellen, daß sie einen großen Hof bilden, der noch durch Einzäunungen, die von Toren unterbrochen sind, völlig abgeschlossen wird. Hierdurch ergibt sich der große Vorteil, daß sich die ganze Anlage leichter übersehen läßt und daß ausgebrochene Tiere nicht eigenmächtig die Weiden aufsuchen können; gleichzeitig bietet solch eine Anlage bei entsprechender Vollkommenheit Schutz gegen zwei- und vierbeinige Diebe.

Bei Viehfarmen muß immer der Grundsatz gelten, so billig wie möglich zu bauen, da jeder kostspielige Stallbau die Ertragsfähigkeit des Betriebes in Frage stellen würde. Für die afrikanischen, anspruchslosen Rassen und vielfach auch für Kreuzungsherden genügen einfache aber zweckmäßige Schuppen, die nur einen großen Raum enthalten und bei denen die eine Seite ganz offen gelassen wird. Für etwaiges Zufutter genügen einige aufgestellte Heuraufen. Solche Stallungen werden am besten aus Luftziegeln mit einem Schilfgrasdach billig errichtet. Der Bau soll den Zweck haben, den Tieren Schutz gegen Wind, Sonne und Nässe zu gewähren. Sobald aber ein europäischer Bulle zur Aufkreuzung der Herde verwendet werden soll, muß für diesen ein kleiner Stall mit eingebauter Futterkrippe und einer Heuraufe vorhanden sein. Dieser kleine Stall muß auf Betrieben ohne Dip-Anlage so angelegt sein, daß möglichst keine Zecken hineinkriechen können (Ölgraben) und in welchem der Bulle gegen Zecken wöchentlich einmal mit Dip-Flüssigkeit gewaschen wird.

Anders liegen die Verhältnisse bei einer Milchwirtschaft mit europäischem oder wertvollem Kreuzungsvieh. Liegt der Betrieb weitab von der Bahn und hat er keinen lokalen Markt, insbesondere zum Absatz von Frischmilch, so muß ebenfalls größter Wert auf einen möglichst billigen Stallbau, der allerdings Futterkrippen und Raufen zum Zufüttern haben muß, gelegt werden. Als zweckmäßig haben sich Futtergitter, an denen die Tiere ohne angebunden zu werden, ihr Zufutter erhalten, erwiesen.

Nur in Ausnahmefällen ist für Betriebe in der Nähe größerer Orte an der Bahn oder an der Küste, wo der lokale Markt immer gut ist, der Bau massiver und luftiger Ställe mit feuerfesten Dächern gerechtfertigt, da die Baumaterialien dort nicht durch die hohen Autotransportkosten verteuert werden. Selbstverständlich müßte der Betrieb die Gebäude mit angelernten schwarzen Arbeitskräften selbst errichten. Das höhere Anlagekapital wird durch den wesentlich höheren Preis für Frischmilch und vor allem für Vorzugsmilch wieder eingebracht, da jeder Europäer seine Milch lieber aus einem modernen, hygienisch einwandfreien Europäerbetrieb zu höheren Preisen beziehen wird, als die unsaubere, aber billigere Milch der Eingeborenen und Asiaten. Da die Versorgung der ostafrikanischen Städte, ganz besonders die der Küstenstädte infolge des geringen Rinderbestandes unzureichend ist, wird es dem Europäer vorbehalten bleiben, den Milchbedarf für die europäische Bevölkerung, insbesondere der Europäer-Kinder sicherzustellen. Da Weideland nahe der Küstenstädte vielfach nur in beschränktem Maße verfügbar ist, sind solche Betriebe mehr auf Stallfütterung angewiesen und bedienen sich vielfach europäischer Rinder oder leistungsfähiger Kreuzungstiere. Für diese anspruchsvolleren Tiere müssen je nach den klimatischen Verhältnissen die Ställe errichtet werden und bestehen entweder aus ganz offenen Hallen oder aus solchen mit ganz oder teilweise aufgeführten Seitenwänden. Die Einrichtung der Ställe ist die gleiche wie in modernen europäischen mit Kurz- oder Mittellangständen. Der Raum unter dem Dach kann wie in Europa zur Lagerung von Rauhfutter oder Einstreumaterial ausgenutzt werden. Der Verbrauch an Einstreumaterial ist besonders in feuchten Regenzeiten groß. Vielfach wird Einstreugras in der Trockenzeit zu Schobern gestapelt, die dann mit einem glatten Grasdach überdeckt werden.

Gegen die Sonnenbestrahlung müssen die Ställe gut abgedeckt sein. Zweckmäßiger als Wellblech ist die Verwendung von gewellten asbestartigen Platten, wie sie im Handel zu haben sind, die die Sonnenstrahlen gut abhalten und unter denen es immer einigermaßen kühl bleibt. Schilfgrasdächer haben wohl den Vorteil, daß sie etwas billiger sind und es darunter stets kühl bleibt, doch ist dabei die Feuersgefahr zu beachten.

Die Jauche wird am besten unmittelbar neben den Ställen in überdeckten Betongruben gesammelt und für die Weiden oder auch zur Kompostbereitung verwendet.

Kälberställe werden ähnlich gebaut. Neben den Stallungen wird die Errichtung eines Wirtschaftsgebäudes erforderlich sein, in welchem die Maschinen zur Bodenbearbeitung und Ernte untergebracht sind, nebst einem Sonderraum für die Schrotmühle; andere Räume hätten der Lagerung von Kraftfuttermitteln und künstlichen Düngemitteln zu dienen.

e) Das Einzäunen der Weiden

Die einzelnen Weiden, wie auch das gesamte Farmgelände muß man einzäunen. Die Pfähle werden in einer geraden Linie alle 3—10 m voneinander entfernt 50—70 cm tief in den Boden eingelassen. Eckpfähle müssen versteift werden, da sich anderenfalls die gespannten Drähte lockern würden. Das Versteifen geschieht in der Weise, daß in einer Entfernung von 1 m von dem Eckpfahl ein weiterer Pfahl in beiden Richtungen aufgestellt wird. Diese, 1 m von dem Eckpfahl stehenden Pfähle werden durch ein waagerechtes und ein schrägstehendes Querholz verbunden. Um eine noch größere Festigkeit zu erreichen, können noch Drähte zum Nachspannen verwendet werden. Für die Pfähle verwendet man am besten ein Hartholz in einer Stärke von 15—20 cm im Durchmesser bei einer Gesamtlänge von 2,00 m, das gut ausgetrocknet und am unteren Ende zur Erzielung einer höheren Haltbarkeit angekohlt wird. Man kann in Ostafrika zwischen diese Pfähle schnellwachsende Bäumchen pflanzen, um sie nach einigen Jahren als lebende Pfähle zu verwenden. Hierfür kommen nur solche Baum- und Straucharten in Frage, wie Eukalyptus, insbesondere E. maculata, cidriodora, globulus, rostrata, viminalis, saligna und andere. Für die Küste eignet sich sehr gut die Casuarina equisitifolia und Cassia florida, das sogenannte Eisenholz. Auch lebende Hecken, beispielsweise aus Mauritiusdorn, können in Ostafrika gelegentlich verwendet werden. Die Hecken bilden nach kurzer

Zeit einen undurchdringlichen Zaun. Die Pflanze wächst überall und kann leicht durch Samen vermehrt werden.

Die am besten aus ovalem Stahldraht bestehenden Drähte spannt man mittels eines kleinen Flaschenzuges und bindet sie mit Bindedraht unten in einem Abstand von 20 cm und weiter oben 30 cm voneinander an die Pfähle, so daß man mit 5 Drähten auskommt. In Ostafrika waren vielfach 2 Stacheldrähte und 3 einfache Drähte gebräuchlich, wobei der oberste Draht ein Stacheldraht ist. Zwischen 2 Pfählen müssen in Abständen von 1—2 m senkrechte Metallstäbe oder Holzstücke als Schwebepfähle angebracht werden, durch die die Drähte gleichmäßig voneinander gehalten werden.

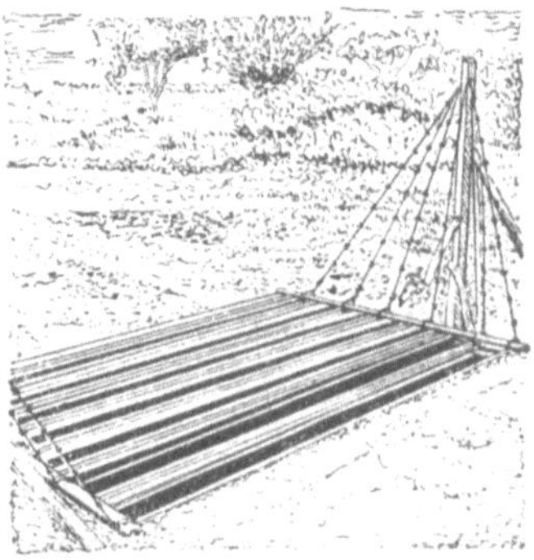

Autobrücke

Um das lästige Öffnen und Schließen der Hauptstraßentore in der Einzäunung zu vermeiden, wird neben den Toren eine aus Rosten bestehende Autobrücke, über die die Tiere nicht gehen können, errichtet.

f) Die Düngung

Auf jeder Viehfarm muß ganz besonderer Wert auf die Verwendung des anfallenden Düngers gelegt werden, der den Futtermittelflächen und den Weiden unbedingt wieder zugeführt werden muß, was am zweckmäßigsten in der Form eines gut hergestellten Kompostes geschieht. In Kenya wurde festgestellt, daß der Ertrag der Weiden durch planmäßiges Düngen um das 4fache stieg.

Da im tropischen Afrika das Verrotten von Stallmist viel schneller als in Europa vor sich geht, sei auf das bereits erwähnte Endore-Verfahren (Kompostbereitung) hingewiesen, bei welchem der Dünger, ganz gleich, ob es sich um solchen aus Flach- oder Tiefställen handelt, in Gruben in Schichten von 10 cm ausgebreitet und um einen bestimmten, mäßigen Feuchtigkeitsgrad zu erhalten, mit Gras oder Laub unter Zusetzung von Wasser zubereitet wird. Das Wasser darf nicht in dickem Strahl auf den Kompost geleitet werden, sondern dies muß durch Besprengen erfolgen. Frische Unkräuter, Laub und Gräser, die zur Kompostbereitung verwendet werden sollen, müssen erst etwas lagern und welk werden. Die Stapel schichtet man bis zu 75 cm an, wobei unbedingt darauf zu achten ist, daß die Masse nicht festgetreten wird, da Luft in den Stapel gelangen muß. Um bequemer arbeiten zu können, verwendet man über die Grube gelegte Bretter. Die Stapel werden wöchentlich einmal und ebenso vor dem zweiten und dritten Umsetzen befeuchtet. Es kommt darauf an, die Stapel bei einer hohen Temperatur feucht, aber nicht zu naß zu halten. Beim Endore-Verfahren sind in den Boden der Gruben noch besondere Luftschächte eingebaut, außerdem wird dem Kompost aus Ställen ohne Zementfußboden Urinerde zugesetzt. Das erste Umsetzen erfolgt nach 14 Tagen, indem die nicht bis zum Ende gefüllte Grube am anderen Ende neu gestapelt und dabei angefeuchtet wird; nach weiteren 14 Tagen wird der Stapel wieder umgesetzt. Das dritte Umsetzen auf 1 m Höhe erfolgt 2 Monate nach Beginn der Arbeit. Unkrautsamen werden bei diesem Verfahren vernichtet. Nach 3- bis 5maligem Umsetzen kann der Kompost auf die Grasflächen gebracht werden, wo er ausgebreitet und leicht untergeeggt wird. Zweckmäßig ist es, die aus Ziegeln gemauerten oder betonierten flachen Kompostgruben in der Nähe der Ställe in der Weise anzulegen, daß der Dünger mit Schubkarren aus dem Stall gebracht und in die Gruben gekippt werden kann. Gegen die ungünstige Einwirkung der Sonnenstrahlen und des Regenwassers auf den Kompost sind die Gruben mit einem Dach zu versehen.

In Likanga hat sich die Kompostbereitung in einfachen, aus dem Wasser wenig durchlässigen festen roten Boden ausgestochenen Gruben bestens bewährt.

Über die Verwendung von Kunstdünger liegen ebenfalls einige Erfahrungen vor. In jedem Falle sollten die Böden zuerst untersucht und mit nur kleinen Versuchen begonnen werden. In Kenya wurde Kunstdünger bereits häufiger verwendet, und es stellte sich heraus, daß Phosphorsäure in Verbindung mit Stickstoff auf den meisten Böden die günstigsten Ergebnisse erzielte. Gleiches wurde auch in Likanga festgestellt, wo gleichzeitig der aus den Höhlen bei Mbeya stammende Guano mit bestem Erfolge verwendet wurde. Da der Kunstdünger im Inneren des Landes durch den Transport, namentlich abseits der Bahn, sehr verteuert wird, ist seine Verwendung nur bei geringsten Transportkosten und in möglichst konzentrierter Form angezeigt.

In Kamerun wurde durch Bodenuntersuchungen festgestellt, daß die langsamer wirkenden und schwerer löslichen Düngemittel trotz ihrer häufig geringen Konzentration den schnell wirkenden und leicht löslichen Düngemitteln vorzuziehen sind. Für Kalkdüngung wird ein nicht zu fein gemahlener Düngekalk, für Phosphorsäuredüngung die

R. K. B.

Abb. 8. **Buckelrind**

H. J. Schlieben

Abb. 9. **Langhornrinder**

Verlag Walter de Gruyter & Co., Berlin W 35
Deko V. Zu Schlieben, Farmwirtschaft und Viehzucht im ostafrikanischen Raum

kalkhaltigen Düngemittel, wie Thomasmehl mit 18% zitronensäurelöslicher Phosphorsäure oder 25%iges Rhenaniaphosphat empfohlen. Für Kalidüngung wird das schwefelsaure Kali, für Stickstoff wird der Kalkstickstoff als am besten geeignet angesehen.

Bei der Kompostbereitung in Kamerun wird auf 100 kg Masse 3,5 kg Kalkstickstoff zugesetzt, alles festgetreten, befeuchtet und bis zu einer Höhe von 2 m aufgeschichtet. Die Temperatur steigt schnell auf 60—70°; nach 1½—2 Monaten wird der Stapel umgesetzt, und ist als fertig anzusehen, wenn alles verrottet ist. Bis zur Verwendung bleiben die Stapel noch einige Wochen mit Erde bedeckt liegen.

5. Die Rinderrassen im ostafrikanischen Raum

a) Die einheimischen Rassen

Die Rinder der Eingeborenen werden in zwei Hauptschläge eingeteilt, 1. das Langhornrind und 2. das Zebu oder allgemein als Buckelrind bezeichnet. Die Belgier unterscheiden noch in Ruanda-Urundi Kurzhorn- und hornlose Rinder, die aber in Ostafrika als Rasse keine Rolle spielen. Über die Herkunft und Abstammung der afrikanischen Rinderschläge ist man zu der Ansicht gekommen, daß es sich wohl bei allen afrikanischen Buckelrindern um Nachkommen einer aus Indien stammenden domestizierten Form des Zeburindes handelt. Die Tiere sind durchweg kleiner als unsere europäischen Schläge. Die Langhornrinder dagegen stammen aus Ägypten oder Arabien. Messungen und Vergleiche von Schädeln ostafrikanischer Langhornrinder und der noch heute in Ägypten vorkommenden Rinder haben eine große Übereinstimmung ergeben. Aus dem Norden und Nordosten Afrikas sind aber nicht nur die Langhornrinder nach Ostafrika gekommen, sondern auch einige hamitische Negerstämme, wie z. B. die Massai und die Watussi. Die Langhornrinder tragen gewaltige Hörner und machen einen einheitlicheren Eindruck, während die Buckelrinder einen mehr oder weniger großen Höcker besitzen und in ihrem Aussehen, sowohl in Körperbau und Farbe, als auch in Form und Größe des verhältnismäßig kleinen Horns sehr unterschiedlich sind. Hier und da trifft man auch hornlose Tiere an, oder solche, die lose über die Augen herabhängende Hörner tragen, was wohl als Degenerationserscheinung zu werten ist. Gelegentlich sieht man auch Tiere, denen man noch am Körperbau, an der Hornbildung und an dem auffallend kleinen Buckel die Folgen früherer europäischer Einkreuzung ansieht, die auf die wenigen vor dem Weltkriege in Deutsch-

Ostafrika eingeführten Zuchtbullen zurückgehen. Da diese Bullen alle schnell dem Weltkriege zum Opfer gefallen sind, verschwand die Wirkung dieser Einkreuzung bald. Beide einheimischen Rinderrassen weisen meist nur eine sehr geringe Milchleistung auf; allerdings zeichnet sich diese Milch, sofern sich das Tier melken läßt, durch einen hohen Fettgehalt aus, der bis zu 6,5% erreichen kann. Die einheimischen Rinder sind im Vergleich zu den europäischen spätreif. Schätzungsweise bringt eine einheimische Kuh innerhalb von 10 Jahren im Durchschnitt nur 4—5 Kälber zur Welt, und die durchschnittliche Milchleistung beträgt etwa 350—400 Liter in einer Milchperiode. In Kenya wurde festgestellt, daß einheimische Rinder bei einem Zufutter von phosphorsaurem Kalk bis zu 40% mehr Milch lieferten.

Die in der Regierungs-Eingeborenenfarm Nguti im Muanza-Bezirk aufgezeichneten Milchleistungen von 9 verschiedenen Versuchskühen, denen leider Angaben über die Fettprozente fehlen, ergeben folgende Durchschnittszahlen: Laktationsperiode 253,3 Tage, Gesamtmilchertrag 381,1 Liter und Tagesdurchschnitt 1,59 Liter.

Wenn man bei den einheimischen Kühen berücksichtigt, daß ein verhältnismäßig hoher Prozentsatz (schätzungsweise 20%) überhaupt keine Milch infolge Überalterung, Unfruchtbarkeit, schlechten Futterzustandes und auch aus Veranlagung gibt, so kann man wohl die Durchschnittsleistung mit einem reichlichen Liter pro Tag in einer Laktationsperiode annehmen. Von der Lehrfarm Kondoa-Irangi liegen ähnliche Ergebnisse von 6 Kühen vor, von denen sich 2 überhaupt nicht melken ließen.

Die großen Unterschiede hinsichtlich der Jahresmilchleistung der Kühe bei den einheimischen Rinderrassen läßt erkennen, daß die Verbesserung dieser Rassen durch Auslese ein aussichtsreiches Betätigungsfeld bietet.

b) Der Afrikander

ist eine in Südafrika gezüchtete Rasse, die schon wesentlich bessere Leistungen als die einheimischen Rinder aufweist. Die rotbraunen Tiere sind auf Milch und vor allem auf Fleischleistung gezüchtet. In Likanga wurden anfangs einheimische Rinder mit einem Afrikanderbullen gekreuzt. Die Nachzucht war leistungsfähiger als die einheimischen Kühe. Der Bulle stammte von der Regierungs-Versuchsfarm Msima in den südwestlichen Hochländern.

R. K. B.

Abb. 10. **Afrikander**

Karsten, Hannover

Abb. 11. **Ayrshire-Bulle**

Verlag Walter de Gruyter & Co., Berlin W 35
Deko V. Zu Schlieben, Farmwirtschaft und Viehzucht im ostafrikanischen Raum

Abb. 12. **Ayrshirebullen auf der Tierschau in Nakuru 1934**

Tierärztl. Wochenschr. 1941, Nr. 14

Abb. 13. **Ayrshirekuh**

Verlag Walter de Gruyter & Co., Berlin W 35
Deko V. Zu Schlieben, Farmwirtschaft und Viehzucht im ostafrikanischen Raum

c) Die Ayrshire

Bei den Ayrshire handelt es sich um eine Hochlandsrasse, die ihre Heimat im schottischen Hochland hat. Die Rasse ist wegen ihrer guten Milchleistung überall in Ostafrika, besonders in den Kenya-Hochländern, in Europäerbetrieben weit verbreitet. Viele Kenya-Farmer kreuzen Ayrshire nicht nur mit einheimischen Rindern, sondern züchten auch Reinblut-Ayrshire, die in den Hochländern bei entsprechender Haltung, Wartung und Fütterung gut fortkommen und gute Milchleistungen aufweisen. Im englischen Mandatsgebiet wurden Ayrshire mit einheimischen Rindern auf der Versuchsstation Mpapwa mit gutem Erfolge gekreuzt und weiter gezüchtet. Mpapwa liegt 5 km nördlich der Bahnstation Gulwe an der Mittellandbahn und war schon zu deutscher Zeit die wichtigste Viehversuchsstation. Mpapwa hat ein trockenes, heißes Klima, guten Boden und Bewässerungsmöglichkeit durch einen kleinen, ständig fließenden Bach und liegt etwa 1000 m hoch.

Aus den Aufzeichnungen von 6 Versuchstieren (Kreuzungen ersten Grades) der Versuchsstation Mpapwa ergeben sich folgende Durchschnittszahlen: Laktationsdauer 307 Tage, Gesamtmilchertrag 1799,86 Liter und Tagesdurchschnitt 5,85 Liter. Angaben über Fettprozente fehlen leider.

Die Ayrshire gehören zu den europäischen Rinderrassen, die sich in den ostafrikanischen Hochländern verhältnismäßig gut akklimatisiert haben. Beachtenswert ist auch, daß sie nicht nur in dem trockenen, warmen Klima in Mpapwa gut fortkommen, sondern auch in den feuchten Hochlandgebieten in Kenya gut gedeihen.

In den Kenyazuchtgebieten vollbrachten Rekordkühe eine Milchleistung von 2500 Litern mit einem Fettgehalt bis zu 4,5%.

Auch in Likanga wurden mit Ayrshire gute Erfolge erzielt. Ein aus Mpapwa angekaufter und nach Likanga auf einem Lastkraftwagen dorthin beförderter Bulle (Kreuzung zweiten Grades) machte dort stets einen gesunden Eindruck und vererbte sich auch auf seine Nachkommen bei Kreuzungen mit einheimischen Rindern gut. Die Ayrshire-Kreuzungskühe ersten Grades waren in Likanga durchweg gute Gebrauchstiere mit guten Milchleistungen, während Kreuzungen zweiten Grades teilweise klein und schwächlich mit weniger guten Milchleistungen waren. Ähnlich war es mit der reinblütigen Nachzucht der Ayrshire; diese Kälber waren teilweise sehr gut entwickelte Tiere und mancher Jungbulle konnte an Europäer in anderen Gebieten verkauft werden, während einzelne Tiere ein so langsames Wachstum zeigten und so schlechte Formen hatten, daß sie ausgeschieden werden mußten.

d) Die Aberdeen-Angus

Diese Tiere gehören einer englischen Hochlandrasse an, die in Kenya in den letzten Jahren mehrfach eingeführt worden ist und gut fortzukommen scheint. Ein abschließendes Urteil kann aber für Kenya noch nicht gegeben werden (siehe Halenke über Südwestafrika).

e) Die Red Poll

Die Red Poll wurden in den letzten Jahren vielfach durch die Engländer nicht nur nach Kenya, sondern auch nach dem Mandatsgebiet gebracht. Eine Herde Red Poll wurde auf einer der wenigen englischen Farmen in den südwestlichen Hochländern in dem Gelände vor dem Mufindiurwaldgebiet in einer Höhe von etwa 1800 m bei einem feuchten Klima (etwa 1500 mm) gehalten und soll sich gut entwickelt haben. Die Red Poll stellen ein Fleisch- und Milchrind dar (siehe Südwestafrika).

f) Die schwarzbunten Niederungsrinder (Friesen)

Die Tiere dieser Rasse sind neben den Ayrshire ein ausgesprochenes Milchrind, dessen Heimat das flache norddeutsche Tiefland ist. Trotzdem wurden diese Tiere in größeren Mengen in die Kenya-Hochländer eingeführt und sollen sich dort akklimatisiert haben. Bei den Farmen kann es sich aber nur um Plätze mit ebenen Weideflächen handeln. Die von der Versuchsfarm Msima nach Likanga gebrachten schwarzbunten Niederungsrinder schlugen nicht ein.

Bedeutend besser war es um die Herde schwarzbunter Niederungsrinder in Daressalam auf der englischen Versuchsstation, der Veterinary Dairy, bestellt, die unter den besonders günstigen lokalen Bedingungen einen guten Eindruck machte. Die Kreuzungen ersten und zweiten Grades unterschieden sich im Äußeren und in der Leistung nur wenig voneinander. Die Tiere vertrugen die hohe Temperatur in Daressalam jedenfalls besser als das kalte Hochland in Likanga (1600 mm), standen allerdings in luftigen Ställen, durch die eine ständige Seebrise strich und wurden nachts auf den Golfplatz getrieben, wo sie eine gute Weide, hauptsächlich aus einer Cynodonart bestehend, vorfanden. Beachtenswert war, daß sich die Kreuzungskühe zweiten

Hueter

Abb. 14. **Schwarzbunte Niederungskuh in Matadi DOA.**

Hueter

Abb. 15. **Reinblutkälber in Matadi**

Verlag Walter de Gruyter & Co., Berlin W 35
Deko V. Zu Schlieben, Farmwirtschaft und Viehzucht im ostafrikanischen Raum

Hueter

Abb. 16. **Reinblutrinder auf Papatumweide in Matadi**

R. K. B.

Abb. 17. **Fettschwanzschafe**

Verlag Walter de Gruyter & Co., Berlin W 35
Deko V. Zu Schlieben, Farmwirtschaft und Viehzucht im ostafrikanischen Raum

Grades auch ohne ihre Kälber melken ließen. Ein Teil der Kühe und die Bullen kamen aus Südafrika.

Aus der von der Vet. Dairy in Daressalam vorliegenden Aufzeichnungen ergeben sich folgende Durchschnittszahlen:

Bei den Kreuzungen ersten Grades betrug die Dauer der Laktationsperiode 284,5 Tage, die Gesamtmilchmenge 1736,0 Liter und der Tagesdurchschnitt 6,15 Liter. Bei Kreuzungen zweiten Grades dauerte die Laktationsperiode 317,7 Tage, die Gesamtmilchmenge betrug 1813,8 Liter bei einem Tagesdurchschnitt von 5,66 Litern. Die Gegenüberstellung der Milchleistungen der Kreuzungen ersten und zweiten Grades zeigen in der Gesamtmenge kaum einen Unterschied, während die Dauer einer Laktation bei letzteren etwa einen Monat länger dauert. Die Kraftfuttergrundlagen bestanden in Mpapwa sowie auch in Daressalam aus Baumwollsaat.

Die Reinblutkühe der Farm Matadi mit ihren ebenen Weideflächen wiesen Milchleistungen auf, die an die Leistungen der Ayrshire-Reinblutleistungskühe in Kenya heranreichten. Die Fütterung der Reinbluttiere in Matadi bestand aus Paspalumkunstweiden und Baumwollsaat (siehe Südwestafrika).

g) Die Angler

Die Angler stellen eine ausgesprochene Milchrasse der Niederung dar und waren im englischen Mandatsgebiet auf der Farm Simba am Kilimandjaro vertreten, wo sie allerdings infolge ungenügender Fütterung und Pflege schlecht fortkamen und ein Teil der Tiere einging.

Abgesehen von einigen günstigen Ergebnissen, die auf besondere Klima- und Ernährungsverhältnisse, wie z. B. in Daressalam, zurückzuführen sind, dürften die Niederungsrassen auch im ostafrikanischen Raum im Gegensatz zu den viel widerstandsfähigeren und anspruchsloseren Hochlandrassen für die breite Landeszucht von keiner großen Bedeutung sein. Ihre physiologische Struktur bedingt eine geringere Akklimatisationsfähigkeit. Nur in Sonderfällen kommen diese anspruchsvollen Rassen für Milchviehwirtschaften nach europäischen Gesichtspunkten in Frage, also bei vorwiegender Stallfütterung mit in jeder Hinsicht ausreichenden Ernährungsmöglichkeiten.

6. Die Züchtung

a) Die Verbesserung der einheimischen Rassen durch Zuchtwahl

Bei diesem Verfahren werden besonders gute Tiere zur Zucht ausgesucht und alle dem Zuchtziel in Form und Leistung nicht entsprechende Tiere ausgemerzt, um durch diese ständige Auslese zu einer leistungsfähigen Rasse zu gelangen. Obwohl dieses Verfahren sehr viele Jahre in Anspruch nimmt, haben sich in Kenya doch zwei Engländer in Nandiborder im Ushingishu-Plateau mit dieser Art der Züchtung beschäftigt, wobei sie zu erstaunlichen Leistungen einzelner Tiere gelangten. Die besten Kühe kamen auf eine Milchleistung von 10 Litern mit einem Fettgehalt von 6,5% täglich. Die gleichen guten Ergebnisse wurden mit Boranrindern auf der Regierungsversuchsfarm Ngong erzielt.

b) Bildung bodenständiger Rassen durch Kreuzung akklimatisationsfähiger Kulturrassen mit einheimischen Rassen

Eine andere Art der Züchtung besteht darin, eine bodenständige neue Rasse durch Kreuzung einheimischer Rinder mit eingeführten europäischen Rassen zu bilden. Auf diese Weise soll allmählich ein Ersatz für die einheimischen, d. h. bodenständigen Viehrassen, durch eine andere Rasse auf dem Wege der Kreuzung erzielt werden. Die ursprüngliche Rasse soll somit durch eine andere verdrängt werden, wobei man von der Verdrängungskreuzung spricht. Es ist wichtig, beim Ankauf der Vatertiere darauf zu achten, nur sicherste Vererber auszuwählen. Unter bestimmten Verhältnissen kann aber auch die Veredlungskreuzung oder Kombinationskreuzung in Frage kommen, bei der nur die entstandenen Kreuzungen ersten Grades untereinander gepaart werden. Die Kreuzungen ersten Grades liefern meist ein leistungsfähiges, gut aussehendes Erzeugnis, während sich bei den Kreuzungen zweiten Grades die Zucht mehr oder weniger aufspaltet. Aus der Nachzucht dieser Kreuzungen erfolgt dann die Auslese des angestrebten Veredlungs- oder Kombinationstyps. Ferner kann je nach Zweck und Umstand die sogenannte Gebrauchskreuzung in Betracht kommen, bei der es sich aber nur um Erzeugung von Kreuzungstieren der ersten Generation handelt. Die Bedeutung der Gebrauchskreuzung liegt in der Beobachtung, daß bei manchen Kreuzungen (lange nicht bei allen) die erste Generation in der Form besser ausfällt und sich freudiger entwickelt als die Elterntiere der beiden miteinander gekreuzten Rassen. Die für die Tropen und Subtropen wirtschaftlich wichtigste Gebrauchskreuzung ist die zwischen Pferdestute und Eselhengst, die das für diese Gebiete so wichtige Maultier liefert. Hierbei ist allerdings zu beachten, daß die Produkte dieser Gebrauchskreuzung unfruchtbar sind. Am häufigsten findet man Gebrauchskreuzungen zur Steigerung der Frohwüchsigkeit und Mastleistung. Für die Rinderzucht in Ostafrika dürfte jedoch die Gebrauchskreuzung, wenigstens vorerst, nicht die Bedeutung haben, wie dies z. B. in der Schweinezucht der Fall ist.

Die zur Zucht eingeführten Vatertiere sollen einer möglichst aklimatisationsfähigen, widerstandsfähigen nicht zu anspruchsvollen Rasse angehören; es kämen also, will man auch auf die in Südafrika gezüchteten Ayrshire verzichten, z. B. Höhenfleckvieh, Braunvieh, Harzer oder ähnliche Rassen in Betracht. Es wird unter bestimmten Voraussetzungen möglich sein, eine bodenständige Rasse zu züchten, wie ja letzten Endes auch der Afrikander eine solche in Südafrika erzeugte Rasse ist.

c) Die Reinzucht der eingeführten Rassen

Als letzte Möglichkeit der Züchtung sei die Reinzucht europäischer Rassen in Ostafrika behandelt, bei der aber die eingeführten Tiere auf wenige Rassen beschränkt sein müssen. Reinzucht kommt einmal in Frage, um sofort größere Milchmengen zu erreichen, zum anderen, um gute Zuchtbullen für andere Milchviehbetriebe im Lande zur Verfügung zu stellen.

Obwohl nun gerade dieser letzte Weg der bei weitem kostspieligste ist, wird er vielleicht doch, im großen gesehen, zu wirtschaftlichen Erfolgen führen, vorausgesetzt natürlich, daß gute, den Verhältnissen entsprechende Ställe in möglichst für Rindviehzucht geeigneten Gegenden vorhanden sind und daß neben guter Unterbringung auch für ausreichende Fütterung gesorgt ist und alle erforderlichen Kraftfuttermittel verfügbar sind.

Bei der Einfuhr von Zuchttieren aus Deutschland entstehen außer dem 5wöchigen Schiffstransport besondere Schwierigkeiten durch die völlige Milieuveränderung, insbesondere durch die gänzlich verschiedenen klimatischen Verhältnisse. Bei der Verpflanzung europäischer Tiere nach Afrika muß berücksichtigt werden, daß bestimmte Akklimatisationsvorgänge stattfinden; das neue Klima verändert nicht nur das Einzeltier, sondern bei Nachzucht von Reinbluttieren die ganze Rasse. Die Rinder sind diejenigen unserer Haustiere, die sich am schwersten umstellen können. Die Nachzucht wird zum Erzeugnis der neuen Scholle. Reinbluttiere können sich besonders schwer akklimatisieren, es treten oft Blut- und Verdauungsstörungen auf. Jungtiere vor der Geschlechtsreife stellen sich leichter auf die veränderten Verhältnisse um als ausgewachsene Tiere, bleiben aber bei falscher Haltung oft in der Entwicklung stehen und holen dies nachher nie wieder ganz nach. Je günstiger die Haltungs- und Futterverhältnisse in der neuen Umgebung sind, um so leichter und rascher werden die Schwierigkeiten der Akklimatisation überwunden. Für die Einfuhr von europäischem Zuchtmaterial spielt auch die Jahreszeit sowie die Haltung und Fütterung nach Ankunft in Afrika eine große Rolle. Bei ausgewachsenen Tieren läßt die Geschlechtstätigkeit nach, solange sie sich noch nicht eingewöhnt haben. In heißem, trockenem Klima muß bei der Fütterung für genügend Grünfutter gesorgt werden, andernfalls geht die Milchleistung stark zurück. Schwüle Hitze ist den Tieren am unzuträglichsten. Auf die Wichtigkeit eines eiweißreichen Futters ist bereits hingewiesen.

Leichter werden sich Zuchttiere aus Gebieten mit ähnlichem Klima eingewöhnen. Das aus Südafrika eingeführte Zuchtvieh ist z. B. mit dem afrikanischen Futter, den Gräsern und den Kraftfuttermitteln, bereits vertraut.

(In diesem Zusammenhang sei auf die besonderen Ausarbeitungen von Dr. Halenke über Akklimatisation und Tierzucht, sowie auf die Grundsätze zur Durchführung der Züchtung hingewiesen.)

7. Die in Ostafrika häufig vorkommenden Seuchen

Die Seuchen können einer Rinderhaltung und besonders einer europäischen Rinderzucht begreiflicherweise die größten Schwierigkeiten entgegenstellen. Vorbeugung ist die beste Bekämpfung jeder Seuche. Die am häufigsten auftretende ostafrikanische Seuche ist das Ostküstenfieber. Die Krankheit wird durch eine Anzahl Zecken übertragen, für deren Bekämpfung die Dip-Anlagen unerläßlich sind. Nach jedem Bad müssen bestimmte Körperteile der Tiere, wie die Ohren und Augenlider noch besonders nach Zecken abgesucht werden. Einzelne Tiere können auch durch wöchentliche Waschungen zeckenfrei gehalten werden. Die Benutzung der Regierungs-Dip-Anlagen kostet in Ostafrika je Rind 10 und je Kalb 5 Cts. Die Orte mit öffentlichen Dip-Anlagen sind aus der am Schlusse beigefügten Karte ersichtlich.

Ebenfalls durch Zecken wird das Texasfieber (Redwater oder Piroplasmosis), das besonders in Kenya häufiger auftritt, übertragen. In Texasfiebergegenden kommt vielfach noch Anaplasmosis (Gallsikte) hinzu.

Eine nur zuweilen auftretende sehr gefährliche Krankheit ist die Rinderpest, der in den 90er Jahren $^4/_5$ des gesamten Viehbestandes in Deutsch-Ostafrika zum Opfer fiel. Bei rechtzeitigem Impfen kann

H. J. Schlieben

Abb. 18. **Reinblutwollschafe auf der Reg.-Versuchsfarm Msima**

H. J. Schlieben

Abb. 19. **Kreuzungs- und Reinblutrinder in Gilgil Kenya**

Verlag Walter de Gruyter & Co., Berlin W 35
Deko V. Zu Schlieben, Farmwirtschaft und Viehzucht im ostafrikanischen Raum

diese Krankheit verhütet werden. Die bekannten Rinderpestherde sind aus der Karte ersichtlich.

Eine Seuche von größter wirtschaftlicher Bedeutung ist die Tsetsekrankheit, die Nagana der Rinder, die durch den Stich bestimmter Tsetsefliegen übertragen wird. In ganz Äquatorial-Afrika sind heute weite Gebiete durch Tsetse infiziert, in Deutsch-Ostafrika allein etwa $^2/_3$ des Landes. Die Bekämpfung kann nur durch großzügige Regierungsmaßnahmen erfolgen.

Eine gewisse Bedeutung haben in Ostafrika auch die Mangelkrankheiten, die besonders bei Mangel an Kalk, Phosphorsäure und Salz in der Nahrung auftreten.

Giftpflanzen können besonders für neu eingeführte Rinder verhängnisvoll werden und gelegentlich Opfer fordern. (Siehe Akklimatisation.)

8. Die Kraftfuttermittel: Erdnuß-, Sesamkuchen und Baumwollsaat

Die in Ostafrika fast überall leicht erhältlichen Kraftfuttermittel sind für die Rinderzucht weißer Farmer von großer Bedeutung. Diese Kraftfuttermittel sollten in Zukunft zum Teil an Ort und Stelle in hochwertige Molkereierzeugnisse umgewandelt werden. Für die Milchviehbetriebe kommen in erster Linie 3 Kraftfuttermittel in Frage, nämlich: Erdnuß- und Sesamkuchen und die Baumwollsaat. An den Bahnlinien befinden sich in fast allen größeren Orten Ölpressen, und zur Zeit der Ernte kann dort der ganze Jahresbedarf beschafft werden. In anderen, weiter von der Bahn entfernt liegenden Anbaugebieten, in denen bisher keine Pressen vorhanden waren, lassen sich solche leicht aufstellen, was wirtschaftlich und in jeder Richtung vorteilhaft wäre, da der Kuchen an Ort und Stelle verwendet werden könnte und das gewonnene Öl bei Erdnuß und Sesam auf die Hälfte des Gewichtes der ganzen Frucht herabgedrückt werden würde. Dadurch würden sich die Anbauflächen in derartigen abgelegenen Anbaugebieten wesentlich steigern lassen, ohne daß eine Mehrbelastung der Transportmittel entstünde. Das durch die Milchviehzucht auf Butter oder Käse veredelte Erzeugnis verträgt im übrigen jeden längeren Autotransport.

Baumwollsaat ist sowohl an der Küste als auch an vielen Orten der Bahn erhältlich, so beispielsweise in Moshi im Norden, in Kilossa und Morogoro an der Mittellandbahn und überall am Viktoria-See. In Kenya ist Baumwollsaat an der Bahn leicht zu beschaffen, weil sie ohne hohe Transportkosten aus Uganda erhältlich ist. Baumwollsaat enthält bis zu 21 % Öl und wird von den Rindern auch bei einer Verfütterung in Form der rohen Saat gut vertragen. In Daressalam wird hochwertiges Kreuzungsvieh fast nur mit Baumwollsaat und zwar mit gutem Erfolge gefüttert. In Kenya werden durch die Milchviehbetriebe bereits sehr große Mengen Baumwollsaat verwendet. Diese günstigen Umstände bieten in Zukunft noch große Möglichkeiten. Außer den genannten Kraftfuttermitteln stehen an der Küste noch die Rückstände aus der Kokosölindustrie zur Verfügung. Bei der großen Verwendung von Kraftfuttermitteln wie z. B. Baumwollsaat in den Milchviehwirtschaften darf nicht außer acht gelassen werden, daß bei dauernder Verfütterung zu großer Mengen Baumwollsaat und Ölkuchen Störungen im Organismus der Tiere, beispielsweise in den Geschlechtsorganen, auftreten können. Es ist daher notwendig, für Abwechslung in der Ernährung der Tiere zu sorgen, insbesondere sollte in Betrieben mit geringen Weideflächen, wie dies an der Küste und in anderen rein tropischen Gegenden oft der Fall ist, für ausreichende Mengen Rauhfutter gesorgt werden.

Nachstehende Übersicht gibt die Nährwerte und die durchschnittlichen Preise in den Erzeugungsgebieten an:

Futtermittel	Verdauliches Eiweiß %	Fett %	Kohlehydrate %	Preis je t Shs.
Erdnußkuchen	40,0	8,3	20,0	50
Sesamkuchen	41,0	7,3	26,3	45
Baumwollsaat	19,7	21,0	23,4	20
Süßlupinen	34,4	3,8	21,9	120
Sojabohnen	39,0	20,0	25,0	150
Mais	7,1	3,9	65,7	70

Danach ist Baumwollsaat das billigste Kraftfutter des Gebietes, besonders, wenn man — wie beim ausgewachsenen Vieh — die Eiweißquote vernachlässigen kann.

9. Die Kälberaufzucht

Um eine gute Nachzucht zu erhalten, ist besonderer Wert auf die Aufzucht der Kälber zu legen. Die verabfolgte Milch, der Knochenmehl, um Mangelkrankheiten zu vermeiden, zugesetzt werden muß, soll möglichst Körpertemperatur haben. Geht man nach 6 Wochen allmählich von der Vollmilch ab, so muß das fehlende Fett durch Eiweiß und Kohlehydrate ersetzt werden, wobei das Eiweiß an erster Stelle stehen muß. Lange andauernde eiweißarme Fütterung führt trotz ausreichender Stärkewerte zu schlechter Entwicklung der Tiere.

Für die Aufzucht von Bullkälbern, die zu Zuchtzwecken bestimmt sind, rechnet man 780 Liter Vollmilch bis zur Milchentwöhnung. Bei Bullkälbern wird man frühestens nach 6 Wochen entscheiden können, ob das betreffende Tier zur Zucht in Frage kommt, wofür nicht allein die Konstitution des Tieres selbst, sondern vor allem auch die Abstammung entscheidend ist.

10. Das erforderliche Personal

Nach Möglichkeit sollte jeder Farmer danach trachten, ohne einen europäischen Angestellten auszukommen. Für größere Betriebe dagegen ist vielfach ein junger Assistent erforderlich, der den Farmer vertreten kann und gleichzeitig den Versand der Milch oder in einzelnen Fällen auch die etwaige Molkerei unter sich hat. Für das Milchvieh wäre ein von der Regierung ausgebildeter schwarzer Schweizer von großem Nutzen, da das Anlernen zum sachgemäßen Melken — der Eingeborene läßt nicht gern von seiner Gewohnheit, mit zwei Fingern über Kreuz naß zu melken, ab — ganz besondere Schwierigkeiten bereitet. Als Hirten wird man sich solche Eingeborenen aussuchen, die von Hause aus bereits mit der Rinderhaltung vertraut sind, aber für den Betrieb noch entsprechend anzulernen sind.

Der Europäer muß beim Anlernen der Eingeborenen sehr viel Geduld und Geschick aufbringen, welche dann aber auch meist zu guten Erfolgen führen. Der Eingeborene will streng, aber unbedingt gerecht behandelt werden. Von größter Wichtigkeit ist es, ihn an den Betrieb zu binden und ihn seßhaft zu machen, was sich dadurch erreichen läßt, daß man den Eingeborenen am Betriebe interessiert und ihm gute Wohnmöglichkeiten sowie ein Stück Land zum Anbau eigener Feldfrüchte zur Verfügung stellt. Auf vielen Farmen war es auch üblich, dem Stallpersonal einen bestimmten Prozentsatz der Kälber zu überlassen und Milchprämien zu gewähren. Magermilch sollte als Deputat gegeben werden.

Leicht ist es nicht, den Eingeborenen zur Reinlichkeit zu erziehen. In Zukunft wird es unbedingt erforderlich sein, dem Stall- und Molkereipersonal in Stadtbetrieben mit Vorzugsmilch Dienstkleidung zur Verfügung zu stellen, die aus Kopfbedeckung, kurzer Hose und Hemd besteht, und für deren Sauberkeit der Eingeborene verantwortlich ist

Während das Stallpersonal in möglichster Nähe der Ställe in der inneren Einzäunung wohnen sollte, ist es zweckmäßig, alle übrigen Leute etwas abseits des Betriebes anzusiedeln. Als Unterkünfte haben sich am besten kleine, fensterlose, aber mit Entlüftung versehene Einzelhütten mit Schilfgrasdach bewährt, deren Tür verschließbar ist. Fenster lehnen die Eingeborenen aller Gegenden Ostafrikas ab.

Die besten Arbeitsleistungen erzielt man bei Eingeborenen immer mit einem zuverlässigen schwarzen Aufseher und durch Akkordarbeit, die sich bei sehr vielen Arbeiten ohne Schwierigkeit anwenden läßt. Für die gewöhnlichen Arbeiten wird man die nötigen Leute aus der Landschaft erhalten können, die im Kontrakt-Arbeitsverhältnis mit 3—4 Monaten Urlaub je Jahr einzustellen wären. Der Urlaub ist für die Leute zur Bestellung ihrer eigenen Felder nötig und wird auf Vereinbarung festgesetzt. Das Stall- und Molkereipersonal sollte im Angestelltenverhältnis stehen und arbeitet mit etwa 2 Monaten Urlaub im Jahre ständig und ist auf der Farm als bodenständig anzusehen. Auf dem Betrieb Likanga wurden mit solchen angesiedelten Leuten die besten Erfahrungen gemacht. Der erste Schweizer arbeitete ununterbrochen mit nur ganz kurzen Pausen vom Tage der Gründung des Betriebes (1928) bis zum Kriegsausbruch.

11. Verarbeitung und Beförderung von Milch und Milcherzeugnissen

Molkereien gibt es im englischen Mandatsgebiet nur ganz wenige. Erwähnt sind bereits die Veterinary Dairy in Daressalam, die Molkerei der Rindvieh-Farm Simba bei Moshi und die kleinen anderen Molkereien in den Küstenorten und in den südwestlichen Hochländern. Von allen diesen Molkereibetrieben hatten nur Simba und eine andere in gleicher Gegend gelegene kleine Molkerei Kühlanlage und Kraftbetrieb. Im englischen Mandatsgebiet wurden im Jahre 1937 an „dairies“ 22 genannt, bei denen es sich aber ausschließlich um Milchviehwirtschaften mit dazu gehörigen Farm-Rahmstellen handelt, während es größere Molkereien überhaupt nicht gibt.

Kühlhäuser gibt es bisher weder im englischen Mandatsgebiet, noch in Kenya. Außer den wenigen Europäer-Betrieben mit kleinen eigenen Kühlanlagen gibt es, wie bereits erwähnt, im ganzen Mandatsgebiet nur die überall im Lande verstreut liegenden Feldmolkereien, die aus Milch der Eingeborenen-Rinder Ghee herstellen.

In Kenya liefert ein großer Teil der Milchwirtschaften die anfallende Milch an eine der 5 großen, einer Gesellschaft gehörenden Molkereien, die im Jahre 1937 zusammen nicht weniger als 1397 t Butter herstellten. Diese Molkereien befinden sich in folgenden Ortschaften an der Bahn: Eldoret, Molo, Naivasha, Nanyuki und Thomsons Falls. Für neue Viehzuchtgebiete kommen weitere moderne Molkereien in Frage, sofern die Milchviehbetriebe die anfallende Milch nicht selbst in kleinen, eigenen Farmmolkereien verarbeiten oder direkt in Form von Frischmilch an die Verbraucher der Ortschaften liefern.

Die Belieferung der Verbraucher in den Ortschaften mit Frischmilch erfolgt direkt von den Farmmolkereien in $^1/_2$—2 Liter fassenden Flaschen mit eingedrücktem Pappdeckel durch einen kleinen Lieferwagen frei ins Haus.

Wird die auf den Milchviehbetrieben anfallende Milch bzw. die Sahne an eine größere Molkerei geliefert, so erfährt die Milch folgende Behandlung: Bereits im Kuhstall wird die Milch durch ein Wattefilter aus den Melkeimern in größere Milchkannen gegossen, die etwa 25 Liter fassen. Die ovalen Melkeimer sollen am unteren Rande einen Handgriff zum Anheben beim Ausgießen haben, um nicht den verunreinigten Rand hierbei selbst anfassen zu müssen. Sobald die Milch aus dem Kuhstall angeliefert ist, wird sie über einem mit möglichst kaltem Wasser versehenen Rieselkühler abgekühlt, nachdem sie vorher abermals durch einen Wattefilter gegossen worden ist. Die so gereinigte und gekühlte Milch wird sodann in großen offenen Kannen, die mit einem sauberen Tuch zugedeckt werden, an einem kühlen, schattigen Ort bis zur Beförderung an die Molkerei abgestellt. Die Kannen werden hierbei zur weiteren Kühlhaltung mit einem nassen Sack umwickelt. Dieses Verfahren wird in den Hochländern in den meisten Fällen ausreichend sein.

Wird die Milch in dem Farmmilchraum selbst zentrifugiert, so wird sie, nachdem sie durch den Wattefilter gegossen und nötigenfalls wieder auf 37° erwärmt worden ist, in die Zentrifuge gegossen. Die mit der Hand betriebenen Zentrifugen der Rahmstationen haben gewöhnlich eine Stundenleistung von 3—500 Litern. Wichtig ist nun, die Sahne möglichst stark abzukühlen und zu entlüften, wofür sich der in Südwest hergestellte Schurzsche Sahnenkühler sehr gut bewährt hat. Dieser Kühler besteht aus einem Gefäß von etwa 60 cm Länge und 30 cm Breite, in welchem in Längsrichtung ein etwa einhalbzölliges, verzinktes Rohr einige Male hin- und herläuft. An der dem Einfülltrichter gegenüber liegenden Seite stoßen das oberste Rohr mit dem nächsten schräg zusammen und bilden zusammen nach außen eine Öffnung, die mit einem engmaschigen Drahtdeckel verschlossen ist. Der Behälter des Kühlers wird mit möglichst kaltem Wasser gefüllt und die Sahne läuft langsam durch die Rohre, wobei sie gut gekühlt und entlüftet wird. Die Reinigung dieses

Sahnekühlers erfolgt wie bei der Zentrifuge durch Nachspülen mit heißem Wasser und danach mit einem Gummiwischer, der dem Durchmesser der Rohre entspricht. Die Restsahne wird im Haushalt verwendet. Bis zur Abbeförderung wird die Sahne in gleicher Weise wie die Milch behandelt, muß aber täglich durchgerührt werden. Neue Sahne darf nicht auf die Sahne vom Tage vorher gegossen werden, sondern erst nach weiteren 24 Stunden.

Zur Kühlhaltung von Milch und Sahne hat sich in Südwestafrika mit seinem trockenen Klima ein massiver Kühlraum gut bewährt, bei dem durch Verdunstung von Rieselwasser Kälte erzeugt wird. In dem feuchteren Ostafrika wird die Verwendung eines solchen Kühlraumes nur in besonders trockenen Gegenden angezeigt sein.

Die Beförderung der Milch bzw. der Sahne von den Viehfarmen zur Molkerei erfolgt mit dem Auto, welches die Kannen zu bestimmten Tagen und Stunden abholt.

Für die Beförderung von Butter in kleinen Mengen an die Verbraucher im Lande selbst haben sich Doppelkisten, die mit einer eingestampften Sägemehlschicht oder einer Korkschicht versehen sind, am besten bewährt. Diese Kisten enthielten meist 12 kg Butter, die eine mehrtägige Beförderung auf dem Negerkopf bei stärkster Sonnenbestrahlung gut vertrug.

Für die Beförderung der Butter aus dem Inneren des Landes zur Küste müßten die Eisenbahnlinien eine Anzahl von Kühlwaggons in den Dienst stellen, ferner eine weitere Anzahl solcher Waggons zur Beförderung von Frisch- und Gefrierfleisch. Die Butter für die Ausfuhr gelangt am besten ungesalzen in Fässern von 50 kg zum Versand, zumal das meist aus Meerwasser gewonnene Salz zuviel Verunreinigungen enthält. Da in Afrika für die Herstellung von Butterfässern zunächst noch kein geeignetes Holz gefunden worden ist, müssen die zerlegten Faßteile wie bisher aus Europa bezogen werden.

Die Beförderung von Käse bereitet in Ostafrika für den lokalen Markt keine großen Schwierigkeiten; für Lagerung und Ausfuhr käme für einzelne Käsesorten eine Verpackung in zugelöteten Blechdosen in Frage.

Da überall in Afrika noch ziemliche Mengen von Dosenmilch, besonders für Inlandreisen und für Gebiete ohne Viehhaltung eingeführt werden, sollten die Molkereien oder besondere Spezialfabriken die Herstellung von Dosenmilch im Lande selbst übernehmen.

In Kenya wurde die Butter bisher mit einem Zusatz versehen, der das leichte Schmelzen derselben wohl verhindert, aber der Butter einen sonderbaren Glanz, wie wir ihn von den Maschinenfetten her kennen, verlieh und auch den Geschmack etwas beeinflußte. Dies würde nach unseren Nahrungsmittelgesetzen verboten sein. Die Beförderung von Samli und Ghee bietet keine Schwierigkeiten, doch dürfte klar sein, daß für Lagerung nur Kühlhäuser in Betracht kommen, die es bisher aber noch nicht gibt, da die gewöhnlichen (mit Wellblech gedeckten) Zollschuppen viel zu heiß sind.

Die Herstellung des Butterschmalzes geschieht durch Aussieden von Sahne oder Ausschmelzen von Butter. In beiden Fällen steigt das Fett nach oben, die unerwünschten Bestandteile sinken auf den Boden. Die Sahne wird mit Wasser im Verhältnis 1 : 1 gewaschen und nochmals zentrifugiert, wodurch sich Verunreinigungen und ranzige Bestandteile größtenteils entfernen lassen. Das Butterschmalz ist unter 30° ständig fest. Beim Kochen, das am besten in flachen Metallgefäßen vorgenommen wird, muß sehr darauf geachtet werden, daß der Rauch des Holzfeuers nicht mit der kochenden Butter in Berührung kommt. Überhitzung führt zu einer Braunfärbung, sowie zu schlechtem Geschmack des Erzeugnisses. Wichtig ist auch ein rasches Abkühlen, wodurch das Butterfett feinkörnig und gegen nachfolgende Erwärmung widerstandsfähiger wird als grobkörniges. Dies ist besonders für die Beförderung und die Lagerung von Bedeutung. Zusätze von Citronensäure und Natriumcitrat erhöhen die Haltbarkeit und den Geschmack der Schmelzbutter, sind aber nach unseren Bestimmungen verboten. Das Erzeugnis ist von gelblicher Farbe und enthält höchstens bis 1% Wasser. Zur Verpackung der Schmelzbutter werden leere gebrauchte Benzinkanister verwendet, wie sie in Afrika überall erhältlich sind. In der Regel werden diese Behälter mit 13,5 kg (30 lbs) Butterfett gefüllt und dann zugelötet, können aber, wenn sie bis oben gefüllt werden, 15 kg aufnehmen.

12. Die übrige Viehzucht

a) Die Schweinezucht

Außer der Rinderhaltung und der Rinderzucht spielt bei den Europäern die Schweinezucht eine gewisse Rolle. In den Milchwirtschaften wird oft Schweinezucht zur Verwertung der anfallenden Nebenerzeugnisse betrieben. Diese Nebenerzeugnisse sind Butter- und Magermilch, sowie Molke, die hervorragende Futtermittel für die Schweinezucht darstellen. Als Hauptfutter dienen Mais und Süßkartoffeln. Im englischen Mandatsgebiet, besonders in den südwestlichen Hochländern, hat sich das deutsche veredelte Landschwein am besten bewährt. Andere in Ostafrika gezüchtete Schweinerassen sind: large withe, middle white, large black und das deutsche Edelschwein. In Kenya wurden früher viel large black, in neuerer Zeit mehr die large white gezüchtet. Die schwarzen Schweine wurden deshalb lieber gehalten, weil sie die Sonnenbestrahlung besser als die weißen vertragen.

In der ostafrikanischen Schweinezucht rechnet man einen Eber, der möglichst nicht vor 18 Monaten zum Decken zugelassen werden sollte, auf 4—5 Sauen. Ferner soll man Zuchteber nicht zu fett werden lassen und nicht länger als bis zu 3 Jahren verwenden, da ältere Eber dann zu schwer werden. Zuchtsauen läßt man nicht vor 8—9 Monaten decken.

Nach der 3. Woche erhalten Ferkel neben der Muttermilch Magermilch, nach der 4. Magermilch mit Maismehl, während nach 6 Wochen weitere Futtermittel hinzukommen. In Kenya ist es üblich, 8 Wochen alten Ferkeln 1 Liter Magermilch mit 800—900 g eines Futters zu mischen, das aus 60 Teilen Maismehl, 10 Teilen Fleischmehl und 30 Teilen Leguminosenmehl besteht. Nach der 12. Woche wird diese Menge entsprechend erhöht, während man mit der Magermilchmenge weiter herunter geht. Wird Wert auf Fett zur Schmalzgewinnung gelegt, so füttert man reichlich Gerstenschrot. In Südafrika besteht das Standardfutter aus 9 Teilen Mais und einem Teil Fleischmehl; auf 45 kg dieser Mischung kommen 1,3 kg Knochenmehl und 1 kg Salz. Weitere Futtermittel sind Weizen-, Gersten- und Reiskleie, sowie die Ölkuchen. In Ostafrika wird im allgemeinen täglich 3mal gefüttert, wozu eine tägliche Gabe von Grünfutter hinzukommt.

Eine wirtschaftliche Schweinezucht nach europäischen Begriffen kann nur bei Stallhaltung oder in eingezäunten Koppeln mit Schutzhütten erzielt werden. Schweine, die in Afrika im Freien weiden, haben sehr oft Finnen; bei den Schweinen der Eingeborenen ist dies fast immer der Fall. Die europäischen Schweinerassen entarten in Afrika bei sachgemäßer Pflege und Fütterung kaum und überstehen die veränderten klimatischen Verhältnisse besser als die Rinder.

Billige Unterkünfte können durch Schutzhütten, deren Wände aus eingegrabenen Pfählen bestehen und die mit einem Grasdach versehen sind, leicht erstellt werden. Damit die Tiere sich möglichst viel im Freien aufhalten, werden die Unterkünfte von kleineren eingezäunten Koppeln umgeben. Zur Fütterung sind nur glatt gestrichene Betontröge zu verwenden, da aus hölzernen das flüssige Futter ausläuft, die ins Holz eingezogenen Futterreste sauer werden und eine Reinigung der Tröge schwer möglich ist.

Während im Mandatsgebiet bisher die Schweinezucht nur für den örtlichen Markt von Bedeutung war, gelangten in Kenya bereits Erzeugnisse der Schweinezucht zur Ausfuhr. Erwähnt mag aber sein, daß der Bedarf an Schweinefleischwaren im Mandatsgebiet fast ausschließlich durch tüchtige deutsche Fleischer gedeckt wurde. In den Lupa-Goldfeldern konnte man Pökelfleisch, Schweinebraten und Würstchen direkt von den wöchentlich ein- bis zweimal auf die einzelnen Betriebe kommenden Lieferwagen des deutschen Fleischers aus Mbeya (75 km entfernt) kaufen. Andere deutsche Fleischer lieferten ihre Waren aus den Hochländern bis an die Küste. Leicht verderbliche Wurstwaren wurden in Blechgefäßen in Schmalz eingebettet aus den Hochländern an die tropische Küste verschickt. Diese meist deutsche Erzeugung wurde im Mandatsgebiet ebenfalls dadurch gehemmt, daß die Kenya-Farmer ihren Bacon und Ham im Mandatsgebiet verkaufen wollten. Zweifellos könnte auch die in den Händen von Europäern liegende Schweinezucht im ostafrikanischen Raum einmal für die Ausfuhr nach Deutschland eine größere Rolle spielen, nachdem der Landesbedarf voll gedeckt ist.

Der Muselmane kommt als Schweinezüchter nicht in Frage. Das meist schwarze Schwein, das im Inneren des Landes in kleiner Zahl von nicht mohamedanischen Eingeborenen gehalten wird, macht wie das Rind einen entarteten Eindruck, es ist sehr hochbeinig, mager und hat eine sehr lange Schnauze. Da der Eingeborene dem Schwein kaum Futter gibt, ist es fast ganz auf Weidegang angewiesen und wächst daher sehr langsam.

Ganz auffallend stark hat sich die in den Händen von Europäern befindliche Schweinezucht in Südrhodesien entwickelt, wo die Ausfuhr in wenigen Jahren auf 6942 t im Jahre 1937 anstieg und größtenteils in Südafrika auf den Markt gelangte. Der Schweinebestand belief sich im Jahre 1937 im englischen Mandatsgebiet auf 10100, und in Kenya auf 14200 Stück, von denen 1300 auf Uganda entfallen. Im belgischen Mandatsgebiet wurden 1939 6500 Schweine gezählt. Kenya führte bereits die ersten Mengen von Erzeugnissen aus der Schweinezucht aus.

Im Nyassaland wurden im Jahre 1939 61000 Schweine und in Nordrhodesien 35000 im Jahre 1934 gezählt.

b) Die Schafzucht

In den trockeneren Gebieten Ostafrikas halten die Eingeborenen das Fettschwanz- und das Fettsteißschaf, das als Schlachtvieh große Bedeutung hat.

Einige Europäer haben vor Jahren in Kenya mit Schafzucht begonnen und züchteten das Merinoschaf in den trockenen Gebieten von Nordkenya, in Laikipia und Rift Valley, ferner aber auch in der Umgegend von Molo. Außer dem Merinoschaf sind Romney-Marsh-Schafe und deren Kreuzungen vertreten. Die meisten Schaffarmen liegen in den hoch gelegenen buscharmen Grasländern, in denen die Verbreitung der Zecken gering ist. In Kenya gibt es Großbetriebe mit Herden bis zu 26000 Schafen, für die aber Dip-Anlagen — es kommen beide Arten, das lange sowie das runde Zeckenbad vor — unentbehrlich sind. In der Schafzucht ist es von großer Wichtigkeit, daß die Tiere morgens erst dann auf die Weide getrieben werden, wenn kein Tau mehr, wegen der Gefahr, Wurmlarven aufzunehmen, vorhanden ist. Ebenso sind feuchte Senken, die Überschwemmungen ausgesetzt sind, erst zu beweiden, wenn das Wasser nicht nur abgelaufen ist, sondern die Sonne einige Wochen die Fläche beschienen hat, so sehr auch die Tiere selbst zu solchen Stellen schon vorher zu drängen pflegen.

Als Unterkünfte eignen sich große Schuppen, die nach den klimatischen Verhältnissen der einzelnen Gegenden mehr oder weniger hoch aufgeführte Seitenwände haben sollen, auf denen die Pfeiler für das Dach stehen. Als Bedeckung der Schuppen eignen sich Asbestplatten und Schilfgras sehr gut. Der Raum unter dem Dach wird für Einstreumaterial ausgenutzt. Gegenden mit mehr Regen als 1400 mm, der in wenigen Monaten fällt, sind für die Wollschafzucht ungeeignet, da in solchen Fällen die Wolle nicht mehr trocken werden kann.

Die Anzahl der in Händen von Europäern befindlichen Schafe betrug im Jahre 1938 297000 Stück. Die Ausfuhr der Wolle belief sich im Jahre 1939 auf 700 t. Die Schafzucht könnte in Ostafrika noch erweitert werden. Versuche mit Wollschafen auf der Versuchsfarm Msima in den südwestlichen Hochländern schlugen wegen der Ungunst der klimatischen Verhältnisse fehl, doch gibt es genügend andere Gegenden, die besser geeignet sind. (Siehe auch Südwestafrika.)

c) Die Pferdezucht

In Deutsch-Ostafrika kann von einer Pferdezucht nicht gesprochen werden. Wenige Gebrauchspferde wurden in ganz wenigen Gegenden gehalten. In den südwestlichen Hochländern z. B. waren einige wertvolle europäische Pferde vertreten. Der Bestand an Pferden betrug nur etwa 100 Stück, die sich ausschließlich in Händen von Europäern befanden. In Kenya gab es mehr Pferde, da die klimatischen Verhältnisse dort für Pferde günstiger sind. Der Bestand an Pferden betrug in Kenya im Jahre 1938 etwa 2500 Stück. Pferdezucht wird in Ostafrika wegen der Pferdesterbe und der Verbreitung der Tsetse — abgesehen von wenigen Farmern in Kenya — nicht betrieben.

d) Die Eselhaltung

In Ostafrika wurden im Jahre 1938 in Deutsch-Ostafrika, Kenya und Uganda zusammen etwa 27000 Esel und Maultiere gezählt, die sich hauptsächlich in Händen von Farbigen befanden. Die Verwendung der Tiere als Reit- oder Lasttier ist noch ziemlich verbreitet.

e) Die Ziegenhaltung

Im gesamten ostafrikanischen Raum werden von den Eingeborenen Ziegen gehalten, die wie die Schafe der Eingeborenen, große Bedeutung als Schlachtvieh haben, aber auch Milch für die Eingeborenen liefern. Während die Verbreitung des Schafes beschränkt ist, kommen Ziegen auch in durch Tsetse verseuchten Gebieten vor. In manchen Teilen des Südens von Deutsch-Ostafrika ist die Ziege, neben Geflügel, das einzige Haustier der Eingeborenen.

Versuche mit europäischen Ziegen in den südwestlichen Hochländern schlugen fehl. Ein Harzer Bock ging nach wenigen Monaten ein.

Die Anzahl der Ziegen in Deutsch-Ostafrika, Kenya und Uganda betrug im Jahre 1938 zusammen etwas über 10 Millionen Stück, von denen im belgischen Mandat allein 900000 Stück vorhanden waren.

f) Die Geflügelzucht

Für europäische Farmbetriebe in der Nähe größerer Ortschaften spielt die Geflügelzucht eine beachtliche Rolle, da dort stets Nachfrage nach Eiern und Geflügel herrscht.

α) Die Entenzucht

Unter dem Geflügel spielt die Ente in Ostafrika eine gewisse Rolle, da sie auch von den Eingeborenen in wasserreichen Gegenden vielfach gehalten wird. Bei den Enten der Eingeborenen handelt es sich meist um die Nachzucht der anspruchslosen indischen Laufente, die bis zu 2 kg schwer wird. Vor allem betreiben Europäer auf den Farmbetrieben, besonders in der Nähe größerer Ortschaften, vielfach nebenbei Entenzucht. Bevorzugt werden von ihnen Rassen, die gute Fleischtiere sind und außerdem auch reichlich Eier legen. Hierzu gehören die Rouen-Enten, die besonders widerstandsfähig sind, etwa 4 kg schwer werden und grünschalige Eier legen, und die Peking-Ente, die ebenfalls recht genügsam ist, sich leicht mästen läßt, etwa 3,5 kg schwer wird, frühreif ist und etwa 100—120 weißschalige Eier in einer Legeperiode legt. Zum Brüten eignen sich dagegen die Peking-Enten nicht.

β) Die Truthuhnzucht

Truthühner gedeihen am besten in Hochländern mit mildem, trockenem Klima, das ihrer Heimat Mexiko entspricht; feuchte Gebiete sind ungeeignet. In Mbozi in den südwestlichen Hochländern wurde von Deutschen Truthuhnzucht nebenbei getrieben. Von den einzelnen Arten sind in Ostafrika hauptsächlich das bronzefarbene und das weiße Truthuhn, sowie deren Kreuzungen, vertreten. Reinzucht wird im allgemeinen bevorzugt, da die Tiere ein höheres Gewicht und bessere Preise erzielen.

γ) Die Hühnerzucht

Hühner-, in manchen Gegenden auch Taubenhaltung, ist bei den Eingeborenen in Ostafrika überall stark verbreitet. Es gibt wohl kaum ein Negergehöft ohne das kleine, in allen Farben vorkommende Eingeborenen-Huhn.

Europäer züchten vielfach Hühner in der Nähe der größeren Orte, wo sie für Eier und junge Fleischhühner immer einen guten Markt finden. Große Eier europäischer Hühner erzielen durchschnittlich 10 Cts. und gute junge Fleischhühner etwa 2 Shs., gegen 2—3 Cts. bzw. 50 Cts. für Erzeugnisse der Eingeborenen-Hühnerhaltung.

Die am meisten verbreiteten Hühnerrassen sind: weiße Leghorn, Italiener und rote Rhodeländer. Gelegentlich werden auch Wyandotts, Sussex und Minorka gezüchtet. Im allgemeinen werden in Ostafrika die Rassen bevorzugt, die möglichst gute Leger sind und gleichzeitig auch Fleisch liefern.

Um Erfolge in der Zucht europäischer Hühner zu erzielen und wegen der zahlreichen Raubvögel in Afrika, denen besonders weiße Hühnerrassen ausgesetzt sind, sollten Hühner immer in großen, zweckmäßig geschützten Ausläufen gehalten werden.

g) Die Fischzucht

Unter besonderen Umständen hat in den Hochländern in den kleinen, schnellfließenden und kühlen Bächen die Forellenzucht Bedeutung. Sowohl in den Kenya-Hochländern, als auch in Usambara und den südwestlichen Hochländern wurden durch die Forstverwaltung Forellen ausgesetzt, die sich gut vermehrten.

h) Die Bienenzucht

Der Vollständigkeit halber sei noch die Bienenzucht als gewinnbringende Nebenbeschäftigung für Europäer genannt. Für manche Kulturen ist die Bienenzucht zur Befruchtung der Blüten von großem Vorteil. Für Honig und Wachs ist auf dem europäischen Markt stets Absatz.

Schrifttum

1. Der Tropenpflanzer. Berlin.
2. The East African Aricultural Journal Nairobi.
3. 1937 Blue Book of Kenya Nairobi.
4. 1937 Blue Book of Tanganyika Daressalam.
5. 1935 Annual Report Department of Veterinary Science and Animal Husbandry. Daressalam.
6. 1937. Report of Tanganyika. London.
7. 1937. Rapport de L'Administration du Ruanda-Urundi Brüssel.
8. Sala, E., Europa blickt nach Afrika. Leipzig 1938.
9. Schoen, Ludwig, Das koloniale Deutschland. Berlin 1938.
10. Waibel, Leo, Die Rohstoffgebiete des tropischen Afrika. Leipzig 1937.
11. Martens, Otto und Dr. O. Karstedt, Afrika. Ein Handbuch für Wirtschaft und Reise. Berlin 1938.
12. Utescher, Kurt, Chemische Untersuchungen von Kamerunböden. — Domke, Walter, Reise nach Kamerun. Aus den „Mitteilungen der Gruppe deutscher kolonialwirtschaftlicher Unternehmungen". Berlin 1939.
13. March, Dr. F., L'Elevage du gros et du petit betail au Ruanda Urandi. Extrait du Bulletin agricole du Congo Belge 1939.
14. Schmidt, Prof. Dr. J., Tierzucht.

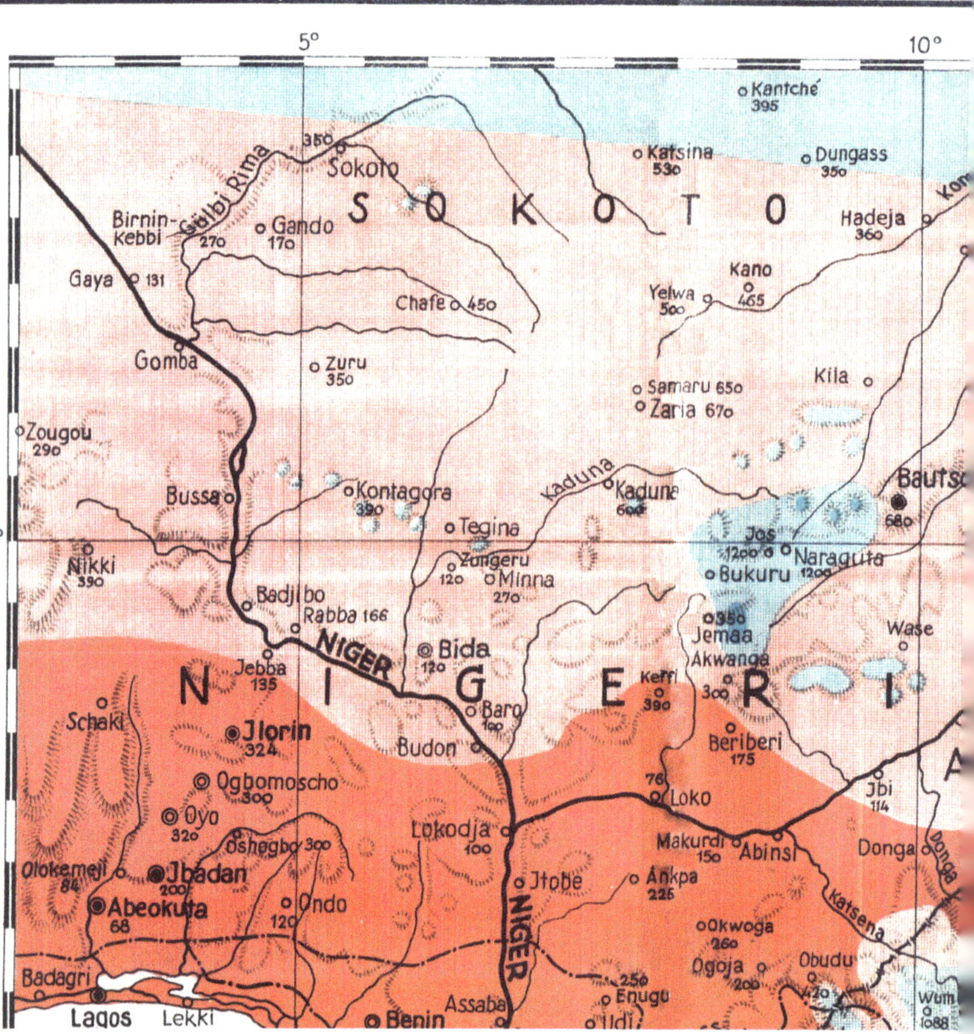
5°
10°
10°
SOKOTO
NIGERIA
NIGER
Kantché 395
Katsina 530
Dungass 350
Sokoto 350
Gulbi Rima
Birnin-Kebbi 270
Gando 170
Hadeja 360
Kano 465
Yelwa 500
Gaya 131
Chafe 450
Gomba
Zuru 350
Samaru 650
Zaria 670
Kila
Zougou 290
Kaduna
Kaduna 600
Bautsc
680
Bussa
Kontagora 390
Tegina
Jos 1200
Naraguta 1200
Nikki 390
Zungeru 120
Minna 270
Bukuru
Badjibo
Rabba 166
350
Jemaa
Wase
Akwanga
Bida 120
Jebba 135
Keffi 390
300
Schaki
Jlorin 324
Baro 100
Beriberi 175
Budon
Ogbomoscho 300
76
Loko
Jbi 114
Oyo 320
Lokodja 100
Makurdi 150
Abinsi
Donga
Oshegbo 300
Olokemeji 84
Jbadan 200
Jtobe
Ankpa 225
Abeokuta 68
Ondo 120
Katsena
Okwoga 260
Ogoja 200
Obudu
Badagri
250
Enugu
Assaba
Wum 1088
Lagos
Lekki
Benin
Udi

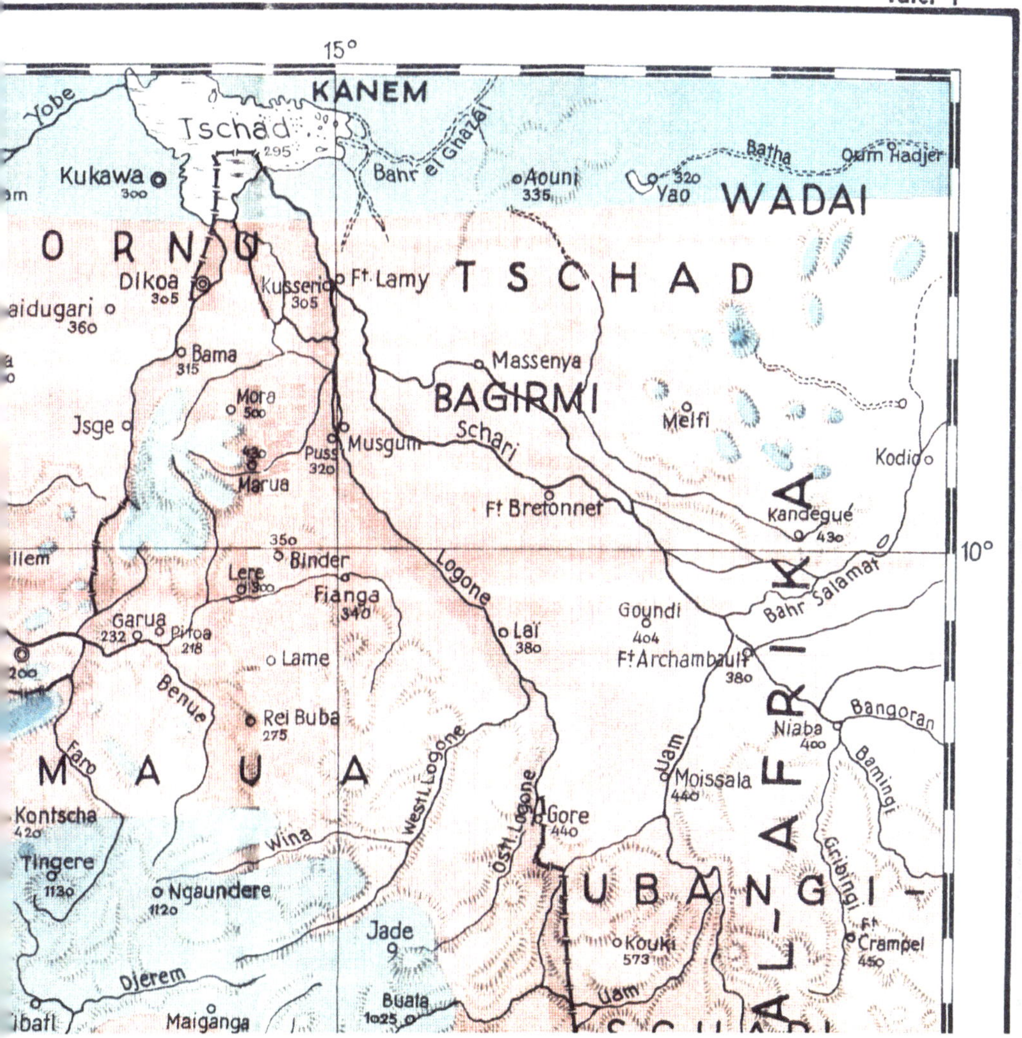
15°
KANEM
Yobe
Tschad
295
Bahr el Ghazal
Batha
Oum Hadjer
Kukawa
300
Aouni
335
Yao
320
WADAI
ORNU
TSCHAD
Dikoa
305
Kusseri
305
Ft Lamy
aidugari
360
Bama
315
Massenya
BAGIRMI
Mora
500
Jsge
Melfi
Musgum
Puss
320
Schari
430
Marua
Kodio
Ft Bretonnet
Kandegué
430
350
Binder
Lere
300
Fianga
340
Logone
10°
Goundi
404
Garua
232
Pitoa
218
Laï
380
Bahr Salamat
Lame
Ft Archambault
380
Benue
Rei Buba
275
Bangoran
Niaba
400
Faro
MAUA
AFRIKA
Uam
Moissala
440
West L. Logone
Östl. Logone
Gore
440
Bamingi
Kontscha
420
Wina
Tingere
1130
Ngaundere
1120
UBANGI
Gribingi
Jade
Kouki
573
Ft Crampel
450
Djerem
Uam
Buala
1025
Maiganga

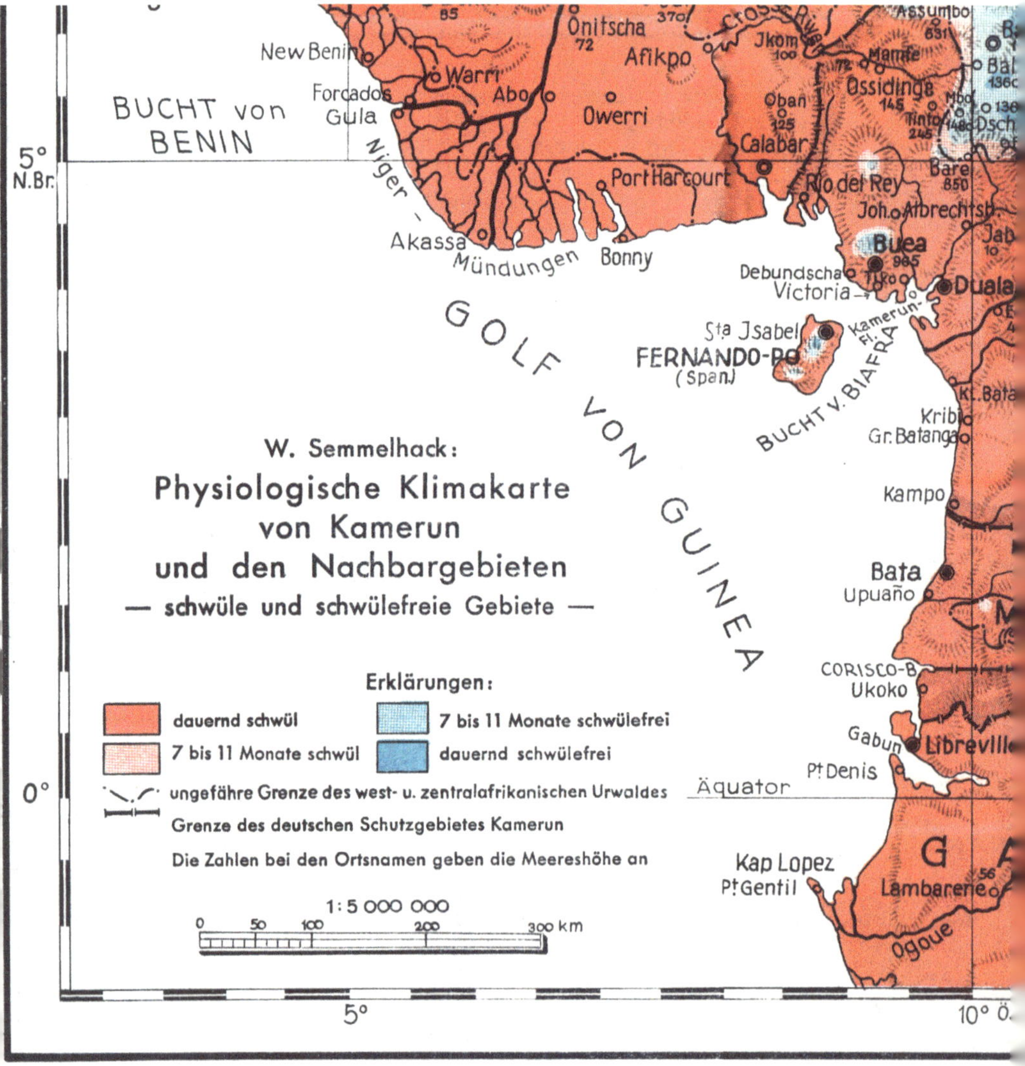
W. Semmelhack:
Physiologische Klimakarte von Kamerun und den Nachbargebieten
— schwüle und schwülefreie Gebiete —
Erklärungen:
dauernd schwül
7 bis 11 Monate schwül
7 bis 11 Monate schwülefrei
dauernd schwülefrei
ungefähre Grenze des west- u. zentralafrikanischen Urwaldes
Grenze des deutschen Schutzgebietes Kamerun
Die Zahlen bei den Ortsnamen geben die Meereshöhe an
1:5 000 000
0 50 100 200 300 km
BUCHT von BENIN
GOLF VON GUINEA
BUCHT V. BIAFRA
5° N.Br.
0°
5°
10° Ö.
Äquator
New Benin
Warri
Forcados
Gula
Abo
Onitscha
72
Afikpo
Owerri
Niger - Mündungen
Akassa
Bonny
Port Harcourt
Jkom
100
Oban
125
Calabar
Rio del Rey
Mamfe
Ossidinge
145
Tinto
245
Bare
850
Joh. Albrechtsh.
Buea
965
Debundscha
Tiko
Victoria
Duala
Kamerun-Fl.
Sta Jsabel
FERNANDO-PO
(Span.)
Kribi
Gr. Batanga
Kampo
Bata
Upuaño
CORISCO-B.
Ukoko
Gabun
Libreville
Pt Denis
Kap Lopez
Pt Gentil
Lambarene
56
Ogoue

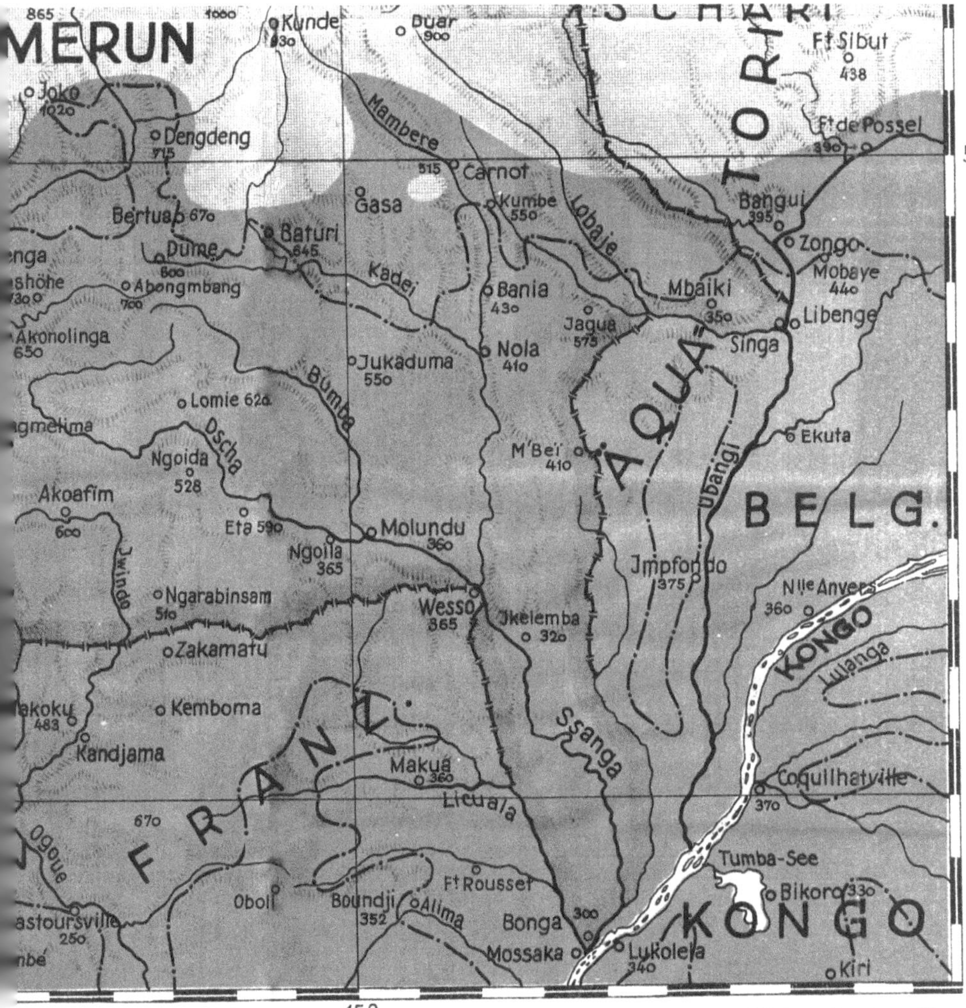

Carl Griese, Hamburg 11

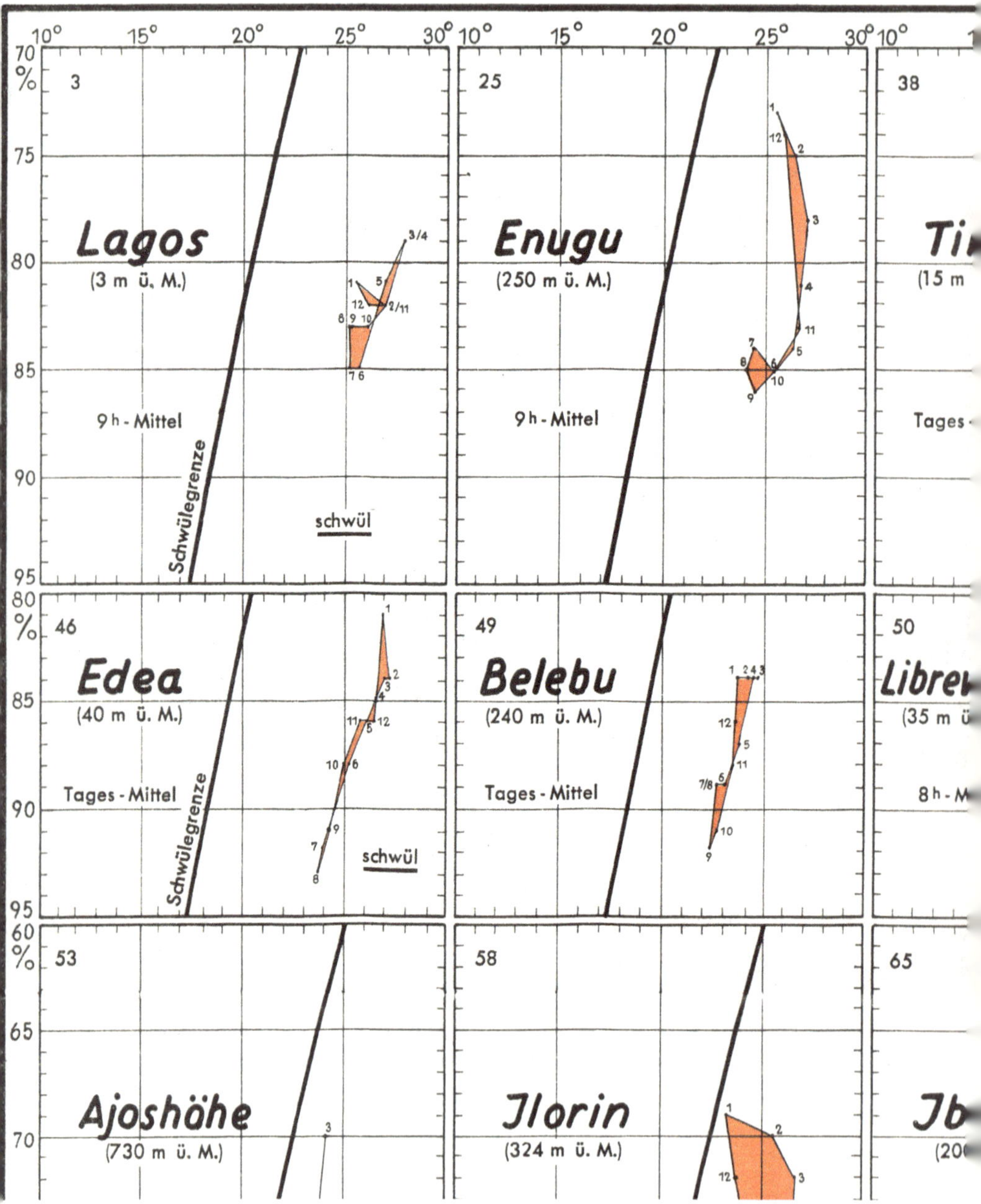
3
Lagos
(3 m ü. M.)
9 h - Mittel
Schwülegrenze
schwül
25
Enugu
(250 m ü. M.)
9 h - Mittel
38
Ti
(15 m
Tages -
46
Edea
(40 m ü. M.)
Tages - Mittel
Schwülegrenze
schwül
49
Belebu
(240 m ü. M.)
Tages - Mittel
50
Librev
(35 m ü
8 h - M
53
Ajoshöhe
(730 m ü. M.)
58
Jlorin
(324 m ü. M.)
65
Jb
(20

Tafel 2.

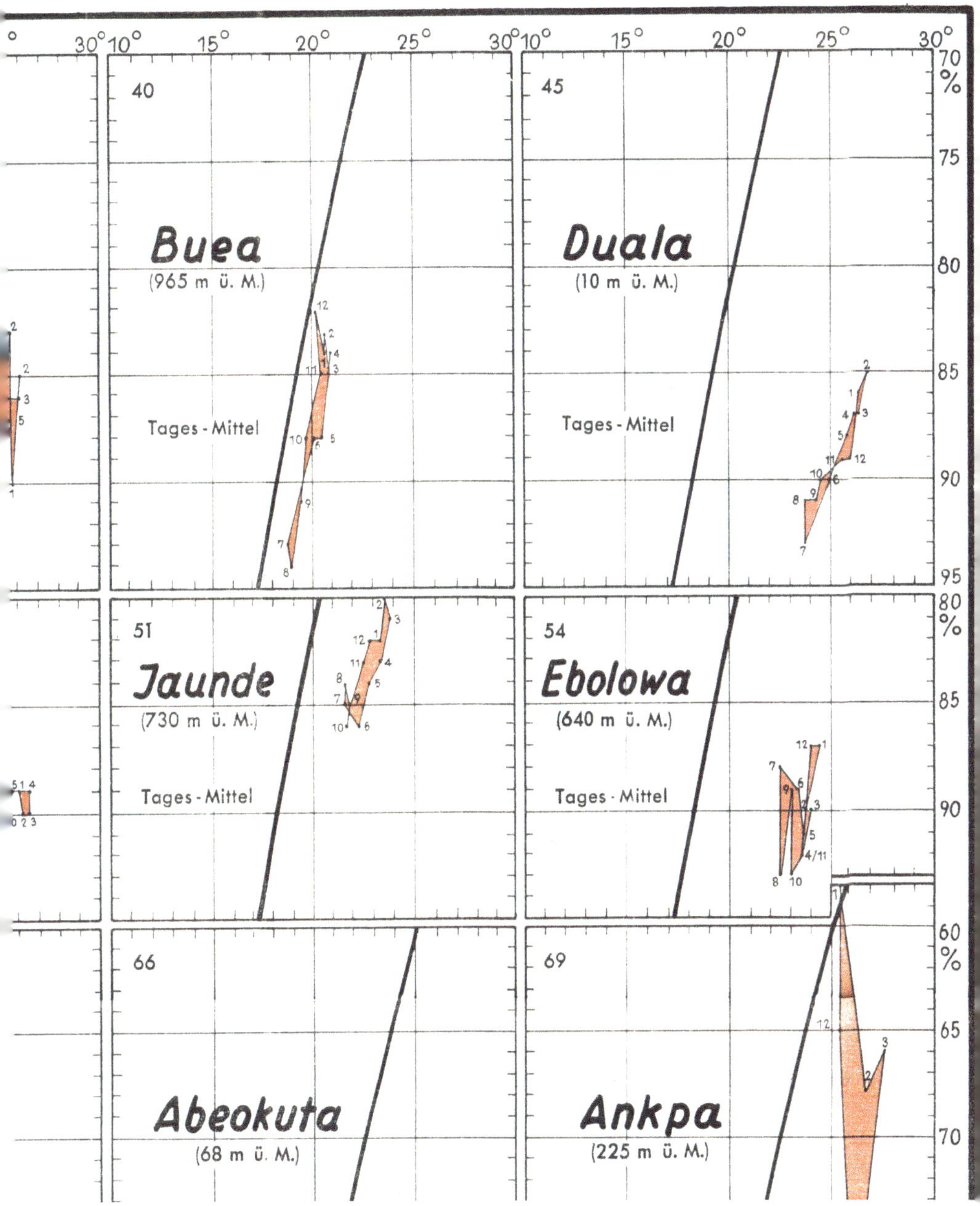
40
Buea
(965 m ü. M.)
Tages-Mittel
45
Duala
(10 m ü. M.)
Tages-Mittel
51
Jaunde
(730 m ü. M.)
Tages-Mittel
54
Ebolowa
(640 m ü. M.)
Tages-Mittel
66
Abeokuta
(68 m ü. M.)
69
Ankpa
(225 m ü. M.)
30° 10° 15° 20° 25° 30° 10° 15° 20° 25° 30°
70 % 75 80 85 90 95
80 % 85 90
60 % 65 70

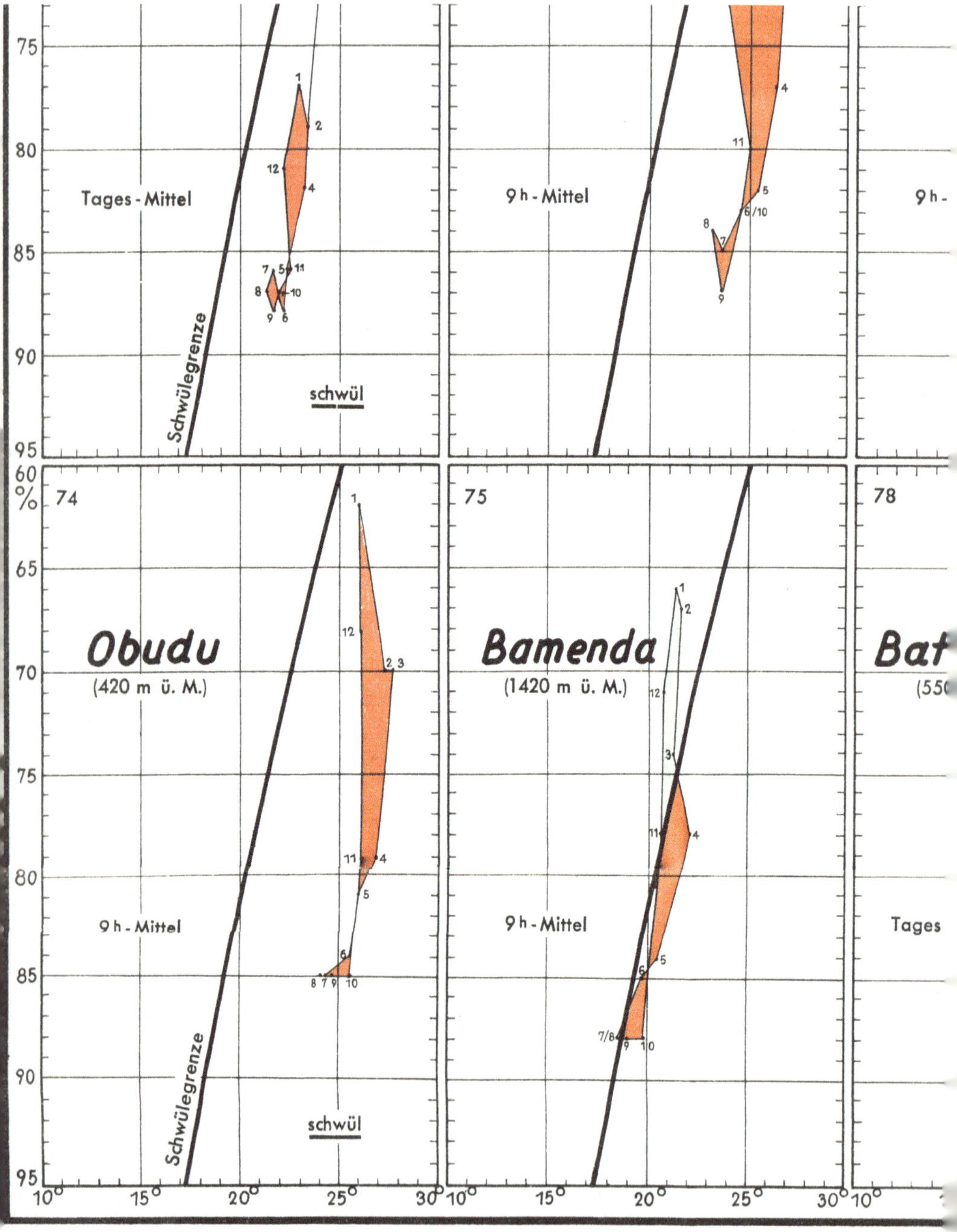

Bemerkung: Die Zahlen in der linken oberen Ecke der Klimagramme bezeichnen

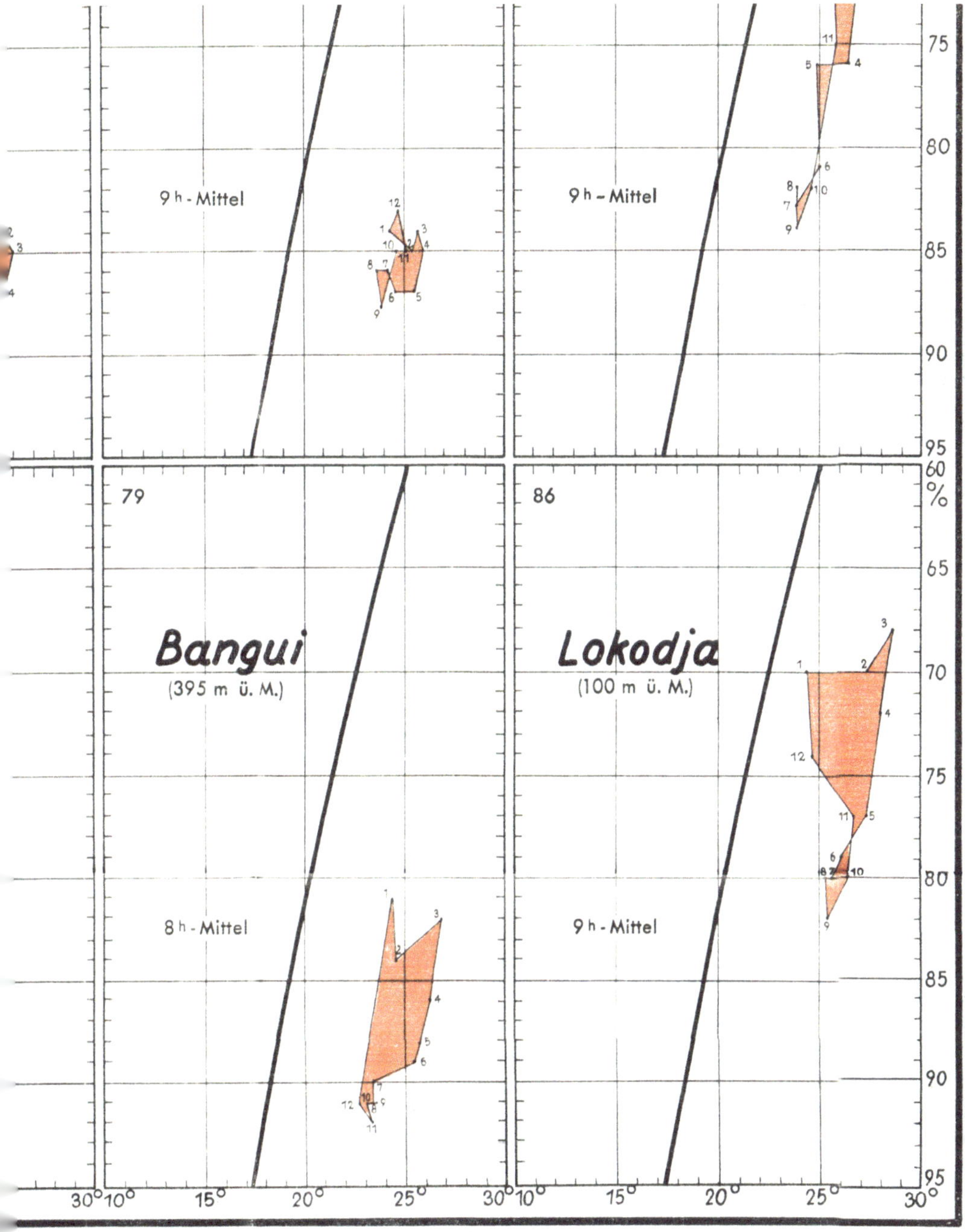

…ationsverzeichnis. — Die Zahlen an den Klimagrammen bedeuten die Monate.

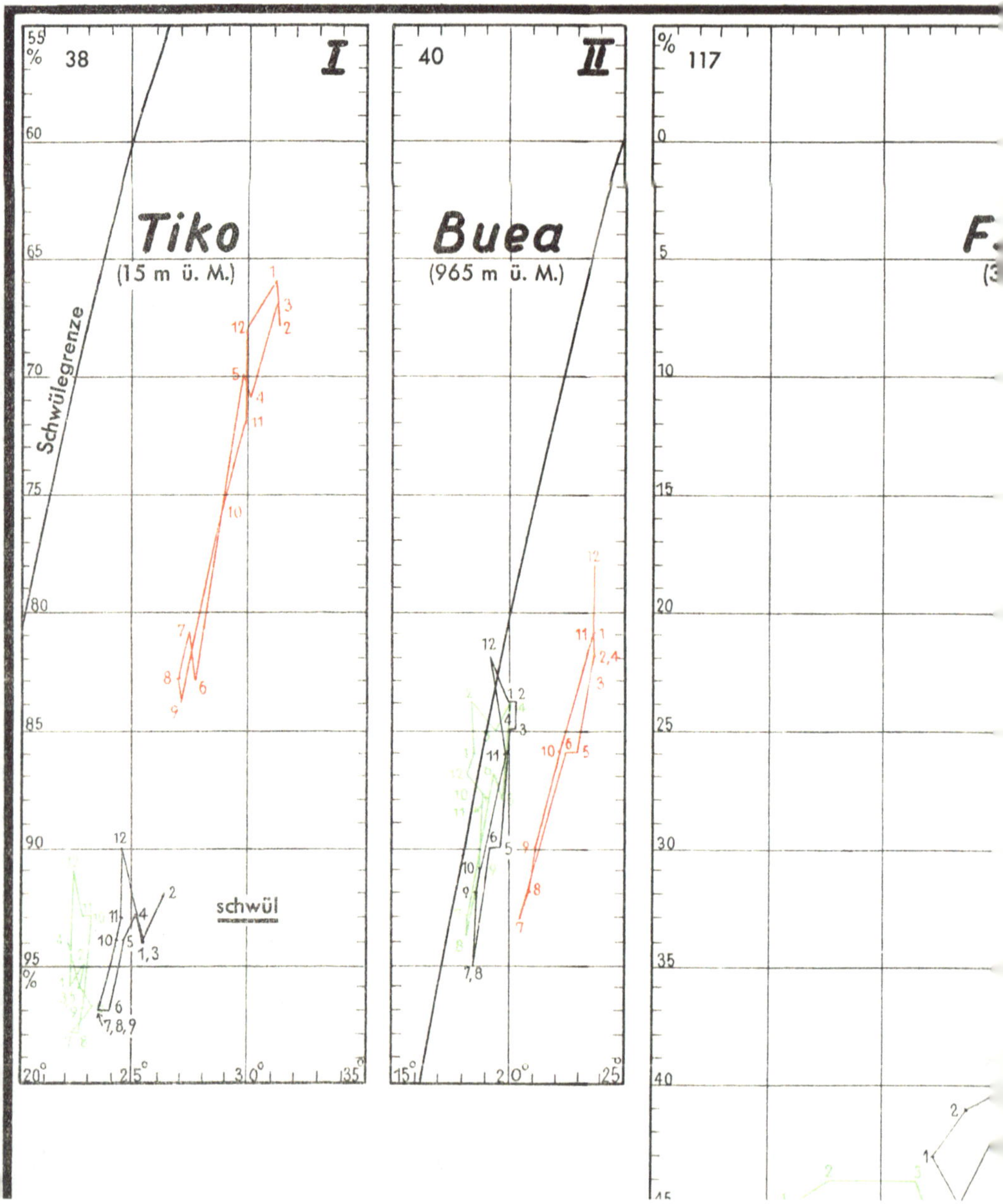

38
I
Tiko
(15 m ü. M.)
Schwülegrenze
schwül
40
II
Buea
(965 m ü. M.)
117
55 %
60
65
70
75
80
85
90
95 %
20°
25°
30°
35°
15°
20°
25°
%
0
5
10
15
20
25
30
35
40

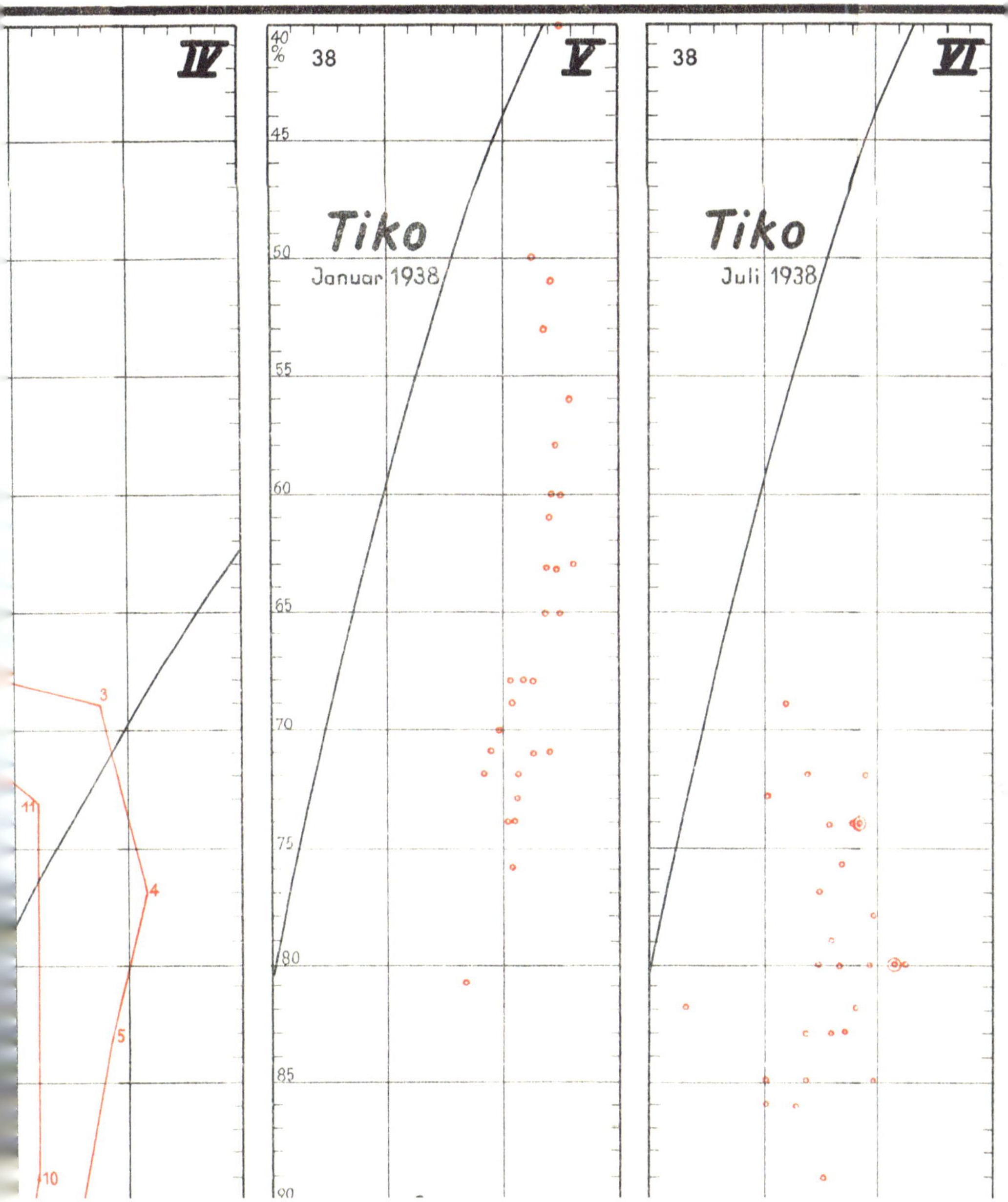

IV
V
VI
38
38
40 %
45
50
55
60
65
70
75
80
85
90
Tiko
Januar 1938
Tiko
Juli 1938
3
4
5
11
10

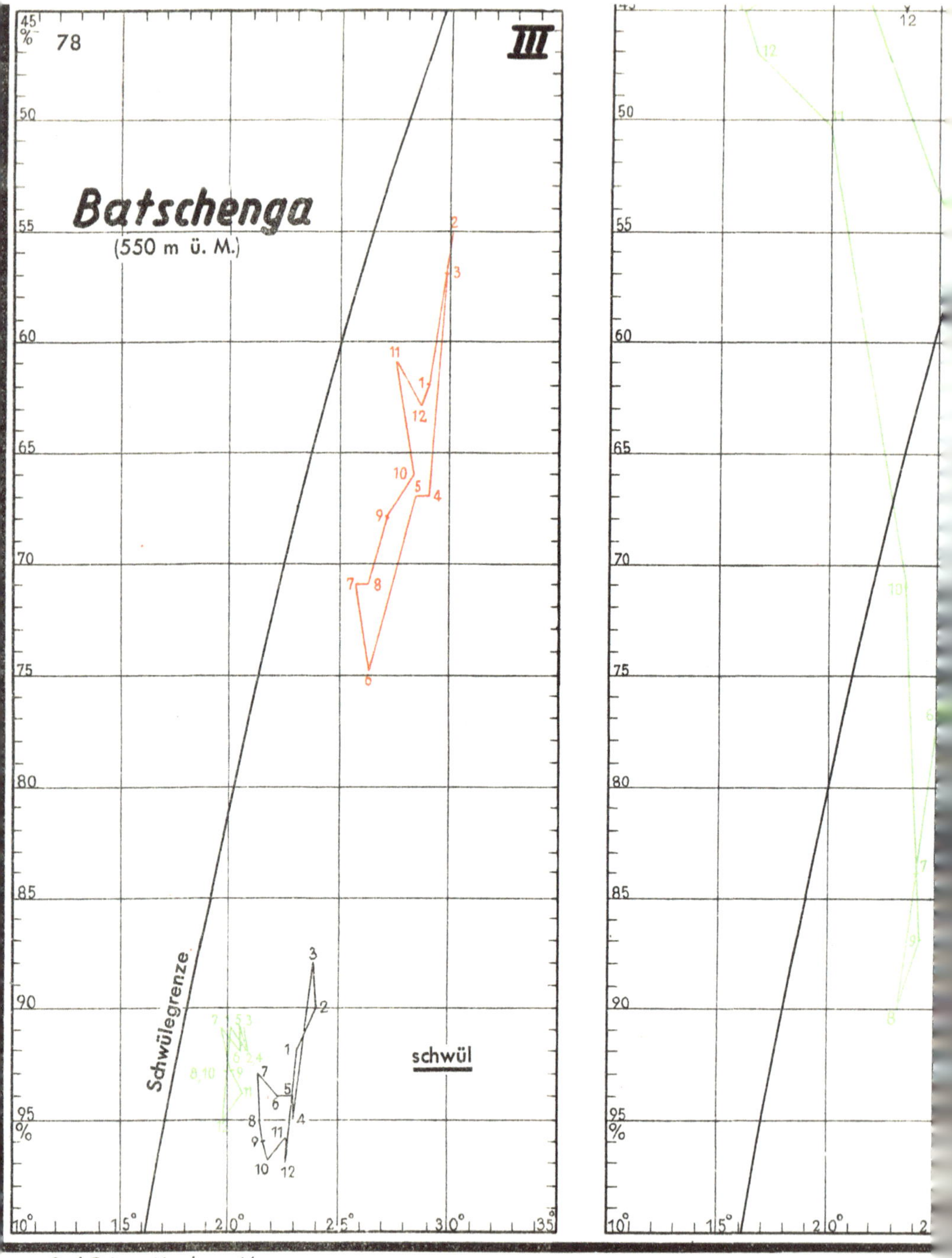

Carl Griese, Hamburg 11

6
5°
40°
45°

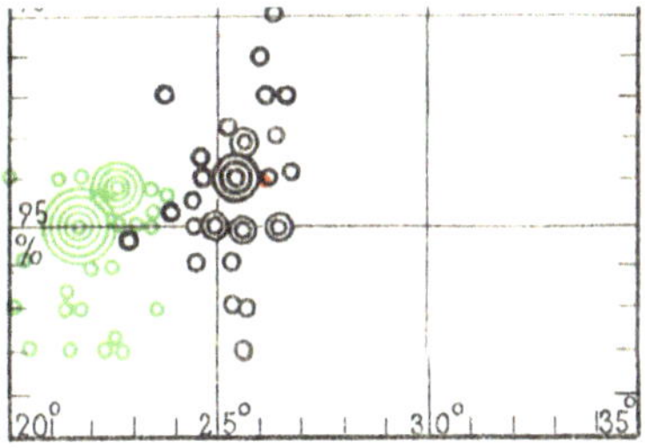
95
%
20°
25°
30°
35°

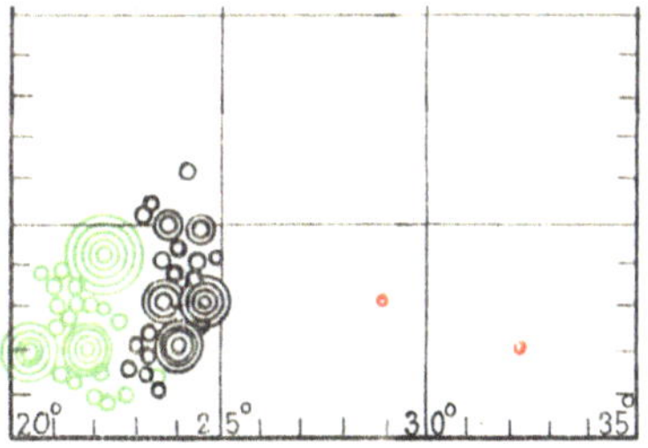
20°
25°
30°
35°

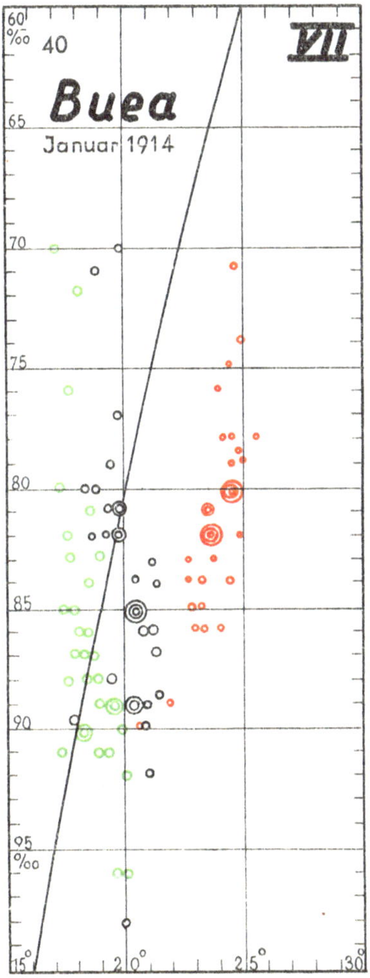
VII
60
‰
40
Buea
Januar 1914
65
70
75
80
85
90
95
‰
15°
20°
25°
30°

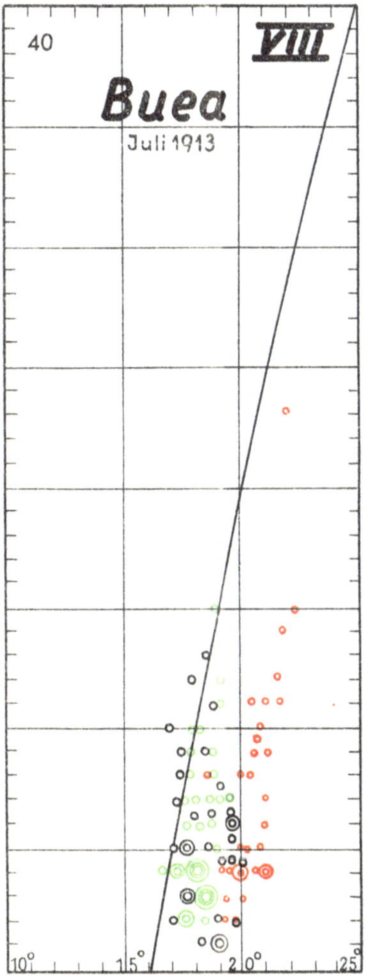
VIII
40
Buea
Juli 1913
10°
15°
20°
25°

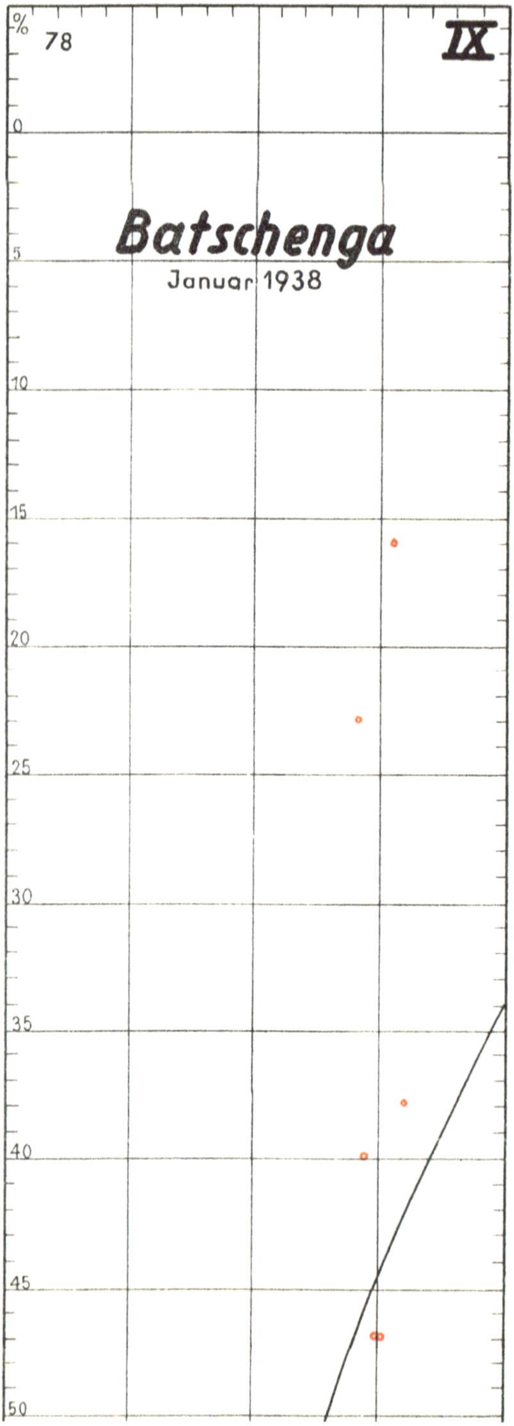

W. Semmelhack: Ph

I — IV: Jahresgang der K
V — XII: Kombinationen de
Monaten. Konzen
kommenden Uhrze
Kombinationen an

: Klimagramme un
: " "
: " "

Die Zahlen in der
Nummern der Or
bedeuten die Mor

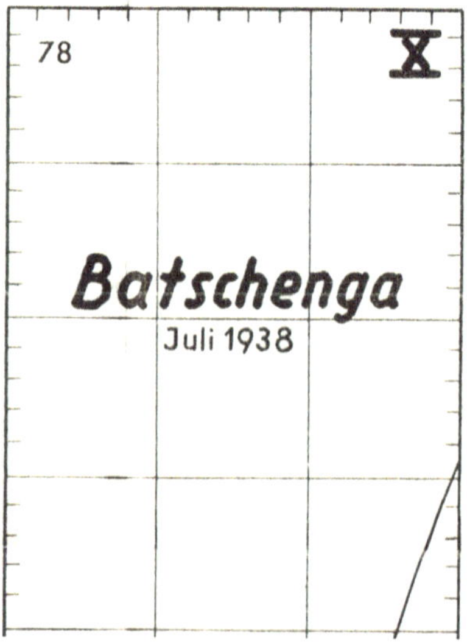

nakarte von Kamerun und den Nachbargebieten.
Klimagramme und Diagramme

tur-Feuchte" um 7, 14 und 21 Uhr.
emperatur- und Feuchte-Werte um 7, 14 und 21 Uhr in den angegebenen
deuten, daß die Kombinationen „Temperatur-Feuchte" zu den in Betracht
im Diagramm haben. Dabei gibt die Zahl der Kreise die Häufigkeit dieser

Uhr,

" ,

" .

der Klima- bzw. Diagramme bezeichnen die
nnis. — Die Zahlen an den Klimagrammen

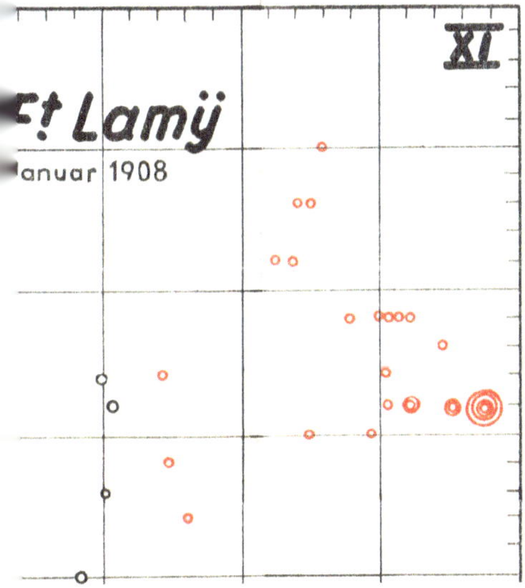

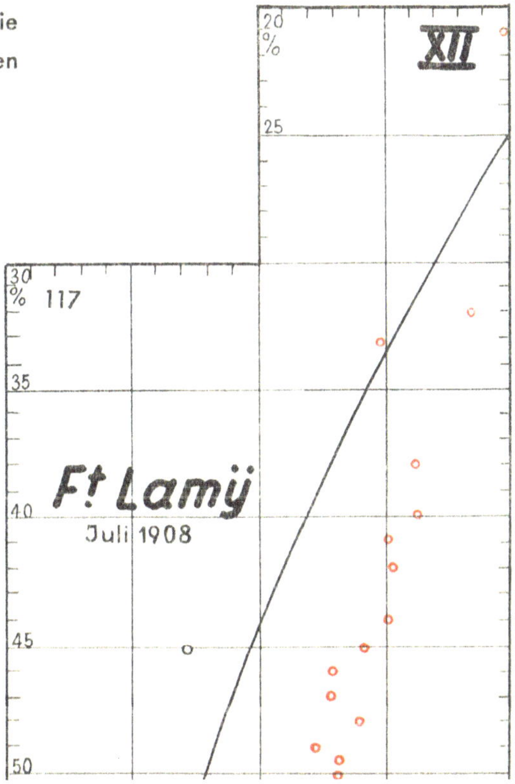

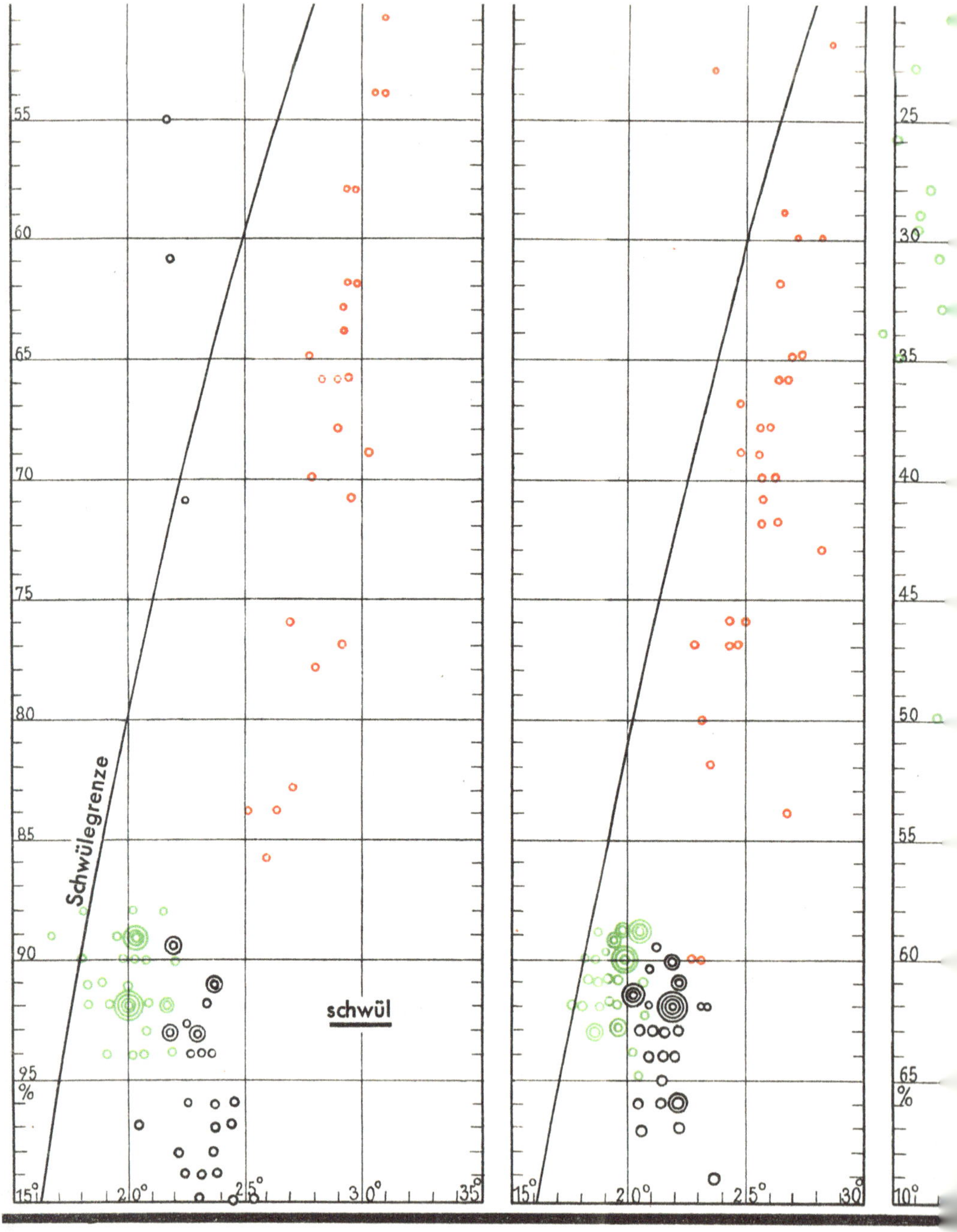

55
60
65
70
75
80
85
90
95
%
Schwülegrenze
schwül
15°
20°
25°
30°
35°
25
30
35
40
45
50
55
60
65
10°

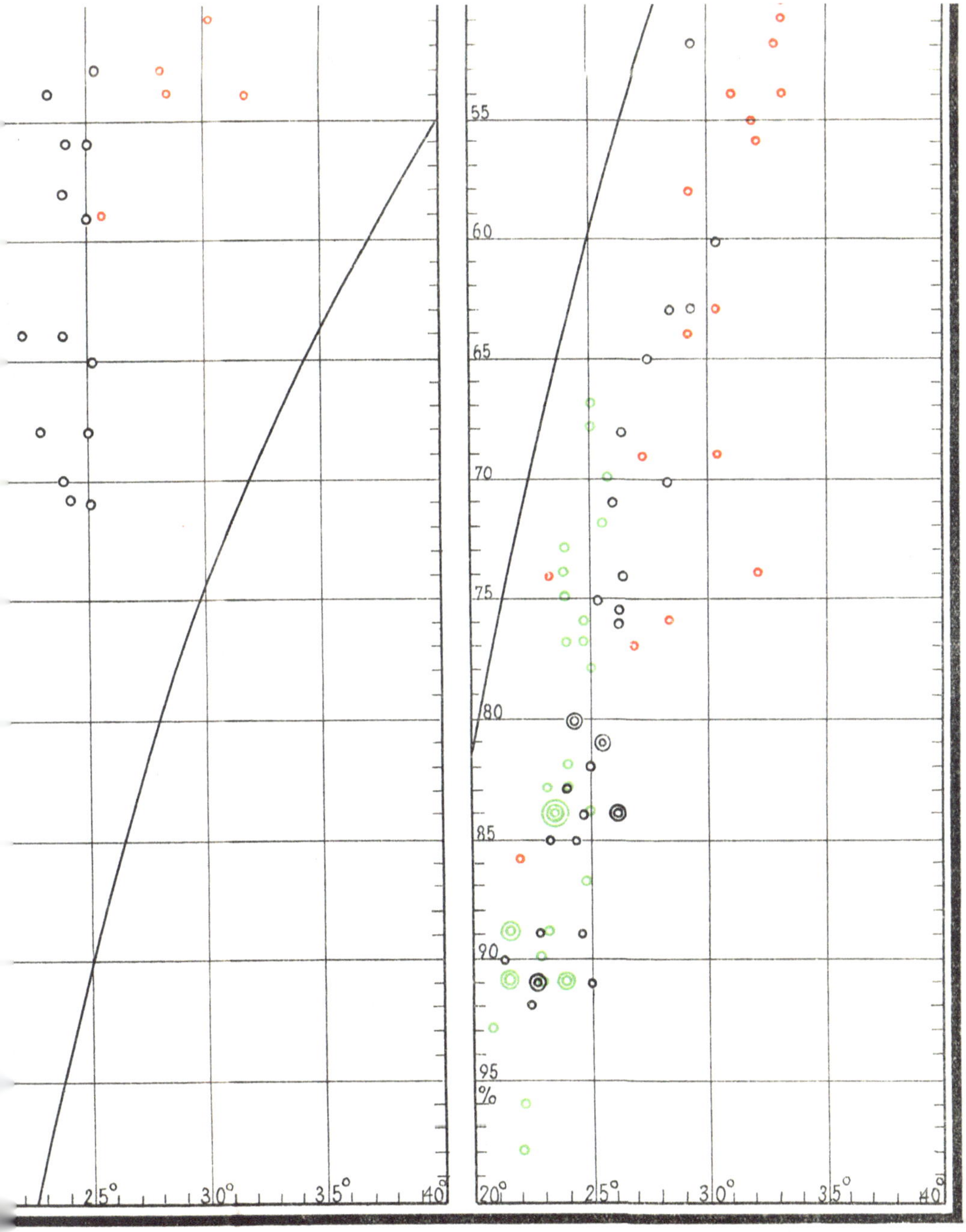
55
60
65
70
75
80
85
90
95
%
25°
30°
35°
40°
20°
25°
30°
35°
40°

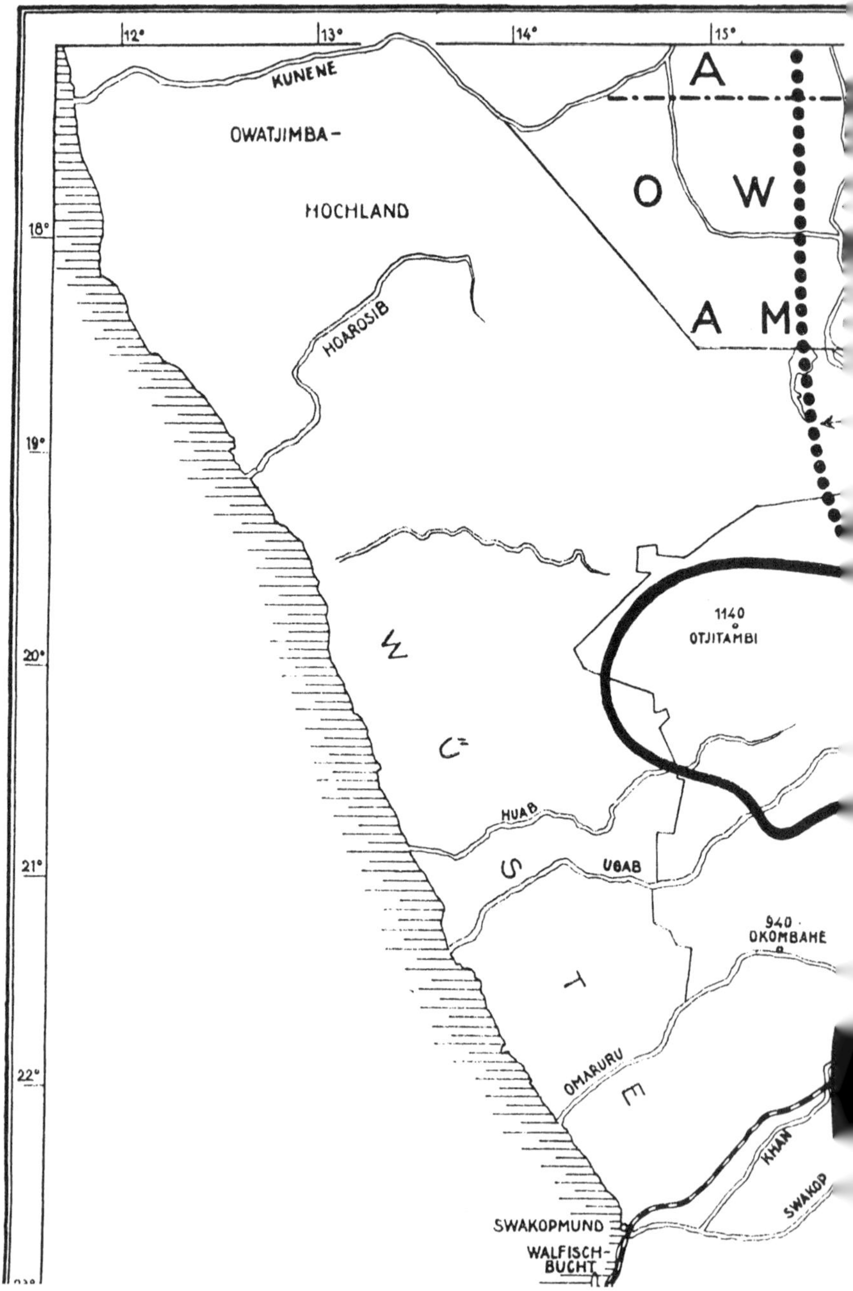

12°
13°
14°
15°
18°
19°
20°
21°
22°
KUNENE
OWATJIMBA-
HOCHLAND
A
O W
A M
HOAROSIB
1140
OTJITAMBI
HUAB
UGAB
940
OKOMBAHE
OMARURU
KHAN
SWAKOP
SWAKOPMUND
WALFISCH-
BUCHT

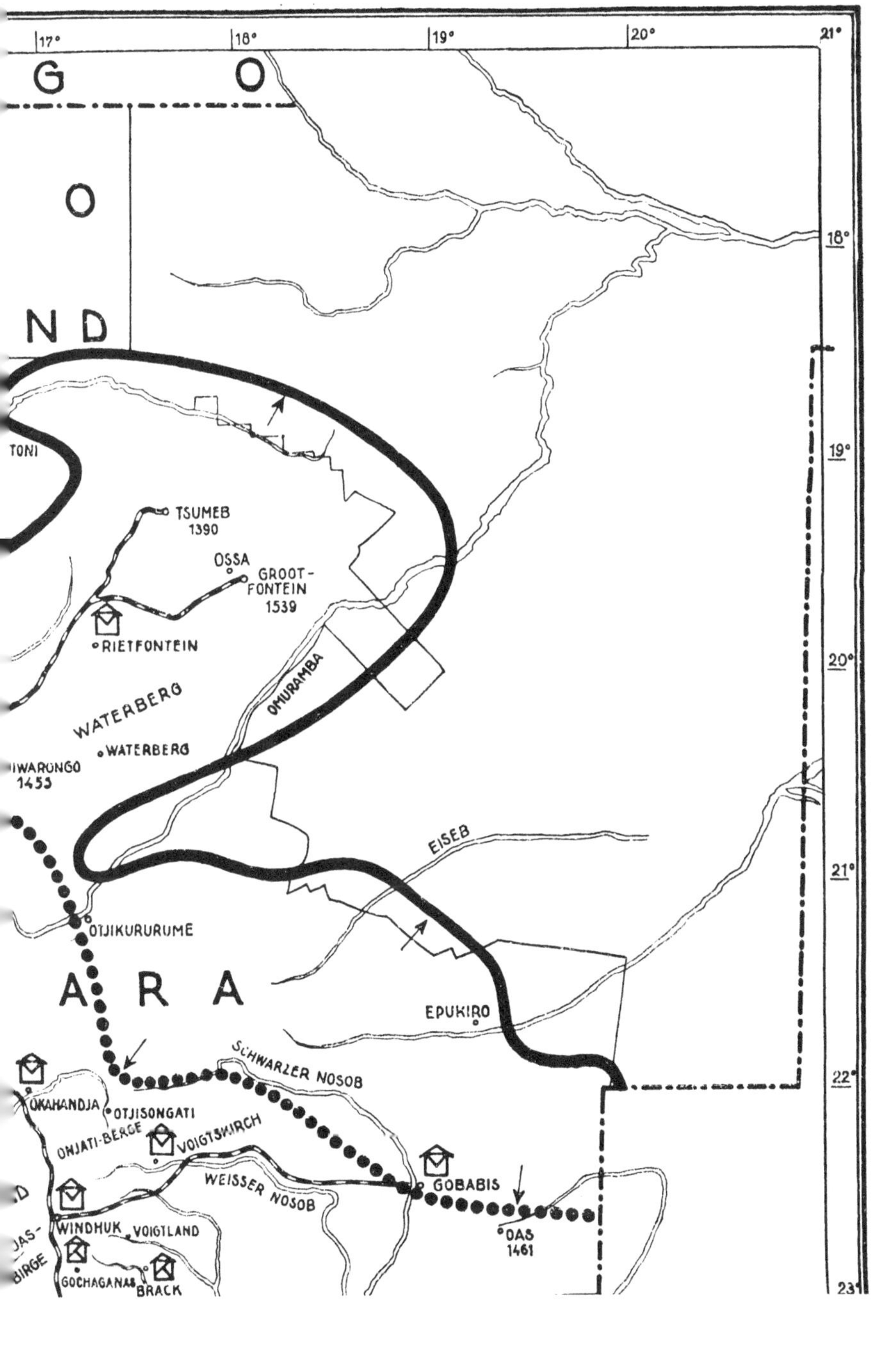
17°
18°
19°
20°
21°
G O
O
N D
TONI
TSUMEB
1390
OSSA
GROOT-
FONTEIN
1539
RIETFONTEIN
OMURAMBA
WATERBERG
WATERBERG
IWARUNGO
1455
EISEB
OTJIKURURUME
A R A
EPUKIRO
SCHWARZER NOSOB
OKAHANDJA
OTJISONGATI
ONJATI-BERGE
VOIGTSKIRCH
GOBABIS
WEISSER NOSOB
WINDHUK
VOIGTLAND
OAS
1461
GOCHAGANAS
BRACK
18°
19°
20°
21°
22°
23°

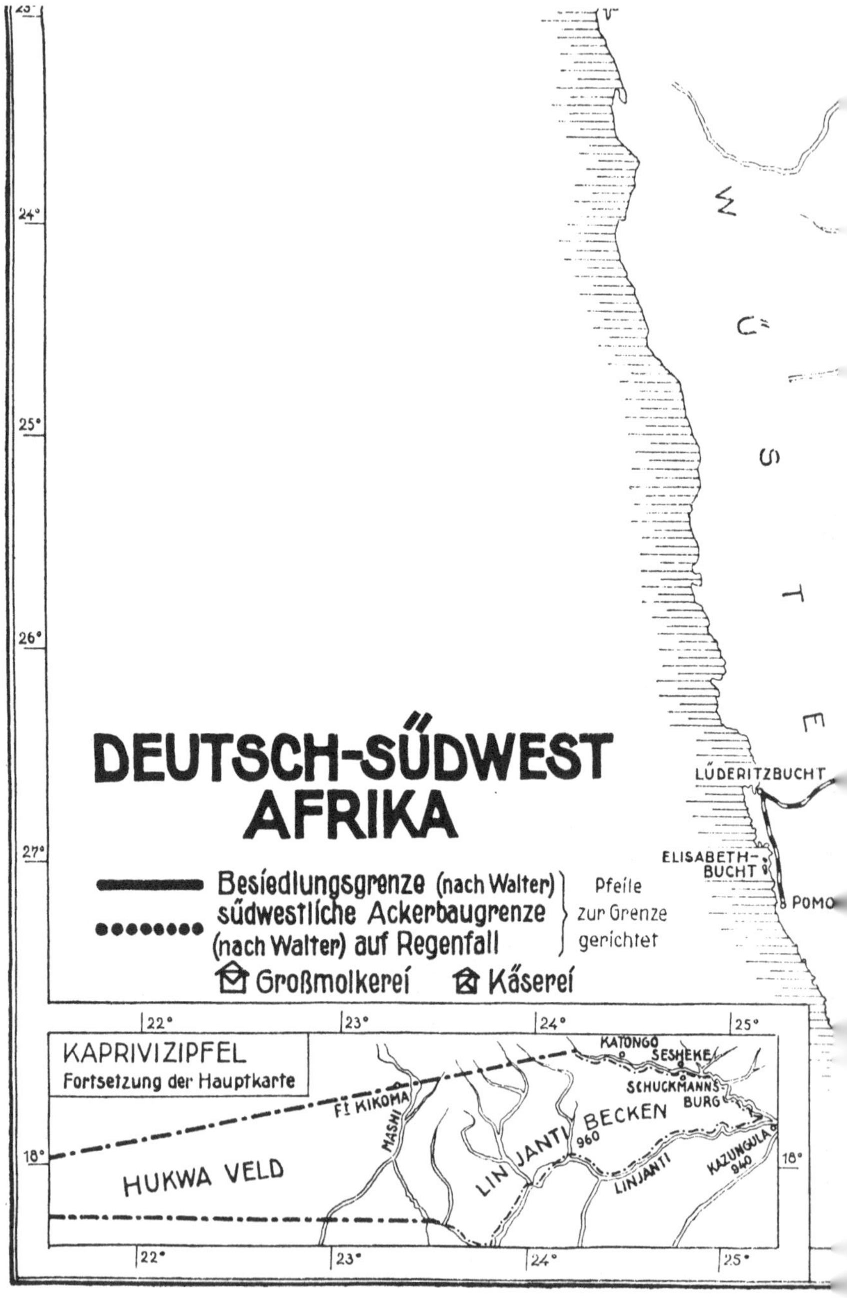

Verlag Walter de Gruyter & Co., Berlin W 35

Deko V. Zu Halenke, Viehwirtschaft in Deutsch-Südwestafrika

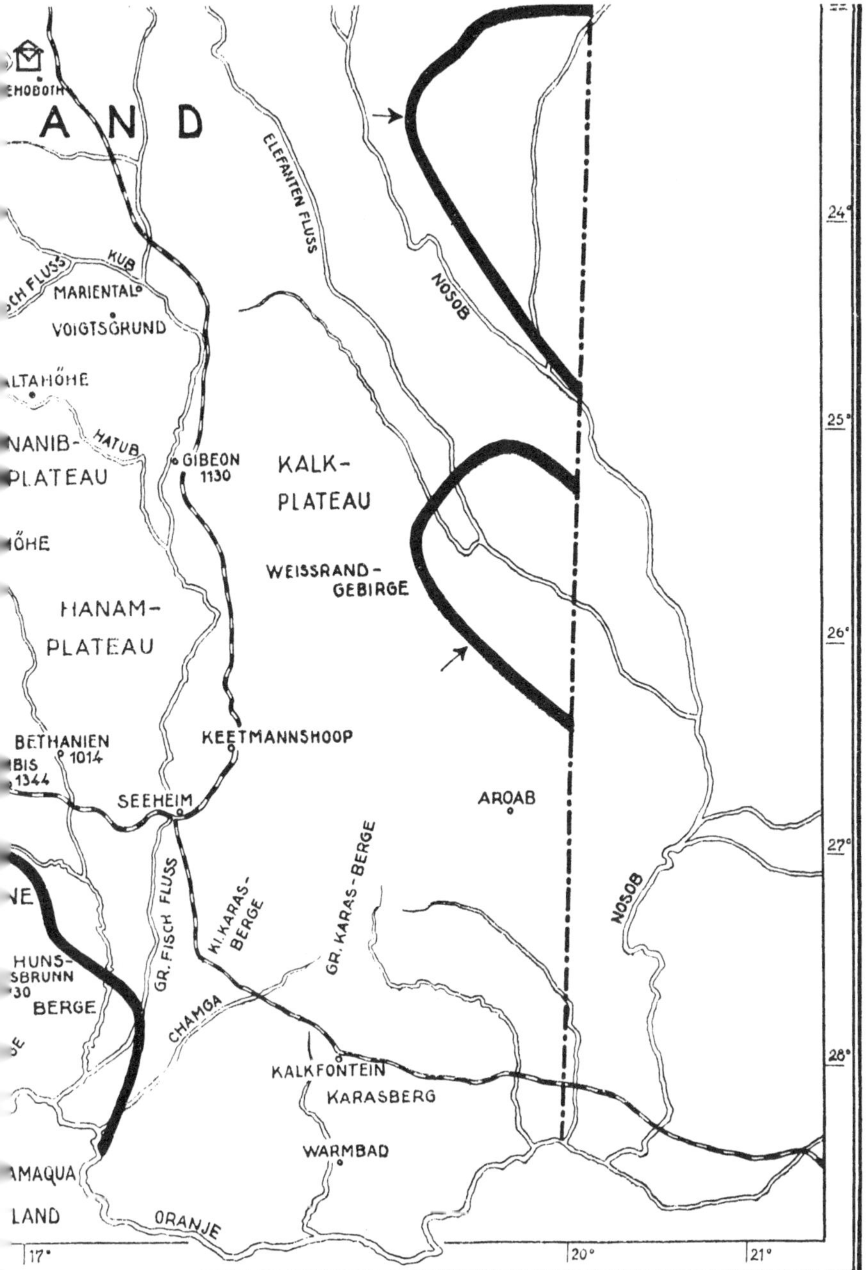

REHOBOTH
A N D
ELEFANTEN FLUSS
NOSOB
FISCH FLUSS
KUB
MARIENTAL
VOIGTSGRUND
MALTAHÖHE
NANIB-PLATEAU
HATUB
GIBEON 1130
KALK-PLATEAU
HÖHE
WEISSRAND-GEBIRGE
HANAM-PLATEAU
BETHANIEN 1014
BIS 1344
KEETMANNSHOOP
SEEHEIM
AROAB
GR. FISCH FLUSS
Kl. KARAS-BERGE
GR. KARAS-BERGE
NOSOB
HUNSBRUNN
BERGE
CHAMGA
KALKFONTEIN
KARASBERG
WARMBAD
NAMAQUA LAND
ORANJE
24°
25°
26°
27°
28°
17°
20°
21°

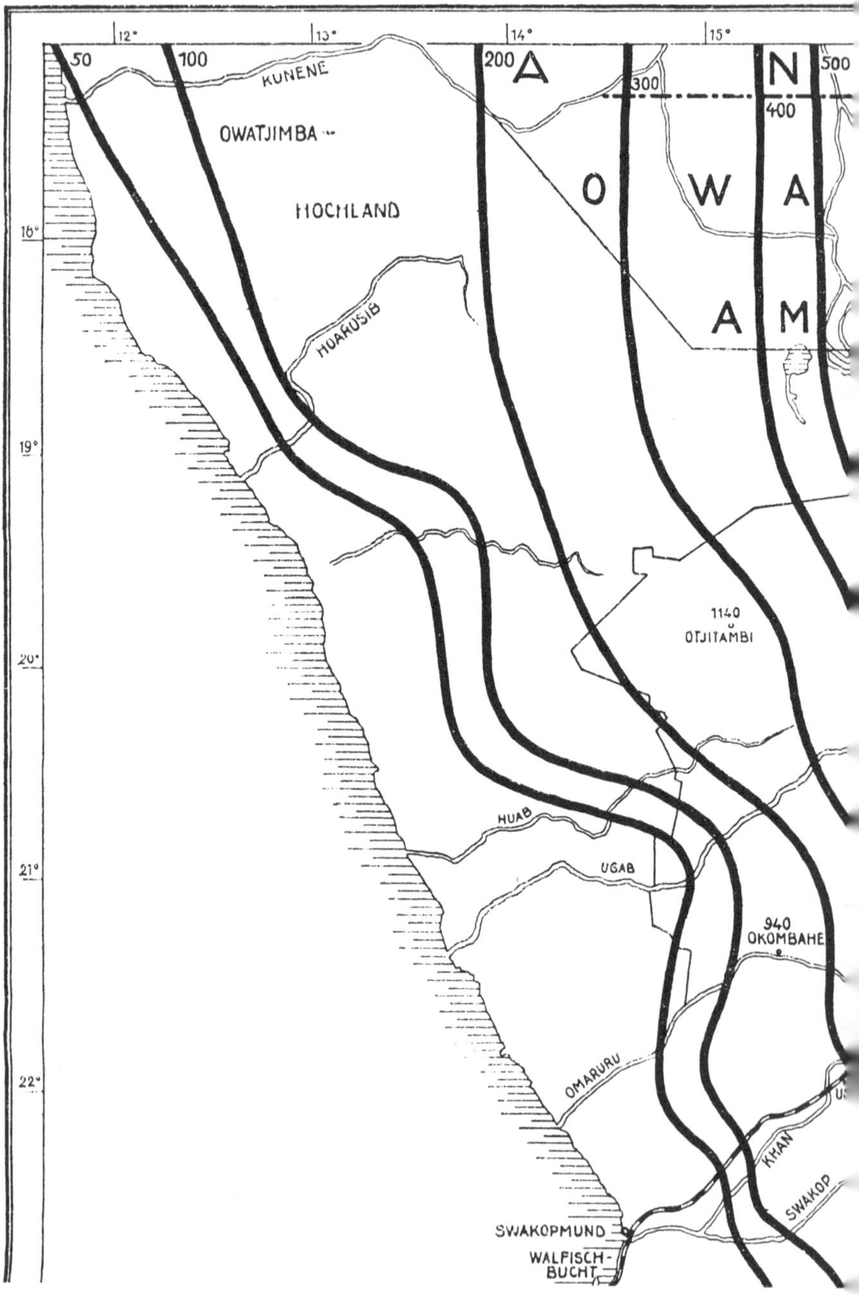

12°
13°
14°
15°
50
100
200
300
400
500
A
N
KUNENE
OWATJIMBA
HOCHLAND
O
W
A
A
M
HOARUSIB
18°
19°
20°
21°
22°
1140
OTJITAMBI
HUAB
UGAB
940
OKOMBAHE
OMARURU
KHAN
SWAKOP
SWAKOPMUND
WALFISCH-
BUCHT

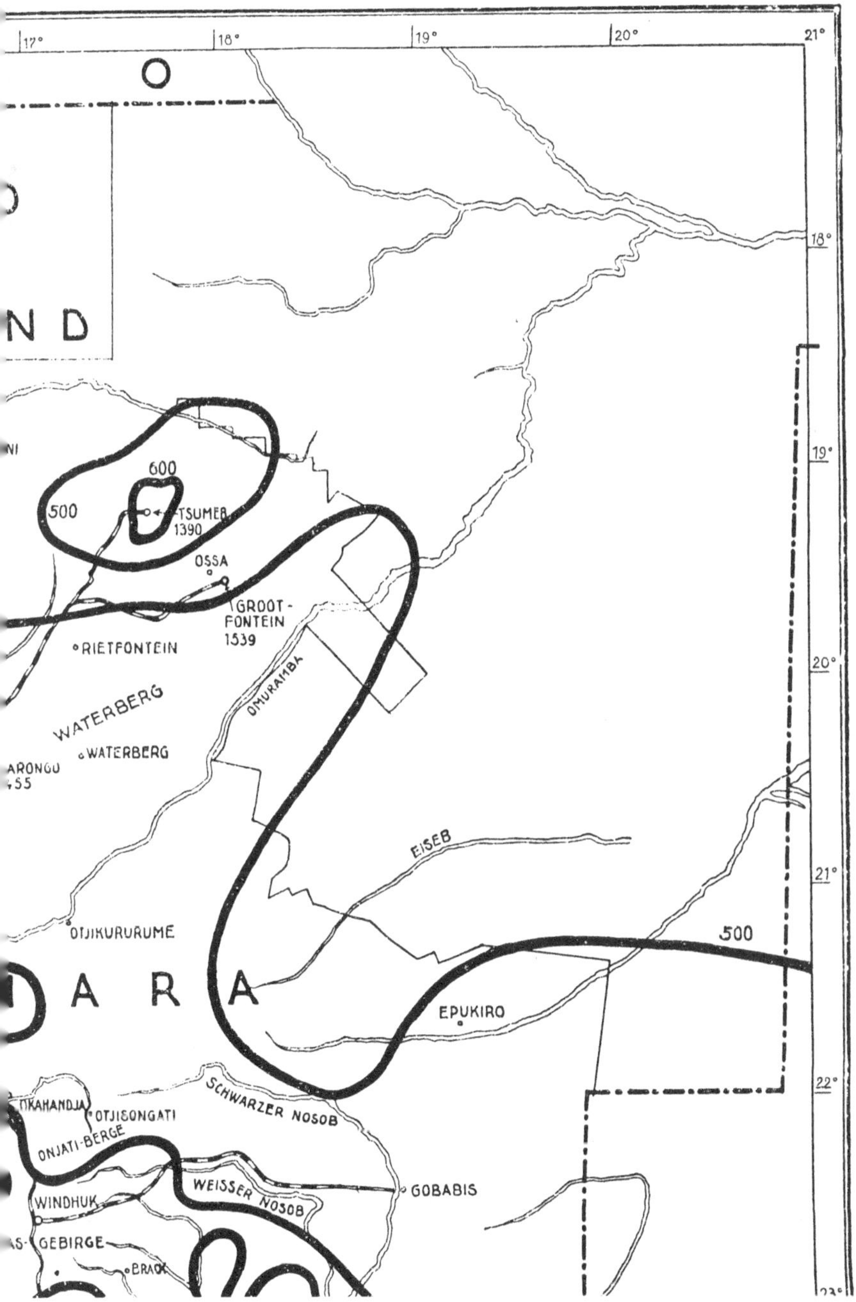
17°
18°
19°
20°
21°
O
N D
600
500
TSUMEB
1390
OSSA
GROOT-
FONTEIN
1539
RIETFONTEIN
WATERBERG
WATERBERG
OMURAMBA
EISEB
OTJIKURURUME
500
D A R A
EPUKIRO
SCHWARZER NOSOB
OTJISONGATI
ONJATI-BERGE
WEISSER NOSOB
GOBABIS
WINDHUK
GEBIRGE
18°
19°
20°
21°
22°
23°

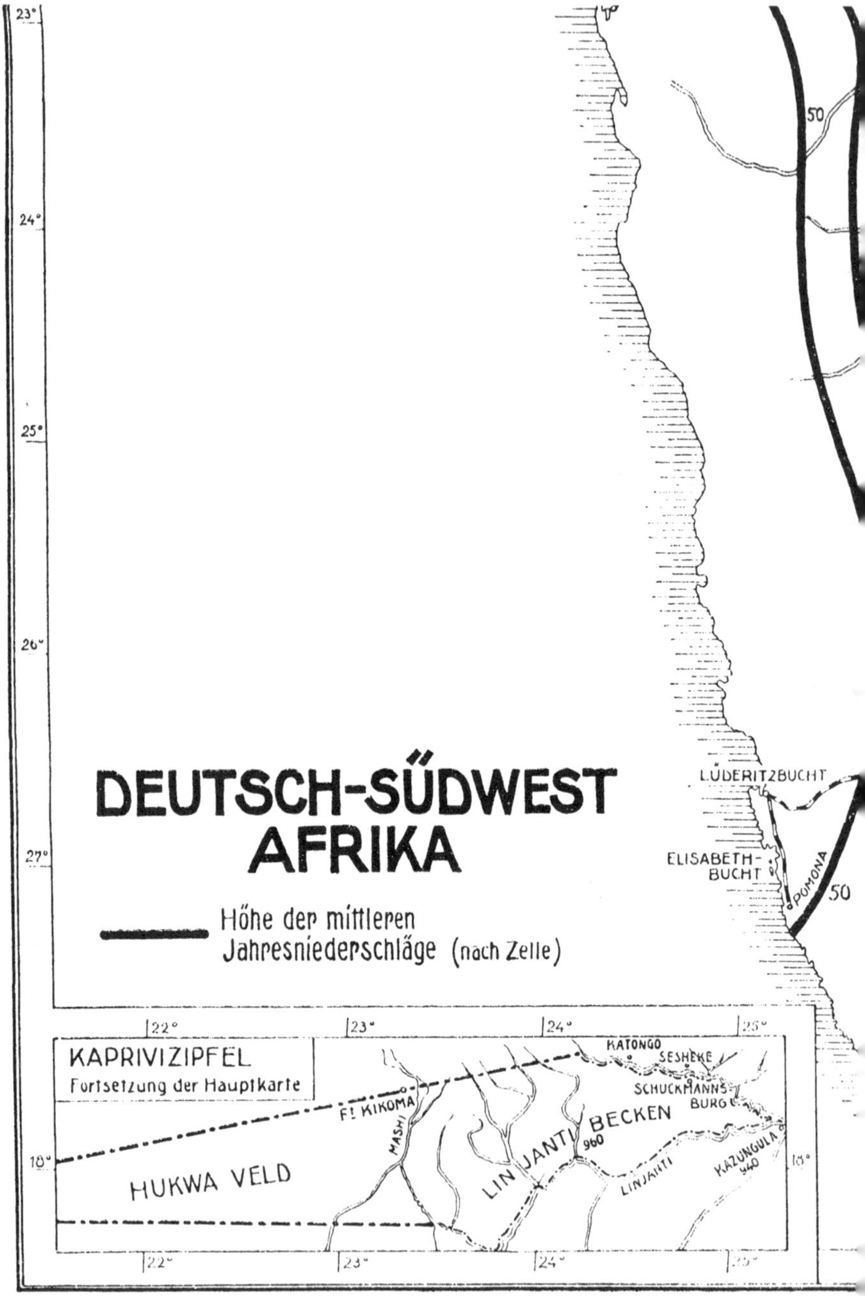

Verlag Walter de Gruyter & Co., Berlin W 35
Deko V. Zu Halenke, Viehwirtschaft in Deutsch-Südwestafrika

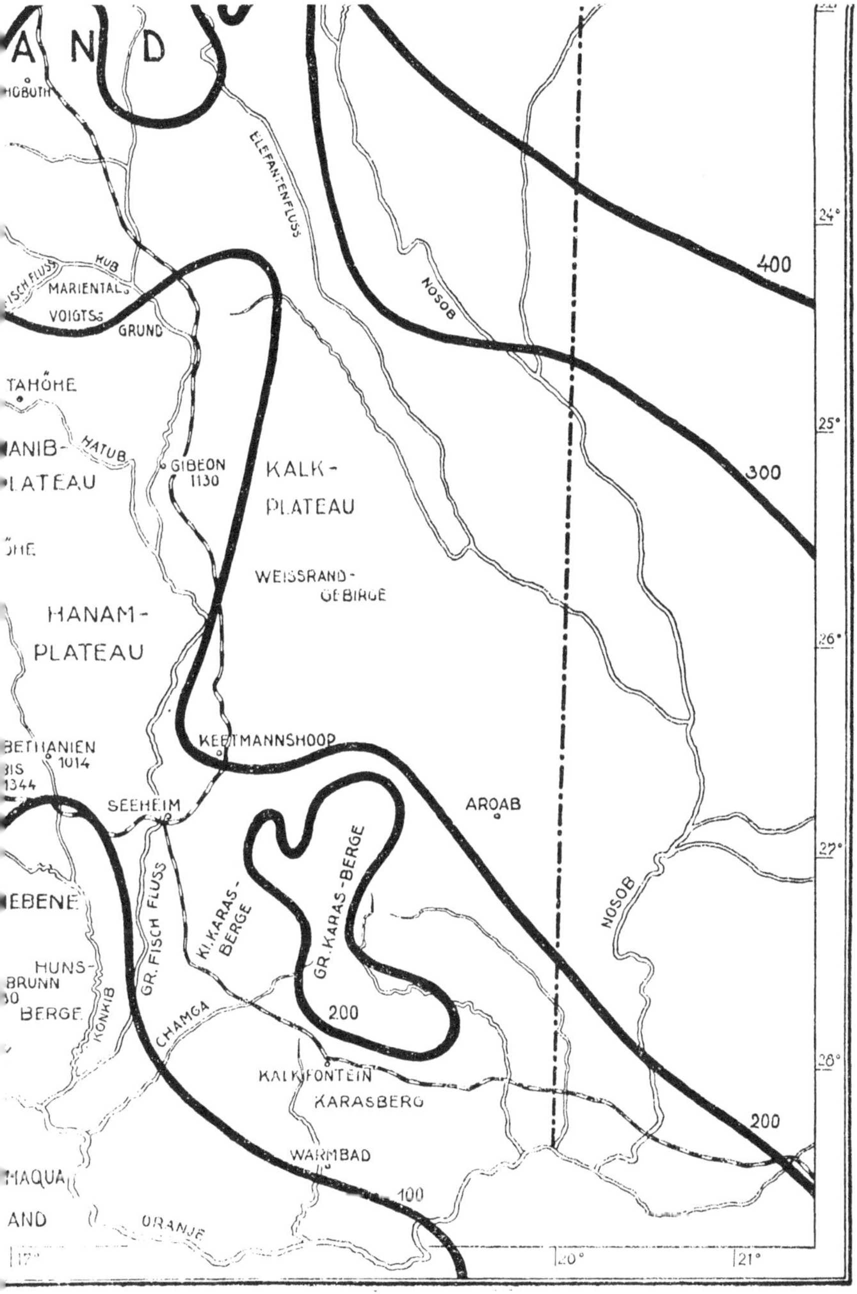

A N D
HOBUTH
ELEFANTENFLUSS
NOSOB
400
HUB
FISCH FLUSS
MARIENTAL
VOIGTS-
GRUND
TAHÖHE
HATUB
ANIB-
PLATEAU
GIBEON
1130
KALK-
PLATEAU
300
WEISSRAND-
GEBIRGE
HANAM-
PLATEAU
BETHANIEN
1014
1344
KEETMANNSHOOP
SEEHEIM
AROAB
EBENE
GR. FISCH FLUSS
KL. KARAS-
BERGE
GR. KARAS-BERGE
NOSOB
HUNS-
BRUNN
BERGE
KONKIB
CHAMGA
200
KALKFONTEIN
KARASBERG
200
WARMBAD
100
AND
ORANJE
24°
25°
26°
27°
28°
20°
21°

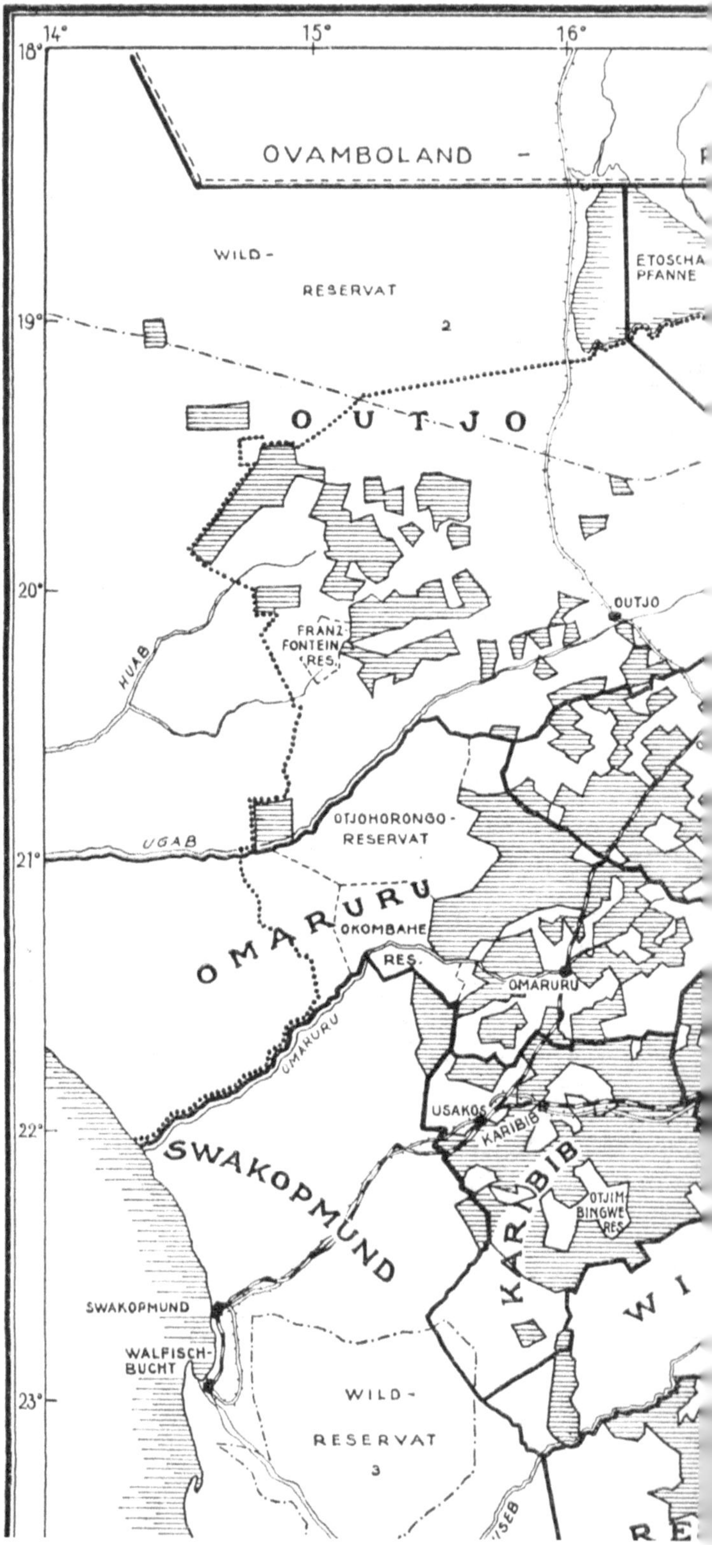
14°
15°
16°
18°
19°
20°
21°
22°
23°
OVAMBOLAND
WILD-
RESERVAT
2
ETOSCHA
PFANNE
OUTJO
OUTJO
HUAB
FRANZ-
FONTEIN
RES.
OTJOHORONGO-
RESERVAT
UGAB
OMARURU
OKOMBAHE
RES.
OMARURU
OMARURU
USAKOS
KARIBIB
KARIBIB
OTJIM
BINGWE
RES.
SWAKOPMUND
SWAKOPMUND
WALFISCH-
BUCHT
WILD-
RESERVAT
3

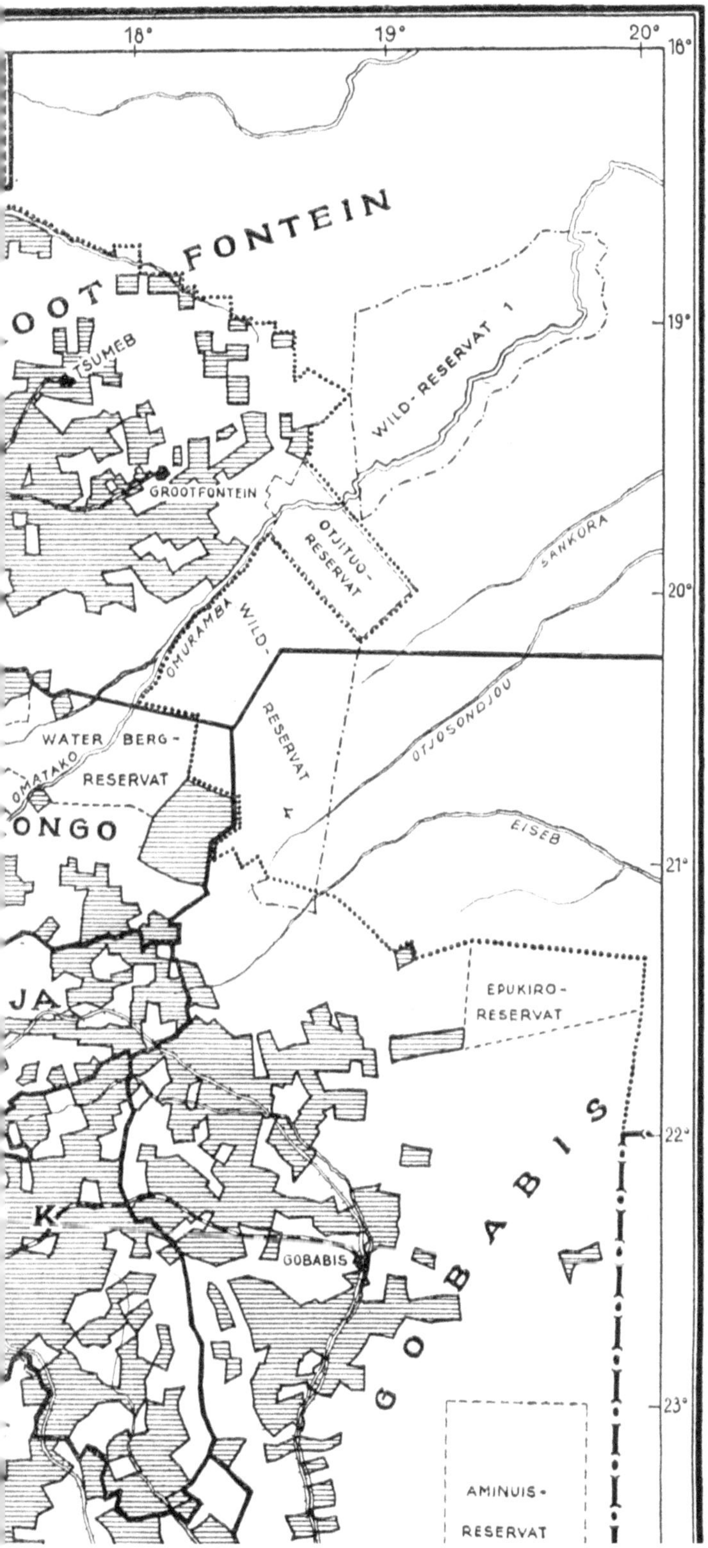
18°
19°
20°
18°
19°
20°
21°
22°
23°
FONTEIN
OOT
TSUMEB
GROOTFONTEIN
WILD-RESERVAT 1
OTJITUO-RESERVAT
SANKORA
OMURAMBA WILD-RESERVAT
OTJOSONDJOU
WATER BERG-RESERVAT
OMATAKO
ONGO
EISEB
JA
EPUKIRO-RESERVAT
GOBABIS
GOBABIS
K
AMINUIS-RESERVAT

Verlag Walter de Gruyter & Co., Berlin W 35

Deko V. Zu Halenke, Viehwirtschaft in Deutsch-Südwestafrika

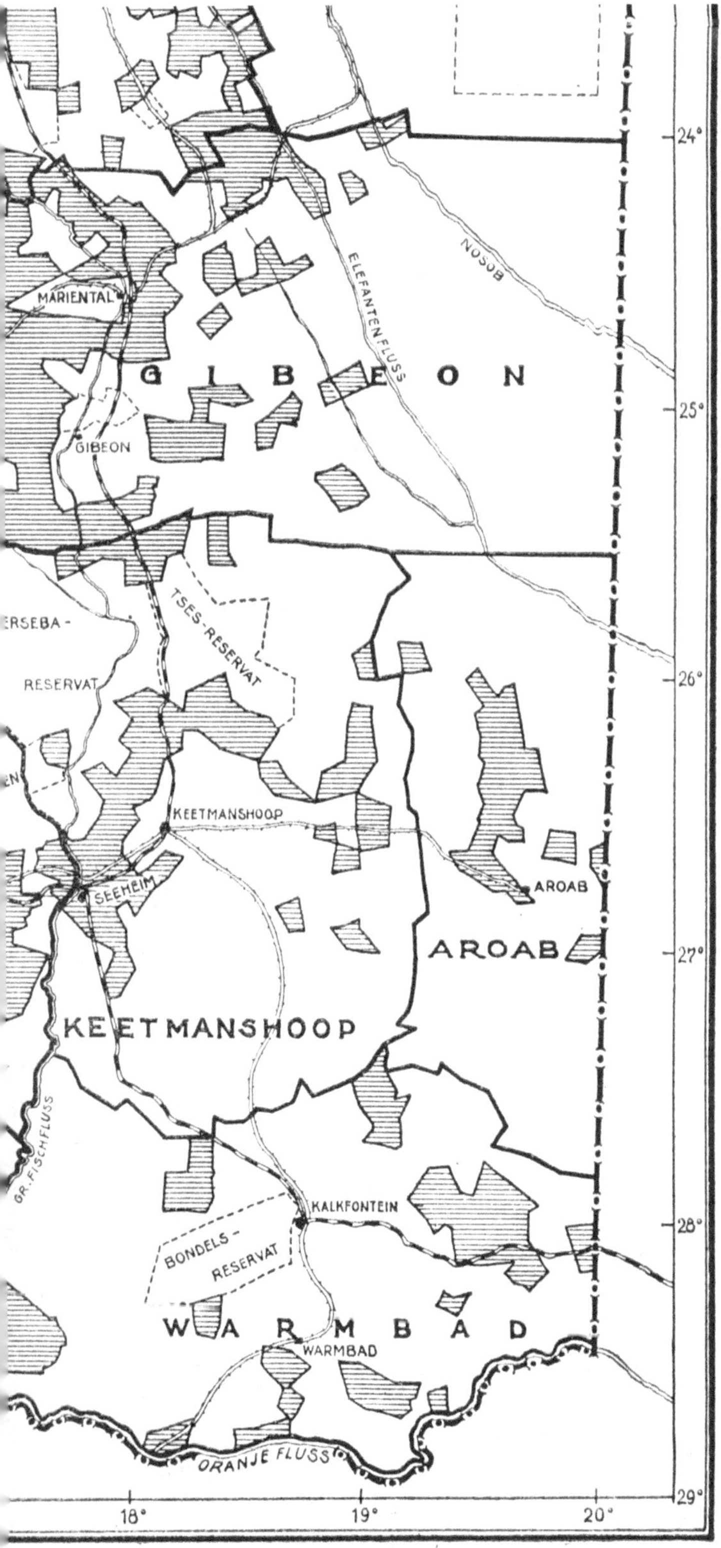

MARIENTAL
GIBEON
GIBEON
NOSOB
ELEFANTENFLUSS
TSES-RESERVAT
RESERVAT
KEETMANSHOOP
SEEHEIM
AROAB
AROAB
KEETMANSHOOP
GR. FISCHFLUSS
KALKFONTEIN
BONDELS-RESERVAT
WARMBAD
WARMBAD
ORANJE FLUSS
24°
25°
26°
27°
28°
29°
18°
19°
20°

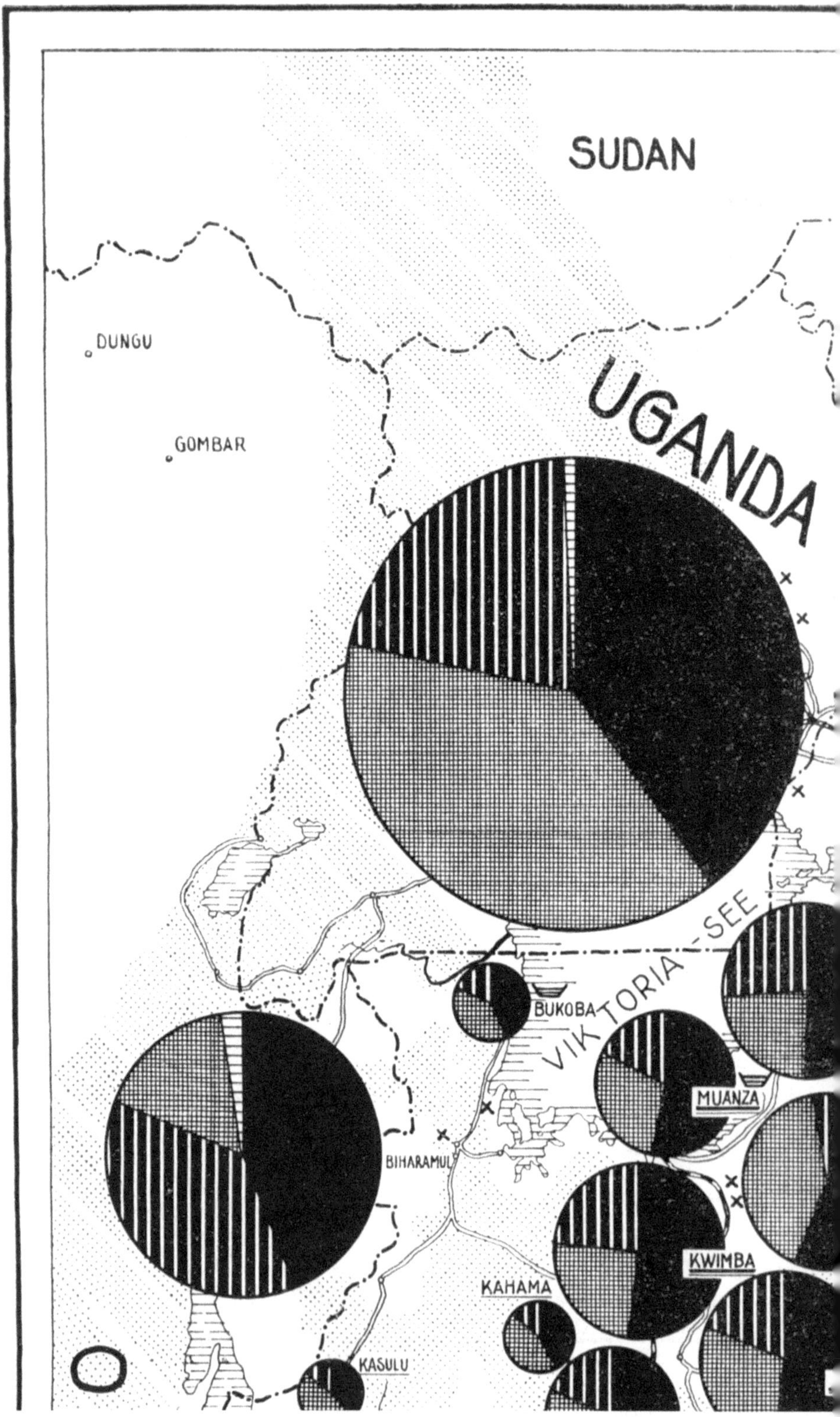

SUDAN
DUNGU
GOMBAR
UGANDA
VIKTORIA-SEE
BUKOBA
MUANZA
BIHARAMUL
KWIMBA
KAHAMA
KASULU

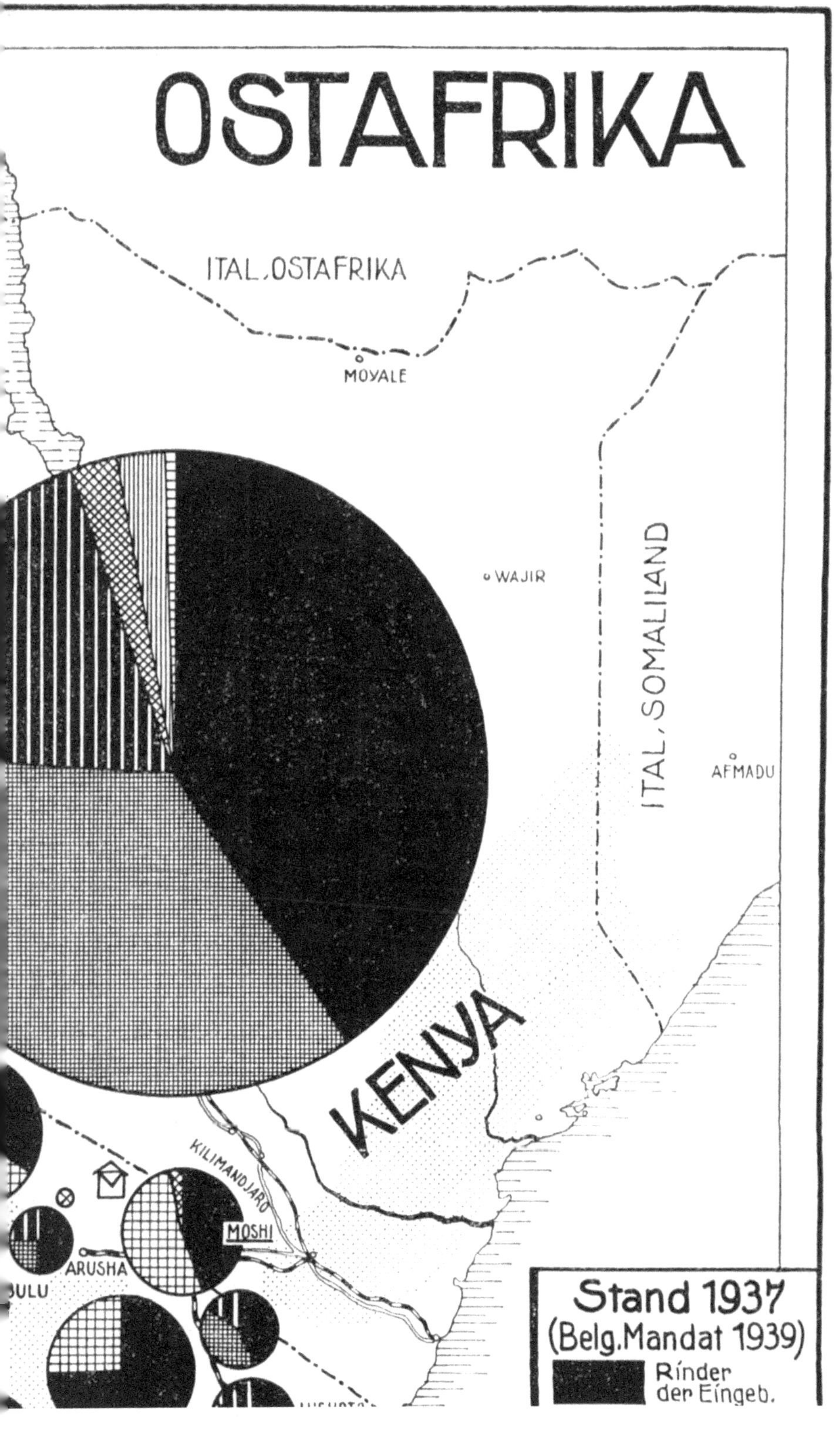
OSTAFRIKA
ITAL. OSTAFRIKA
MOYALE
WAJIR
ITAL. SOMALILAND
AFMADU
KENYA
KILIMANDJARO
MOSHI
ARUSHA
Stand 1937
(Belg. Mandat 1939)
Rinder
der Eingeb.

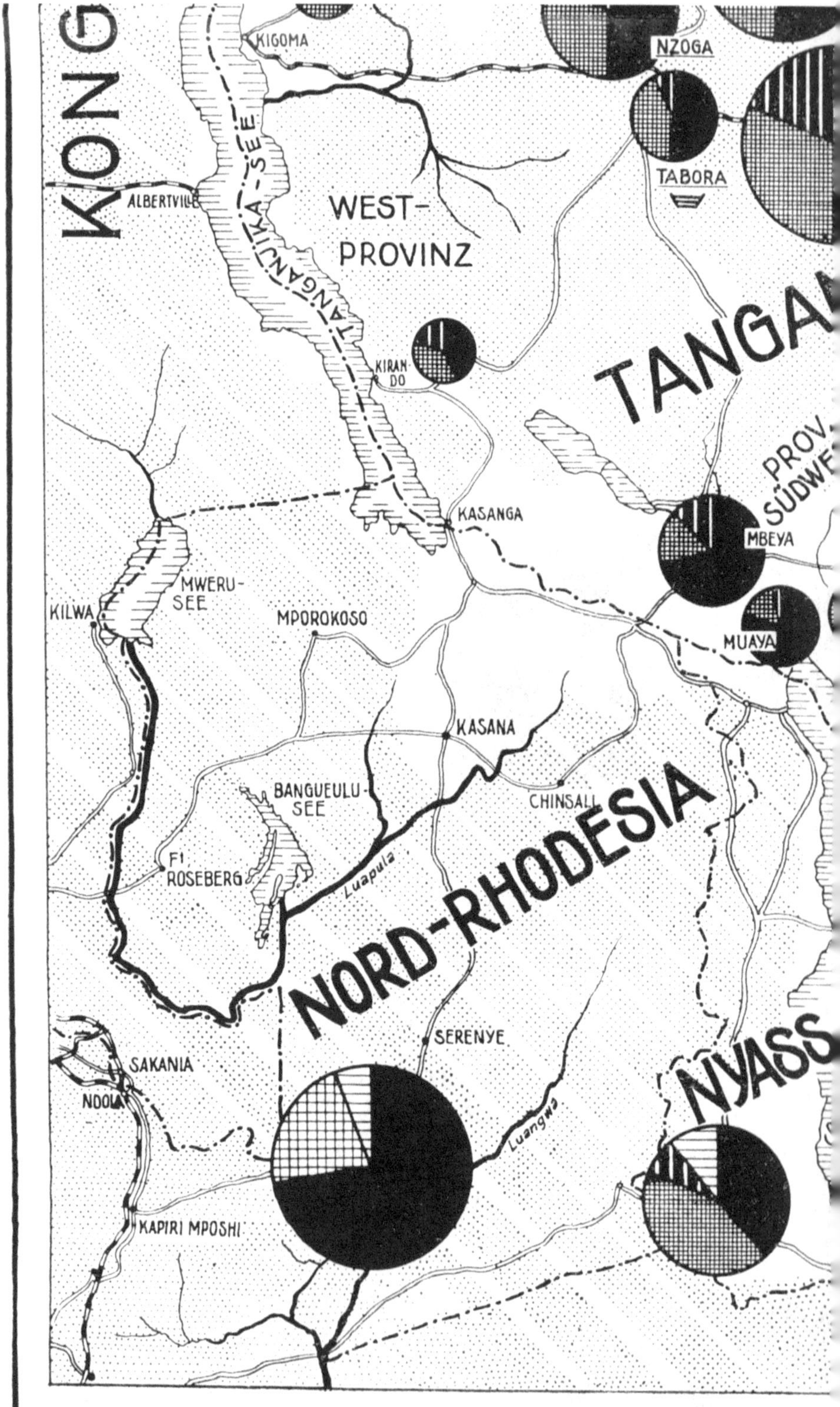

Verlag Walter de Gruyter & Co., Berlin W 35
Deko V. Zu Schlieben, Farmwirtschaft und Viehzucht im ostafrikanischen Raum

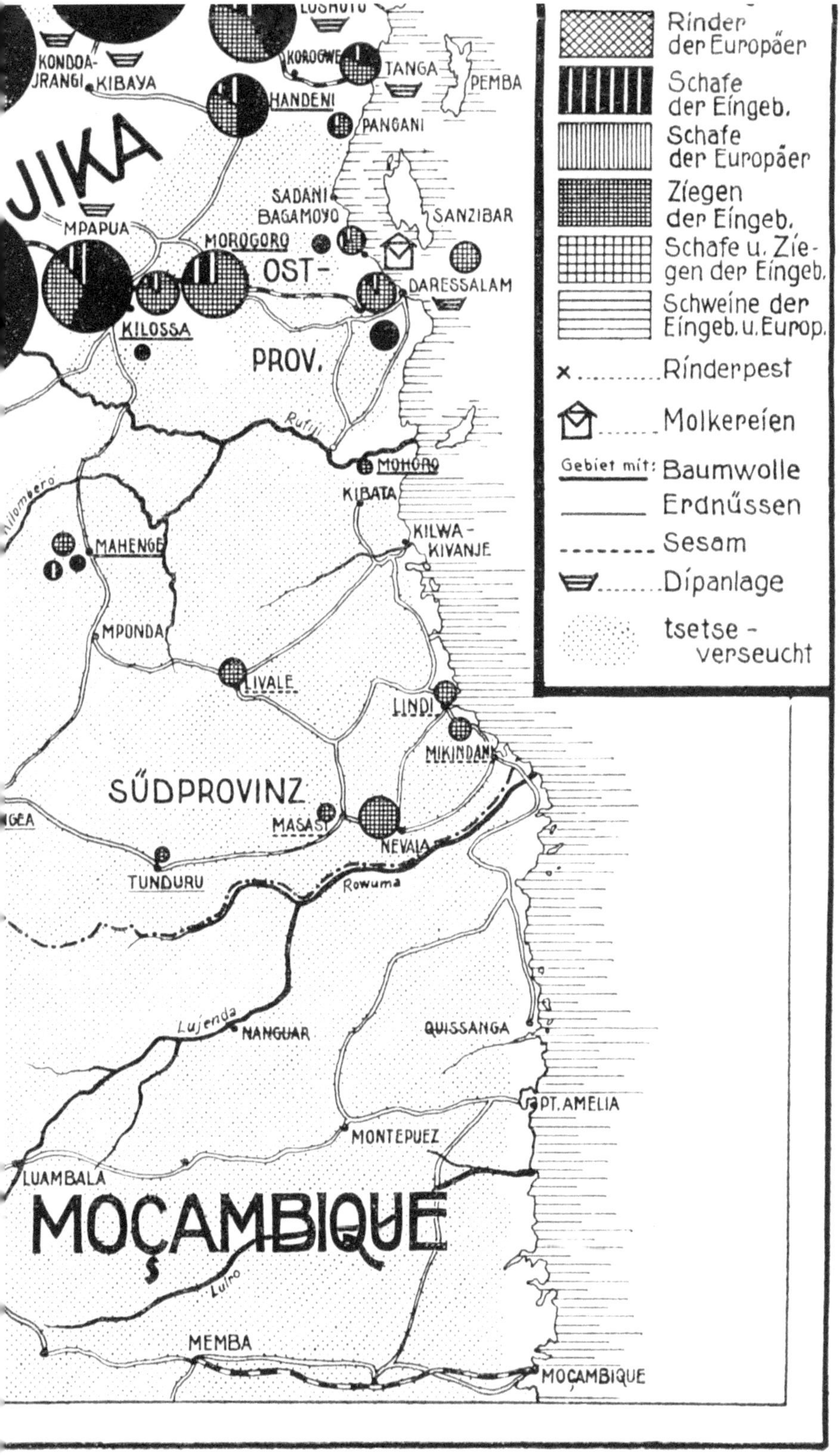

LUSHOTO
KONDOA-IRANGI
KIBAYA
KOROGWE
TANGA
PEMBA
HANDENI
PANGANI
JIKA
SADANI
BAGAMOYO
SANZIBAR
MPAPUA
MOROGORO
OST-
DARESSALAM
KILOSSA
PROV.
Rufiji
MOHORO
KIBATA
Kilombero
KILWA-KIVANJE
MAHENGE
MPONDA
LIVALE
LINDI
MIKINDANI
SŰDPROVINZ
GEA
MASASI
NEVALA
TUNDURU
Rowuma
Lujenda
NANGUAR
QUISSANGA
PT. AMELIA
MONTEPUEZ
LUAMBALA
MOÇAMBIQUE
Lurio
MEMBA
MOÇAMBIQUE
Rinder der Europäer
Schafe der Eingeb.
Schafe der Europäer
Ziegen der Eingeb.
Schafe u. Ziegen der Eingeb.
Schweine der Eingeb. u. Europ.
× .... Rinderpest
.... Molkereien
Gebiet mit: Baumwolle
Erdnüssen
Sesam
.... Dipanlage
tsetse-verseucht

Kolibri 360 GmbH
Ferdinand-Jühlke-Straße 7
99095 Erfurt, Deutschland
produktsicherheit@kolibri360.de